DER TOTEN TILLY

Euntes eunt et plorant,
semen spargendum portantes:
Venientes venient cum exsultatione,
portantes manipulos suos.

Vorwort zur 9. Auflage

Aus einer Art literarischen Brutpflegeinstinkts heraus hatte ich es zunächst begrüßt, daß sich der Verlag dazu entschlossen hat, diese neunte Auflage herauszubringen. Dann kamen mir jedoch Bedenken. Die erste Auflage war immerhin bereits 1946 erschienen, einzelne Kapitel waren in den dreißiger Jahren geschrieben worden, und so lag denn auch die Frage nahe, ob das Buch nicht vielleicht zu sehr zeitbedingt und zeitbezogen ist. Gegen diese Befürchtung sprechen allerdings die Auflagenziffern. Bis heute erschienen nämlich — in acht Sprachen — nicht weniger als 43 Auflagen, und zumindest die amerikanischen und japanischen Ausgaben zählen nach wie vor zu den Bestsellern. Anscheinend hat das Buch also nach wie vor der jungen Generation unter den Psychiatern, Psychologen und Psychotherapeuten wie überhaupt jedem, der auch für unorthodoxe Sehweisen aufgeschlossen ist, etwas zu bieten.

Dies mag nun sehr wohl dem Umstand zu verdanken sein, daß Ansatz und Anliegen der *Ärztlichen Seelsorge* noch immer aktuell sind — noch immer, wenn nicht schon wieder. Ansatz war der allgemeine Zweifel an einem Sinn des Lebens und das so sehr um sich greifende Sinnlosigkeitsgefühl. Und Anliegen war der Kampf gegen Psychologismus, Pathologismus und Reduktionismus, das heißt eine Interpretation des Sinnlosigkeitsgefühls als bloßen Ausdrucks der unbewußten Psychodynamik oder als bloßen Symptoms einer Neurose — wie auch immer das Phänomen der Sinnfrustration, gemäß der jeweils indoktrinierten Ideologie, „entlarvt" werden mag. Das Anliegen war die Entlarvung der Entlarver, und sie mag zur Zeit wirklich aktueller sein denn je.

Aber das Buch soll, wie gesagt, nicht nur noch immer, sondern auch wieder aktuell sein. Dies mag zumindest von einem Kapitel wie dem der „Arbeitslosigkeitsneurose" gewidmeten gelten, und wir müssen froh sein, wenn uns erspart bleibt, daß auch noch das Kapitel „Zur Psychologie des Konzentrationslagers" je wieder aktuell wird.

Ich habe gegenüber der letzten Auflage keine nennenswerten Streichungen und Ergänzungen angebracht. Nur die Bibliographie wurde — um sie auf den heutigen Stand zu bringen — bedeutend erweitert. Sollte der Leser jedoch eine eingehende Besprechung der technischen Aspekte der Logotherapie vermissen, so wird er auf die neuesten Auflagen der Bücher *Die Psychotherapie in der Praxis* und *Theorie und Therapie der Neurosen* verwiesen. Die anthropologischen Grundlagen der Logotherapie jedoch werden in einem unter dem Titel *Anthropologische Grundlagen der Psychotherapie* erschienenen Buch ausführlich besprochen.

In den ersten beiden Büchern wird auch auf die streng empirischen Forschungsergebnisse hingewiesen, dank derer die ursprünglich mehr oder weniger intuitiv gewonnenen und erarbeiteten Thesen der Logotherapie durch Tests und Statistiken verifiziert werden konnten. In diesem Zusammenhang sei aber auch auf die Liste von Dissertationen zur Logotherapie aufmerksam gemacht, die in den bibliographischen Anhang des vorliegenden Buches aufgenommen wurde.

Sollte sich ein Leser schließlich für die Vorgeschichte der *Ärztlichen Seelsorge* interessieren, dann möge er auf das Buch *Die Sinnfrage in der Psychotherapie* zurückgreifen, wo er im Rahmen einer autobiographischen Skizze entsprechende Aufschlüsse findet.

U. S. International University
(San Diego, California)

Viktor E. Frankl

Inhaltsübersicht

Einleitung[1])

Wenn SCHELSKY im Titel eines seiner Bücher die damalige Jugend als „Die skeptische Generation“ bezeichnet, dann läßt sich Analoges von den heutigen Psychotherapeuten behaupten. Wir sind vorsichtig, ja mißtrauisch geworden, und zwar insbesondere gegenüber uns selbst, gegenüber unseren eigenen Erfolgen und Erkenntnissen, und diese Bescheidenheit und Nüchternheit mag das Lebensgefühl einer ganzen Psychotherapeutengeneration zum Ausdruck bringen. Längst ist es kein Geheimnis mehr, daß — welche Methode und Technik auch immer angewandt wird — beiläufig zwei Drittel bis zu drei Viertel der Fälle geheilt oder zumindest wesentlich gebessert werden.

Allein, ich möchte vor jeder demagogischen Schlußfolgerung warnen. Noch ist nämlich die Pilatus-Frage aller Psychotherapie nicht beantwortet: Was ist Gesundheit — was ist Gesundung — was ist Heilung? Eines aber läßt sich nicht bestreiten: Wenn quer durch die verschiedenartigsten Methoden hindurch annähernd gleich hohe Erfolgsraten verzeichnet werden, dann kann es nicht die jeweils angewandte Technik sein, der wir die betreffenden Erfolge in erster Linie zu verdanken haben. FRANZ ALEXANDER hat einmal die Behauptung aufgestellt: "In all forms of psychotherapy, the personality of the therapist is his primary instrument." Soll das aber heißen, daß wir *Verächter der Technik* werden dürfen? Eher möchte ich HACKER beipflichten, der davor gewarnt hat, in der Psychotherapie einfach eine Kunst zu erblicken, durch welche Gleichsetzung nämlich der Scharlatanerie Tür und Tor geöffnet werden. Sicherlich ist Psychotherapie beides: Kunst *und* Technik. Ja, ich möchte darüber hinausgehen und die Behauptung wagen, das *je nachdem musische oder technische Extrem der Psychotherapie* sei als solches, als Extrem, ein bloßes Artefakt. Extreme existieren eigentlich nur in der Theorie. Die Praxis spielt sich in einem Zwischenbereich ab, in einem Bereich *zwischen* den Extremen musisch bzw. technisch

[1]) Es handelt sich um das Schlußreferat auf dem Fünften internationalen Kongreß für Psychotherapie (Wien 1961), das zu erstatten der Verfasser als der Vizepräsident dieser Tagung den Auftrag hatte.

aufgefaßter Psychotherapie. Zwischen diesen Extremen erstreckt sich ein ganzes Spektrum, und in diesem Spektrum kommt jeder Methode und Technik ein bestimmter Stellenwert zu. Dem musischen Extrem am nächsten stünde die authentische existentielle Begegnung (die „existentielle Kommunikation“ im Sinne von JASPERS und BINSWANGER), während näher dem technischen Extrem zu lokalisieren wäre die Übertragung im psychoanalytischen Sinne, die ja, wie BOSS in einer seiner jüngsten Arbeiten bemerkt, jeweils „gehandhabt“, um nicht zu sagen „manipuliert“ (DREIKURS) wird. Weiter ans technische Extrem heran käme das autogene Training nach SCHULTZ, und wohl am weitesten vom musischen Pol entfernt hätte sich so etwas wie die Schallplattenhypnose.

Welchen Frequenzbereich wir quasi herausfiltern aus dem Spektrum, das heißt, welche Methode und Technik wir für indiziert erachten, hängt nicht nur vom Patienten, sondern auch vom Arzt ab; denn es ist nicht nur so, daß nicht jeder Fall auf jede Methode gleich gut anspricht[1]), sondern es ist auch so, daß nicht jeder Arzt mit jeder Technik gleich gut umgehen kann. Meinen Studenten pflege ich dies in Form einer Gleichung auseinanderzusetzen:

$$\psi = x + y$$

Das heißt, die jeweilige Psychotherapiemethode der Wahl (ψ) ist insofern eine Gleichung mit zwei Unbekannten, als sie nicht zu erstellen ist, ohne daß sowohl die Einmaligkeit und Einzigartigkeit des Patienten als auch die Einmaligkeit und Einzigartigkeit des Arztes in Rechnung gestellt werden.

Soll das heißen, daß wir einem faulen und billigen Eklektizismus verfallen und huldigen dürfen? Sollen die Gegensätze zwischen den einzelnen Psychotherapiemethoden verschleiert werden? Von all dem kann nicht die Rede sein. Worauf unsere Überlegungen und Erwägungen hinauslaufen, ist vielmehr, daß keine Psychotherapie mehr einen Exklusivitätsanspruch stellen darf. *Solange uns eine absolute Wahrheit nicht zugänglich ist, müssen wir uns damit begnügen, daß die relativen Wahrheiten einander korrigieren*, und auch den *Mut zur Einseitigkeit* aufbringen, nämlich zu einer Einseitigkeit, die sich ihrer selbst bewußt ist.

Man stelle sich vor, der Flötist würde im Orchester nicht einseitig und ausschließlich Flöte spielen, sondern ein anderes Instrument zur Hand nehmen — nicht auszudenken; denn er hat nicht bloß das Recht, sondern nachgerade die Pflicht, einseitig und ausschließlich Flöte zu

[1]) Schon BEARD, der Schöpfer des Neurasthenie-Begriffs, sagte: Wenn ein Arzt zwei Fälle von Neurasthenie in gleicher Weise behandelt, dann behandelt er sicher einen Fall falsch.

spielen im Orchester — aber eben auch nur im Orchester: sobald er nach Hause kommt, wird er sich wohlweislich hüten, dort, daheim, außerhalb des Orchesters, seinen Nachbarn durch einseitiges und ausschließliches Flötespielen auf die Nerven zu gehen. Im vielstimmigen Orchester der Psychotherapie sind wir ebenfalls zu einer Einseitigkeit, die sich ihrer selbst bewußt bleibt, nicht nur berechtigt, sondern auch verpflichtet.

A propos Kunst: sie wurde einmal als Einheit in der Mannigfaltigkeit definiert; analog, meine ich, ließe sich der Mensch als Mannigfaltigkeit in der Einheit definieren. Trotz aller Einheit und Ganzheit des Wesens Mensch gibt es eine Mannigfaltigkeit von Dimensionen, in die hinein er sich erstreckt, und in sie alle hinein muß ihm die Psychotherapie folgen. Nichts darf da unberücksichtigt bleiben — weder die somatische noch die psychische noch die noetische Dimension. So muß sich denn die Psychotherapie auf einer Jakobsleiter bewegen, auf- und absteigen auf einer Jakobsleiter. Sie darf weder ihre eigene metaklinische Problematik unberücksichtigt lassen noch den festen Boden klinischer Empirie unter den Füßen verlieren. Sobald sich die Psychotherapie in esoterische Höhen „verstiegen“ hat, müssen wir sie wieder zurückrufen, zurückholen.

Mit dem Tier teilt der Mensch die biologische und die psychologische Dimension. Mag sein Tiersein auch noch so sehr von seinem Menschsein her dimensional überhöht und geprägt sein, irgendwie hört der Mensch nicht auf, auch ein Tier zu sein. Ein Flugzeug hört nicht auf, genauso wie ein Auto auf dem Flughafengelände, also in der Ebene umherfahren zu können; aber als ein wirkliches Flugzeug wird es sich erst dann erweisen, wenn es sich in die Lüfte, also in den dreidimensionalen Raum erhebt. Genauso ist der Mensch auch ein Tier; aber er ist auch unendlich mehr als ein Tier, und zwar um nicht weniger als eine ganze Dimension, nämlich die Dimension der Freiheit. Die Freiheit des Menschen ist selbstverständlich nicht eine Freiheit von Bedingungen, sei es biologischen, sei es psychologischen oder soziologischen; sie ist überhaupt nicht eine Freiheit von etwas, sondern eine Freiheit zu etwas, nämlich die Freiheit zu einer Stellungnahme gegenüber all den Bedingungen. Und so wird sich denn auch ein Mensch erst dann als ein wirklicher Mensch erweisen, wenn er sich in die Dimension der Freiheit aufschwingt.

Aus dem Gesagten erhellt, daß in der Theorie der ethologische Ansatz ebenso legitim sein mag wie in der Praxis der pharmakologische Ansatz. Ich möchte es hier dahingestellt sein lassen, ob sich durch die Psychopharmaca eine Psychotherapie ersetzen lassen oder nur erleichtert oder aber erschwert wird. Ich möchte nur eines bemerken: Wenn kürzlich der

Besorgnis Ausdruck verliehen wurde, die psychopharmakologische Therapie könnte ebenso wie die Elektroschockbehandlung dazu führen, daß der psychiatrische Betrieb mechanisiert und der Patient nicht mehr als eine Person betrachtet wird, dann muß ich sagen, es ist nicht einzusehen, warum das der Fall sein soll. Nie kommt es auf eine Technik an, sondern immer nur auf denjenigen, der die Technik handhabt, auf den Geist, in dem sie gehandhabt wird[1]). Und so gibt es denn auch einen Geist, aus dem heraus eine psychotherapeutische Technik auf eine den Patienten „depersonalisierende" Art und Weise gehandhabt wird, indem hinter der Krankheit nicht mehr die Person, vielmehr in der Psyche nur noch Mechanismen gesehen werden: der Mensch wird reifiziert — er wird zur Sache gemacht — oder gar manipuliert: er wird Mittel zum Zweck[2]).

In Fällen endogener Depression beispielsweise ist die Therapie mit Hilfe der Psychopharmaca meines Erachtens durchaus angezeigt. Die Argumentation, in solchen Fällen dürften die Schuldgefühle nicht „wegtranquilisiert" werden, da ihnen eine wirkliche Schuld zugrunde liege, halte ich nicht für angebracht. In einem gewissen, im existentiellen Sinne schuldig ist jeder von uns; aber der endogen Depressive empfindet dieses Schuldigsein dermaßen unproportioniert, überdimensioniert, daß es ihn zur Verzweiflung und in den Selbstmord treibt. Wenn bei Ebbe ein Riff sichtbar wird, wird niemand die Behauptung wagen, das Riff sei die Ursache der Ebbe. Analogerweise wird während einer endogen-depressiven Phase jene Schuld sichtbar, in verzerrtem Ausmaß sichtbar, die auf dem Grunde alles Menschseins liegt, ohne daß damit auch schon gesagt wäre, daß solches existentielles Schuldigsein nun auch der endogenen Depression „zugrunde" liegt, im Sinne einer Psycho- oder gar Noogenese „zugrunde" liegt. Wo es doch ohnehin schon merkwürdig genug ist, daß diese existentielle Schuld in einem konkreten Fall ausgerechnet nur von Feber bis April 1951 und dann wieder erst von März bis Juni 1956 und dann wieder lange überhaupt nicht pathogen sein soll. Und noch etwas möchte ich zu bedenken geben: Ist es nicht deplaciert, ausgerechnet während endogen-depressiver Phasen einen Menschen mit dessen existentieller Schuld zu konfrontieren? Nur allzu leicht könnte solch ein Vorgehen — Wasser auf die Mühle seiner Selbst-

---

[1]) Es ist zweierlei, ob ich einen Apparat anwende oder den Patienten für einen Apparat und Mechanismus ansehe.

[2]) Vgl. W. v. Baeyer (Gesundheitsfürsorge — Gesundheitspolitik 7, 197, 1958): „In seinem Menschsein mißachtet fühlt sich ein Patient nicht nur, wenn man sich ausschließlich für seine Körperfunktionen interessiert, sondern auch da, wo er sich als Objekt psychologischer Studien, Vergleiche und Manipulationen weiß."

vorwürfe — einen Selbstmordversuch zur Folge haben. Ich glaube nicht, daß wir in entsprechenden Fällen dem Kranken jene Erleichterung vorenthalten dürften, welche die Pharmakotherapie für sein Leiden bereit hält.

Etwas anderes ist es, wenn wir es nicht mit einer endogenen, sondern mit einer psychogenen Depression, nicht mit einer depressiven Psychose, sondern mit einer depressiven Neurose zu tun haben: dann würde eine Pharmakotherapie unter Umständen sehr wohl einen Kunstfehler bedeuten. Dann würde sie nämlich eine Pseudotherapie darstellen, welche die Ätiologie nur verschleiert — nicht anders als das Morphium im Falle einer Appendicitis. Analoges gilt aber auch für die Psychotherapie — auch mit ihr kann der Arzt einmal an der Ätiologie vorbeibehandeln. Und diese Gefahr ist nur um so aktueller, als wir in einer Zeit leben, in der die Psychiatrie, ja die Medizin, einen Funktionswandel erkennen läßt. Vor kurzem erst hielt Professor FARNSWORTH von der Harvard University vor der American Medical Association einen Vortrag, in dem er ausführte: "Medicine is now confronted with the task of enlarging its function. In a period of crisis such as we are now experiencing, physicians must of necessity indulge in philosophy. The great sickness of our age is aimlessness, boredom, and lack of meaning and purpose." Solcherart werden an den Arzt heute Fragen herangetragen, die eigentlich nicht medizinischer, sondern philosophischer Natur sind und auf die er kaum vorbereitet ist. Es wenden sich Patienten an den Psychiater, weil sie am Sinn ihres Lebens zweifeln oder gar daran verzweifeln, einen Lebenssinn überhaupt zu finden. Ich pflege in diesem Zusammenhang von einer existentiellen Frustration zu sprechen. An und für sich handelt es sich um nichts Pathologisches; sofern im besonderen von Neurose überhaupt die Rede sein kann, haben wir es mit einem neuen Typus von Neurose zu tun, den ich die *noogene Neurose* genannt habe. Immerhin macht sie laut übereinstimmenden Statistiken (vgl. S. 236) ungefähr 20% des anfallenden Krankenguts aus, und in den USA ist man sowohl an der Harvard University als auch im Bradley Center in Columbus, Georgia, bereits darangegangen, Tests (Anmerkung 40) auszuarbeiten, um die noogene Neurose von einer psychogenen Neurose (und einer somatogenen Pseudoneurose) diagnostisch differenzieren zu können. Ein Arzt, der diese Differentialdiagnose nicht zu erstellen imstande ist, würde Gefahr laufen, sich der wichtigsten Waffe zu begeben, die es im psychotherapeutischen Arsenal jemals gegeben haben mag: der *Orientierung des Menschen nach Sinn und Werten* (Anmerkung 1). Ich kann es mir nicht vorstellen, daß etwa die mangelnde Hingabe an eine Aufgabe jemals *die* alleinige *Ursache einer* psychischen *Erkrankung* zu sein vermöchte. Sehr wohl aber bin ich davon überzeugt, daß eine positive Sinnorientierung ein Mittel der Heilung ist.

Nun bin ich darauf gefaßt, daß man mir entgegenhalten wird, auf diese Art und Weise würde der Patient überfordert werden. Allein, was wir heutzutage, in einer Zeit existentieller Frustration, zu befürchten haben, ist nicht die Überforderung, sondern eine Unterforderung des Menschen. Es gibt ja nicht nur eine Pathologie des stress, sondern auch eine Pathologie der Entlastung. 1946 konnte ich die Psychopathologie der Entlastung an Hand der Morbidität ehemaliger KZ-Insassen beschreiben. Später schlugen Arbeiten von W. SCHULTE betreffend die Entlastung als einen „vegetativen Wetterwinkel" in dieselbe Kerbe. Schließlich wurden meine Beobachtungen durch MANFRED PPLANZ und THURE VON UEXKÜLL bestätigt. So gilt es denn nicht mehr, um jeden Preis Spannungen zu vermeiden. Vielmehr glaube ich, daß der Mensch eines gewissen, eines gesunden, eines dosierten Maßes von Spannung bedarf. Worum es geht, ist nicht Homöostase um jeden Preis, sondern Noodynamik, wie ich das polare Spannungsfeld nenne, das sich zwischen dem Menschen und dem seiner Erfüllung durch ihn harrenden Sinn auftut, unaufhebbar und unabdingbar. Schon werden in den USA Stimmen laut, die davon wissen wollen, daß in der Psychotherapie eine epikuräische Ära dem Ende zugeht und abgelöst wird von einer stoizistischen Ära. Nunmehr können wir es uns am allerwenigsten leisten, die Ausrichtung und Hinordnung eines Menschen auf so etwas wie Sinn und Werte abzutun als „nichts als Abwehrmechanismen oder sekundäre Rationalisierungen". Was mich persönlich anlangt, und vielleicht ist es mir verstattet, persönlich zu werden —, ich möchte nicht um meiner Abwehrmechanismen willen oder meiner sekundären Rationalisierungen wegen leben oder gar mein Leben aufs Spiel setzen. Gewiß wird in vereinzelten, in Ausnahmsfällen hinter der Sorge eines Menschen um den Sinn seines Daseins etwas anderes stehen; aber in allen anderen Fällen ist sie ein echtes Anliegen des Menschen, das wir ernst nehmen sollten und nicht ins professionelle Apperzeptionsschema wie in ein Prokrustesbett hineinpressen dürften. Wie leicht könnte das professionelle Apperzeptionsschema uns dazu veranlassen, die so menschliche Sorge des Menschen um den Daseinssinn — nur der Mensch kann die Sinnfrage stellen, den Sinn seines Daseins in Frage stellen! — entweder wegzuanalysieren oder wegzutranquilisieren. In beiden Fällen würden wir eine Pseudotherapie betreiben.

Die Noodynamik ist nicht nur für die Psychotherapie, sondern auch für die Psychohygiene relevant. In den USA konnte KOTCHEN auf Grund von Testuntersuchungen den Nachweis erbringen, daß der logotherapeutische Grundbegriff der Sinnorientierung, also das Ausgerichtet- und Hingeordnetsein eines Menschen auf eine Welt des Sinnes und der Werte, in einem proportionalen Verhältnis steht zur seelischen Gesundheit des betreffenden. DAVIS, MCCOURT und SOLOMON wieder haben festgestellt, daß sich die im Verlauf der sensory deprivation-Experimente auftretenden Halluzinationen keineswegs durch die Vermittlung bloßer Sinnesdaten, sondern einzig und allein durch die Wiederherstellung eines richtigen Sinnbezugs vermeiden lassen.

Ebendiese Ausschaltung des Sinnbezugs liegt nun nicht nur einer experimentellen Psychose, sondern auch einer kollektiven Neurose zugrunde. Ich meine jenes Sinnlosigkeitsgefühl, das sich anscheinend zunehmend des Menschen von heute bemächtigt und das ich als das existentielle Vakuum bezeichne. Der Mensch leidet heute nicht nur an einer Instinktverarmung, sondern auch an einem Traditionsverlust. Nunmehr sagen ihm die Instinkte nicht mehr, was er muß, und die Traditionen nicht mehr, was er soll (Anmerkung 33). Bald wird er nicht mehr wissen, was er will, und beginnen, einfach die anderen nachzuahmen. Er wird dem Konformismus verfallen. In den USA klagen die Psychoanalytiker bereits darüber, daß sie es mit einem neuen Typus von Neurose zu tun bekommen, dessen hervorstechendstes Merkmal in einer lähmenden Initiativelosigkeit besteht. Die herkömmliche Behandlung, klagen die Kollegen, lasse sie im Stich und versage in solchen Fällen. So kommt es denn, daß der Schrei nach einem Lebenssinn auf der Seite der Patienten einen Widerhall auslöst auf der ärztlichen Seite, nämlich den Ruf nach neuen psychotherapeutischen Ansätzen. Dieser Ruf erschallt um so dringlicher, als es sich ja im Falle des existentiellen Vakuums um eine kollektive Erscheinung handelt. In meinen deutschsprachigen Vorlesungen vor deutschen, schweizerischen und österreichischen Studenten haben ca. 40% zugegeben, das Gefühl abgründiger Sinnlosigkeit an sich selbst erlebt und erfahren zu haben; in den in englischer Sprache gehaltenen Vorlesungen vor Studenten aus den USA waren es 80%. Natürlich besagt das nicht, daß das existentielle Vakuum vorwiegend den Amerikaner befällt, ja nicht einmal, daß wir es der sogenannten Amerikanisierung zu verdanken hätten; vielmehr bedeutet es nur, daß es anscheinend ein Merkmal hochindustrialisierter Gesellschaftsformen darstellt. Und wenn Boss die Langeweile die Neurose der Zukunft genannt hat, dann möchte ich ergänzend bemerken: „Die Zukunft hat schon begonnen." Ja, mehr als dies: sie wurde bereits im vorigen Jahrhundert von SCHOPENHAUER prophezeit, der meinte, anscheinend sei es der Menschheit bestimmt, ewiglich zwischen den beiden Extremen von Not und

Langeweile hin und her zu pendeln. Wir Psychiater merken jedenfalls, daß uns eher das Extrem der Langeweile zu schaffen gibt.

Ist die Psychotherapie aber auf das alles vorbereitet? Ich glaube, sie muß in ihre neue Rolle mehr oder weniger erst hineinwachsen. Ist sie doch kaum erst jenem Stadium entwachsen, das — um mit FRANZ ALEXANDER zu sprechen — von der Mechanikermentalität beherrscht war. Mit Recht hat FRANZ ALEXANDER aber auch darauf hingewiesen, welch riesige Errungenschaften wir gerade der mechanistischen und materialistischen Orientierung der alten Medizin verdanken. Ich möchte sagen: Wir haben nichts zu bereuen, aber vieles wiedergutzumachen.

Ein erster Versuch solcher Wiedergutmachung wurde von FREUD unternommen. Die Schöpfung seiner Psychoanalyse war die Geburt der modernen Psychotherapie. Aber FREUD mußte in die Emigration, und mit ihm die Psychotherapie. In Wirklichkeit war er nämlich bereits an dem Tage emigriert, an dem sein Vortrag in der altehrwürdigen Gesellschaft der Ärzte in Wien mit Hohngelächter quittiert wurde. Heute scheint es mir an der Zeit zu sein, das zu besorgen, was ich im Titel eines vor wenigen Jahren in der Medizinischen Gesellschaft von Mainz gehaltenen Vortrags als „Die Heimholung der Psychotherapie in die Medizin" bezeichnet habe. Daß sie an der Zeit ist, ergibt sich daraus, daß eine ganze Fülle seelenärztlicher Aufgaben auf den Hausarzt wartet. Noch aber ist der medizinische Betrieb vielfach mechanisiert und wird der Patient in ihm „depersonalisiert". Ja, vielfach droht der klinische Betrieb sogar in Routine, wo nicht in Bürokratie zu erstarren. Nur um so verfehlter wäre es, würde sich die Psychotherapie nun selbst an dieser übertechnisierten Medizin infizieren, indem sie dem von FRANZ ALEXANDER gegeißelten technologischen Ideal des Seeleningenieurs huldigt. Ich glaube jedoch sagen zu dürfen, daß wir im Begriff sind, diese Gefahr zu bannen.

So findet denn die Psychotherapie heim in den Mutterschoß der gesamten Heilkunde. Diese Heimkehr aber wird das Gesicht beider verändern: das der Psychotherapie wie das der Medizin. Denn die Psychotherapie wird einen Preis erlegen müssen für ihre Heimholung in die Medizin, und dieser Preis wird sein die Entmythologisierung der Psychotherapie.

Wie wird sich nun die Heimholung der Psychotherapie in die Medizin auf letztere auswirken? Wird sie wirklich zu einer schrankenlosen „Psychologisierung der Medizin" führen? Ich denke anders. Wozu es kommen wird, ist nicht eine Psychologisierung, sondern die Rehumanisierung der Medizin.

Zusammenfassung

So wesentlich für die Psychotherapie die menschliche Beziehung zwischen Arzt und Krankem auch sein mag, so wenig dürfen wir darum Verächter der Technik werden. Nicht eine Methode dehumanisiert den Patienten, sondern der Geist, in dem sie gehandhabt wird, und die Versuchung, den Patienten zu reifizieren und zu manipulieren, wohnt der Psychotherapie mindestens so sehr inne wie etwa der psychopharmakologischen Behandlung (Anmerkung 34). Was jedoch im besonderen die noogene Neurose anlangt, würde die Psychotherapie nicht weniger als die Somatotherapie an der wahren Ätiologie vorbeibehandeln, und das immer mehr um sich greifende existentielle Vakuum verlangt nach neuen (logo-)therapeutischen Ansätzen. Der Multidimensionalität ihrer Aufgaben kann die Psychotherapie aber nur gerecht werden, wenn sie in die Gesamtmedizin zurückfindet, aus der sie mit FREUD emigriert ist. Ihre Heimkehr wird dann das eigene ebenso wie das Gesicht der Medizin verändern, indem sie auf der einen Seite eine Entmythologisierung der Psychotherapie und auf der anderen eine Rehumanisierung der Medizin mit sich bringen wird.

I. Von der Psychotherapie zur Logotherapie

Psychoanalyse und Individualpsychologie

Wer dürfte von Psychotherapie sprechen, ohne FREUD und ADLER zu nennen? Wer könnte umhin, wenn von Psychotherapie die Rede ist, von der Psychoanalyse und Individualpsychologie Ausgang und immer wieder auf sie Bezug zu nehmen? Stellen doch beide die einzigen großen Systeme auf psychotherapeutischem Gebiete dar. Das Werk ihrer Schöpfer läßt sich aus der Geschichte der Psychotherapie nicht wegdenken. Wann immer es auch darum gehen mag, die Grundsätze der Psychoanalyse bzw. Individualpsychologie zu überhöhen, gilt es trotzdem, ihre Lehre zur Grundlage der Untersuchungen zu machen. Sehr schön hat einmal STEKEL den Sachverhalt zum Ausdruck gebracht, als er mit Bezug auf seine Stellung zu FREUD meinte, ein Zwerg, der auf den Schultern eines Riesen stehe, könne weiter und mehr sehen, als der Riese selbst (Anmerkung 2).

Wenn im folgenden der Versuch unternommen werden soll, die Grenzen aller bisherigen Psychotherapie zu übersteigen, dann ist es notwendig, diese Grenzen festzusetzen. Bevor wir uns der Frage zuwenden, ob eine Überschreitung der Grenzen notwendig und wie sie möglich sei, müssen wir feststellen, daß die Psychotherapie solche Grenzen wirklich hat.

FREUD vergleicht die wesentliche Leistung der Psychoanalyse mit der Trockenlegung der Zuider-See: So wie hier überall, wo sich ursprünglich Wasser befand, fruchtbarer Boden gewonnen werden sollte — so soll in und durch die Psychoanalyse dort, wo „Es" ist, „Ich" werden, das heißt, an Stelle des Unbewußten soll Bewußtsein treten; unbewußt Gemachtes soll bewußt gemacht werden, indem „Verdrängungen" aufgehoben werden. Es geht also der Psychoanalyse darum, das Ergebnis von Verdrängungsakten als Prozessen des Unbewußtmachens rückgängig zu machen. Immerhin sehen wir hierbei, daß dem Begriff der Verdrängung innerhalb der Psychoanalyse eine zentrale Bedeutung zukommt, und zwar im Sinne einer Einschränkung des bewußten Ich vom unbewußten

Es her. Im neurotischen Symptom sieht die Psychoanalyse demnach eine Bedrohung, eine Entmachtung des Ich als Bewußtsein und demzufolge bemüht sich die analytische Therapie, verdrängte Erlebnisinhalte dem Unbewußten abzuringen, sie dem Bewußtsein zurückzugeben und so dem Ich einen Machtzuwachs zu erringen.

Analog dem Begriff der Verdrängung in der Psychoanalyse spielt in der Individualpsychologie der Begriff des Arrangements eine Hauptrolle. Im Arrangement versucht der Neurotiker, sich zu exkulpieren; hier wird also nicht der Versuch gemacht, etwas unbewußt zu machen, sondern sich selbst unverantwortlich zu machen; das Symptom soll gleichsam die Verantwortung übernehmen, es soll dem Kranken die Verantwortung abnehmen. Stellt es doch, im Blickfeld der Individualpsychologie, (als Arrangement) einen Rechtfertigungsversuch des Patienten vor der Gemeinschaft oder (als sogenannte Krankheitslegitimation) vor ihm selbst dar. Die individualpsychologische Therapie hat nun die Intention, den neurotischen Menschen für sein Symptom verantwortlich zu machen, das Symptom in die persönliche Verantwortungssphäre einzubeziehen, die Ich-Sphäre durch einen Zuwachs an Verantwortlichkeit zu erweitern.

Wir sehen sonach, daß die Neurose für die Psychoanalyse letzten Endes eine Einschränkung des Ich qua Bewußtsein darstellt und für die Individualpsychologie eine Einschränkung des Ich qua Verantwortlichsein. Beide Theorien lassen sich eine konzentrische Einschränkung ihres wissenschaftlichen Gesichtsfeldes zuschulden kommen — die eine konzentrisch auf die Bewußtheit des Menschen hin, die andere auf dessen Verantwortlichkeit. Nun ergibt aber eine ganz unbefangene Besinnung auf die ursprünglichen Grundlagen menschlichen Seins, daß eben Bewußtsein und Verantwortlichsein die beiden Grundtatsachen des Daseins ausmachen. Man könnte diesen Tatbestand in die anthropologische Grundformel kleiden: Mensch-sein bedeutet Bewußt-sein und Verantwortlich-sein. Sowohl die Psychoanalyse als auch die Individualpsychologie sehen somit je eine Seite des Mensch-seins, je ein Moment an der menschlichen Existenz — erst beide Aspekte zusammen ergäben aber ein wahres Bild vom Menschen. In ihrer anthropologischen Ausgangsstellung befinden sich Psychoanalyse bzw. Individualpsychologie in einer Gegenstellung; ihre Gegensätze erweisen sich aber schon hier als einander ergänzend. So zeigt sich, auf Grund solcher wissenschaftstheoretischer Analyse, daß die zwei repräsentativen Schulmeinungen im Bereich der Psychotherapie nicht das Produkt geistesgeschichtlicher Zufälligkeit, sondern mit systematischer Notwendigkeit entstanden sind.

In ihrer Einseitigkeit werden Psychoanalyse und Individualpsychologie je einer Seite des Mensch-seins ansichtig; wie sehr aber Bewußtsein und Verantwortlichsein zusammengehören, dies findet seinen Niederschlag in der Tatsache, daß in der menschlichen Sprache, z. B. im Französischen und im Englischen, ähnliche Ausdrücke (mit gemeinsamem Wortstamm) zur Verfügung stehen sowohl für „Bewußtsein" als auch für „Gewissen" — also für einen der „Verantwortlichkeit" nahe verwandten Begriff. So verweist schon die Einheitlichkeit des Wortes auf eine Einheitlichkeit des Seins.

Daß Bewußtsein und Verantwortlichsein sich zu einer Einheit — zur Ganzheit des Menschseins zusammenschließen, läßt sich ontologisch verstehen. Zu diesem Zwecke wollen wir davon ausgehen, daß alles Sein wesentlich jeweils ein Anders-sein ist. Was immer wir nämlich an Seiendem[1]) aus der übrigen Seinsfülle herausgreifen, kann nur dadurch abgegrenzt werden, daß es jeweils unterscheidbar ist. Erst durch das Bezogen-werden des einen Seienden auf ein Anders-seiendes wird beides überhaupt konstituiert. Die Beziehung zwischen Seiendem als je Anders-seiendem ist ihm irgendwie vorgängig. Sein=Anders-sein, d. h. „Anders-sein als" — also Relation; eigentlich „ist" nur die Relation (Anmerkung 3). Wir können daher auch folgendermaßen formulieren: Alles Sein ist Bezogen-sein.

Das Anders-sein kann aber ein Anders-sein sowohl im Nebeneinander als auch im Nacheinander darstellen. Das Bewußtsein setzt nun ein Nebeneinander mindestens von Subjekt und Objekt voraus, also ein Anders-sein in der Raumdimension; das Verantwortlichsein hingegen hat zur Voraussetzung das Nacheinander verschiedener Zustände, die Trennung eines zukünftigen Seins vom gegenwärtigen, also ein Anders-sein in der Zeitdimension: ein Anders-werden; wobei der Wille als Träger der Verantwortung den einen Zustand in den andern überzuführen strebt. Die ontologische Zusammengehörigkeit des Begriffspaares „Bewußt-sein — Verantwortlich-sein" wurzelt demnach in der ersten Aufspaltung des Seins als eines Anders-seins in die zwei möglichen Dimensionen des Nebeneinander und Nacheinander. Von den beiden Möglichkeiten anthropologischer Sicht, die in dem dargestellten ontologischen Tatbestand gründen, wird von der Psychoanalyse und Individualpsychologie je eine ergriffen. —

Aber wir sind uns dessen bewußt, daß wir FREUD nicht mehr und nicht weniger verdanken als die Erschließung einer ganzen Dimension des psychischen Seins[2]). Aber FREUD hat seine Entdeckung eigentlich ebensowenig verstanden wie COLUMBUS, der, als er Amerika entdeckte,

[1]) Das Sein ist keine Ausnahme: es „ist" ebenfalls „anders als" — das Nichts!

[2]) VIKTOR E. FRANKL, Das Menschenbild der Seelenheilkunde, Hippokrates-Verlag, Stuttgart 1959, S. 13.

glaubte, in Indien angekommen zu sein. Auch FREUD glaubte, das Wesentliche an der Psychoanalyse seien Mechanismen wie Verdrängung und Übertragung, während es sich in Wirklichkeit um die Vermittlung eines tieferen Selbstverständnisses durch eine existentielle Begegnung handelte.

Und doch müssen wir weitherzig genug sein, um FREUD vor seinem Selbstmißverständnis in Schutz zu nehmen. Was besagt denn die Psychoanalyse, letztlich und eigentlich, wenn wir von allem Zeitbedingten, von allen Eierschalen des 19. Jahrhunderts, die ihr noch anhaften mögen, einmal absehen? Das Gebäude der Psychoanalyse ruht auf zwei wesentlichen Konzepten auf: dem der Verdrängung und dem der Übertragung. Was die Verdrängung anlangt, wird ihr im Rahmen der Psychoanalyse durch die Bewußtwerdung, die Bewußtmachung entgegengearbeitet. Wir alle kennen FREUDs stolzes, ich möchte sagen prometheisches Wort: „Wo Es ist, soll Ich werden." Was aber das zweite Prinzip, das der Übertragung, anlangt, so ist sie meines Erachtens recht eigentlich ein Vehikel existentieller Begegnung. So daß die nach wie vor akzeptable Quintessenz der Psychoanalyse die folgende, die beiden Prinzipien der Bewußtmachung und der Übertragung zusammenfassende Formulierung zuläßt: „Wo Es ist, soll Ich werden"; aber das Ich wird Ich erst am Du.

Paradoxerweise bringt die Vermassung in der Industriegesellschaft eine Vereinsamung mit sich, die das Aussprachebedürfnis steigert. Der Funktionswandel der Psychotherapie hat in den USA, im Lande der lonely crowd, die Psychoanalyse hochgespielt. Die USA sind aber auch das Land der puritanischen und calvinistischen Tradition. Sexuelles war auf einer kollektiven Ebene verdrängt worden, und nun lockerte eine pansexualistisch mißverstandene Psychoanalyse die kollektive Verdrängung. In Wirklichkeit war die Psychoanalyse selbstverständlich gar nicht pansexualistisch, sondern nur pandeterministisch.

Eigentlich war die Psychoanalyse niemals pansexualistisch. Heute ist sie es weniger denn je. Worum es allein geht, ist jedoch, daß FREUD die Liebe als ein bloßes Epiphänomen auffaßt, während sie in Wirklichkeit ein Urphänomen menschlicher Existenz ist und eben nicht ein bloßes Epiphänomen, sei es im Sinne sogenannter zielgehemmter Strebungen, sei es im Sinne von Sublimierung. Phänomenologisch ließe sich nämlich nachweisen, daß es die Liebe ist, die, wann immer es zu so etwas wie Sublimierung überhaupt kommt, ebendieser Sublimierung als eine Bedingung ihrer Möglichkeit immer schon vorangeht, aus welchem Grunde die Liebesfähigkeit — die Voraussetzung von Sublimierung

— nicht selber und ihrerseits das Ergebnis eines Sublimierungsprozesses zu sein vermöchte. Mit anderen Worten, erst auf dem Hintergrund einer existentiell originären und primären Liebesfähigkeit, eines ursprünglichen Angelegtseins des Menschen auf Liebe hin, wird Sublimierung, will heißen die Integrierung der Sexualität in das Ganze der Person hinein, verständlich. Mit einem Wort, nur das Ich, das ein Du intendiert, kann das eigene Es integrieren. —

Scheler hat in einer respektlosen Anmerkung darauf hingewiesen, daß die Individualpsychologie eigentlich nur von einem ganz bestimmten Menschentypus gelte, nämlich dem Typus des Strebers. Vielleicht muß man in der Kritik nicht so weit gehen; immerhin glauben wir, daß die Individualpsychologie bei all dem Geltungsstreben, das sie immer und überall vorzufinden vermeinte, übersah, daß so mancher Mensch von einem viel radikaleren Ehrgeiz beseelt sein kann, als es der simple Ehrgeiz ist — von einem Streben, das sich sozusagen mit irdischen Ehren gar nicht zufrieden gäbe, sondern nach viel, viel mehr langte, nach einem Sich-verewigen, in irgendeiner Form.

Man hat den Ausdruck Tiefenpsychologie geprägt; wo aber bleibt die Höhenpsychologie — die nicht nur den Willen zur Lust, sondern auch den Willen zum Sinn mit einbezieht in ihr Gesichtsfeld[1]? Wir müssen uns fragen, ob es nicht an der Zeit ist, auch innerhalb der Psychotherapie die menschliche Existenz nicht nur in ihrer Tiefe, sondern auch in ihrer Höhe zu sehen — damit allerdings bewußt hinausgreifend nicht nur über die Stufe des Physischen, sondern auch noch über die des Psychischen, und den Bereich des Geistigen prinzipiell einbeziehend.

Die bisherige Psychotherapie hat uns der geistigen Wirklichkeit des Menschen zu wenig ansichtig werden lassen. Bekannt ist z. B. noch ein weiterer Gegensatz zwischen Psychoanalyse und Individualpsychologie: während jene die seelische Wirklichkeit unter der Kategorie der Kausalität anschaut, herrscht im Blickfeld der Individualpsychologie die Kategorie der Finalität. Wobei sich nicht leugnen läßt, daß Finalität irgendwie die höhere Kategorie darstellt und in diesem Sinne die Indivi-

[1]) Vgl. V. E. Frankl, Zentralblatt für Psychotherapie 10, 33, 1938: „Wo ist jene therapeutisch interessierte Psychologie, die diese höheren Schichten menschlicher Existenz in ihren Aufriß einbezöge und in diesem Sinne und im Gegensatz zum Worte von der Tiefenpsychologie den Namen Höhenpsychologie verdiente?" Nun, ein Vertreter der Höhenpsychologie hat einmal gesagt: Ideals are the very stuff of survival — überleben kann der Mensch nur, wenn er auf Ideale hin lebt — und gemeint hat der Vertreter der Höhenpsychologie, daß all dies nicht nur vom einzelnen Menschen, sondern auch von der Menschheit im ganzen gilt. Von welchem Höhenpsychologen ich da spreche? Vom ersten amerikanischen Astronauten, John H. Glenn — wahrlich von einem Höhenpsychologen . . .

dualpsychologie gegenüber der Psychoanalyse eine Höherentwicklung der Psychotherapie, einen Fortschritt in ihrer Geschichte bedeutet. Dieses Fortschreiten ist aber unseres Erachtens gleichsam noch offen, insofern nämlich, als noch eine höhere Stufe ergänzt werden kann. Müssen wir uns doch fragen, ob mit den beiden angeführten Kategorien der Bereich möglicher kategorialer Gesichtspunkte bereits erschöpft sei oder ob nicht vielmehr zum „Müssen“ (aus der Kausalität heraus) und zum „Wollen“ (gemäß einer seelischen Finalität) die neue Kategorie des „Sollens“ hinzuzutreten habe.

Derartige Überlegungen mögen auf den ersten Blick lebensfern erscheinen, sie sind es aber nicht; im besonderen nicht für den Arzt und am allerwenigsten für den psychotherapeutischen Praktiker. Will er doch letzten Endes irgendwie aus dem Kranken das Möglichste herausholen. Das Möglichste wohl nicht an Geheimnis, sondern an menschlichem Wert; eingedenk jenes Wortes von GOETHE, das man vielleicht als die oberste Maxime jedweder Psychotherapie hinstellen könnte: „Wenn wir die Menschen nehmen, wie sie sind, so machen wir sie schlechter. Wenn wir sie behandeln, als wären sie, was sie sein sollten, so bringen wir sie dahin, wohin sie zu bringen sind.“

Jenseits ihrer anthropologischen Aspekte und ihrer psychopathologischen Kategorien können wir nun feststellen, daß Psychoanalyse und Individualpsychologie auch in bezug auf ihr psychotherapeutisches Endziel eine unterschiedliche Einstellung haben. Auch hier bekommen wir es aber nicht mehr mit einer puren Gegensätzlichkeit zu tun, vielmehr wird uns wieder eine Art Stufenfolge sichtbar — und wieder eine Stufenleiter, die, wie wir glauben, noch nicht zu Ende beschritten ist. Betrachten wir doch die weltanschauliche Zielsetzung, die der Psychoanalyse bewußt oder unbewußt, selten eingestanden, immer aber implicite enthalten, zugrunde liegt. Was will die Psychoanalyse beim neurotischen Menschen letzten Endes erreichen? Ihr vorgegebenes Ziel liegt darin, ein Kompromiß herbeizuführen zwischen den Ansprüchen seines Unbewußten einerseits und den Forderungen der Realität andererseits. Sie sucht das Individuum, seine Triebhaftigkeit, an die Außenwelt anzupassen, mit der Wirklichkeit zu versöhnen, die oftmals — entsprechend einem „Realitätsprinzip“ — die sogenannte Triebversagung unerbittlich fordert. Demgegenüber ist das Ziel der Individualpsychologie weiter gesteckt. Über bloße Anpassung hinaus fordert sie vom Kranken eine mutige Gestaltung der Wirklichkeit; dem Müssen von seiten des Es stellt sie das Wollen von seiten des Ich entgegen. Wir aber müssen uns nun fragen, ob diese Reihe von Zielen nicht unvollständig ist, ob nicht der Vorstoß in eine weitere Dimension gestattet oder gar geboten erscheint, ob nicht, mit anderen Worten, zu den Kategorien der Anpassung und der Gestaltung eine dritte hinzugefügt werden muß, wofern wir zu einem angemessenen Bild von der totalen leiblich-seelisch-geistigen Wirklichkeit „Mensch" gelangen wollen, das allein uns erst instand setzte, den uns anvertrauten, sich uns anvertrauenden leidenden Menschen zu dieser seiner eigentlichen Wirklichkeit hinzubringen. Wir meinen nun, daß diese letzte Kategorie die Kategorie der Erfüllung ist. Zwischen der Gestaltung des äußeren Lebens und der inneren Erfüllung eines Menschen besteht nämlich ein wesentlicher Unterschied. Ist Lebensgestaltung sozusagen eine extensive Größe, dann ist Lebenserfüllung gleichsam eine vektorielle Größe: sie ist gerichtet, gerichtet auf die jeder einzelnen menschlichen Person vorgegebene, vorbehaltene, aufgegebene Wertmöglichkeit, um deren Verwirklichung es im Leben geht.

Fingieren wir, um all diese Unterscheidungen an einem Beispiel klarzumachen, einen jungen Menschen, der in ärmlichen Verhältnissen aufgewachsen und — statt sich damit zufrieden zu geben, daß er sich der Enge und dem Zwang dieser Verhältnisse „anpaßt" — der Umwelt seinen persönlichen Willen aufzwingt und sein Leben derart „gestaltet", daß er etwa studieren kann, um einen gehobenen Beruf zu ergreifen. Nehmen wir weiter an, er würde einer Eignung und Neigung folgend Medizin studieren und Arzt werden; würde dann die Chance erhalten, das verlockende Angebot einer finanziell lukrativen Stellung anzunehmen, die ihm zugleich eine Nobelpraxis gewährt; so könnte er sein Leben meistern und zu einem äußerlich reichen Dasein gestalten. Nehmen wir nun aber auch an, daß die Begabung dieses Mannes auf einem Spezialgebiet seines Faches gelegen wäre, zu dem ihm jene Stellung keinen Zugang bietet — dann wäre trotz der geglückten äußeren Lebensgestaltung die innere Erfüllung diesem Leben versagt geblieben. Noch so wohlhabend, noch so scheinbar glücklich, inmitten eines nach Gutdünken ausgestatteten Heimes, im eigenen Haus, mit kostbarem Luxuswagen und kostspieligen Allüren, müßte dieser Mensch, sobald er gelegentlich zu einer tieferen Besinnung kommt, sein Leben irgendwie für verfehlt erachten, müßte er, etwa konfrontiert mit der Gestalt eines anderen Menschen, der unter Verzicht auf äußeren Reichtum und viele Annehmlichkeiten des Lebens seiner eigentlichen Bestimmung treu geblieben ist, mit den Worten Hebbels sich eingestehen: „Der ich bin, grüßt traurig den, der ich könnte sein." Umgekehrt könnten wir uns sehr gut vorstellen, daß der von uns imaginierte Mensch, auf eine glanzvolle äußere Karriere und damit auf so manche Güter des Lebens verzichtend, hingegen auf ein von seiner Begabung diktiertes engeres Fachgebiet zurückgezogen, den Sinn seines Lebens und seine innere Erfüllung findet in der Leistung dessen, was er und vielleicht ausschließlich er am besten kann. In diesem Lichte mag uns so mancher „kleine" Landarzt, der in seiner konkreten Umwelt wurzelt und verbleibt, „größer" erscheinen, als viele seiner in der Großstadt arrivierten Kollegen; und auch so mancher Theoretiker auf entlegenem Posten der Wissenschaft mag dann noch höher stehen als viele der Praktiker, die, „mitten im Leben" stehend, den Kampf gegen den Tod zu führen vorgeben. Denn an der Kampffront der Wissenschaft, dort, wo sie den Kampf mit dem Unbekannten aufnimmt oder fortführt, hält der Theoretiker einen zwar kleinen Frontabschnitt — an ihm jedoch mag er Unersetzliches und Einmaliges leisten und in der Einzigartigkeit dieser persönlichen Leistung unvertretbar sein. Er hat seinen Platz gefunden und ausgefüllt und damit sich selbst erfüllt. —

So hätten wir gleichsam rein deduktiv etwas gewonnen, was man als eine Vakanz im wissenschaftlichen Raume der Psychotherapie bezeichnen könnte; es wäre uns so gelungen, den Nachweis einer leeren Stelle zu erbringen, die der Ausfüllung harrt. Haben wir doch die Ergänzungsbedürftigkeit bisheriger Psychotherapie durch ein psychotherapeutisches Vorgehen aufgezeigt, das sich sozusagen jenseits von Ödipuskomplex und Minderwertigkeitsgefühl bewegt — oder, allgemeiner gesprochen: jenseits aller Affektdynamik überhaupt. Ausständig ist sonach eine Psychotherapie, die hinter diese Affektdynamik zurückgeht, die hinter dem seelischen Leiden des neurotischen Menschen seines geistigen Ringens ansichtig wird. Es geht somit um eine Psychotherapie „vom Geistigen her".

Die Geburtsstunde der Psychotherapie hatte geschlagen, als man daranging, hinter körperlichen Symptomen die seelischen Ursachen zu sehen, also ihre Psychogenese zu entdecken; jetzt aber gilt es, noch einen letzten Schritt zu tun und hinter dem Psychogenen, über die Affektdynamik der Neurose hinaus, den Menschen in seiner geistigen Not zu schauen — um von hier aus zu helfen. Wir übersehen dabei keineswegs, daß der Arzt dem Kranken gegenüber dann eine Hilfsstellung bezieht, die beladen ist mit Problematik; mit jener Problematik nämlich, die sich aus der sodann notwendig gewordenen wertenden Stellungnahme ergibt. Wird doch in dem Augenblick, wo der Boden einer geforderten „Psychotherapie vom Geistigen her" betreten wird, die ganze geistige Haltung des Arztes, seine konkrete weltanschauliche Position, explizit — während sie bis dahin, im schlichten ärztlichen Handeln, nur verdeckt enthalten war: in der Form des allem ärztlichen Tun als solchem von vornherein und stillschweigend zugrunde gelegten Bejahens des Gesundheitswertes. Die Anerkennung dieses Wertes als letzter Richtschnur der Heilkunde ist jedoch frei von Problematik, da der Arzt sich jederzeit auf das Mandat der menschlichen Gesellschaft berufen konnte, die ihn ja zur Wahrung gesundheitlicher Interessen schließlich eingesetzt hat.

Die von uns postulierte Ausweitung jeglicher Psychotherapie hingegen, das Einbeziehen des Geistigen in die seelische Krankenbehandlung, birgt Schwierigkeiten und Gefahren in sich. Mit ihnen, vornehmlich mit der Gefahr des Oktrois der persönlichen Weltanschauung des Arztes auf den behandelten Kranken, werden wir uns noch auseinanderzusetzen haben; mit der Frage, ob solch ein Oktroi sich überhaupt vermeiden läßt, wird gleichzeitig die Frage nach der grundsätzlichen Möglichkeit der von uns geforderten Ergänzung der Psychotherapie beantwortet werden müssen. Solange diese Frage offensteht, bleibt das Postulat einer „Psychotherapie vom Geistigen her" ein bloßes Desiderat. Diese Psychotherapie selbst steht und fällt damit, daß es uns gelingt, über die Deduktion ihrer theoretischen Notwendigkeit hinaus auch ihre Möglichkeit aufzuweisen und den Nachweis zu erbringen für die prinzipielle Berechtigung des Hineinnehmens des Geistigen (und nicht nur des Seelischen) in die ärztliche Behandlung. Wollen wir sonach, im Rahmen unserer Kritik der „bloßen" Psychotherapie, keiner Grenzüberschreitung schuldig werden, dann müssen wir die Möglichkeit des Wertens innerhalb der Psychotherapie aufzeigen. Bevor wir jedoch an dieses Unternehmen herangehen — es sei dem Schlußkapitel dieses Buches vorbehalten — und nachdem wir bereits auf die Wirklichkeit des Wertens in allem ärztlichen Handeln hingewiesen haben, wollen wir uns mit der Notwendigkeit des Wertens befassen; und zwar nicht mit seiner theoretischen Notwendigkeit — mit ihr haben wir uns im vorstehenden bereits beschäftigt —, sondern mit seiner praktischen Notwendigkeit.

Tatsächlich bestätigt die Empirie, was wir vorhin deduktiv zu gewinnen trachteten: die Ausständigkeit einer Psychotherapie vom Geistigen her. Tatsächlich wird der Psychotherapeut täglich und stündlich, im Alltag seiner Praxis und in der konkreten Situation seiner Sprechstunde, mit weltanschaulichen Fragen konfrontiert. Ihnen gegenüber erweist sich alles, was ihm seitens der bisherigen, der „bloßen" Psychotherapie an Rüstzeug an die Hand gegeben wurde, als unzulänglich.

Das existentielle Vakuum und die noogene Neurose

Die Aufgabe des Arztes, dem Patienten zu einer — zu des Patienten eigener! — Wert- und Weltanschauung zu verhelfen, ist in einer Zeit wie der heutigen nur um so dringlicher, als ungefähr 20% der Neurosen durch ein Sinnlosigkeitsgefühl bedingt und verursacht sind, das ich als das existentielle Vakuum bezeichne. Dem Menschen sagt nicht, wie den Tieren, ein Instinkt, was er tun muß, und heute sagen ihm auch keine Traditionen mehr, was er tun soll; bald wird er nicht mehr wissen, was er eigentlich will, und nur um so eher bereit sein, zu tun, was andere von ihm wollen, mit anderen Worten, er wird anfällig werden gegenüber autoritären und totalitären Führern und Verführern.

Heute wenden sich Patienten an den Psychiater, weil sie am Sinn ihres Lebens zweifeln oder gar daran verzweifeln, einen Lebenssinn überhaupt zu finden. In der Logotherapie sprechen wir in diesem Zusammenhang von einer existentiellen Frustration. An und für sich handelt es sich um nichts Pathologisches. Mir ist der konkrete Fall eines Patienten bekannt, der — von Beruf Universitätsprofessor — an meine Klinik gewiesen worden war wegen seiner Verzweiflung hinsichtlich eines Daseinssinns. Im Gespräch nun ergab sich, daß es sich bei ihm eigentlich um einen endogen depressiven Zustand handelte. Nun stellte sich heraus, daß die Grübeleien über den Sinn seines Lebens nicht etwa, wie man hätte vermuten können, zu den Zeiten der depressiven Phasen ihn überkommen wären; vielmehr war er zu diesen Zeiten dermaßen hypochondrisch präokkupiert, daß er an so etwas gar nicht hätte denken können. Nur in den gesunden Intervallen kam es zu diesen Grübeleien! Mit anderen Worten, zwischen geistiger Not einerseits und andererseits seelischer Krankheit bestand im konkreten Falle sogar ein Ausschließungsverhältnis. Freud war anderer Ansicht, wenn er an Marie Bonaparte schrieb: „Im Moment, da man nach Sinn und Wert des Lebens fragt, ist man krank . . .“[1])

Rolf von Eckartsberg vom Department of Social Relations der Harvard University verdanken wir eine ausgedehnte Längsschnittuntersuchung, die sich über 20 Jahre erstreckte. Es handelt sich um 100 ehemalige Harvard-Studenten, und — wie ich einer persönlichen Mitteilung von Rolf von Eckartsberg entnehme — „25% berichteten ganz spontan von einer ‚Krise‘ in ihrem Leben, die sich auf die Frage nach dem Sinn ihres Lebens bezog. Obwohl sie teilweise sehr erfolgreich in ihrem Beruf sind (die Hälfte sind im Geschäftsleben tätig) und sehr gut verdienen, klagen sie doch über den empfundenen Mangel einer besonderen Lebensaufgabe, einer Tätigkeit, in der sie einen einzigartigen und unersetzlichen Beitrag leisten könnten. Sie suchen nach einer ‚Berufung‘ und persönlichen, tragenden Werten.“

Sofern von Neurose die Rede sein kann, haben wir es mit einem neuen Typus von Neurose zu tun, den wir in der Logotherapie als noogene

[1]) Sigmund Freud, Briefe 1873—1939, Frankfurt am Main 1960, p. 429.

Neurose bezeichnen. In den USA ist man sowohl an der Harvard University als auch am Bradley Center in Columbus, Georgia, darangegangen, Tests auszuarbeiten, um die noogene Neurose von einer psychogenen Neurose diagnostisch differenzieren zu können. JAMES C. CRUMBAUGH und LEONHARD T. MAHOLICK resümieren ihre Forschungsergebnisse folgendermaßen: "The results of 1151 subjects consistently support FRANKL's hypothesis that a new type of neurosis—which he terms noogenic neurosis—is present in the clinics alongside the conventional forms. There is evidence that we are in truth dealing with a new syndrome."[1])

Liegt eine noogene Neurose vor, so bietet sich als deren spezifische Therapie die Logotherapie an; wenn sie aber trotz ihrer Indikation von dem einen oder dem anderen Arzt perhorresziert wird, dann liegt der Verdacht nahe, daß es aus der Angst heraus geschieht, mit dem eigenen existentiellen Vakuum konfrontiert zu werden.

Gegenüber der existentiellen Problematik, die sich in Fällen der von uns sogenannten noogenen Neurose auftut, würde eine einseitig psychodynamisch und analytisch eingestellte und ausgerichtete Psychotherapie den Patienten über seine „tragische Existenz" (ALFRED DELP) hinwegtrösten, während die Logotherapie sich ihr eben stellt und sie so ernst nimmt, daß sie auf deren psychologistische und pathologistische Mißdeutung als "nothing but defense mechanisms and reaction formations" verzichtet. Oder heißt es nicht trösten, und zwar billigen Trost spenden, wenn der Arzt wie so oft — ich zitiere den amerikanischen Psychoanalytiker BURTON[2]) — die Todesangst des Patienten auf eine Kastrationsfurcht reduziert und solcherart existentiell verharmlost? Was gäbe ich darum, wäre ich von der Kastrationsfurcht geplagt und nicht von der bangen Frage, dem quälenden Zweifel, ob mein Leben dereinst, in der Stunde meines Sterbens, einen Sinn gehabt haben wird?

Durch das Auftreten noogener Neurosen hat sich aber nicht nur der Horizont der Psychotherapie erweitert, sondern auch deren Klientel verändert. Die Ordination des Arztes ist eine Auffangstelle geworden für alle am Leben Verzweifelnden, an einem Sinn des Lebens Zweifelnden. Angesichts der „Abwanderung der abendländischen Menschheit vom Seelsorger zum Seelenarzt", wie sie v. GEBSATTEL verzeichnen konnte, wächst der Psychotherapie eine Art Statthalterfunktion zu.

---

[1]) J. H. CRUMBAUGH and L. T. MAHOLICK, The Psychometric Approach to Frankl's Concept of Noogenic Neurosis, Journal of Clinical Psychology 24, 74, 1968.

[2]) ARTHUR BURTON, Death as a Countertransference, Psychoanalysis and the Psychoanalytic Review 49, 3, 1962/63.

Eigentlich brauchte sich aber heute niemand über Mangel an Lebenssinn zu beklagen; denn er braucht nur seinen Horizont zu erweitern, um zu bemerken, daß zwar wir uns des Wohlstands erfreuen, andere aber im Notstand leben; wir erfreuen uns der Freiheit; wo aber bleibt die Verantwortlichkeit für die anderen? Vor Jahrtausenden hat sich die Menschheit zum Glauben an den einen Gott durchgerungen: zum Monotheismus — wo aber bleibt das Wissen um die eine Menschheit, ein Wissen, das ich Monanthropismus nennen möchte? Das Wissen um die Einheit der Menschheit, eine Einheit, die hinausgeht über alle Mannigfaltigkeiten, sei es solche der Hautfarbe oder der Parteifarbe.

Die Überwindung des Psychologismus

Jeder Psychotherapeut weiß, wie häufig im Verlauf einer seelenärztlichen Behandlung die Frage nach dem Sinn des Lebens exponiert wird. Damit nun, daß wir wissen, daß der Zweifel eines Kranken an dem Sinn seines Lebens, daß seine weltanschauliche Verzweiflung sich so oder so psychologisch entwickelt hat, ist uns wenig gedient. Mögen wir auch Minderwertigkeitsgefühle als seelischen Ursprung seiner geistigen Not ihm nachzuweisen imstande sein, mögen wir auch etwa eine pessimistische Lebensauffassung des Kranken auf irgendwelche Komplexe „zurückführen“ zu können glauben und ihm glaubhaft machen — in Wirklichkeit reden wir mit all dem am Kranken nur vorbei. Wir treffen damit den Kern seiner Probleme ebensowenig wie ein Arzt, der überhaupt nicht psychotherapeutisch vorgeht, sondern sich mit körperlichen Behandlungsmaßnahmen oder medikamentösen Verschreibungen begnügt. Wie weise ist dem gegenüber der klassische Spruch, der sagt: „Medica mente, non medicamentis!“

Worauf es uns hier aber ankommt, ist: zu zeigen, daß alle derartigen Weisen des ärztlichen Vorgehens in eine Reihe zu stellen sind und gleichermaßen ein „Vorbeireden“ am Kranken bedeuten, nur daß dieses Vorbeireden im einen oder anderen Falle vielleicht „unter dem Bilde“ von Arzttum und Wissenschaftlichkeit erfolgt.

Was hier not tut ist: daß wir unseren Kranken Rede und Antwort stehen; daß wir lernen, in die Diskussion einzutreten, den Kampf mit den adäquaten Mitteln, d. h. mit geistigen Waffen, aufzunehmen. Was wir brauchen, oder vielmehr: was der neurotische Mensch verlangen darf, ist eine immanente Kritik all dessen, was er an weltanschaulichen Argumenten vorbringen mag. Wir müssen gegenüber seinen Argumenten den ehrlichen Kampf mit Gegenargumenten wagen und es uns versagen, zu einer bequemen heterologen Argumentation zu greifen, die ihre

Gründe aus dem Reich des Biologischen oder vielleicht auch einmal des Soziologischen hernimmt. Dies zu versuchen hieße einer immanenten Kritik ausweichen, hieße die Ebene, auf der eine Frage gestellt ist — die geistige Ebene —, verlassen, statt auf ihr zu verbleiben und den geistigen Kampf, den Kampf um eine geistige Einstellung, mit geistigen Waffen zu wagen und zu bestehen. Schon aus einer Art weltanschaulicher Fairneß heraus sollten wir uns vielmehr mit gleichen Waffen schlagen.

Es versteht sich von selbst, daß es sich gelegentlich als ratsam erweisen wird, im Sinne einer Art erster Hilfeleistung vorzugehen, wo es sich um Fälle handelt, in denen die Patienten nicht nur am Sinn ihres Lebens zweifeln, sondern überhaupt verzweifeln und suizidgefährdet sind. Im Rahmen solcher erster Hilfe bewährt sich uns immer aufs neue, was sich als Akademisierung der Problematik bezeichnen ließe: sobald die Patienten einsehen, daß sich, was sie bedrückt, mit dem zentralen Thema der zeitgenössischen Existenzphilosophie deckt, werden alsbald ihre seelischen Nöte transparent auf die geistige Not der Menschheit hin, die sie nunmehr auf sich nehmen nicht als eine Neurose, deren sie sich zu schämen hätten, sondern als ein Opfer, auf das sie stolz sein dürfen. Ja, es gibt Patienten, die schließlich erleichtert feststellen, daß die sie bedrängende Problematik auf Seite soundsoviel dieses oder jenes existenzphilosophischen Werkes abgehandelt wird — durch welche Feststellung sie sich von ebendieser Problematik emotional distanzieren, indem sie sie rational objektivieren.

Ein Arzt mit erkenntniskritischer „Kinderstube" wird es also ablehnen, gegen die Verzweiflung eines geistig ringenden Menschen etwa einfach einen Tranquilizer zu verschreiben. Er wird vielmehr mit den Mitteln einer am Geistigen orientierten Psychotherapie den Versuch machen, dem Kranken Halt am Geistigen zu geben, geistige Verankerung zu ermöglichen. Dies gilt nicht nur auch, sondern erst recht immer dann, wenn wir es mit einer sogenannten typisch neurotischen Weltanschauung zu tun bekommen. Denn entweder der Kranke hat in seiner Weltanschauung recht — dann täten wir ihm Unrecht, wenn wir sie auf psychotherapeutischem Wege zu bekämpfen versuchten; denn nie dürfte die Weltanschauung eines Neurotikers eo ipso, nämlich als „neurotisch", abgelehnt werden. Oder aber der Kranke hat in seiner Weltanschauung nicht recht, dann bedarf die Korrektur seiner Weltanschauung grundsätzlich anderer, jedenfalls nicht psychotherapeutischer Methoden. Wir können also auch formulieren: Wenn der Kranke recht hat, ist Psychotherapie unnötig — eine richtige Anschauung brauchen wir ja nicht zu korrigieren; wenn aber der Kranke nicht recht hat, ist Psychotherapie unmöglich — eine unrichtige Anschauung können wir eben nicht durch Psychotherapie korrigieren. Es erweist sich somit allem Geistigen gegenüber die bisherige Psychotherapie als unzulänglich. Sie ist ihm gegenüber aber nicht nur unzulänglich — sondern auch nicht zuständig. Hat sie sich im vorher Besprochenen gegenüber der Totalität der seelischen Wirklichkeit insuffizient gezeigt, so zeigt sie sich nun der Autonomie der geistigen Wirklichkeit gegenüber inkompetent.

Diese Inkompetenz wird aber nicht erst am Versuch der Psychotherapie einer Weltanschauung offenbar; sie wird vielmehr bereits an einer — von all solcher Psychotherapie supponierten — sogenannten „Psychopathologie der Weltanschauung" sichtbar. Tatsächlich gibt es keine solche Psychopathologie der Weltanschauung und kann es auch keine geben. Denn eine geistige Schöpfung als solche ist psychologisch irreduzibel, schon deshalb, weil das Geistige und das Seelische inkommensurabel sind. Niemals nämlich läßt sich der Inhalt eines weltanschaulichen Gebildes aus den seelischen Wurzeln seines Schöpfers zur Gänze ableiten. Erst recht wird man niemals aus der Tatsache, daß der eine bestimmte Weltanschauung produzierende Mensch in seelischer Hinsicht krank ist, darauf schließen dürfen, daß seine Weltanschauung als geistiges Gebilde falsch sei. In Wirklichkeit ist auch mit der Erkenntnis, wie der Pessimismus oder Skeptizismus oder Fatalismus eines Neurotikers psychologisch entstanden sein mag, uns wenig gedient und dem Kranken gar nicht geholfen. Wir müssen seine Weltanschauung widerlegen — erst dann mögen wir dazu übergehen, uns mit der „Psychogenese" seiner „Ideologie" zu befassen, sie von seiner persönlichen Lebensgeschichte her zu verstehen. Es gibt also keine Psychopathologie oder gar Psychotherapie der Weltanschauung, es kann höchstens eine Psychopathologie bzw. Psychotherapie des die Welt Anschauenden geben — des konkreten Menschen, von dessen Kopf die betreffende Weltanschauung produziert wurde. Von vornherein wäre es aber ausgeschlossen, daß eine solche Psychopathologie jemals ein Urteil über die Richtigkeit oder die Unrichtigkeit einer Weltanschauung fällen dürfte (vgl. Allers). Nie könnte sie etwas in bezug auf ein bestimmtes Philosophem aussagen; ihre Aussagen gelten von vornherein und grundsätzlich nur in bezug auf die Person des jeweiligen Philosophen. Die ihr gemäßen Kategorien „gesund — krank" sind jeweils nur auf den Menschen anwendbar, niemals aber auf sein Werk. Eine psychopathologische Aussage über einen Menschen wird daher niemals die philosophische Prüfung einer Weltanschauung auf ihre Richtigkeit oder Unrichtigkeit hin ersetzen und ersparen können. Die seelische Gesundheit oder Krankheit des Trägers einer Weltanschauung kann die geistige Richtigkeit oder Unrichtigkeit dieser Weltanschauung weder beweisen noch widerlegen. Denn zwei mal zwei ist vier, auch wenn ein Schizophrener es behauptet. Rechenfehler zeigen wir im Nachrechnen auf, aber nicht durch Psychiatrieren; wir schließen nicht vom Vorliegen einer Paralyse auf den Rechenfehler, im Gegenteil, vom nachgewiesenen Rechenfehler schließen wir auf die Paralyse. So bleibt es auch prinzipiell irrelevant für die Beurteilung geistiger Inhalte, wie sie seelisch entstanden sein mögen oder ob sie die Produkte seelisch krankhafter Prozesse sind.

Worum es sich bei diesen Problemen letzten Endes handelt, ist die Frage des Psychologismus. So nennt man nämlich jenes scheinwissenschaftliche Vorgehen, das aus der seelischen Entstehung eines Aktes auf die Gültigkeit bzw. Ungültigkeit seines geistigen Inhaltes zu schließen versucht. Ein Versuch, der von vornherein zum Scheitern verurteilt ist. Denn objektiv geistige Schöpfungen entziehen sich solch heterologem Zugriff. Die Eigengesetzlichkeit alles Geistigen darf nie ignoriert werden. Es ist unerlaubt, etwa aus dem Umstand, daß der Gottesbegriff der Angst des Urmenschen vor übermächtigen Naturgewalten seine Entstehung verdankt, das Dasein eines göttlichen Wesens zu bestreiten; oder etwa aus dem Umstand, daß ein Künstler in einem krankhaften seelischen Zustand, sagen wir: in einer psychotischen Lebensphase, ein Werk schuf, auf den künstlerischen Wert oder Unwert dieser Schöpfung zu schließen. Auch wenn gelegentlich einmal eine ursprünglich echte geistige Leistung oder kulturelle Erscheinung sozusagen sekundär in den Dienst wesensfremder Motive und Interessen gestellt wird, also irgendwie mißbraucht wird — lediglich auf diesen Tatbestand hin ist der Wert des betreffenden geistigen Gebildes in und an sich noch lange nicht in Frage gestellt. Angesichts der allfälligen Verwendung künstlerischen Schaffens oder religiösen Erlebens zu neurotischen Zwecken ihre innere Geltung und ihren ursprünglichen Wert zu übersehen, hieße das Kind mit dem Bade ausschütten. Wer so urteilt, gleicht jenem Manne, der angesichts eines Storches verwundert meinte: „Ich dachte doch, es gibt gar keinen Storch.“ Weil die Gestalt des Storches gleichsam sekundär zu dem bekannten Ammenmärchen verwendet wird, deshalb soll es diesen Vogel in Wirklichkeit nicht geben?

Bei all dem soll natürlich nicht bestritten werden, daß geistige Gebilde psychologisch und weiterhin auch biologisch und soziologisch irgendwie bedingt sind; sie sind in diesem Sinne „bedingt“ — aber nicht in diesem Sinne „verursacht“. Wälder hat mit Recht darauf verwiesen, daß all diese Bedingtheiten geistiger Gebilde und kultureller Erscheinungen nachgerade die „Fehlerquelle“ darstellen, aus der wohl einzelne Einseitigkeiten oder Übertriebenheiten entspringen mögen, keinesfalls aber der wesentliche Inhalt, die geistige Leistung sich positiv erklären ließe. (Jeder derartige „Erklärungs"-Versuch verwechselt das Ausdrucksfeld einer Person mit dem Darstellungsfeld einer Sache.) Und in bezug auf die Gestaltung des persönlichen Weltbildes hat bereits SCHELER gezeigt, daß die charakterologischen Differenzen, die ganze Individualität eines Menschen sich nur insofern auf sein Weltbild auswirken, als sie dessen Wahl beeinflussen; in dessen Inhalt jedoch gehen sie nicht ein. Daher nennt SCHELER diese bedingenden Momente „elektiv" und nicht „konstitutiv". Sie lassen nur verstehen, warum der betreffende Mensch gerade eben diese seine persönliche Art hat, die Welt anzuschauen; sie können aber nie und nimmer das „erklären", was sich von der Fülle der Welt in dieser einzelnen, wenn auch einseitigen Sicht darbietet. Die Partikularität jeder Perspektive, die Ausschnitthaftigkeit aller Weltbilder setzt ja die Objektivität der Welt voraus. Schließlich läßt auch etwa das Bestehen von Fehlerquellen und Bedingtheiten astronomischer Beobachtung, wie sie in der bekannten „persönlichen Gleichung" der Astronomen zum Vorschein kommen, niemanden daran zweifeln, daß es — über solche Subjektivitäten hinaus — so etwas wie einen Sirius wirklich gibt. Zumindest aus heuristischen Gründen werden wir daher den Standpunkt einnehmen müssen, daß die Psychotherapie als solche in allen weltanschaulichen Fragen nicht zuständig ist, da schon die Psychopathologie mit ihren Kategorien „gesund" und „krank" gegenüber den Fragen des Wahrheitsgehaltes und der Geltung eines geistigen Gebildes versagen muß. Ließe sich die bloße Psychotherapie diesbezüglich auf ein Urteil ein, dann verfiele sie im gleichen Augenblick dem Fehler des Psychologismus.

So wie innerhalb der Philosophiegeschichte der Psychologismus überwunden wurde, so muß nun der Psychologismus innerhalb der Psychotherapie durch etwas überwunden werden, was wir als Logotherapie bezeichnen möchten. Einer solchen Logotherapie fiele die Aufgabe zu, die wir einer „Psychotherapie vom Geistigen her" gestellt haben; die Aufgabe, die Psychotherapie im engeren Wortsinn zu ergänzen und jene Vakanz auszufüllen, die wir zuerst theoretisch zu deduzieren versuchten, um sie späterhin an Hand der seelenärztlichen Praxis zu verifizieren. Erst die Logotherapie ist methodisch legitimiert, unter Verzicht auf das psychologistische Ableiten in inadäquate Kritik sich in eine sachliche Debatte der geistigen Not des seelisch leidenden Menschen einzulassen (Anmerkung 4).

Eine Logotherapie kann und soll naturgemäß die Psychotherapie nicht ersetzen, sondern ergänzen (und auch dies nur in bestimmten Fällen). De facto ist das, was sie will, längst und immer wieder geschehen: mehr minder bewußt, meist unbewußt. Unser Bemühen gilt jedoch der Frage, ob und inwieweit Logotherapie de iure geschieht. Zum Zwecke solcher Klarstellung müssen wir in einer auf das Methodische ausgerichteten Untersuchung die logotherapeutische von der psychotherapeutischen Komponente aus heuristischen Gründen erst einmal absondern. Wir vergessen dabei aber niemals, daß beide Komponenten in der seelenärztlichen Praxis lebendig zusammenhängen, sozusagen in ärztlicher Tateinheit miteinander verschmelzen. Schließlich lassen sich ja auch die Gegenstände der Psychotherapie bzw. Logotherapie, nämlich das Seelische und das Geistige des Menschen, nur in heuristischem Sinne voneinander trennen, während sie in der realen Einheit der ganzheitlichen menschlichen Existenz unlösbar ineinander verschränkt sind.

Grundsätzlich bleibt es also dabei, daß das Geistige vom Seelischen geschieden werden muß; beide stellen zwei wesensverschiedene Bereiche[1]) dar. Und der Fehler des Psychologismus ist darin zu sehen, daß willkürlich von der einen Ebene in die andere hinübergewechselt wird. Dabei wird die Eigengesetzlichkeit alles Geistigen jeweils unberücksichtigt gelassen, und diese Vernachlässigung muß naturgemäß dazu führen, daß eine μετάβασις εἰς ἄλλο γένος vollzogen wird. Sie im Felde psychotherapeutischen Handelns zu vermeiden und so den Psychologismus innerhalb der Psychotherapie zu überwinden, ist das Vorhaben und eigentliche Anliegen der von uns geforderten Logotherapie.

Der genetische Reduktionismus und der analytische Pandeterminismus

Heute leben wir in einem Zeitalter der Spezialisten, und was sie uns vermitteln, sind bloß partikuläre Perspektiven und Aspekte der Wirklichkeit. Vor den Bäumen der Forschungsergebnisse sieht der Forscher nicht mehr den Wald der Wirklichkeit. Die Forschungsergebnisse sind aber nicht nur partikulär, sondern auch disparat, und es fällt schwer, sie zu einem einheitlichen Welt- und Menschenbild zu verschmelzen. Nun kann das Rad der Entwicklung nicht zurückgedreht werden. In einer Zeit, deren Forschungsstil durch das teamwork charakterisiert ist, können wir der Spezialisten weniger denn je entraten. Aber die Gefahr liegt gar nicht darin, daß sich die Forscher spezialisieren, sondern darin, daß die Spezialisten — generalisieren. Wir alle kennen die sogenannten terribles simplificateurs. Ihnen an die Seite stellen ließen sich nun die *terribles généralisateurs*, wie ich sie nennen möchte. Die terribles simpli-

[1]) Vgl. V. E. Frankl, Anthropologische Grundlagen der Psychotherapie, Bern 1975, S. 109 ff.

ficateurs vereinfachen alles; sie schlagen alles über einen Leisten. Die terribles généralisateurs aber bleiben nicht einmal bei ihrem Leisten, sondern verallgemeinern ihre Forschungsergebnisse. Als Neurologe stehe ich dafür ein, daß es durchaus legitim ist, den computer als ein Modell zu betrachten, sagen wir, für das Zentralnervensystem. Der Fehler liegt erst in der Behauptung, der Mensch sei nichts als ein computer. Der Mensch ist ein computer. Aber er ist zugleich unendlich mehr als ein computer. Der Nihilismus demaskiert sich nicht durch das Gerede vom Nichts, sondern maskiert sich durch die Redewendung „nichts als".

Im Zuge der unter dem Einfluß der Psychoanalyse heraufbeschworenen und von Boss gegeißelten Tendenz, intrapsychische „Instanzen zu personifizieren", hat sich der Hang eingebürgert, allenthalben Tricks und Finten zu wittern und auf deren Demaskierung und Entlarvung auszugehen. Daß dieser furor analysandi, wie Ramon Sarro (Fünfter internationaler Kongreß für Psychotherapie, Wien 1961) ihn nennt, vor dem Sinn und den Werten nicht einhält, bedroht und gefährdet die Psychotherapie an deren Wurzel. Die Amerikaner sprechen in diesem Zusammenhang von einem reductionism. Den reductionism könnte ich definieren als ein scheinwissenschaftliches Vorgehen, durch das die spezifisch humanen Phänomene auf subhumane Phänomene reduziert bzw. von ihnen deduziert werden. Wie denn überhaupt der Reduktionismus definiert werden könnte als ein Subhumanismus. Hinter der Liebe stehen nunmehr nur noch sogenannte zielgehemmte Triebe, und das Gewissen ist dann nichts als das Über-Ich (von der wirklich modernen Psychoanalyse wird die Identifikation von Gewissen und Über-Ich längst nicht mehr aufrechterhalten, sondern die Differenz zwischen ihnen anerkannt und zugegeben). Mit einem Wort, spezifisch humane Phänomene wie Gewissen und Liebe werden zu bloßen Epiphänomenen gemacht. Dann ist der Geist nichts als die höchste Nerventätigkeit, um auf die bekannte Arbeit eines berühmten Forschers anzuspielen. Welch eine Epiphänomenologie des Geistes ...

Dem gelehrten Nihilismus, wie er im Reduktionismus zum Ausdruck kommt, steht der gelebte Nihilismus gegenüber, als der sich das existentielle Vakuum interpretieren ließe. Dem existentiellen Vakuum arbeitet nun der Reduktionismus mit seiner Tendenz, den Menschen zu reifizieren, zu versachlichen und zu entpersönlichen, in die Hände. Es klingt wie ein overstatement, ohne aber eines zu sein, wenn der junge amerikanische Soziologe William Irving Thompson erklärt: "Humans are not objects that exist as chairs or tables; they live, and if they find that their lives are *reduced* to the mere existence of chairs and tables, they commit suicide." (Main Currents in Modern Though 19, 1962.) Und sie tun es unter Umständen wirklich: Als ich an der Universität von Ann Arbor, Michigan, einen Vortrag gehalten und in dessen Rahmen das existentielle Vakuum besprochen hatte, behauptete in der Diskussion der Dean of Students, der Studentenbetreuer, dem existentiellen Vakuum begegne er in seiner Beratungsstelle täglich, und er sei bereit, mir eine ganze Liste zusammenzustellen von Studenten, die eben auf Grund ihres Zweifelns an einem Lebenssinn schließlich verzweifelt waren und Selbstmord begangen hatten.

Amerikanische Autoren waren die ersten, die selbstkritisch den von ihnen so genannten Reduktionismus aufs Korn nahmen, und mit ihrer Forderung, Echtes als solches anzuerkennen und "at face value", wie sie sagen, hinzunehmen, stimmten sie in den Chor der europäischen phänomenologischen Forschung ein. Dies geschieht nicht, ohne daß sie die Leistung von SIGMUND FREUD ebenfalls anerkennen würden; nur sehen sie in ihm einen Spezialisten für Motive, die eben nicht als echt anerkannt werden dürfen. So bezeichnet der wohl bedeutendste amerikanische Psycholog der Gegenwart, GORDON W. ALLPORT von der Harvard University, FREUD als "a specialist in precisely those motives that cannot be taken at their face value" (Personality and Social Encounter, Beacon Press, Boston 1960, p. 103). Als ein Beispiel greift ALLPORT FREUDS Stellungnahme zur Religion auf: "To him religion is essentially a neurosis in the individual, a formula for personal escape. The father image lies at the root of the matter. One cannot therefore take the religious sentiment, when it exists in a personality, at its face value." (l. c., p. 104.)

ALLPORT ist gerecht genug, um gleichzeitig zu vermerken, daß solcherart deutendes Vorgehen eigentlich veraltet ist: "In a communication to the American Psychoanalytic Association, KRIS points out that the attempt to restrict interpretations of motivation to the id aspect only 'represents the older procedure.' Modern concern with the ego does not confine itself to an analysis of defense mechanisms alone. Rather, it gives more respect to what he calls the 'psychic surface.'" (l. c., p. 103.)

Die angerührte Problematik hat nicht nur ihre sachliche, sondern auch ihre menschliche Seite. Müssen wir uns doch fragen, wohin es führt, wenn im Rahmen der Psychotherapie der Sinn und die Werte, auf die der Patient hinlebt, nicht mehr als echt hingenommen werden: der Patient selbst wird dann als Mensch nicht mehr ernst genommen. Wir können den Sachverhalt auch so formulieren, daß wir sagen: seinem Glauben wird nicht mehr geglaubt. Oder, um wieder mit ALLPORT zu sprechen: "The individual loses his right to be believed." (l. c., p. 96.)

Wie unter solchen Umständen noch ein Vertrauensverhältnis aufgebaut werden soll, läßt sich kaum vorstellen.

Wenn wir uns auf das Zeugnis von LUDWIG BINSWANGER stützen, dann betrachtete FREUD die Philosophie als „nichts weiter“ denn „eine der anständigsten Formen der Sublimierung verdrängter Sexualität“ (Erinnerungen an Sigmund Freud, Bern 1956, p. 19). Wie suspekt erst muß einem psychoanalytischen Epigonen die private und persönliche Weltanschauung eines neurotischen Patienten vorkommen! In dieser Optik wird aus der Philosophie nichts anderes als die Theoretisierung oder gar Theologisierung einer verkappten Neurose. Die Frage, ob nicht vielmehr umgekehrt die Neurose die Praktizierung einer verfehlten Philosophie darstellt, wird außer acht gelassen.

Der Reduktionismus ist nicht einmal dort im Recht, wo er sich auf eine genetische und analytische Interpretation nicht von menschlichen Leistungen, sondern von Störungen dieser Leistungen beschränkt, dort beispielsweise, wo der Glaubensverlust eines Menschen auf dessen Erziehung und Umgebung zurückgeführt wird. Immer wieder wird etwa behauptet, es sei der Einfluß der Vaterimago, dem im konkreten Falle die Verzerrung des Gottesbilds und so denn auch die Verleugnung Gottes zuzuschreiben ist.

Meine Mitarbeiter nahmen sich die Mühe, einer auslesefreien Serie des innerhalb 24 Stunden anfallenden Krankenguts hinsichtlich der Korrelationen nachzugehen, die sich zwischen Vaterimago und religiösem Leben aufhellen lassen. Im Laufe ihrer statistischen Untersuchung stellte sich heraus, daß 23 Personen eine mit durchaus positiven Zügen ausgestattete Vaterimago besaßen, während 13 nichts Günstiges auszusagen wußten. Und merkwürdig: von den 23 unter einem guten pädagogischen Stern aufgewachsenen fanden später nur 16 zu einem ebenso guten Verhältnis zu Gott, während 7 ihren Glauben aufgaben; unter den 13 aber, die unter den Auspizien einer negativen Vaterimago aufgezogen worden waren, fanden sich nur 2, die als irreligiös qualifiziert werden konnten, während sich nicht weniger als 11 zu einem gläubigen Leben durchgerungen hatten. Es rekrutierten sich also die 27 in ihrem späteren Leben religiösen keineswegs nur aus den Kreisen jener Leute, die in einem förderlichen Milieu aufgewachsen waren, wie denn auch umgekehrt die 9 irreligiös gewordenen ihre Irreligiosität nicht etwa nur einer negativen Vaterimago zu verdanken hatten. Selbst wenn wir in den Fällen, in denen eine Korrelation zwischen Vaterimago und Gottesbild vorlag, ein Ergebnis der Erziehung zu sehen vermöchten, würden wir demgegenüber die Wirkung einer Entscheidung anzunehmen haben in den Fällen, in denen Vaterimago und Gottesbild nicht kongruent waren. Der entscheidungsmächtige Mensch ist eben imstande, den Scheindeterminanten seines Verhaltens auch zu trotzen. Und es ist nicht zuletzt eine Aufgabe der Psychotherapie, dieses Freisein gegenüber den scheinbar allmächtigen Bedingungen zu evozieren. Die als „nichts weiter" denn „Sublimierung verdrängter Sexualität" (s. o.) geschmähte Philosophie ist es, die zu einer Erhellung dieser Freiheit dem Patienten den Weg weisen mag. Und es hieße nur einen Rat von KANT befolgen, gedächten wir, die Philosophie als eine Medizin anzuwenden. Dies a limine zu perhorreszieren, ist nicht statthaft. Bedenken wir doch, daß es ja auch als legitim gilt, im Rahmen der Medizin beispielsweise die Chemie anzuwenden!

Gegen einen gesunden Determinismus wäre ja nichts einzuwenden; wogegen wir uns jedoch zu wenden haben, ist, was ich als „Pandeterminismus" zu bezeichnen pflege[1]). Selbstverständlich ist der Mensch determiniert, d. h. Bedingungen unterworfen, mag es sich nun um biologische, psychologische oder soziologische Bedingungen handeln, und in diesem Sinne ist er keineswegs frei — er ist nicht frei von Bedingungen, er ist überhaupt nicht frei von etwas, sondern frei zu etwas, will heißen frei zu einer Stellungnahme gegenüber all den Bedingungen, und ebendiese eigentliche menschliche Möglichkeit ist es, die der Pandeterminismus eben so ganz und gar übersieht und vergißt.

Niemand braucht mich erst aufmerksam zu machen auf die Bedingtheit des Menschen — schließlich bin ich Facharzt für zwei Fächer, Neurologie und Psychiatrie, und als solcher weiß ich sehr wohl um die biopsychologische Bedingtheit des Menschen; aber ich bin nicht nur Facharzt für zwei Fächer, sondern auch Überlebender von vier Lagern, Konzentrationslagern, und so weiß ich denn auch um die Freiheit des Menschen, sich über all seine Bedingtheit hinauszuschwingen und selbst den ärgsten und härtesten Bedingungen und Umständen entgegenzutreten, sich entgegenzustemmen, kraft dessen, was ich die Trotzmacht des Geistes zu nennen pflege.

Imago hominis

Um die Rettung des Menschlichen im Angesicht der reduktionistischen Aspirationen einer pluralistischen Wissenschaft bemüht waren nun wie kaum wer anderer NICOLAI HARTMANN mit seiner Ontologie und

[1]) Hand in Hand mit dem Pandeterminismus, also einem übertriebenen Determinismus, geht im allgemeinen ein nicht weniger übertriebener Subjektivismus und Relativismus. Ersterer drückt sich im besonderen in den gängigen Motivationstheorien aus, so zwar, daß sie einseitig und ausschließlich homöostatisch orientiert sind.

MAX SCHELER mit seiner Anthropologie. Sie unterschieden distinkte Stufen bzw. Schichten wie das Leibliche, das Seelische und das Geistige. Ihnen entspricht je eine Wissenschaft, dem Leiblichen die Biologie, dem Seelischen die Psychologie usw. Der Verschiedenheit der Stufen bzw. Schichten aber entspringt eben der Pluralismus der Wissenschaften — und wo bleibt die Einheit des Menschen? Wo doch das Menschsein, wie eine Keramik von Rissen und Sprüngen, von „qualitativen Sprüngen" (HEGEL) durchsetzt und durchzogen ist? Bekanntlich wurde die Kunst definiert als Einheit in der Mannigfaltigkeit. Nun, ich möchte den Menschen definieren als Einheit trotz der Mannigfaltigkeit. Denn es gibt eine anthropologische Einheit trotz der ontologischen Differenzen, trotz der Differenzen zwischen den unterschiedlichen Seinsarten. Die Signatur der menschlichen Existenz ist die Koexistenz zwischen der anthropologischen Einheit und den ontologischen Differenzen, zwischen der einheitlichen menschlichen Seinsweise und den unterschiedlichen Seinsarten, an denen sie teilhat. Kurz, die menschliche Existenz ist „unitas multiplex", um mit dem Aquinaten zu sprechen. Ihr aber wird weder der Pluralismus noch ein Monismus gerecht wie der, dem wir in „Benedicti de Spinoza ethica ordine geometrico demonstrata" begegnen. Aber es sei mir im folgenden verstattet, eine *imago hominis* „ordine geometrico demonstrata", ein Menschenbild zu skizzieren, das mit geometrischen Analogien operiert. Es handelt sich um eine Dimensionalontologie (FRANKL, Jahrbuch für Psychologie und Psychotherapie 1, 186, 1953), und es gibt zwei Gesetze der Dimensionalontologie, deren erstes lautet:

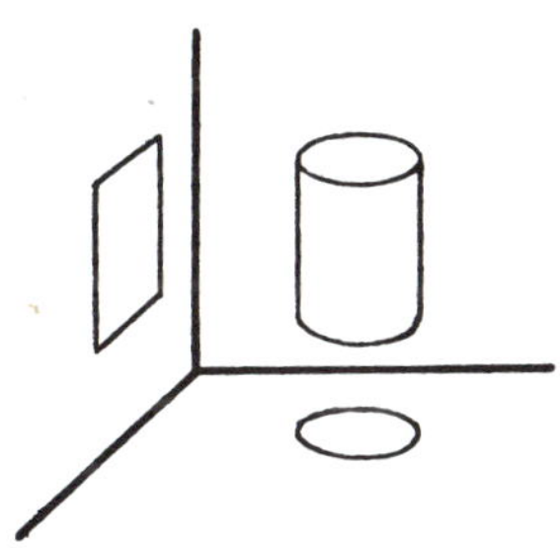

Ein und dasselbe Ding, aus seiner Dimension heraus in verschiedene Dimensionen hinein projiziert, die niedriger sind als seine eigene, bildet sich auf eine Art und Weise ab, daß die Abbildungen einander widersprechen. Projiziere ich beispielsweise das Trinkglas da, geometrisch ein Zylinder, aus dem dreidimensionalen Raum heraus in die zweidimensionalen Ebenen des Grund- und des Seitenrisses hinein, dann ergibt dies im einen Falle einen Kreis, im anderen Falle jedoch ein Rechteck.

Darüber hinaus ergibt die Projektion aber auch insofern einen Widerspruch, als es sich in jedem Fall um eine geschlossene Figur handelt, während das Trinkglas doch ein offenes Gefäß ist.

Das zweite Gesetz der Dimensionalontologie lautet:

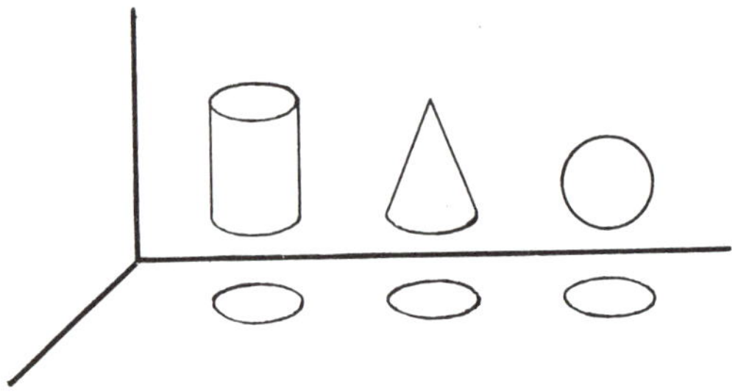

(Nicht ein und dasselbe, sondern) verschiedene Dinge, aus ihrer Dimension heraus (nicht in verschiedene Dimensionen, sondern) in ein und dieselbe Dimension hinein projiziert, die niedriger ist als ihre eigene, bilden sich auf eine Art und Weise ab, daß die Abbildungen (nicht einander widersprechen, sondern) mehrdeutig sind. Projiziere ich beispielsweise einen Zylinder, einen Kegel und eine Kugel aus dem dreidimensionalen Raum heraus in die zweidimensionale Ebene des Grundrisses hinein, dann ergibt dies in jedem Falle einen Kreis. Nehmen wir an, es handle sich um die Schatten, die der Zylinder, der Kegel und die Kugel werfen, dann sind die Schatten insofern mehrdeutig, als ich aus ihnen, die ja die gleichen sind, nicht darauf schließen kann, ob es ein Zylinder, ein Kegel oder eine Kugel ist, was sie wirft.

Wie sollen wir nun all dies auf den Menschen anwenden? Nun, auch der Mensch, um die Dimension des spezifisch Humanen reduziert und in die Ebenen der Biologie und der Psychologie projiziert, bildet sich auf eine Art und Weise ab, daß die Abbildungen einander widersprechen. Denn die Projektion in die biologische Ebene ergibt somatische Phänomene, während die Projektion in die psychologische Ebene psychische Phänomene ergibt. Im Lichte der Dimensionalontologie aber widerspricht der Widerspruch nicht der Einheit des Menschen. Er tut es ebensowenig wie der Widerspruch zwischen dem Kreis und dem Rechteck der Tatsache widerspricht, daß es sich um die Projektionen ein und desselben Zylinders handelt (Anmerkung 35). Wollen wir aber im Auge behalten: Die Einheit der menschlichen Seinsweise, welche die Mannigfaltigkeit der unterschiedlichen Seinsarten, an denen sie teilhat, überbrückt, also die Überbrückung von Gegensätzen wie Soma und Psyche, die coincidentia oppositorum im Sinne von NIKOLAUS CUSANUS, werden wir vergebens in den Ebenen suchen, in die wir den Menschen projizierten. Vielmehr ist sie einzig und allein in der nächsthöheren Dimension, in der Dimension des spezifisch Humanen zu finden.

Es kann also nicht die Rede davon sein, daß wir das psychophysische Problem lösen. Es mag aber sehr wohl sein, daß die Dimensionalontologie ein Licht darauf wirft, warum das psychophysische Problem unlösbar ist. Analoges gilt vom Problem der Willensfreiheit. Denn nicht anders als im Falle des offenen Gefäßes, dessen Projektion in die Ebenen des Grund- und des Seitenrisses geschlossene Figuren ergab, bildet sich der Mensch in der biologischen Ebene als ein geschlossenes System physiologischer Reflexe und in der psychologischen Ebene als ein geschlossenes System psychologischer Reaktionen ab. Wieder ergibt also die Projektion einen Widerspruch. Denn es gehört zum Wesen des Menschen, daß er ebenfalls offen ist, daß er „weltoffen" (SCHELER, GEHLEN und PORTMANN) ist. Mensch sein heißt auch schon über sich selbst hinaus sein. Das Wesen der menschlichen Existenz liegt in deren Selbsttranszendenz, möchte ich sagen. Mensch sein heißt immer schon ausgerichtet und hingeordnet sein auf etwas oder auf jemanden, hingegeben sein an ein Werk, dem sich der Mensch widmet, an einen Menschen, den er liebt, oder an Gott, dem er dient. Solche Selbsttranszendenz sprengt den Rahmen all der Menschenbilder, die im Sinne eines Monadologismus (FRANKL, Der Nervenarzt 31, 385, 1960) den Menschen als ein Wesen hinstellen, das nicht über sich selbst hinaus nach Sinn und Werten langt und solcherart nach der Welt orientiert, sondern insofern ausschließlich an sich selbst interessiert ist, als es ihm um die Aufrechterhaltung bzw. Wiederherstellung der Homöostase zu tun ist. Daß das Homöostaseprinzip nicht einmal in der Biologie, geschweige denn in der Psychologie durchgängig gilt, wie VON BERTALANFFY bzw. GOLDSTEIN, ALLPORT und CHARLOTTE BÜHLER nachweisen konnten, wird vom Monadologismus ignoriert. Die Geschlossenheit der Systeme physiologischer Reflexe und psychologischer Reaktionen steht aber im Lichte der Dimensionalontologie in keinem Widerspruch zur Menschlichkeit des Menschen. Sie tut es ebensowenig wie die Geschlossenheit des Grund- und des Seitenrisses des Zylinders zu dessen Offenheit in Widerspruch steht.

Nun wird uns auch klar, daß die in den niedrigeren Dimensionen gewonnenen Befunde innerhalb dieser Dimensionen nach wie vor in Geltung stehen, und dies gilt im gleichen Maße von so einseitigen Forschungsrichtungen wie PAWLOWS Reflexologie, WATSONS Behaviorismus, FREUDS Psychoanalyse und ADLERS Individualpsychologie. FREUD war genial genug, um zu wissen um die dimensionale Standortgebundenheit seiner Theorie. Schrieb er doch an LUDWIG BINSWANGER: „Ich habe mich immer nur im Parterre und Souterrain des Gebäudes aufgehalten." (Ludwig Binswanger, Erinnerungen an Sigmund Freud, Francke, Bern 1956, p. 115.) Der Versuchung des Reduktionismus in Form des Psychologismus, ja, ich möchte sagen eines Pathologismus, erlag FREUD erst in dem Augenblick, in dem er zu folgendem Nachsatz ausholte: „Für die Religion habe ich eine Wohnstatt in meinem niedrigen Häuschen schon gefunden, seitdem ich auf die Kategorie ‚Menschheitsneurose' gestoßen bin." (l. c.) Erst hier irrte FREUD.

Sein Wort vom „niedrigen Häuschen" ist aber ein Stichwort. Muß doch klargestellt werden, daß, wann immer von niedrigeren bzw. höheren Dimensionen die Rede ist, nicht eine Rangordnung präjudiziert und nicht ein Werturteil impliziert ist. Im Sinne der Dimensionalontologie besagt eine höhere Dimension vielmehr, daß wir es mit einer umfassenderen Dimension zu tun haben, die eine niedrigere Dimension in sich einschließt und einbegreift. Die niedrigere Dimension ist also in der höheren Dimension durchaus im mehrdeutigen Sinne von HEGEL „aufgehoben". Und so ist denn auch der Mensch, einmal Mensch geworden, irgendwie Tier und Pflanze geblieben. Nicht anders als ein Flugzeug, das ja ebenfalls nicht die Fähigkeit verliert, sich gleich einem Auto in der Ebene, auf dem Boden zu bewegen. Freilich wird es sein Flugzeugsein erst unter Beweis stellen, sobald es vom Boden abhebt und sich in den Raum erhebt. Womit nicht bestritten werden soll, daß ein Fachmann bereits von der Konstruktion des Flugzeugs, solange es noch gar nicht fliegt, wird ablesen können, ob es überhaupt fähig ist zu fliegen. Damit möchte ich auf PORTMANN angespielt haben, der nachweisen konnte, daß sich die Menschlichkeit des Menschen bis in dessen Anatomie hinein verfolgen läßt. Denn selbst der Leib des Menschen ist immer schon von dessen Geist geprägt.

Die Wissenschaft hat aber nicht nur das Recht, sondern sogar die Pflicht, die Multidimensionalität der Wirklichkeit auszuklammern, die Wirklichkeit abzublenden, aus dem Spektrum der Wirklichkeit eine Frequenz herauszufiltern. Die Projektion ist also mehr als legitim. Sie ist obligat. Der Wissenschaftler muß die Fiktion aufrechterhalten, als ob er es mit einer unidimensionalen Realität zu tun hätte. Aber er muß auch wissen, was er tut, und das heißt, er muß um die Fehlerquellen wissen, an denen vorbei er die Forschung zu steuern hat.

Womit wir auch schon dort angelangt wären, wo sich das zweite Gesetz der Dimensionalontologie auf den Menschen anwenden läßt: Projiziere ich nicht dreidimensionale Gebilde in eine zweidimensionale Ebene, sondern Gestalten wie FEDOR DOSTOJEWSKI oder BERNADETTE SOUBIROUS in die psychiatrische Ebene, dann ist für mich als Psychiater

Dostojewski nichts als ein Epileptiker wie jeder andere Epileptiker und Bernadette nichts als eine Hysterikerin mit visionären Halluzinationen. Was sie darüber hinaus sind, bildet sich in der psychiatrischen Ebene nicht ab. Denn sowohl die künstlerische Leistung des einen als auch die religiöse Begegnung der anderen liegt außerhalb der psychiatrischen Ebene. Innerhalb der psychiatrischen Ebene aber bleibt alles so lange mehrdeutig, bis es transparent wird auf etwas anderes hin, das dahinter stehen mag, das darüber stehen mag, gleich dem Schatten, der insofern mehrdeutig war, als ich nicht feststellen konnte, ob es der Zylinder, der Kegel oder die Kugel war, was den Schatten warf.

Alle Pathologie bedarf erst noch der Diagnose, einer Dia-gnosis, eines Durch-blicks, des Hinblicks auf den Logos, der hinter dem Pathos steht, auf den Sinn, den das Leiden hat. Alle Symptomatologie bedarf erst noch der Diagnose, des Hinblicks auf eine Ätiologie, und in dem Maße, in dem die Ätiologie multidimensional ist, ist die Symptomatologie eben mehrdeutig.

Die Psychogenese des Psychologismus

Zum Schlusse dieses Kapitels wollen wir es uns nicht versagen, den Psychologismus nun einmal gegen ihn selbst zu kehren, als Waffe gegen ihn selbst zu wenden, ihn mit seinen eigenen Waffen zu schlagen. Es gälte dann, sozusagen den Spieß umzudrehen und den Psychologismus in gewissem Sinne an ihm selbst anzuwenden, indem wir ihn auf seine eigene Psychogenese hin untersuchen, also auf die Motive hin, die ihm zugrunde liegen mögen. Fragen wir uns sonach: Welche ist seine verdeckte Grundhaltung, seine geheime Tendenz? Wir antworten: Eine Entwertungstendenz, und zwar gegenüber den jeweils in Frage stehenden geistigen Inhalten der von ihm bewerteten seelischen Aktvollzüge. Aus dieser Entwertungstendenz heraus will er ständig demaskieren, ist er stets krampfhaft darauf aus, zu entlarven, ist er immer wieder auf der Suche nach uneigentlichen, nämlich neurotischen Motivationen. Allen Fragen nach der Geltung — etwa auf religiösem oder künstlerischem, aber auch auf wissenschaftlichem Gebiet — weicht er aus, indem er sich aus der Inhaltssphäre in die Aktsphäre flüchtet. So ist der Psychologismus letztlich auf der Flucht vor der übermächtigen Fülle erkenntnismäßiger Gegebenheiten und entscheidungsmäßiger Aufgaben, auf der Flucht demnach vor den Wirklichkeiten und Möglichkeiten des Daseins.

Überall sieht er nichts als Masken; hinter ihnen aber will er nichts anderes gelten lassen als neurotische Motive. Alles erscheint ihm unecht, uneigentlich. Kunst, will er glauben machen, sei „letzten Endes auch nichts anderes als“ — Flucht vor dem Leben oder der Liebe; Religion sei nichts weiter als — die Furcht des primitiven Menschen vor kosmischen Gewalten. Die großen geistigen Schöpfer werden dann als Neurotiker oder Psychopathen abgetan. Mit einem erleichterten Aufatmen kann man sich nach solcher „Demaskierung“ durch solchen „entlarvenden“ Psychologismus endlich gestehen, daß z. B. ein Goethe „eigentlich auch nur“ — ein Neurotiker war. Diese Denkrichtung sieht nichts Eigentliches, d. h. sie sieht eigentlich nichts. Weil etwas irgendwann Maske war oder irgendwo Mittel zum Zweck, deshalb soll es schon immer nur Maske, nur Mittel zum Zweck sein? Sollte es nichts Unmittelbares, nichts Echtes, Ursprüngliches geben können? Die Individualpsychologie predigt den Mut; die Demut aber hat sie anscheinend vergessen, die Demut vor dem geistig Schöpferischen in der Welt, vor dem Geistigen als einer Welt für sich, deren Wesen und Werte sich eben nicht einfach in die psychologische Ebene psychologistisch hinabprojizieren lassen (Anmerkung 5). Demut, wenn sie echt ist, ist aber mindestens so sehr ein Zeichen innerer Stärke, wie Mut.

Worauf es der „entlarvenden“ Psychotherapie letzten Endes ankommt, ist nicht ein Urteil, sondern ein Aburteilen. Lassen wir sie sich selbst im eigenen Lichte sehen, halten wir ihr gleich dem Basilisken einen Spiegel vor, dann zeigt sich, daß sie — wie aller Psychologismus — sich um die Probleme der Geltung auf weltanschaulichem und wissenschaftlichem Gebiete herumdrückt.

Der Psychologismus läßt sich also verstehen als Mittel einer Entwertungstendenz. Damit hört eine von ihm beherrschte Forschungsrichtung auf, Ausdruck der erkenntnismäßigen Hingabe an eine Sache zu sein. Der Psychologismus ist unseres Erachtens jedoch die Teilerscheinung einer umfassenderen: Das ausgehende 19. und das beginnende 20. Jahrhundert haben das Bild des Menschen insofern völlig verzerrt dargestellt, als sie den Menschen vorwiegend in seiner vielfältigen Gebundenheit sehen ließen und damit in seiner vermeintlichen Ohnmacht gegenüber den Bindungen, wie da sind: die Bindung an das Biologische, die Bindung an das Psychologische, die Bindung an das Soziologische. Die eigentliche menschliche Freiheit, die eine Freiheit gegenüber all diesen Bindungen ist, die Freiheit des Geistes gegenüber der Natur — die doch erst das Wesen des Menschen ausmacht —, sie wurde übersehen. So steht neben dem Psychologismus ein Biologismus und Soziologismus (Anmerkung 6), die sämtlich und gleichermaßen ein Zerrbild des Menschen aufgerichtet haben. Kein Wunder, daß geistesgeschichtlich eine Reaktion auf diese naturalistische Sicht nicht ausblieb und zur Rückbesinnung auf die fundamentalen Tatsachen des Menschseins, auf das menschliche Frei-sein gegenüber den Gegebenheiten naturhafter Bindung, aufrief. Kein Wunder, wenn so der Urtatbestand des Verantwortlich-seins endlich wieder in den Mittelpunkt des Blickfeldes gerückt wurde — der andere Urtatbestand, der des Bewußt-seins, konnte wenigstens vom Psychologismus nicht geleugnet werden. Namentlich die Existenzphilosophie hat das Verdienst, das Dasein des Menschen als eine Seinsform suis generis herausgestellt zu haben. So nennt JASPERS das Sein des Menschen ein „entscheidendes" Sein, das nicht schlechthin „ist", sondern jeweils erst noch entscheidet, „was es ist".

Mit dieser Klarstellung eines, wenn auch nicht immer eingestandenen, so doch selbstredend längst und allgemein verstandenen Sachverhalts wird eine ethische Beurteilung menschlicher Handlungen überhaupt erst möglich. Denn dort, wo der Mensch den naturhaften Gegebenheiten sich entgegenstellt, wo der Mensch als solcher ihnen gegenüber „sich verhält", also erst dort, wo er aufhört, seinen Bindungen an das Biologische (Rasse) oder Soziologische (Klasse) oder Psychologische (charakterologischer Typus) zu unterstehen und blind zu gehorchen — dort fängt seine moralische Beurteilbarkeit allzumal an. Der Sinn alltäglich gehandhabter Begriffe wie Verdienst und Schuld steht und fällt damit, daß wir die eigentlich menschliche Fähigkeit anerkennen, statt all die genannten Bindungen als schicksalhafte Gegebenheiten einfach hinzunehmen — in ihnen Aufgegebenheiten, Aufgaben der Schicksals- und Lebensgestaltung zu sehen, zu ihnen irgendwie erst Stellung zu nehmen. So stellt etwa die Zugehörigkeit zu einem bestimmten Volke von vornherein natürlich ebensowenig ein Verdienst wie eine Schuld dar. Schuld finge erst dort an, wo beispielsweise die besondere Begabtheit einer Nation nicht gefördert oder nationale Kulturwerte vernachlässigt werden; während ein Verdienst erst darin läge, daß gewisse charakterologische Schwächen des betreffenden Volkes von dem jeweils ihm Zugehörigen in bewußter Selbsterziehung überwunden werden (Anmerkung 7). Wie viele Menschen begehen jedoch den Fehler, daß sie die Charakterschwächen ihrer Nation zum Vorwand für Charakterschwächen ihrer Person nehmen. Sie erinnern dann an den jüngeren DUMAS, von dem eine Anekdote zu berichten weiß, daß zu ihm eine hochgestellte Dame eines Tages sagte: „Es ist ärgerlich für Sie, daß Ihr Vater so freie Sitten hatte ..." — woraufhin der jüngere DUMAS antwortete: „O nein, Durchlaucht; wenn er mir auch nicht als Beispiel dient, so dient er mir doch als Entschuldigung." Richtig wäre es gewesen, wenn sich der Sohn seinen Vater als warnendes Beispiel hätte dienen lassen. Wie viele Menschen begehen aber nicht auch den Fehler, auf nationale Charakterstärken einfach stolz zu sein, ohne sich erst durch deren individuelle Kultivierung ein persönliches Verdienst geschaffen zu haben. Das, wofür jemand nicht verantwortlich gemacht werden kann, kann ihm eben weder als Verdienst angerechnet noch als Schuld zugerechnet werden. Diese Auffassung ist schließlich die Grundlage alles abendländischen Denkens seit den antiken Philosophen gewesen, erst recht seit dem Aufkommen des Christentums; in striktem und bewußtem Gegensatz zum heidnischen Denken fängt in diesem Aspekt jede sittliche Beurteilbarkeit des Menschen erst dort an, wo er sich frei entscheiden und verantwortlich handeln kann, um auch dort schon aufzuhören, wo er dies nicht mehr kann. —

Wir haben versucht, die Notwendigkeit einer Logotherapie zuerst theoretisch zu deduzieren, alsdann die Notwendigkeit einer „Psychotherapie vom Geistigen her" an Hand der Praxis aufzuzeigen. Erwies sich im ersteren Zusammenhang die im engeren Wortsinn verstandene Psychotherapie als kategorial unzulänglich, so stellte es sich im letzteren Zusammenhang heraus, daß sie allem Geistigen gegenüber unzuständig ist bzw. dem Psychologismus verfallen muß. Im folgenden gilt es nun, die praktische Möglichkeit einer Logotherapie als einer bewußten „Psychotherapie vom Geistigen her" nachzuweisen, um schließlich ihre theoretische Möglichkeit unter Beweis zu stellen, d. h. die bereits berührte Frage zu beantworten, ob sich der weltanschauliche Oktroi grundsätzlich vermeiden läßt. Für das Problem der technischen Durchführbarkeit einer „Psychotherapie vom Geistigen her" ergeben sich jedoch schon aus dem bisher Gesagten wichtige Hinweise. Denn es hat sich wiederholt gezeigt, daß eine Rückbesinnung auf den Wesensgrund menschlichen Daseins, auf das Verantwortlichsein als Grundlage menschlicher Existenz not tut. So werden wir verstehen, daß um den Angelpunkt einer Logotherapie die Psychotherapie eine Wendung vollziehen muß zu einer Existenzanalyse[1]), als einer Analyse des Menschseins auf Verantwortlichsein hin.

[1]) Vgl. V. E. Frankl, „Zur geistigen Problematik der Psychotherapie", Zentralblatt für Psychotherapie (1938), sowie „Zur Grundlegung einer Existenzanalyse", Schweiz. med. Wschr. (1939).

II. Von der Psychoanalyse zur Existenzanalyse

A. Allgemeine Existenzanalyse

1. Vom Sinn des Lebens

In ihrer Spezifikation als Psychoanalyse bemüht sich die Psychotherapie um Bewußtmachung von Seelischem. Die Logotherapie bemüht sich demgegenüber um Bewußtmachung von Geistigem. Wobei sie in ihrer Spezifikation als Existenzanalyse darum bemüht ist, im besonderen das Verantwortlichsein — als Wesensgrund der menschlichen Existenz — dem Menschen zum Bewußtsein zu bringen.

Verantwortung heißt jeweils: Verantwortung gegenüber einem Sinn. Die Frage nach dem Sinn des Menschenlebens hat sonach an den Anfang dieses Abschnittes gesetzt zu werden und muß in seinem Mittelpunkt verbleiben. Tatsächlich ist diese Frage eine der häufigsten unter denen, mit welchen der seelisch Kranke als geistig Ringender den Arzt bestürmt. Nicht dieser bringt sie aufs Tapet, sondern der Patient ist es, der in seiner geistigen Not mit dieser Frage den Arzt nachgerade bedrängt.

Das Infragestellen des Daseinssinns

Die Frage nach dem Sinn des Lebens, mag sie nun ausgesprochen oder unausdrücklich gestellt sein, ist als eine eigentlich menschliche Frage zu bezeichnen. Das In-Frage-Stellen des Lebenssinns kann daher niemals an sich etwa der Ausdruck von Krankhaftem am Menschen sein; es ist vielmehr eigentlicher Ausdruck des Menschseins schlechthin — Ausdruck nachgerade des Menschlichsten im Menschen. Denn wir können uns recht wohl hochentwickelte Tiere vorstellen, die — etwa wie Bienen oder Ameisen — in so mancher Beziehung sozialer Organisation, in ihren den menschlichen Staatsgebilden ähnelnden Apparaturen, der menschlichen Gesellschaft sogar überlegen sind; nie und nimmer jedoch könnten wir uns vorstellen, daß irgendein Tier die Frage nach dem Sinn seiner eigenen Existenz aufzuwerfen und damit dieses sein eigenes Dasein in Frage zu stellen vermöchte. Ausschließlich dem Menschen als solchem ist es vorbehalten, seine Existenz als fragwürdig zu erleben, die ganze Fragwürdigkeit des Seins zu erfahren.

Um es zu wiederholen: Mir ist der konkrete Fall eines Patienten bekannt, der an meine Klinik gewiesen worden war wegen seiner Verzweiflung hinsichtlich eines Daseinssinns. Im Gespräch nun ergab sich, daß es sich bei ihm eigentlich um einen endogen depressiven Zustand handelte. Nun stellte sich heraus, daß die Grübeleien über den Sinn seines Lebens nicht etwa, wie man hätte vermuten können, zu den Zeiten der depressiven Phasen ihn überkommen wären; vielmehr war er zu diesen Zeiten dermaßen hypochondrisch präokkupiert, daß er an so etwas gar nicht hätte denken können. Nur in den gesunden Intervallen kam es zu diesen Grübeleien! Mit anderen Worten, zwischen geistiger Not einerseits und andererseits seelischer Krankheit bestand im konkreten Falle sogar ein Ausschließungsverhältnis. Wenn aber im konkreten Falle das Verzweifeln und das Zweifeln noch so wenig auf die Depression zurückgeführt werden konnten: sehr wohl mögen sie gelegentlich einmal umgekehrt zu einer — noogenen — Depression führen.

Die Sinnfrage in ihrer ganzen Radikalität kann einen Menschen geradezu überwältigen. Dies ist zumal in der Pubertät häufig der Fall, zur Zeit also, wo die wesenhafte Problematik des menschlichen Daseins dem geistig reifenden und geistig ringenden jungen Menschen sich auftut. Als einmal ein Naturgeschichtslehrer vor einer Klasse der Untermittelschule während des Unterrichtes auseinandersetzte, daß das Leben des Organismus und so auch des Menschen „letzten Endes nichts anderes als" ein Oxydationsvorgang, ein Verbrennungsprozeß sei, sprang plötzlich einer seiner Schüler auf und warf ihm die leidenschaftliche Frage entgegen: „Ja, was hat denn das ganze Leben dann für einen Sinn?" Richtig hatte dieser junge Mensch erfaßt, daß der Mensch in einer anderen Seinsweise existiert als etwa eine Kerze, die da vor uns auf dem Tische steht und zu Ende brennt. Ihr Sein (Heidegger würde sagen: „Vorhanden-sein") mag als Verbrennungsprozeß gedeutet werden — dem Menschen als solchem jedoch eignet eine wesentlich andere Seinsform. Menschliches Sein ist vor allem wesentlich geschichtliches Sein, ist jeweils in einen historischen Raum hineingestellt, aus dessen Koordinatensystem es sich nicht herausnehmen läßt. Und dieses Bezugssystem ist jeweils von einem, wenn auch uneingestandenen, vielleicht überhaupt unausdrückbaren Sinn her bestimmt. Das Treiben in einem Ameisenhaufen kann man daher wohl als zielstrebig bezeichnen, trotzdem aber nicht als sinnvoll; mit dem Fortfall der Sinnkategorie fällt jedoch auch das weg, was man „geschichtlich" nennen kann: ein Ameisen-„Staat" hat keine „Geschichte".

Erwin Straus (in seinem Buche „Geschehnis und Erlebnis") hat gezeigt, daß aus der Lebenswirklichkeit des Menschen — und nicht zuletzt des neurotisch kranken Menschen —, aus dem, was Straus die „Werdewirklichkeit" nennt, der geschichtliche Zeitfaktor sich nicht wegdenken läßt. Auch dort nicht, ja erst recht nicht dort, wo der Mensch (so im besonderen eben in der Neurose) diese Werdewirklichkeit „deformiert". Eine Form dieser Deformierung stellt jene versuchte Abkehr, stellt jener Versuch eines Abfallens von der ursprünglichen menschlichen Seinsweise dar, den Straus als „präsentisches" Dasein bezeichnet. Er meint damit eine Einstellung zum Leben, die auf jedwede Gerichtetheit verzichten zu können glaubt. Er versteht also darunter ein Verhalten, das sich weder auf die Vergangenheit gründet noch auf die Zukunft ausrichtet, vielmehr auf die geschichtslose reine Gegenwart bezieht. Wir begegnen ihm in der neurotischen Flucht in eine Art Ästhetizismus, in der Flucht des Neurotikers in ein künstlerisches Schwelgen oder in eine übertriebene Naturschwärmerei. Der betreffende Mensch ist dann in gewissem Sinne selbstvergessen, man könnte jedoch auch sagen: pflichtvergessen; insoweit er nämlich in solchen Augenblicken jenseits aller Verpflichtung lebt, die sich aus der individuell-historischen Sinnhaftigkeit seines Daseins ergibt.

Der „normale" (sowohl im Sinne einer Durchschnitts- wie einer ethischen Norm) Mensch darf und kann nur in gewissen Zeiten, und auch dann nur in gewissem Grade präsentisch eingestellt sein. In jenen Zeiten nämlich, da er sich in bewußter vorübergehender Abwendung vom sinnhaft determinierten Leben, etwa zur Zeit seiner „Feste", dem Rausche zuwendet; im Rausche nämlich, in der absichtlich und künstlich herbeigeführten Selbstvergessenheit, entlastet er sich von Zeit zu Zeit bewußt von dem mitunter allzu großen Druck seiner wesenhaften Verantwortung. Zumindest der abendländische Mensch steht aber eigentlich und letztlich immer unter dem Diktat von Werten, die er schöpferisch zu verwirklichen hat. Womit allerdings nicht gesagt sein soll, daß es nicht möglich ist, sich im und am eigenen Schaffen zu berauschen, sich mit ihm zu betäuben. Diese Möglichkeit ergreift jener Menschentypus, den Scheler in seiner Abhandlung über den „Bürger" gekennzeichnet hat als einen, der über den Mitteln der Wertverwirklichung den Endzweck (die Werte selbst) vergißt. Hierher gehören jene Menschen, welche die ganze Woche angestrengt arbeiten und am Sonntag — angesichts der Leere und Öde und Inhaltslosigkeit ihres Lebens, die dann in ihrem Bewußtsein aufbricht — depressiv werden („Sonntagsneurose") oder sich mit einem horror vacui (in geistiger Beziehung) in irgendwelche Rauschzustände hineinflüchten.

Nicht nur in den Reifejahren wird die Frage nach dem Sinn des Lebens typischerweise aufgerollt, sondern dies geschieht gelegentlich auch gleichsam vom Schicksal her, etwa durch ein erschütterndes Erlebnis. Und so wie das Infragestellen des Lebenssinnes innerhalb der Reifezeit nichts eigentlich Krankhaftes darstellt, so ist auch die ganze seelische Not des um einen Lebensinhalt ringenden Menschen, all sein geistiges Kämpfen um ihn, nichts Pathologisches. Wie denn überhaupt nicht vergessen werden darf, daß die Psychotherapie in ihrer Ausweitung zu einer Logotherapie bzw. die Existenzanalyse als Form einer solchen Logotherapie es unter Umständen mit seelisch leidenden Menschen zu tun hat, die in klinischem Sinne eigentlich nicht für krank angesehen werden dürfen. Ist es doch ein Leiden unter der schlechthin menschlichen Problematik, das der Gegenstand einer „Psychotherapie vom Geistigen her" geworden ist. Aber auch dort, wo tatsächlich klinische Symptome vorliegen, kann es darum gehen, durch die Logotherapie dem Kranken jenen besonders festen geistigen Halt zu vermitteln, den der gesunde Alltagsmensch weniger, der seelisch Unsichere jedoch dringend benötigt, eben zur Kompensation seiner Unsicherheit. In keinem Falle darf die geistige Problematik eines Menschen als ein „Symptom" abgetan werden; in jedem Falle ist sie „Leistung" (um diese Antithese von Oswald Schwarz zu verwenden) — im einen Falle eine Leistung, die der Patient bereits vollbracht hat, im anderen Falle eine Leistung, zu der wir ihm erst zu verhelfen haben. Dies gilt namentlich von jenen Menschen, die aus rein äußeren Gründen ihr seelisches Gleichgewicht verloren haben. Zu Menschen dieser Art wäre etwa einer zu zählen, der nach dem Verlust eines besonders geliebten Angehörigen, dessen Dienst er sein Leben geweiht hatte, unsicher die Frage erhebt, ob sein eigenes Leben nunmehr noch einen Sinn behalte. Wehe dem Menschen, dessen Glaube an die Sinnhaftigkeit seines Daseins in solchen Augenblicken wankend geworden ist. Er steht dann ohne Reserven da; jene Kräfte, die nur eine das Leben unbedingt bejahende Weltanschauung zu geben vermag — wobei sie gar nicht zu klarem Bewußtsein oder begrifflicher Formulierung gelangt sein muß —, diese Kräfte mangeln solchen Menschen und setzen sie außerstande, in schweren Stunden ihres Lebens den Schlag des Schicksals „aufzufangen" und „die Macht" des Schicksals aus eigenem zu kompensieren. So entsteht dann eine Art seelischer Dekompensation.

Welche zentrale Bedeutung einer lebensjahenden weltanschaulichen Einstellung zukommt und wie tief diese bis in das Biologische hinab eingreift, geht vielleicht aus folgendem hervor: Als eine groß angelegte statistische Untersuchung über die wahrscheinlichen Gründe der Langlebigkeit angestellt wurde, ergab sich, daß bei allen Probanden eine

„heitere", also lebensbejahende Lebensauffassung festgestellt werden konnte. Auch im psychologischen Bereich erweist sich die weltanschauliche Einstellung als von so zentralem Stellenwert, daß sie auf jeden Fall „durchschlägt", daher z. B. bei Kranken, die ihre lebensverneinende Grundhaltung zu verbergen trachten, nie restlos „dissimuliert" werden kann. Bei entsprechender Methodik psychiatrischer Exploration läßt sich der versteckte Lebensüberdruß ohne weiteres aufdecken. Haben wir einen Kranken in Verdacht, daß er Selbstmordabsichten nur dissimuliert, dann empfiehlt sich folgendes Vorgehen beim Examinieren: Zuerst fragen wir den Kranken nach Selbstmordgedanken bzw. danach, ob er allenfalls früher geäußerte Suizidideen noch immer habe. Diese Frage wird er in jedem Falle — im Falle bloßer Dissimulation nämlich nicht auch, sondern erst recht — verneinen. Sodann stellen wir ihm aber eine weitere Frage, die uns nun eine Differentialdiagnose zwischen wirklichem Freisein von taedium vitae einerseits und andererseits dessen bloßer Dissimulation erlaubt: wir fragen ihn — so brutal diese Frage sich auch anhören mag —, „warum" er keine Selbstmordgedanken (mehr) habe. Jetzt wird der von diesen Absichten freie bzw. bereits geheilte Kranke prompt antworten, daß er doch z. B. auf seine Angehörigen Rücksicht nehmen oder an seine Arbeit denken muß o. dgl. m. Der dissimulierende Kranke jedoch gerät auf unsere Frage hin sofort in eine typische Verlegenheit. Er ist um eine Antwort auf die Frage nach Argumenten für die (simulierte) Lebensbejahung verlegen. Im Falle es sich um einen bereits internierten Patienten handelt, beginnt er dann typischerweise auf Entlassung zu drängen bzw. zu beteuern, daß keinerlei Selbstmordabsichten solcher Entlassung im Wege stünden. So erweist sich der Mensch psychologisch außerstande, Argumente der Lebensbejahung bzw. Argumente für sein Weiterleben, Argumente also, die gegen sich ihm aufdrängende Selbstmordgedanken sprächen, nur vorzuschützen: wären sie wirklich vorhanden, lägen sie in seinem Denken bereit, dann wäre er eo ipso von Selbstmordabsichten gar nicht mehr beherrscht und dann hätte er ja nichts vorzuschützen.

Der Über-Sinn

Die Frage nach dem Sinn des Lebens kann verschieden gemeint sein. Aus ihrer weiteren Diskussion wollen wir daher gleich eingangs jenes Problem ausscheiden lassen, das sich mit dem fraglichen Sinn alles Geschehens beschäftigt, so etwa mit dem fraglichen „Ziel und Zweck" der Welt im ganzen befaßt, oder mit der Frage nach dem Sinn des Schicksals, das uns widerfährt, der Dinge, die uns zustoßen. Denn die möglichen positiven Antworten auf all diese Fragen sind eigentlich ein Reservat des Glaubens. Für den religiösen Menschen, der an eine Vorsehung glaubt, mag daher diesbezüglich überhaupt keine Problematik vorliegen. Für die übrigen müßte die Fragestellung in der angegebenen Form erst erkenntniskritisch überprüft werden. Müssen wir doch prüfen, ob es überhaupt erlaubt sei, nach dem Sinn des Ganzen zu fragen, ob also diese Frage selbst sinnvoll sei. Eigentlich können wir nämlich jeweils nur nach dem Sinn eines Teilgeschehens fragen, nicht nach dem „Zweck" des Weltgeschehens. Die Zweckkategorie ist insofern transzendent, als der Zweck jeweils außerhalb dessen liegt, das ihn „hat". Wir könnten daher den Sinn des Weltganzen höchstens in der Form eines sogenannten Grenzbegriffes fassen. Man könnte diesen Sinn sonach vielleicht als Über-Sinn bezeichnen; womit in einem ausgedrückt würde, daß der Sinn des Ganzen nicht mehr faßbar und daß er mehr als faßbar ist. Dieser Begriff wäre demnach ein Analogon zu den KANTschen Postulaten der Vernunft; er stellte eine Denknotwendigkeit und trotzdem gleichzeitig eine Denkunmöglichkeit dar — eine Antinomie, um die nur ein Glauben herumkommt.

Schon PASCAL meinte, der Zweig könne nie den Sinn des ganzen Baumes erfassen. Und die neuere biologische Umweltlehre hat gezeigt, daß jedes Lebewesen in seine gattungsgemäße Umwelt eingeschlossen ist, ohne sie durchbrechen zu können. Mag dem Menschen in dieser Beziehung noch so sehr eine Ausnahmestellung zukommen, mag er noch so sehr „weltoffen" sein und mehr als Umwelt haben, mag er „Welt haben" (MAX SCHELER) — „die" Welt haben: wer sagt uns, daß jenseits dieser seiner Welt keine Über-Welt existiert? Liegt es nicht vielmehr nahe, anzunehmen, daß die Endständigkeit des Menschen in der Welt nur eine scheinbare ist, nur ein Höherstehen innerhalb der Natur, gegenüber dem Tier; daß aber von einem „Sein-in-der-Welt" (HEIDEGGER) letzten Endes Analoges gilt, wie von den Umwelten der Tiere. Genau so wenig, wie ein Tier aus seiner Umwelt heraus die sie übergreifende Welt des Menschen je verstehen kann, genau so wenig könnte der Mensch die Über-Welt je erfassen, es sei denn in einem ahnenden Hinauslangen — im Glauben. Ein domestiziertes Tier weiß nicht um die Zwecke, in die der Mensch es einspannt. Wie sollte nun der Mensch wissen können, welchen „Endzweck" sein Leben, welchen „Über-Sinn" die Welt als Ganzes hat? Und wenn N. HARTMANN behauptet, die Freiheit und Verantwortlichkeit des Menschen stehe mit einer ihm verborgenen, aber übergeordneten Zweckhaftigkeit in Widerspruch, so meinen wir, daß diese Auffassung unzutreffend ist. HARTMANN selbst gibt ja zu, daß die Freiheit des

Menschen eine „Freiheit trotz Abhängigkeit" sei, insofern als auch die geistige Freiheit sich über der Naturgesetzlichkeit aufbaut, in einer eigenen, höheren „Seins-Schicht", die trotz der „Dependenz" von der niederen Seins-Schicht dieser gegenüber „autonom" ist. Unseres Erachtens wäre ein analoges Verhältnis zwischen dem Reich der menschlichen Freiheit und einem ihm übergelagerten Reiche wohl vorstellbar, so daß der Mensch trotz dem, was eine Vorsehung mit ihm vorhat, willensfrei ist — ebenso wie das domestizierte Tier seinem Instinkt lebt, obzwar es dem Menschen dient, der sich gerade der tierischen Instinkte für seine Zwecke bedient.

Nehmen wir an, ich will eine Maschine konstruieren, deren Funktion darin bestehen soll, eine bestimmte Ware in einer bestimmten Weise zu verpacken; es leuchtet dann ohne weiteres ein, daß ich zu dieser konstruktiven Aufgabe eine gewisse Intelligenz benötigen werde — von der eines feststeht: daß sie auf jeden Fall von einem wesentlich höheren Grade wird sein müssen als jene Intelligenz, die bloß dazu notwendig wäre, daß ich die Verpackung der betreffenden Ware selber vornehme! Was liegt nun näher, als diesen graduellen Vergleich auf das Problem der Instinkte zu übertragen; und müssen wir dann nicht, mit Bezug auf die sogenannte Weisheit der Instinkte, zu dem Schlusse gelangen, daß jene Weisheit, die einer Tierart oder -gattung einen bestimmten Instinkt verliehen hat, jene Weisheit also, welche diesen Instinkt doch gleichsam gestiftet haben muß, daß jene Weisheit, die demnach hinter den Instinkten steht, von einem unvergleichlich höheren Range wird sein müssen als die „Weisheit" der Instinkte selber, aus denen heraus das betreffende Tier so „weise" reagiert. Und es mag sein, daß der eigentliche Unterschied zwischen Mensch und Tier letztlich nicht sosehr darin besteht, daß das Tier Instinkte hat und der Mensch Intelligenz (schließlich läßt sich ja, insbesondere sofern wir das aller menschlichen Vernunft zugrunde liegende, selber aber durch Vernunft nicht mehr begründbare a priori ins Auge fassen, die ganze menschliche Intelligenz als bloßer „höherer" Instinkt auffassen); vielmehr wäre die wesentliche Unterscheidung zwischen Mensch und Tier darin gelegen, daß die Intelligenz des Menschen so hoch ist, daß der Mensch — nun im entscheidenden Gegensatz zum Vermögen der Tiere — sogar auch noch eines kann: einsehen, daß es eine Weisheit, und zwar von einem die seinige grundsätzlich überragenden Range — eine übermenschliche Weisheit — geben muß, die ihm die Vernunft und den Tieren die Instinkte eingepflanzt hat; eine Weisheit, die alle Weisheit, gleichermaßen die menschliche Weisheit wie die „weisen" Instinkte der Tiere, geschaffen und auf je ihre Welt abgestimmt hat.

Am prägnantesten und zugleich am schönsten hat wohl SCHLEICH die Beziehung der menschlichen Welt zu einer Über-Welt — eine Beziehung, die wir uns also analog zu der Beziehung zwischen der „Um-Welt" (v. UEXKÜLL) des Tieres und der des Menschen vorzustellen haben — zum Ausdruck gebracht, wo er sagt: „Gott saß vor der Orgel der Möglichkeiten und improvisierte die Welt. Wir Armen, Menschen hören immer nur die vox humana heraus. Ist sie schon schön, wie herrlich muß das Ganze sein!"

Wollen wir das Verhältnis von (enger) tierischer Umwelt zur (weiteren) Welt des Menschen und von dieser wieder zu einer (alle umfassenden) Über-Welt bestimmen, so bietet sich uns als ein Gleichnis der Goldene Schnitt an. Ihm zufolge verhält sich der kleinere Teil zum größeren so wie der größere zum Ganzen. Nehmen wir das Beispiel eines Affen, dem schmerzhafte Injektionen gegeben werden, um ein Serum zu gewinnen. Vermöchte der Affe jemals zu begreifen, warum er leiden muß? Aus seiner Umwelt heraus ist er außerstande, den Überlegungen des Menschen zu folgen, der ihn in seine Experimente einspannt; denn die menschliche Welt, eine Welt des Sinnes und der Werte, ist ihm nicht zugänglich. An sie reicht er nicht heran, in ihre Dimension langt er nicht hinein; aber müssen wir nicht annehmen, daß die menschliche Welt selber und ihrerseits überhöht wird von einer nun wieder dem Menschen nicht zugänglichen Welt, deren Sinn, deren Übersinn allein seinem Leiden erst den Sinn zu geben imstande wäre?

Der im Glauben vollzogene Schritt in die ultra-humane Dimension ist nun fundiert durch die Liebe. An und für sich ist dies ein bekannter Sachverhalt. Weniger bekannt aber dürfte sein, daß es für ihn eine infrahumane Präformation gibt. Wer hätte nicht schon mit angesehen, wie ein Hund, dem — in seinem Interesse, sagen wir durch einen Tierarzt — ein Schmerz zugefügt werden muß, voll Vertrauen aufblickt zu seinem Herrn. Ohne „wissen" zu können, welchen Sinn der Schmerz haben soll, „glaubt" das Tier insofern, als es seinem Herrn vertraut, und zwar weil es ihn eben „liebt" — *sit venia anthropomorphismo.*

Daß der Glaube an einen Über-Sinn — ob nun als Grenzbegriff oder religiös als Vorsehung verstanden — von eminenter psychotherapeutischer und psychohygienischer Bedeutung ist, erhellt von selbst. Er ist schöpferisch. Als echter Glaube innerer Stärke entspringend, macht er stärker. Für solchen Glauben gibt es letzten Endes nichts Sinnloses. Nichts kann ihm „vergeblich" erscheinen — „keine Tat bleibt ungebucht" (WILDGANS). In diesem Aspekt könnte kein großer Gedanke untergehen, selbst wenn er nie bekannt geworden, wenn er „ins Grab mitgenommen" würde. Die innere Lebensgeschichte eines Menschen in ihrer ganzen Dramatik und sogar Tragik wäre dann nie „umsonst" geschehen, auch wenn sie nie bemerkt würde, auch wenn kein Roman von ihr zu erzählen wüßte. Der „Roman", den einer gelebt hat, ist noch immer eine unvergleichlich größere schöpferische Leistung als der, den jemand geschrieben hat. Irgendwie weiß jeder von uns darum, daß der Gehalt eines Lebens, daß seine Erfülltheit gleichsam irgendwo aufbewahrt bleibt, „aufgehoben" ist in jenem HEGELschen Doppelsinne, der zugleich „tollere" und „conservare" meint. So vermag die Zeit, die Vergänglichkeit des Lebens, dessen Sinn und Wert nichts anzuhaben. Gewesen-sein ist auch noch eine Art von Sein — vielleicht die sicherste. Und alles Wirken im Leben mag sich in dieser Sicht präsentieren als ein Hineinretten des Möglichen in die Wirklichkeit. Obzwar vergangen, wäre es eben in der Vergangenheit für alle Ewigkeit in Sicherheit gebracht, vor jedem weiteren Zugriff der Zeit gerettet.

Wohl ist die verflossene Zeit unwiederbringlich; aber das in ihr Geschehene ist unantastbar und unverletzlich. Und so erweist sich die fließende Zeit nicht nur als Räuberin, sondern auch als Treuhänderin! Und sofern eine Weltanschauung auch die Vergänglichkeit des Daseins in ihrem Blick behält, muß sie trotzdem keineswegs pessimistisch sein. Wollten wir aber versuchen, es im Gleichnis auszudrücken, dann könnten wir sagen: Der Pessimist gleicht einem Manne, der vor einem Wandkalender steht und mit Furcht und Trauer sieht, wie der Kalender — von dem er tagtäglich je ein Blatt abreißt — immer schmächtiger und schmächtiger wird; während ein Mensch, der das Leben im Sinne des oben Gesagten auffassen würde, einem Manne gliche, der das Blatt, das er vom Abreißkalender soeben entfernt hat, fein säuberlich und behutsam zu den übrigen, schon früher abgerissenen legt, nicht ohne auf der Rückseite des Blattes eine tagebuchmäßige Notiz zu machen und nun, voll Stolz und Freude, dessen zu gedenken, was da alles in diesen Notizen festgelegt ist — was da alles in seinem Leben „festgelebt" wurde. Was ist's selbst, wenn dieser Mensch merkte, wie er altert? Sollte er — könnte er deshalb mit neidvollem Herzen auf die Jugend anderer Menschen oder mit wehmütigem auf die eigene blicken? Um was sollte er einen jungen Menschen denn beneiden — so wird er sich vielmehr denken müssen —, vielleicht um die Möglichkeiten, die ein junger Mensch noch hat, um dessen Zukunft? „Danke schön", wird er sich denken, „ich habe statt dessen Wirklichkeiten — in meiner Vergangenheit; nicht nur die Wirklichkeit der gewirkten Werke, sondern auch die der geliebten Liebe und auch noch die der gelittenen Leiden. Und auf die bin ich am meisten stolz — mag ich auch um sie am wenigsten beneidet werden . . ."

Alles Gute, alles Schöne aus der Vergangenheit — in der Vergangenheit ist es sicher aufbewahrt. Auf der andern Seite aber ist jede Schuld und jedes Übel — zeitlebens — noch „erlösbar" (SCHELER, „Wiedergeburt und Reue"). Es ist also keineswegs so, als ob da ein fertiger Film wäre — wie sich etwa die Relativitätstheorie den Weltprozeß als die Gesamtheit vierdimensionaler „Weltlinien" vorstellt —, ein fertiger Film, der bloß abgerollt wird; es gilt vielmehr: der Film dieser Welt wird erst gedreht! Das heißt aber eben nichts anderes, als daß das Vergangene — „zum Glück" — feststeht, also gesichert ist, das Zukünftige jedoch — „zum Glück" — offensteht, also vor die Verantwortung des Menschen gestellt ist.

Was ist nun Verantwortung? Verantwortung ist dasjenige, wozu man „gezogen" wird, und — dem man sich „entzieht". Damit deutet die Weisheit der Sprache bereits an, daß es im Menschen so etwas wie Gegenkräfte geben muß, die ihn davon abzuhalten suchen, die ihm wesensgemäße Verantwortung zu übernehmen. Und wirklich — es ist etwas an der Verantwortung, das abgründig ist. Und je länger und tiefer wir uns auf sie besinnen, um so mehr werden wir dessen gewahr — bis uns schließlich eine Art Schwindel packen mag. Denn sobald wir uns in das Wesen menschlicher Verantwortlichkeit vertiefen, erschauern wir: es ist etwas Furchtbares um die Verantwortung des Menschen — doch zugleich etwas Herrliches! Furchtbar ist es: zu wissen, daß ich in jedem Augenblick die Verantwortung trage für den nächsten; daß jede Entscheidung, die kleinste wie die größte, eine Entscheidung ist „für alle Ewigkeit"; daß ich in jedem Augenblick eine Möglichkeit, die Möglichkeit eben des einen Augenblicks, verwirkliche oder verwirke. Nun birgt jeder einzelne Augenblick Tausende von Möglichkeiten, ich aber kann nur eine einzige wählen, um sie zu verwirklichen. Alle andern aber habe ich damit auch schon gleichsam verdammt, zum Nie-sein verurteilt, und auch dies „für alle Ewigkeit"! Doch herrlich ist es: zu wissen, daß die Zukunft, meine eigene und mit ihr die Zukunft der Dinge, der Menschen um mich, irgendwie — wenn auch in noch so geringem Maße — abhängig ist von meiner Entscheidung in jedem Augenblick. Was ich durch sie verwirkliche, was ich durch sie „in die Welt schaffe", das rette ich in die Wirklichkeit hinein und bewahre es so vor der Vergänglichkeit.

Lustprinzip und Ausgleichsprinzip

Im bisherigen haben wir die Sinnfrage insofern behandelt, als sie dem Sinn des Weltganzen gilt; nun wollen wir zu der Frage zurückkehren, wie sie von den Kranken, die sie stellen, meistens gemeint ist: zu der

Frage nach dem Sinn des einzelnen, ihres persönlichen Lebens. Hierbei müssen wir uns zuerst mit einer Wendung befassen, die manche Patienten der Diskussion dieser Frage zu geben versuchen — eine Wendung, die unerbittlich in einen ethischen Nihilismus ausmünden muß. Es wird nämlich dann einfach behauptet, der ganze Sinn des Lebens sei doch eigentlich nur Lust; diese Behauptung beruft sich in ihrer Argumentation auf die vermeintliche Tatsache, alles menschliche Tun sei letztlich von einem Streben nach Glück diktiert, alle seelischen Abläufe seien lediglich von einem Lustprinzip bestimmt. Diese Theorie von der dominierenden Stellung des Lustprinzips innerhalb des gesamten seelischen Lebens wird bekanntlich auch von der Psychoanalyse vertreten; das Realitätsprinzip stellt dem Lustprinzip gegenüber keinen eigentlichen Gegensatz dar, sondern eine bloße Erweiterung des Lustprinzips, in dessen Dienst es ja insofern selber und seinerseits steht, als es eine bloße „Modifikation" des Lustprinzips vorstellt, „die im Grunde auch Lust erzielen will"[1]). Nun ist unseres Erachtens das Lustprinzip ein psychologisches Artefakt. In Wirklichkeit ist Lust im allgemeinen nicht das Ziel unserer Strebungen, sondern die Folge ihrer Erfüllung. Auf diesen Tatbestand hat bereits KANT verwiesen. Und in bezug auf den Eudämonismus hat SCHELER gesagt, einer Handlung schwebe die Lust nicht als Ziel vor, vielmehr trage eine solche Handlung die Lust gleichsam auf dem Rücken. Wohl gibt es besondere Zustände oder Umstände, in denen die Lust tatsächlich das Ziel eines Willensaktes darstellen mag. Abgesehen von derartigen Besonderheiten übersieht die Theorie vom Lustprinzip den wesentlich intentionalen Charakter aller psychischen Aktivität. Im allgemeinen will der Mensch nicht Lust, sondern schlicht eben das, was er will. Die Gegenstände des menschlichen Wollens sind untereinander verschieden, während die Lust immer die gleiche wäre, sowohl im Falle eines wertvollen Verhaltens als auch in dem eines wertwidrigen Verhaltens. Daraus läßt sich ersehen, daß die Anerkennung des Lustprinzips zu einer Nivellierung möglicher menschlicher Zielsetzungen führen müßte. Denn es wäre in diesem Aspekt gänzlich gleichgültig, was immer ein Mensch täte. Spenden für wohltätige Zwecke dienen ja dann nur ebenso der Beseitigung von Unlustgefühlen wie die Verwendung desselben Geldes zu kulinarischen Genüssen. In Wirklichkeit liegt die Sinnhaftigkeit etwa einer Mitleidsregung schon vor ihrer Beseitigung durch eine entsprechende Tat, die angeblich nur diesen negativen Sinn der Unlustbeseitigung hat; denn angesichts des gleichen Tatbestandes, der beim einen Menschen Mitleid erregt, wäre es denkbar, daß ein anderer sadistische Schaden-

---

1) S. FREUD, Gesammelte Werke, Band XI, p. 370.

freude empfindet, sich am Unglück, das er mit ansieht, weidet und auf diese Art sogar positive Lust erlebt.

In Wirklichkeit kommt es auf Lust oder Unlust im Leben herzlich wenig an. Für den Zuschauer im Theater ist es ja auch nicht wesentlich, ob er sich eine Komödie oder eine Tragödie ansieht; wichtig ist ihm vielmehr der Inhalt, der Gehalt des Dargebotenen. Und es wird gewiß niemand behaupten, daß gewisse Unlustgefühle, die sich angesichts eines traurigen Geschehens auf der Bühne in den Seelen der Zuschauer regen, das eigentliche Ziel ihres Theaterbesuches darstellen; denn dann müßten alle Besucher als verkappte Masochisten angesehen werden. Vollends läßt sich jedoch die Behauptung, Lust sei das Endziel aller — und nicht der bloße Endeffekt vereinzelter — Strebungen, dadurch widerlegen, daß wir diese Behauptung umkehren. Wäre es nämlich tatsächlich so, daß beispielsweise Napoleon seine Schlachten nur deshalb ausfocht, um mit ihrem siegreichen Ausgang Lustgefühle zu erlangen — die gleichen Lustgefühle, die irgendein anderer Soldat sich einfacher verschaffen konnte, etwa durch Fressen, Saufen und Huren —, dann müßte umgekehrt das „letzte Ziel" der letzten Napoleonischen Schlachten, der „Endzweck" von Napoleons Niederlagen in den Unlustgefühlen gelegen sein, die den Niederlagen doch ebenso folgten wie die Lustgefühle den Siegen.

Wollten wir wirklich in der bloßen Lust den ganzen Lebenssinn sehen, dann müßte das Leben letzten Endes sinnlos erscheinen. Wäre Lust wirklich der Sinn des Lebens, dann hätte das Leben eigentlich gar keinen Sinn. Denn was ist Lust schließlich? Ein Zustand. Der Materialist — und der Hedonismus geht mit Materialismus gewöhnlich einher — würde sogar sagen: Lust ist nichts anderes als irgendein Vorgang in den Ganglienzellen des Gehirns. Und um der Erreichung eines solchen Vorganges willen soll es dafürstehen zu leben, zu erleben, zu leiden und etwas zu tun? Stellen wir uns vor, ein zum Tode Verurteilter sollte sich wenige Stunden vor seiner Hinrichtung die Speisen zur Henkersmahlzeit auswählen. Er könnte sich dann fragen: Hat es überhaupt noch einen Sinn, angesichts des Todes in kulinarischen Genüssen zu schwelgen? Ist es nicht einerlei, ob der Organismus zwei Stunden später ein Kadaver geworden ist, nachdem oder ohne daß er zuvor rasch noch jenen Vorgang in den Ganglienzellen erhascht hat, den man Lust nennt? Angesichts des Todes steht aber alles Leben, und jede Lust jedes Menschen wäre gleichermaßen sinnlos. Diese trostlose Lebensauffassung müßte konsequenterweise schon mitten im Leben an dessen Sinn zweifeln lassen; sie könnte mit Recht eine Erkenntnis vorwegnehmen und verallgemeinern, zu der ein Patient gekommen war, der nach einem Selbstmordversuch interniert wurde und von folgendem Erlebnis erzählte: Zum Zwecke des beabsichtigten Selbstmordes wollte er an eine entlegene Stelle der Stadt fahren, konnte jedoch keine Straßenbahnverbindung mehr bekommen; daraufhin entschloß er sich, ein Autotaxi zu nehmen. „Dann überlegte ich aber", berichtete er, „ob ich die paar Schilling nicht lieber sparen sollte; darüber mußte ich nun unwillkürlich lächeln, daß ich noch unmittelbar vor meinem Tode ein paar Schilling ersparen wollte".

Wen das Leben selbst noch nicht zur Genüge darüber belehrt haben sollte, daß man zu nichts weniger als „zum Vergnügen auf der Welt" ist, der sei auf die Statistik eines russischen Experimentalpsychologen verwiesen, der einmal gezeigt hat, daß der normale Mensch im Tagesdurchschnitt unvergleichlich mehr Unlustgefühle als Lustgefühle erlebt. Wie wenig befriedigend das Lustprinzip aber nicht nur als Lebensauffassung, also in der Praxis, sondern auch in der Theorie ist, ergibt sich aus einem alltäglichen Erlebnis. Wenn wir nämlich einen Menschen fragen, warum er irgend etwas uns sinnvoll Erscheinendes nicht tue, und er uns als „Grund" angibt: „Ich habe keine Lust dazu" — dann empfinden wir diese Antwort als unbefriedigend. Sofort leuchtet uns jeweils ein, daß jene Antwort deshalb eigentlich keine Antwort ist, weil wir eben Lust bzw. Unlust niemals als ein eigentliches Argument oder Gegenargument für oder gegen den Sinn einer Tat gelten lassen können.

An der Unhaltbarkeit des Lustprinzips als einer Maxime würde sich auch dann nichts ändern, wenn es das tatsächlich wäre, als was FREUD es in seinem „Jenseits des Lustprinzips" hinstellt; nämlich abkünftig von einer allgemeinen Tendenz des Organischen, zur Ruhe des Anorganischen zurückzukehren. Damit glaubt FREUD, die Verwandtschaft allen Luststrebens mit dem, was er den Todestrieb nennt, beweisen zu können. Nun wäre es unseres Erachtens wohl denkbar, daß all diese psychologischen und biologischen Urtendenzen sich sogar noch weiter reduzieren ließen, vielleicht bis auf ein universales Ausgleichsprinzip, das auf den Ausgleich jeder Spannung in allen Seinsregionen hinarbeitet. Die Physik kennt ja etwas Ähnliches in ihrer Lehre von der Entropie als dem zu erwartenden kosmischen Endzustand. Dem „Wärmetod" könnte man sonach das Nirvana als psychologisches Korrelat gegenüberstellen; der Ausgleich jeder seelischen Spannung durch Befreiung von allen Unlustgefühlen wäre dann als mikrokosmisches Äquivalent für die makrokosmische Entropie anzusehen, das Nirvana als die Entropie „von innen gesehen". Das Ausgleichsprinzip selbst aber stellte den Widersacher eines „Individuationsprinzips" dar, das alles Sein als individuiertes Sein, als Anders-sein zu erhalten bestrebt wäre[1]). Schon aus

[1]) Nicht über das Sein, sondern über das Leben liegt von SCHRÖDINGER eine analoge Theorie vor.

dem Vorhandensein eines solchen Widerparts ergibt sich, daß auch mit der Auffindung eines noch so universalen Prinzips, daß mit der Feststellung irgendwelcher kosmischer Tendenzen überhaupt, in ethischer Beziehung gar nichts ausgemacht ist. Denn das objektive Geschehen ist ja subjektiv (für das Subjekt) in keiner Weise verbindlich. Wer sagt uns, daß wir uns mit all diesen Prinzipien oder Tendenzen gleichsam identifizieren müssen? Das Problem fängt ja mit der Frage erst an, ob wir uns solchen Tendenzen — auch wo wir sie in unserem eigenen seelischen Geschehen entdecken mögen — auch beugen sollen. Es wäre doch ebensogut denkbar, daß unsere eigentliche Aufgabe gerade darin bestünde, der Herrschaft derartiger äußerer wie innerer Gewalten zu trotzen.

Wahrscheinlich haben wir alle, auf Grund unserer einseitig naturalistischen Schulung, einen viel zu großen, einen übertriebenen Respekt vor den Ergebnissen der exakt-naturwissenschaftlichen Forschung, vor den Inhalten des physikalischen Weltbildes. Haben wir aber wirklich einen Wärmetod oder „Weltuntergang" insofern zu fürchten, als eine schließliche Katastraphe von kosmischen Ausmaßen unsere und der noch folgenden Generationen Bemühungen sinnlos machen könnte? Belehrt uns nicht vielmehr die „innere Erfahrung" des theoretisch unvoreingenommenen schlichten Erlebens darüber, daß z. B. die selbstverständliche Freude an einem schönen Sonnenuntergang irgendwie „realer" ist als etwa eine astronomische Berechnung des vermutlichen Zeitpunktes, an dem die Erde in die Sonne fallen würde? Kann uns etwas unmittelbarer gegeben sein als unsere Selbsterfahrung — das Selbstverständnis unseres Mensch-seins als Verantwortlich-seins? „Das Gewisseste ist das Gewissen", hat jemand einmal gesagt, und keine Theorie vom physiologischen „Wesen" gewisser Erlebnisse, auch nicht die Behauptung, daß Freude ein ganz bestimmt arrangierter Tanz von Molekülen oder Atomen oder Elektronen innerhalb der Großhirnganglienzellen sei, war je so zwingend und überzeugend — wie eines Menschen, der höchsten Kunstgenuß oder reinstes Liebesglück erlebt, Gewißheit, daß sein Leben sinnvoll ist.

Freude kann aber das Leben nur dann sinnvoll machen, wenn sie selber Sinn hat. Ihr engerer Sinn kann jedoch nicht in ihr liegen. Tatsächlich liegt er außerhalb ihrer selbst. Denn Freude intendiert jeweils einen Gegenstand. Schon SCHELER hat gezeigt, daß Freude ein intentionales Gefühl ist — im Gegensatz zur bloßen Lust, die er zu den nichtintentionalen Gefühlen, zu den „zuständlichen" Gefühlen, zu den „Gefühlszuständen" rechnet. SCHELER weist hierbei auf die Tatsache hin, daß dieser Unterschied sich schon im alltäglichen Sprachgebrauch manifestiert: Lust hat man „wegen" etwas, Freude aber „über" etwas.

Wir erinnern uns nun auch an den Begriff der „präsentischen" Lebensweise, wie ihn ERWIN STRAUS geprägt hat. In dieser Erlebnisweise verharrt der Mensch eben im Zuständlichen der Lust (etwa im Rausch), ohne in das Reich der Gegenstände — und dies wäre hier das Reich der Werte — hinauszugelangen; erst die gefühlsmäßige Intention von Werten kann dem Menschen wahre „Freude" machen. Jetzt verstehen wir, warum Freude niemals Selbstzweck sein kann: sie selbst, als Freude, läßt sich nicht intendieren. Sie ist eine „Vollzugswirklichkeit" (REYER) — nur im Vollziehen wertkognitiver Akte, also im Vollzug von intentionalen Akten des Werterfassens, ist sie realisierbar (Anmerkung 8). Wie schön hat dies doch KIERKEGAARD ausgedrückt, als er sagte, die Tür zum Glück ginge nach außen auf. Wer diese Tür aufzudrücken versucht, dem verschließt sie sich. Gerade wer krampfhaft bemüht ist, glücklich zu werden, versperrt schon dadurch sich selbst den Weg zum Glück. So erweist sich zum Schluß alles Streben nach Glück — dem angeblich „Letzten" im menschlichen Leben — als etwas schon in sich Unmögliches. —

Der Wert ist dem Akt gegenüber, der ihn intendiert, notwendig transzendent. Er transzendiert den wertkognitiven Akt, der sich auf ihn richtet, analog dem Gegenstand eines Erkenntnisaktes, der ja ebenfalls außerhalb dieses (im engeren Wortsinn kognitiven) Aktes gelegen ist. Die Phänomenologie hat gezeigt, daß der transzendente Charakter des Gegenstandes im intentionalen Akt inhaltlich jeweils auch schon mitgegeben ist. Wenn ich eine leuchtende Lampe sehe, dann ist mir mit ihr in einem gegeben, daß sie da ist, auch wenn ich die Augen schließe oder ihr den Rücken kehre. „Sehen" heißt immer auch schon: etwas außerhalb des Auges sehen. Wollte demgegenüber einer auf der Behauptung bestehen, er sehe eigentlich gar nicht die Dinge da draußen in der Welt, er sehe vielmehr bloß die Bilder auf der Netzhaut seines Auges — was ja durchaus falsch ist —, dann entspräche dieser falsche Ansatz dem Grundfehler des Positivismus MACHscher Observanz, der methodisch von den Empfindungsdaten ausgeht. Tatsächlich ist die Einstellung auf die Empfindungen als solche, als Empfindungen, eine ganz bestimmte, und zwar eine erst sekundäre („abkünftige"), nämlich reflektierende Einstellung, also eine Einstellung, die höchstens der wissenschaftlich-psychologischen, keineswegs jedoch der schlicht natürlichen Erkenntnishaltung eignet. Eine Erkenntnistheorie hat jedoch primär nicht die Absicht oder den Auftrag, Theorie psychologischer Erkenntnis[1]) zu sein, sie hat vielmehr die Absicht und den Auftrag,

[1]) Das Analogon zur psychologischen Erkenntnis wäre — um bei unserem Modell zu bleiben — jener Sonderfall, in dem allein jemand wirklich die Netzhaut-

Theorie der Erkenntnis schlechthin zu sein. Ja, wir können sogar noch weiter gehen: selbst derjenige Mensch würde irren, der etwa behauptete, durch eine Brille sehe er bloß das Brillenglas, nicht aber (durch es hindurch) die Dinge selbst. Denn freilich kann man sich auch auf die Unreinlichkeiten, auf die Stäubchen oder Fleckchen einstellen, die an den Brillengläsern haften mögen; nie dürfte man jedoch dabei vergessen, daß eine solche Einstellung jeweils eine Einstellung gleichsam auf die Fehler der Brillengläser ist — so wie ja auch die erkenntniskritische Einstellung eine Einstellung auf die Fehlerquellen der Erkenntnis — der an sich richtigen Erkenntnis! — ist; eine Einstellung auf die Fehlerquellen einer Erkenntnis sonach, deren fakultative Richtigkeit, eben mit der Annahme möglicher Fehlerquellen, immer schon vorausgesetzt ist!

In der Erkenntnis eines Gegenstandes als eines realen ist bereits enthalten, daß ich seine Realität auch unabhängig davon anerkenne, ob ich oder überhaupt jemand ihn jemals faktisch erkennt. Dasselbe gilt von den Gegenständen einer Werterkenntnis. Dies läßt sich nötigenfalls an Hand des folgenden Beispiels zur Anschauung bringen. Stellen wir uns vor, ein Mann beobachte, daß ästhetisch wirkende Reize seiner erotischen Partnerin ihm nur solange „gegeben“ sind, als er sich in einer bestimmten Verfassung, nämlich in einem sexuellen Spannungszustand, befindet, während er mit dem Nachlassen seiner geschlechtlichen Erregung erlebt, wie ihm alle jene Schönheitswerte irgendwie entschwinden. Er schließt nun daraus, daß sie gar nicht wirklich sind, sondern nur einer Verblendung seiner Sinne durch Sinnlichkeit entsprechen, daß sie also nichts Objektives darstellen, vielmehr etwas, das relativ auf den jeweiligen Zustand seines Organismus vorhanden und in der Subjektivität seiner Triebhaftigkeit fundiert ist. Dieser Schluß ist aber falsch. Wohl ist ein bestimmter subjektiver Zustand die Bedingung gewesen, um gewisser Werte überhaupt ansichtig zu werden, wohl war eine bestimmte Verfassung des Subjekts das notwendige Medium oder Organon der Werterfassung. Dies schließt aber die Objektivität von Werten nicht aus, sondern setzt sie voraus. Ästhetische wie ethische Werte erfordern also gleich den Gegenständen der Erkenntnis zu ihrer Erfassung eben die adäquaten Akte; in diesen Akten wird jedoch gleichzeitig die Transzendenz all dieser Gegenstände gegenüber den sie intendierenden Akten erfaßt, damit ihre Objektivität. Daran ändert auch nichts die bereits

---

bilder sehen würde: wenn er nämlich an einem herausgeschnittenen Leichenauge etwa versuchte, die von diesem imitierten physikalischen Vorgänge der camera obscura zu studieren; und hat nicht auch die psychologische Einstellung zu seelischen Vorgängen tatsächlich etwas von einem „Herauslösen aus dem lebendig zusammenhängenden Ganzen“ an sich?

berührte Tatsache, daß unser Wertbild ebenso wie unser Weltbild uns jeweils nur gleichsam einen Sektor der Welt sehen läßt, einen bloßen Ausschnitt, daß wir also an die Perspektive gebunden sind. Vielleicht ist es überhaupt so, daß alles Sollen dem Menschen jeweils nur in Konkretheit gegeben ist, in der Konkretion dessen, was er „hier und jetzt" tun „soll". Die Werte gehen in Forderungen des Tages und in persönlichen Aufgaben auf; die hinter diesen Aufgaben stehenden Werte lassen sich anscheinend nur durch die Aufgaben hindurch intendieren. Es wäre nicht ausgeschlossen, daß jene Totalität, zu der alles konkrete Sollen quasi offen ist, dem an die Perspektive des Konkreten gebundenen einzelnen Menschen überhaupt niemals sichtbar wird (Anmerkung 9).

Jede menschliche Person stellt etwas Einzigartiges dar und jede einzelne ihrer Lebenssituationen etwas Einmaliges. Auf diese Einzigartigkeit und Einmaligkeit ist die jeweilige konkrete Aufgabe eines Menschen relativ. So kann jeder Mensch in jedem Augenblick nur eine, eine einzige Aufgabe haben; aber eben diese Einzigkeit macht die Absolutheit dieser Aufgabe aus. Die Welt wird also zwar perspektivisch gesehen, aber jedem Standort entspricht nur eine einzige, eben die richtige Perspektive. Es gibt demnach eine absolute Richtigkeit nicht trotz, sondern gerade wegen perspektivischer Relativität.

Subjektivismus und Relativismus

Eine Bemerkung sei mir noch verstattet hinsichtlich der Objektivität von so etwas wie Sinn — sie schließt dessen Subjektivität nicht aus: subjektiv ist der Sinn insofern, als es nicht einen Sinn für alle, sondern für jeden einen anderen Sinn gibt; aber der Sinn, um den es jeweils geht, kann nicht b l o ß subjektiv[1]) sein: er kann nicht bloßer Ausdruck und bloßes Spiegelbild meines Seins sein — wie der Subjektivismus[2]) und der Relativismus es wissen und uns glauben machen wollen.

Nun ist der Sinn nicht nur subjektiv, sondern auch relativ, will heißen, er steht in einer Relation zur Person — und zur Situation, in die ebendiese Person verwickelt und hineingestellt ist. In diesem Sinne ist der Sinn einer Situation ja wirklich relativ; er ist es bezüglich der Situation als einer jeweils einmaligen und einzigartigen.

Die Person hat den Sinn der Situation zu erfassen und zu ergreifen,

---

[1]) Im Sinne eines understatement können wir ihn mit Rudolf Allers als transsubjektiv bezeichnen.

[2]) Eigentlich bestreitet der Subjektivismus, daß es einen Sinn gibt; denn eigentlich behauptet er, daß nicht „es" einen Sinn gibt, sondern wir selbst es sind, die einen Sinn geben und zuschreiben einer Situation.

wahrzuhaben, wahrzunehmen und wahr zu machen, nämlich zu verwirklichen. Der Sinn ist also auf Grund seiner Situationsbezogenheit auch selber einmalig und einzigartig, und diese Einheit „des Einen, das not tut", macht dessen Transsubjektivität aus — macht aus, daß der Sinn nicht von uns gegeben wird, vielmehr eine Gegebenheit ist, mag deren Wahr-nehmung und Ver-wirklich-ung auch noch sosehr der Subjektivität menschlichen Wissens und Gewissens unterstellt sein. Die Fehlbarkeit menschlichen Wissens und Gewissens tut der Transsubjektivität des von menschlichem Wissen angepeilten Seienden und des von menschlichem Gewissen angepeilten Gesollten nicht Abbruch. Wer von dieser Transsubjektivität überzeugt ist, ist dann auch überzeugt, daß nur ein irrendes Gewissen jemals für so etwas wie Mord und Selbstmord zu plädieren vermöchte. Diese Überzeugung legitimiert denn auch den Arzt, in Ausnahmefällen einen Oktroi seiner Wert- und Weltanschauung auf sein Gewissen zu nehmen; aber selbst dann weiß er um die Fehlbarkeit seines eigenen und des Gewissens des Patienten.

Das Gewissen gehört zu den spezifisch menschlichen Phänomenen. Es ließe sich definieren als die intuitive Fähigkeit, den einmaligen und einzigartigen Sinn, der in jeder Situation verborgen ist, aufzuspüren. Mit einem Wort, das Gewissen ist ein Sinn-Organ.

Aber es ist nicht nur menschlich, sondern auch allzu menschlich, so zwar, daß es an der condition humaine teilhat und deren Signatur, der Endlichkeit, unterworfen ist. Das Gewissen kann den Menschen ja auch irreführen. Mehr noch: bis zum letzten Augenblick, bis zum letzten Atemzug weiß der Mensch nicht, ob er wirklich den Sinn seines Lebens erfüllt oder nicht vielmehr sich nur getäuscht hat: ignoramus et ignorabimus. Seit PETER WUST gehören aber „Ungewißheit und Wagnis" zueinander, und — mag das Gewissen auch noch sosehr den Menschen im Ungewissen lassen hinsichtlich der Frage, ob er den Sinn seines Lebens überhaupt gefunden, erfaßt und ergriffen hat — solche „Ungewißheit" enthebt ihn nicht des „Wagnisses", seinem Gewissen zu gehorchen bzw. zunächst einmal auf dessen Stimme zu horchen.

Zu jener „Ungewißheit" gehört aber nicht nur dieses „Wagnis", sondern auch die Demut. Daß wir nicht einmal auf unserem Sterbebett wissen werden, ob das Sinn-Organ, unser Gewissen, nicht am Ende einer Sinn-Täuschung unterlegen ist, bedeutet auch schon, daß das Gewissen des andern recht gehabt haben mag. Demut bedeutet also Toleranz; aber Toleranz bedeutet nicht Indifferenz; denn den Glauben des Andersgläubigen respektieren heißt noch lange nicht, sich mit dem andern Glauben identifizieren.

Niemand leugnet, daß der Mensch einen Sinn unter Umständen nicht verstehen kann, sondern deuten muß[1]). Das heißt noch lange nicht, daß solches Deuten willkürlich vor sich geht. Besitzt der Mensch die Freiheit zu irgendeiner Deutung — trägt er nicht die Verantwortung für die richtige Deutung? Gibt es doch auch auf jede Frage nur eine Antwort, nämlich die richtige, für jedes Problem nur eine Lösung, nämlich die gültige, und in jedem Leben, in jeder Lebenslage nur einen Sinn, nämlich den wahren. Einer Rorschach-Tafel wird ein Sinn gegeben — eine Sinngebung, auf Grund deren Subjektivität sich das Subjekt des (projektiven) Rorschach-Tests „entlarvt"; aber im Leben geht es nicht um Sinngebung, sondern um Sinnfindung, nicht um Gebung eines, sondern Findung des Sinnes (Findung, sagen wir, und nicht Erfindung; denn der Sinn des Lebens kann nicht erfunden, sondern muß entdeckt werden). Die folgende Episode möge nun erhellen, inwiefern trotz aller Subjektivität, die einer Deutung anhaftet, dem von ihr intendierten Sinn ein Minimum von Transsubjektivität zukommt: Eines Tages wurde ich in den USA im Rahmen einer Diskussion nach einem meiner Vorträge mit einer schriftlich unterbreiteten Frage konfrontiert, die folgendermaßen lautete: „Wie wird in Ihrer Theorie 600 definiert?" Kaum hatte der Diskussionsleiter diesen Text durchgesehen, wollte er den Zettel, auf dem die Frage stand, auch schon beiseite legen, indem er, zu mir gewandt, bemerkte: „Unsinn — ‚wie wird in Ihrer Theorie 600 definiert' . . ." Woraufhin ich den Zettel zur Hand nahm, ihn überflog und feststellte, daß sich der Diskussionsleiter — nebenbei bemerkt: von Beruf ein Theologe — geirrt hatte; denn die Frage war in Blockbuchstaben abgefaßt worden, und im englischen Original war „GOD" von „600" mit knapper Müh und Not zu unterscheiden. Durch diese Zweideutigkeit kam es zu einem unfreiwilligen projektiven Test, dessen Ergebnisse im Falle des Theologen und dem meiner selbst als eines Psychiaters immerhin paradox ausfielen. Jedenfalls ließ ich es mir nicht nehmen, im Rahmen meiner Vorlesungen an der Universität Wien die Hörer aus den USA mit dem englischen Originaltext zu konfrontieren, und es stellte sich heraus, daß neun Studenten „600" hinein- und neun „GOD" herauslasen, während vier zwischen diesen Deutungen schwankten. Worauf ich hinauskommen möchte, ist jedoch das Faktum, daß diese Deutungen nicht gleichwertig waren, vielmehr einzig und allein eine von ihnen verlangt und gefordert war: gemeint hatte der Urheber der Frage einzig und allein „Gott", und verstanden hatte die Frage einzig und allein, wer „Gott" heraus- (und eben nichts hinein-) gelesen

[1]) V. E. Frankl, in: Die Kraft zu leben, Bekenntnisse unserer Zeit, Gütersloh 1963.

hatte! Und mag der Mensch auch noch sosehr auf sein Gewissen angewiesen sein, was den Sinn einer konkreten Situation anlangt, und mag er auch noch sosehr im Ungewissen sein (und bis zum letzten Atemzug bleiben), ob sein Gewissen in der konkreten Situation irrt, wie fakultativ alles Menschliche, oder nicht irrt, er muß das Risiko solchen Irrens auf sich nehmen und sich zu seiner Menschlichkeit, zu seiner Endlichkeit bekennen. Wie sagt doch GORDON W. ALLPORT: "We can be at one and the same time half-sure and whole-hearted."[1])

Ebenso wie menschliches Freisein endlich und so denn der Mensch nichts weniger als allmächtig ist — ebenso endlich ist menschliches Verantwortlichsein, so zwar, daß der Mensch auch nicht allwissend ist, vielmehr sich nur „nach bestem Wissen und Gewissen" zu entscheiden hat.

Was das Gewissen leistet, wann immer der unikale Sinn einer Situation gefunden oder zu einem universalen Wert je nachdem ja oder nein gesagt wird, läuft anscheinend auf ein Gestalterfassen hinaus, und zwar auf Grund dessen, was wir den Willen zum Sinn nennen, der wieder von JAMES C. CRUMBAUGH und LEONARD T. MAHOLICK als die eigentlich menschliche Fähigkeit bezeichnet wird, Sinngestalten nicht nur im Wirklichen, sondern auch im Möglichen zu entdecken[2]).

WERTHEIMER hat einmal die Behauptung aufgestellt: "The situation, seven plus seven equals . . . is a system with a lacuna, a gap (eine Leerstelle). It is possible to fill the gap in various ways. The one completion—fourteen—corresponds to the situation, fits in the gap, is what is structurally demanded in this system, in this place, with its function in the whole. It does justice to the situation. Other completions, such as fifteen, do not fit. They are not the right ones. We have here the concepts of the demands of the situation; the 'requiredness'. 'Requirements' of such an order are objective qualities."[3])

Während nun der Sinn an eine einmalige und einzigartige Situation gebunden ist, gibt es darüber hinaus Sinn-Universalien, die sich auf die condition humaine als solche beziehen, und diese umfassenden Sinnmöglichkeiten sind es, die Werte genannt werden. Die Erleichterung, die der Mensch erfährt von mehr oder weniger allgemein geltenden Werten, moralischen und ethischen Prinzipien, wie sie sich im Rahmen der menschlichen Gesellschaft im Laufe von deren Geschichte heraus-

---

1) Psychological Models for Guidance, Harvard Educational Review 32, 373, 1962.

2) J. C. CRUMBAUGH and L. T. MAHOLICK, The Case of Frankl's "Will to Meaning," Journal of Existential Psychiatry 4, 42, 1963.

3) In: Documents of Gestalt Psychology, University of California Press 1961.

kristallisieren — diese Erleichterung wird ihm um den Preis, daß er in Konflikte gestürzt wird. Eigentlich handelt es sich aber nicht um Gewissenskonflikte — solche gibt es in Wirklichkeit nicht; denn, was einem das Gewissen sagt, ist eindeutig. Der Konfliktcharakter wohnt vielmehr den Werten inne, so zwar, daß im Gegensatz zum jeweils einmaligen und einzigartigen konkreten Sinn von Situationen (und Sinn ist immer schon Sinn nicht nur ad personam, sondern auch „ad situationem", wie ich zu sagen pflege) Werte per definitionem abstrakte Sinn-Universalien sind. Als solche gelten sie nicht bloß für unverwechselbare Personen, die in unwiederholbare Situationen hineingestellt sind, vielmehr erstreckt sich ihre Geltung über weite Areale sich wiederholender, typischer Situationen, und diese Areale überschneiden einander. Es gibt also Situationen, in denen der Mensch vor eine Wertwahl gestellt ist, vor die Wahl zwischen einander widersprechenden Prinzipien. Soll dann die Wahl nicht willkürlich getroffen werden, so ist er wieder aufs Gewissen zurückgeworfen und angewiesen — auf das Gewissen, das allein es ausmacht, daß er frei, aber nicht willkürlich, sondern verantwortlich eine Entscheidung trifft. Gewiß ist er selbst gegenüber dem Gewissen noch frei; aber diese Freiheit besteht einzig und allein in der Wahl zwischen zwei Möglichkeiten, nämlich: aufs Gewissen zu hören oder es in den Wind zu schlagen. Wird das Gewissen systematisch und methodisch unterdrückt und erstickt, dann kommt es entweder zum westlichen Konformismus oder zum östlichen Totalitarismus — je nachdem, ob die von der Gesellschaft übertrieben verallgemeinerten „Werte" einem angeboten oder aber aufgezwungen werden.

Daß der Konfliktcharakter den Werten innewohnt, ist bei alledem nicht einmal so gesichert; denn die möglichen Überschneidungen zwischen den Geltungsbereichen von Werten könnten ja auch bloß scheinbare sein, indem sie durch eine Projektion, also durch einen Dimensionsverlust, zustande kommen. Erst dann nämlich, wenn wir die hierarchische Höhendifferenz zweier Werte ausklammern, scheinen sie sich zu überschneiden und im Bereich dieser Überschneidungen miteinander zu kollidieren — wie zwei Kugeln, die aus dem dreidimensionalen Raum in die zweidimensionale Ebene hineinprojiziert werden, nur scheinbar einander durchdringen.

Drei Wertkategorien

Wir haben versucht, gegenüber dem von unseren Kranken so häufig geäußerten grundsätzlichen Skeptizismus die notwendigen Gegenargumente zu entwickeln und damit dem Nihilismus die Spitze abzubrechen.

Nun ist es oft noch notwendig, den Reichtum der Wertewelt, das Reich der Werte in seiner ganzen Fülle sichtbar zu machen. Ist es doch mitunter erforderlich, daß der Mensch nicht sozusagen vor einer Gruppe von Werten, bei deren Verwirklichung stehenbleibt, vielmehr „wendig" genug ist, um zu einer andern Wertgruppe hinüberzuwechseln, falls sich hier und nur hier die Möglichkeit einer Wertverwirklichung ergibt. Das Leben verlangt vom Menschen diesbezüglich eine ausgesprochene Elastizität, eine elastische Anpassung an die Chancen, die es ihm gibt.

Wie oft geschieht es nicht, daß einer unserer Patienten uns vorhält, sein Leben hätte keinen Sinn, da seine Tätigkeit ohne höheren Wert sei. Ihn müssen wir vor allem darauf hinweisen, daß es letztlich gleichgültig ist, wo ein Mensch im Berufsleben steht, was er arbeitet; es kommt vielmehr lediglich darauf an, wie er arbeitet, ob er den Platz, auf den er nun einmal gestellt ist, tatsächlich auch ausfüllt. Wichtig ist also nicht, wie groß sein Aktionsradius ist; wichtig ist allein, ob er seinen Aufgabenkreis erfüllt. Ein einfacher Mensch, der die konkreten Aufgaben, die ihm Beruf und Familie stellen mögen, wirklich erfüllt hat, ist trotz seines „kleinen" Lebens „größer" und höherstehend als etwa ein „großer" Staatsmann, in dessen Hand es liegt, mit einem Federstrich über das Schicksal von Millionen zu entscheiden, der aber seine Entscheidungen gewissenlos trifft.

Es gibt aber nicht nur Werte, die sich durch ein Schaffen verwirklichen lassen; außer diesen — wir möchten sie nennen: „schöpferischen" — Werten gibt es auch solche, die im Erleben verwirklicht werden, „Erlebniswerte". Im Aufnehmen der Welt, z. B. in der Hingabe an die Schönheit von Natur oder Kunst, werden sie realisiert. Die Sinnfülle, die auch sie dem Menschenleben geben können, darf nicht unterschätzt werden. Sollte jemand daran zweifeln, daß der aktuelle Sinn eines bestimmten Augenblicks im menschlichen Dasein in bloßem Erleben erfüllt werden kann, also jenseits allen Tuns und Handelns, aller Wertverwirklichung durch Aktivität, dann sei er auf folgendes Gedankenexperiment verwiesen. Er stelle sich vor, daß ein musikalischer Mensch im Konzertsaal sitzt und an seinem Ohr soeben die eindrucksvollsten Takte seiner Lieblingssymphonie vorüberrauschen, so daß er nur jenen Schauer empfindet, den man angesichts reinster Schönheit erlebt; er stelle sich nun vor, daß man diesem Menschen in einem solchen Moment die Frage vorlegen könnte, ob sein Leben einen Sinn habe; der so Befragte würde wohl antworten müssen, daß es schon dafürgestanden wäre zu leben, allein um jenen verzückten Augenblick zu erleben (Anmerkung 10). Denn wenn es sich auch nur um einen Augenblick handelt — schon an der Größe eines Augenblicks läßt sich die Größe eines Lebens messen: die Höhe einer Bergkette wird ja auch nicht nach der Höhe irgendeiner Talsohle angegeben, sondern ausschließlich nach der Höhe des höchsten Berggipfels. So entscheiden aber auch im Leben über dessen Sinnhaftigkeit die Gipfelpunkte, und ein einziger Augenblick kann rückwirkend dem ganzen Leben Sinn geben. Fragen wir einen Menschen, der, auf einer Hochtour begriffen, das Alpenglühen erlebt und von der ganzen Herrlichkeit der Natur so ergriffen ist, daß es ihm einfach kalt über den Rücken läuft — fragen wir doch einmal ihn, ob nach solchem Erleben sein Leben noch jemals gänzlich sinnlos werden kann.

Unserer Meinung nach gibt es aber noch eine dritte Kategorie möglicher Werte. Denn das Leben erweist sich grundsätzlich auch dann noch als sinnvoll, wenn es weder schöpferisch fruchtbar noch reich an Erleben ist. Es gibt nämlich eine weitere Hauptgruppe von Werten, deren Verwirklichung eben darin gelegen ist, wie der Mensch zu einer Einschränkung seines Lebens sich einstellt. Eben in seinem Sichverhalten zu dieser Einengung seiner Möglichkeiten eröffnet sich ein neues, eigenes Reich von Werten, die sicherlich sogar zu den höchsten gehören. So bietet ein scheinbar noch so sehr — in Wirklichkeit aber eben nur an schöpferischen und Erlebniswerten — verarmtes Dasein noch immer eine letzte, ja nachgerade größte Chance, Werte zu verwirklichen. Diese Werte wollen wir Einstellungswerte nennen. Denn wie der Mensch sich zu einem unabänderlichen Schicksal einstellt, darauf kommt es hier an. Die Möglichkeit, derartige Einstellungswerte zu verwirklichen, ergibt sich also immer dann, wenn sich ein Mensch einem Schicksal gegenübergestellt findet, dem gegenüber es sich nur darum handeln kann, daß er es auf sich nimmt, daß er es trägt; wie er es nun trägt, wie er es gleichsam als sein Kreuz auf sich nimmt, darum geht es. Es geht um Haltungen wie Tapferkeit im Leiden, Würde auch noch im Untergang und im Scheitern (Anmerkung 36). Sobald wir aber die Einstellungswerte in den Bereich möglicher Wertkategorien einbezogen haben, zeigt es sich, daß die menschliche Existenz eigentlich niemals wirklich sinnlos werden kann: das Leben des Menschen behält seinen Sinn bis „in ultimis“ — demnach solange er atmet; solange er bei Bewußtsein ist, trägt er Verantwortung gegenüber Werten und seien es auch nur Einstellungswerte. Solange er Bewußt-sein hat, hat er Verantwortlich-sein. Seine Verpflichtung, Werte zu verwirklichen, läßt ihn bis zum letzten Augenblick seines Daseins nicht los. Mögen die Möglichkeiten der Wertverwirklichung noch so eingeschränkt sein — Einstellungswerte zu verwirklichen, bleibt noch immer möglich. So erweist sich auch die Geltung des Satzes, von dem wir ausgegangen: Mensch-sein heißt Bewußt-sein und Verantwortlich-sein.

Von Stunde zu Stunde wechselt im Leben die Gelegenheit einer Zuwendung bald zu dieser, bald zu jener Wertgruppe. Einmal verlangt das Leben von uns, schöpferische Werte zu verwirklichen, ein andermal, uns der Kategorie der Erlebniswerte zuzuwenden. Das eine Mal haben wir sozusagen die Welt reicher zu machen durch unser Tun, das andere Mal uns selbst reicher zu machen durch unser Erleben. Einmal mag die Forderung der Stunde an uns durch eine Tat erfüllbar sein, ein andermal durch unsere Hingabe an eine Erlebnismöglichkeit. Auch zur Freude kann der Mensch sonach „verpflichtet" sein. In diesem Sinne wäre einer, der da in der Straßenbahn sitzt und Zeuge eines prächtigen Sonnenuntergangs wird oder den Duft eben in Blüte stehender Akazien wahrnimmt und sich diesem möglichen Naturerleben nicht hingibt, sondern in seiner Zeitung weiterliest — er wäre in einem solchen Augenblick irgendwie „pflichtvergessen" zu nennen.

Die Möglichkeit aller drei angeführten Wertkategorien in einheitlicher Abfolge nahezu dramatisch verwirklicht zu haben, kann man einem Kranken nachsagen, dessen Lebensgeschichte in ihren letzten Kapiteln im folgenden skizziert werden soll. Es handelt sich um einen jüngeren Mann, der wegen eines inoperablen, hochsitzenden Rückenmarkstumors im Spital lag. Beruflich tätig zu sein, war ihm längst versagt; Lähmungserscheinungen hatten ihn in seiner Arbeitsfähigkeit gehandikapt. So hatte er keinen Zugang mehr zur Verwirklichung von schöpferischen Werten. Aber noch in dieser Verfassung stand ihm das Reich der Erlebniswerte offen: Er unterhielt sich in geistig anregenden Gesprächen mit anderen Patienten (nicht ohne gleichzeitig damit auch sie zu unterhalten und ihnen Mut und Trost zu geben), er befaßte sich mit der Lektüre guter Bücher, vor allem aber mit dem Hören guter Musik im Rundfunk. Bis er eines Tages die Kopfhörer nicht mehr vertrug und seine zunehmend gelähmten Hände kein Buch mehr halten konnten. Jetzt gab er seinem Leben die zweite Wendung; nachdem er sich bereits vorher von den schöpferischen Werten auf die Erlebniswerte hatte zurückziehen müssen, war er nunmehr gezwungen, sich den Einstellungswerten zuzuwenden. Oder können wir sein Verhalten anders deuten, wenn er sich nun darauf verlegte, seinen Spitalsgenossen ein Berater und ein Vorbild zu sein? Denn tapfer ertrug er sein Leiden. Am Tage vor seinem Tode — den er voraussah — wußte er, daß der diensthabende Arzt beauftragt worden war, ihm zeitgerecht eine Morphiuminjektion zu geben. Was tat nun unser Kranker? Als dieser Arzt zur Nachmittagsvisite erschien, bat ihn der Kranke, ihm die Injektion schon am Abend zu geben — damit der Arzt nicht eigens seinetwegen in der Nacht geweckt werden müßte.

Müssen wir uns jetzt nicht fragen, ob wir jemals dazu berechtigt sind, einem todgeweihten Kranken die Chance zu nehmen, „seinen Tod" zu sterben; die Chance, noch bis zum letzten Augenblick seines Daseins dieses mit Sinn zu erfüllen, mag es sich auch dann nur mehr darum handeln, Einstellungswerte zu verwirklichen, also um die Frage, wie der Patient, der „Leidende", eben zu seinem Leiden an dessen Höhepunkt und Schlußpunkt sich einstellt? Sein Sterben, sofern es nur wirklich s e i n Sterben ist, gehört ganz eigentlich zu seinem Leben dazu und rundet dieses Leben zu einer sinnhaften Totalität erst ab. Das Problem, dem wir hier begegnen, ist das Problem einer Euthanasie, aber nicht nur im Sinne einer Sterbehilfe, sondern im weiteren Sinne eines Gnadentodes. Euthanasie im engsten Wortsinn war für den Arzt niemals ein Problem; die medikamentöse Linderung allfälliger Todesqualen ist etwas Selbstverständliches, der Zeitpunkt ihrer Indikation ist gleichsam eine bloße Taktfrage und bedarf wohl keinerlei Diskussion in grundsätzlicher Beziehung. Jenseits solcher Sterbehilfe, über diese Euthanasie im engeren Wortsinn hinaus, wurde nun wiederholt und an verschiedenen Orten versucht, die Vernichtung sogenannten lebensunwerten Lebens gesetzlich freizugeben. Dazu wäre nun folgendes zu sagen: Fürs erste muß erwidert werden, daß der Arzt nicht dazu berufen ist, über Wert oder Unwert eines Menschenlebens zu Gericht zu sitzen. Er ist von der menschlichen Gesellschaft lediglich dazu eingesetzt, zu helfen, wo er kann, und Schmerzen zu lindern, wo er muß; zu heilen, soweit er es kann, und Menschen zu pflegen, sobald er sie nicht mehr heilen kann. Wären die Patienten und ihre Angehörigen nicht davon überzeugt, daß der Arzt dieses sein Mandat ernst und wörtlich nimmt, dann wäre es mit dem Vertrauen zu ihm ein für allemal dahin. Ein Kranker wüßte in keinem Augenblick, ob der Arzt sich ihm noch als Helfer naht — oder schon als Henker.

Diese prinzipielle Stellungnahme erlaubt auch keine Ausnahme, wo es sich nicht um unheilbare körperliche, sondern um unheilbare Geisteskrankheiten handelt. Denn wer wollte prophezeien, wie lange eine als unheilbar geltende Psychose überhaupt noch als unheilbar wird angesehen werden müssen? Vor allem aber dürfen wir nicht vergessen, daß die Diagnose einer als unheilbar geltenden Psychose etwas subjektiv Gewisses sein kann, ohne objektiv so gesichert zu erscheinen, daß auf sie hin ein Urteil über Sein und Nichtsein des Patienten gefällt werden dürfte. Es ist uns ein Fall bekannt, in dem ein Mann durch volle fünf Jahre stuporös im Bett lag, bis die Beinmuskulatur atrophisch wurde; auch mußte er künstlich genährt werden. Hätte man diesen Fall Medizinern gezeigt, dann würde einer von ihnen in typischer Weise gefragt haben, ob es denn nicht besser wäre, solch einen Menschen lieber zu vertilgen. Nun, die Zukunft hätte die beste Antwort auf diese Frage gegeben. Eines Tages verlangte unser Patient, eine gewöhnliche Mahlzeit auf normale Art einnehmen zu dürfen, und wollte aus dem Bette heraus. Er machte Gehübungen, bis seine verkümmert gewesenen Beinmuskeln ihn wieder tragen konnten. Wenige Wochen später wurde er entlassen und hielt alsbald Vorträge in Volkshochschulen, und zwar über Reisen, die er vor seiner Erkrankung unternommen hatte. In einem intimeren Zirkel gab er schließlich vor Psychiatern einen Erlebnisbericht mit Selbstschilderungen aus der Zeit seiner Krankheit — sehr zum Leidwesen einiger Wärter, die ihn nicht sonderlich gut behandelt, aber damit nie gerechnet hatten, daß er Jahre danach all das Vorgefallene in vernünftigen Worten würde darstellen können.

Nun wäre es denkbar, daß jemand folgendermaßen argumentiert: Ein psychotisch Erkrankter ist zur Wahrnehmung seiner eigenen Interessen nicht befähigt. Gleichsam in Stellvertretung seines kranken Willens haben daher wir Ärzte seine Tötung vorzunehmen, da nämlich anzunehmen sei, der Kranke hätte sich selbst das Leben genommen, wenn ihn seine geistige Umnachtung nicht daran gehindert hätte, seiner Defektuosität gewahr zu werden. Wir stellen uns auf einen ganz andern Standpunkt. Der Arzt hat im Dienste und im Sinne des Lebenswillens und Lebensrechtes des Kranken zu handeln, nicht aber ihm diesen Willen oder dieses Recht abzusprechen. Lehrreich ist diesbezüglich ein Fall, in dem ein junger Arzt an einem Melanosarkom erkrankt war und die richtige Diagnose bereits selber gestellt hatte. Seine Kollegen versuchten vergeblich, sie ihm auszureden, ihn mit negativen Harnreaktionen — nach Vertauschung seines Harns mit dem eines andern Patienten — zu täuschen: er schlich sich nachts ins Laboratorium und nahm dort die Reaktion selber vor. Als die Krankheit Fortschritte machte, befürchtete man einen Selbstmordversuch. Was tat aber der kranke Arzt? Er begann in zunehmendem Maße an seiner ursprünglichen — richtigen — Diagnose zu zweifeln; als er schon Metastasen in der Leber hatte, fing er an, harmlose Leberkrankheiten zu diagnostizieren. So belog und betrog er sich unbewußt selbst — aus dem gerade in den letzten Stadien sich aufbäumenden Lebenswillen heraus. Diesen Lebenswillen aber haben wir eben zu respektieren und nicht über ihn hinweg, irgendwelchen Ideologien zuliebe, einem Menschen das Leben abzusprechen.

Oft wird nun auch auf ein anderes Argument rekurriert. Es wird darauf hingewiesen, daß unheilbar Geisteskranke, im besonderen aber von Haus aus geistig Minderwertige, eine wirtschaftliche Belastung der menschlichen Gesellschaft darstellen, unproduktiv und der Gemeinschaft zu nichts nütze sind. Wie steht es nun mit dieser Argumentation? In Wirklichkeit sind etwa Idioten, die wenigstens Schubkarren führen, noch immer „produktiver" als beispielsweise vergreiste Großeltern, die in einem Altersheim dahinsiechen, deren Tötung aber allein aus dem Grunde der Unproduktivität selbst diejenigen perhorreszieren würden, die ansonsten an dem Kriterium einer Nützlichkeit für die Gemeinschaft festhalten. Denn jeder muß zugeben, daß ein Mensch, der von der Liebe seiner Angehörigen umgeben wird, den unersetzlichen und unvertretbaren Gegenstand dieser Liebe darstellt und damit sein Leben einen (wenn auch gleichsam bloß passiven) Sinn hat. Nicht jeder weiß aber, daß gerade geistig zurückgebliebene Kinder eben in ihrer Hilflosigkeit von ihren Eltern im allgemeinen ganz besonders geliebt und zärtlich umhegt werden.

Die unbedingte Verpflichtung des Arztes, zu retten, wo er retten kann, läßt ihn unseres Erachtens nicht einmal dann los, wenn er sich einem Patienten gegenübergestellt findet, der sein Leben wegzuwerfen versucht hat und dessen Leben nun an einem Faden hängt. In dieser Situation wird der Arzt mit der Frage konfrontiert, ob er den Selbstmörder dem doch frei gewählten Schicksal überlassen soll oder nicht, ob er sich dem nun einmal in die Tat umgesetzten Willen des Suizidanten entgegenstellen darf oder ihn respektieren muß. Man könnte nämlich sagen, der Arzt, der im Falle eines vorliegenden Selbstmordversuchs therapeutisch interveniert, wolle Schicksal spielen, statt dem Schicksal freien Lauf zu lassen. Darauf entgegnen wir nun: Wenn dem „Schicksal" daran gelegen gewesen wäre, den betreffenden Lebensmüden sterben zu lassen, dann hätte es Mittel und Wege gefunden, um die ärztliche Intervention zu spät kommen zu lassen. Sobald aber ein noch Lebender vom „Schicksal" rechtzeitig in die Hände eines Arztes gespielt wurde, hat dieser Arzt als Arzt zu handeln und dürfte sich auf keinen Fall zum Richter aufspielen, der nach persönlich-weltanschaulichem Gutdünken oder gar willkürlich über Sein oder Nichtsein entscheidet.

Selbstmord

Haben wir im vorangegangenen das Problem des Selbstmordes insofern gestreift, als wir die möglichen Stellungnahmen des Arztes als eines Außenstehenden diskutierten, so wollen wir jetzt dieses Problem gleichsam von innen her beleuchten, vom lebensmüden Menschen aus zu verstehen trachten, zugleich aber seine Motive auf ihre innere Berechtigung hin prüfen.

Gelegentlich wird von einem sogenannten Bilanz-Selbstmord gesprochen. Damit soll gesagt sein, daß ein Mensch lediglich auf Grund einer Bilanz, die er aus seinem ganzen Leben zieht, sich zum Freitod entschließen könne. Inwiefern diese Bilanz als Lust-Bilanz auf jeden Fall negativ ausgehen müßte, hat sich uns schon gelegentlich der Besprechung des Problems „Lust als Lebenssinn" gezeigt. Hier soll daher nur von der Frage die Rede sein, ob die Wert-Bilanz des Lebens jemals so negativ werden kann, daß ein Weiterleben wertlos erscheinen muß. Wir halten es nun für fraglich, ob der Mensch überhaupt imstande ist, eine Lebens-Bilanz mit genügender Objektivität zu ziehen. Dies gilt namentlich von der Behauptung, daß eine Situation ausweglos bzw. der Selbstmord der einzige Ausweg sei. Mag diese Behauptung noch so sehr einer Überzeugung entsprechen — diese Überzeugung bleibt etwas Subjektives. Wenn auch nur ein Einziger von den Vielen, die aus Überzeugung von der Ausweglosigkeit ihrer Lage Selbstmord versuchten, nicht Recht behalten hätte, wenn sich auch nur bei diesem Einzigen nachträglich trotzdem noch ein anderer Ausweg gefunden hätte — dann wäre schon jeder Selbstmordversuch unberechtigt: denn die subjektive Überzeugung ist ja bei allen, die sich zum Selbstmord entschließen, die gleiche feste Überzeugung, und keiner kann im voraus wissen, ob gerade seine Überzeugung auch objektiv ist und zu Recht besteht oder aber bereits durch das Geschehen der nächsten Stunden Lügen gestraft wird, jener Stunden, die er unter Umständen nicht mehr erlebt. Wohl wäre es rein theoretisch denkbar, daß ein Selbstmord als bewußt gebrachtes Opfer gelegentlich einmal gerechtfertigt ist. Empirisch wissen wir jedoch, daß die Motive auch solcher Selbstmorde in Wirklichkeit nur allzu oft einem Ressentiment entspringen, oder daß sich auch in solchen Fällen zuletzt noch irgendein anderer Ausweg aus der scheinbar aussichtslosen Situation hätte zeigen lassen. Praktisch kann man wohl sagen, daß der Selbstmord sonach niemals gerechtfertigt ist. Auch als Sühne nicht. Denn ebenso, wie er es unmöglich macht, — im Sinne der Verwirklichung von Einstellungswerten — am eigenen Leid zu wachsen und zu reifen, macht er es ja auch unmöglich, ein Leid, das wir einem Andern zugefügt haben, so oder so je wiedergutzumachen. Damit aber perenniert der Selbstmord das Vergangene, statt ein geschehenes Unglück oder begangenes Unrecht aus der Welt zu schaffen — er schafft nur das Ich aus der Welt.

Wenden wir uns nun jenen Fällen zu, in denen die Motive auf krankhaften seelischen Zuständen beruhen mögen. Wobei wir die Frage offenlassen, ob bei genügend genauer psychiatrischer Ausforschung Selbstmordversuche ohne die geringsten psychopathologischen Grundlagen überhaupt ausfindig gemacht werden könnten. Worauf es uns hier ankommt, ist vielmehr: festzustellen, daß wir in allen Fällen die Sinnwidrigkeit des Selbstmordes, die unbedingte Sinnhaftigkeit des Lebens, dem Lebensüberdrüssigen zu beweisen verpflichtet sind — in immanenter Kritik und mit sachlicher Argumentation, also mit den Mitteln der Logotherapie. Vor allem wäre hierbei darauf hinzuweisen, daß seine Lebensmüdigkeit ein Gefühl ist, Gefühle aber niemals ein Argument darstellen. Das aber, was er sucht, wird ihm nicht zuteil: die Lösung eines Problems. Denn wir müssen dem zum Selbstmord Entschlossenen vor allem und immer wieder vorhalten, daß ein Selbstmord kein Problem lösen kann. Wir müssen ihm vor Augen führen, wie sehr er einem Schachspieler gleicht, der vor ein ihm allzu schwierig erscheinendes Schachproblem gestellt ist und — die Figuren vom Brett wirft. Damit löst er kein Schachproblem. Aber auch im Leben wird kein Problem dadurch gelöst, daß man das Leben wegwirft. Und so wie jener Schachspieler sich nicht an die Spielregeln hält, genau so verletzt ein Mensch, der den Freitod wählt, die Spielregeln des Lebens. Diese Spielregeln verlangen ja von uns nicht, daß wir um jeden Preis siegen, wohl aber, daß wir den Kampf niemals aufgeben (Anmerkung 11).

Wir können nicht und müssen auch nicht alle Gründe des Unglücklichseins aus der Welt schaffen, um die zum Selbstmord Entschlossenen von ihrem Vorhaben abzubringen. Wir brauchen nicht jedem unglücklich Verliebten die Frau und jedem wirtschaftlich Notleidenden einen Verdienst zu verschaffen. Es muß auch gelingen, diesen Menschen beizubringen, daß sie nicht nur ohne das, was sie aus irgendeinem Grunde nicht haben können, weiterzuleben vermögen, sondern daß sie ein gut Stück Sinn ihres Lebens gerade darin zu sehen haben, daß sie ihr Unglück innerlich überwinden, an ihm wachsen, sich ihrem Schicksal gewachsen zeigen, auch dann, wenn es ihnen etwas versagt. Unsere Kranken werden aber erst dann dazu gebracht werden können, das Leben für einen Wert zu halten und für etwas, das auf jeden Fall Sinn hat, wenn wir imstande sind, ihnen einen Lebensinhalt zu geben, sie in ihrem Dasein ein Ziel und einen Zweck finden zu lassen, mit andern Worten: eine Aufgabe vor sich zu sehen. „Wer ein Warum zu leben hat, erträgt fast jedes Wie“ (Anmerkung 12) — sagt NIETZSCHE. Tatsächlich hat das Wissen um eine Lebensaufgabe einen eminenten psychotherapeutischen und psychohygienischen Wert. Wir stehen nicht an zu behaupten, daß es nichts gibt, was eher geeignet ist, einen Menschen objektive Schwierigkeiten oder subjektive Beschwerden überwinden bzw. ertragen zu lassen, als: das

Bewußtsein, im Leben eine Aufgabe zu haben. Erst recht aber, wenn — und um so mehr als — diese Aufgabe gleichsam persönlich zugeschnitten ist, das also darstellt, was man eine Mission heißen könnte. Sie macht ihren Träger unvertretbar und unersetzlich und verleiht seinem Leben den Wert des Einzigartigen. Der angeführte Satz von NIETZSCHE läßt auch verstehen, daß das „Wie" des Lebens, also irgendwelche mißlichen Begleitumstände, in dem Augenblick und in dem Maße in den Hintergrund tritt, als das „Warum" in den Vordergrund rückt. Aber nicht nur das; aus der so gewonnenen Einsicht in den Aufgabencharakter des Lebens ergibt sich mit Konsequenz, daß das Leben eigentlich nur um so sinnvoller wird, je schwieriger es geworden ist.

Der Aufgabencharakter des Lebens

Wollen wir sonach unseren Kranken zu einer höchstmöglichen Aktivierung ihres Lebens verhelfen, wollen wir somit unsere Patienten gleichsam aus dem Zustand eines „patiens" in den eines „agens" überführen, dann müssen wir sie nicht bloß zum Erleben ihres Daseins als Verantwortlichseins gegenüber Möglichkeiten der Wertverwirklichung bringen, sondern ihnen auch aufzeigen, daß die Aufgabe, für deren Erfüllung sie verantwortlich sind, jeweils eine spezifische Aufgabe ist. Diese Spezifität der Aufgabe ist eine doppelte. Denn die Aufgabe wechselt nicht nur von Mensch zu Mensch — entsprechend der Einzigartigkeit jeder Person —, sondern auch von Stunde zu Stunde, gemäß der Einmaligkeit jeder Situation. Wir brauchen uns nur an das zu erinnern, was SCHELER „Situationswerte" genannt (und den „ewigen" Werten, die jederzeit und für alle gelten, gegenübergestellt) hat. Diese Werte warten gleichsam darauf, bis ihre Stunde geschlagen hat, in der ein Mensch die einmalige Gelegenheit ergreift, sie zu verwirklichen; wird diese Gelegenheit versäumt, dann ist sie unwiederbringlich verloren und der Situationswert bleibt für immer unverwirklicht — der Mensch hat ihn verwirkt. Wir sehen also, wie die beiden Momente der Einmaligkeit und Einzigartigkeit als Momente an der menschlichen Existenz für deren Sinnhaftigkeit konstitutiv sind. Und es ist das Verdienst der zeitgenössischen Existenzphilosophie, daß sie — entgegen dem vagen Lebensbegriff der seinerzeitigen Lebensphilosophie — das Dasein des Menschen als ein wesentlich konkretes, als das „je meinige" herausgestellt hat. Nun erst, mit seiner konkreten Gestalt, gewann das menschliche Leben Verbindlichkeit. Nicht umsonst wird daher die Existenzphilosophie als „appellierende" Philosophie bezeichnet. Enthält doch die Darstellung des menschlichen Daseins als eines einzigartigen und einmaligen den Appell, seine einzigartigen und einmaligen Möglichkeiten zu verwirklichen.

Wollen wir im Sinne einer Existenzanalyse und im Dienste einer Logotherapie den Patienten zur möglichsten Konzentriertheit seines Lebens bringen, dann brauchen wir ihm nur zu zeigen, wie das Leben jedes Menschen ein einzigartiges Ziel hat, zu dem ein einmaliger Weg führt. Auf ihm gleicht der Mensch dem Flieger, der bei Nacht und Nebel im Blindflug in den Flughafen „gelotst" wird. Der vorgezeichnete Weg allein führt den Piloten zu seinem Ziel. So hat aber auch jeder Mensch in allen Lebenslagen einen jeweils einmaligen und einzigartigen Weg vorgezeichnet, auf dem er zur Verwirklichung der eigensten Möglichkeiten gelangen kann.

Hält uns aber ein Patient vor, er wisse nicht um den Sinn seines Lebens, die einzigartigen Möglichkeiten seines Daseins seien ihm verschlossen, dann können wir nur erwidern, daß seine erste, nächstliegende Aufgabe eben darin besteht, zu der eigentlichen Aufgabe hinzufinden und zum Sinn des Lebens in dessen Einmaligkeit und Einzigartigkeit vorzustoßen. Und was hierbei im besonderen seine inneren Möglichkeiten anbelangt, also die Frage, wie er die Richtung seines Sollens aus seinem Sein gleichsam ablesen könne, läßt sich nichts Besseres tun, als sich an die Antwort von Goethe halten: „Wie kann man sich selbst kennen lernen? Durch Betrachten niemals, wohl aber durch Handeln. Versuche, deine Pflicht zu thun und du weißt gleich, was an dir ist. Was aber ist deine Pflicht? Die Forderung des Tages."

Nun wird es Menschen geben, die zwar den jeweils einzigartigen Aufgabencharakter des Lebens anerkennen, die auch zur Verwirklichung seiner konkreten, einmaligen Situationswerte entschlossen sind, jedoch ihre persönliche Situation für „aussichtslos" halten. Da müssen wir fürs erste fragen: Was heißt aussichtslos? Der Mensch kann doch seine Zukunft nicht vorhersagen; er wird es schon deshalb niemals können, weil sein Wissen um die Zukunft sein zukünftiges Verhalten sofort beeinflussen würde: je nach seiner entweder mehr trotzigen oder suggestiblen Einstellung; damit würde er aber die Zukunft auch schon auf jeden Fall anders gestalten, so daß die ursprüngliche Vorhersage nicht mehr richtig wäre. Solange nun der Mensch nicht prophezeien kann, vermag er auch nie zu beurteilen, ob seine Zukunft die Möglichkeit zur Verwirklichung von Werten birgt. Einst wurde ein Neger, der zu lebenslänglicher Zwangsarbeit verurteilt worden war, in Marseille nach den Teufelsinseln eingeschifft. Auf hoher See brach auf dem Dampfer — es handelte sich um den damals untergegangenen „Leviathan" — ein Brand aus. Der Sträfling, ein außergewöhnlich kräftiger Mann, wurde von seinen Handschellen befreit und rettete zehn Menschen das Leben. Später wurde er daraufhin begnadigt. Wenn man diesen Menschen noch am Hafenkai von Marseille gefragt hätte, ob seiner Ansicht nach sein weiteres Leben Sinn haben könne — er hätte wohl mit dem Kopf schütteln müssen. Es kann aber überhaupt kein Mensch wissen, ob er vom Leben noch etwas zu erwarten hat und welche große Stunde auf ihn vielleicht noch wartet.

Niemand hat dabei das Recht, sich auf seine eigene Unzulänglichkeit zu berufen, also die inneren Möglichkeiten seiner selbst gering zu erachten. Mag solch ein Mensch noch so sehr über sich verzweifelt sein, mag er noch so sehr in selbstquälerischen Grübeleien über sich zu Gericht sitzen: allein durch diese Tatsache ist er irgendwie schon gerechtfertigt. Ebenso wie im Jammern über die Relativität und Subjektivität aller Erkenntnis (auch aller Werterfassung) deren Objektivität eigentlich bereits vorausgesetzt ist, ebenso setzt die Selbstverurteilung eines Menschen ein Persönlichkeitsideal, ein persönliches Sein-sollen schon voraus. Dieser Mensch ist sonach eines Wertes ansichtig geworden, daher nimmt er an der Welt der Werte teil; im gleichen Augenblick, wo er imstande ist, den Maßstab eines Ideals an sich selbst anzulegen, kann er nicht mehr ganz wertlos sein. Denn damit hat er bereits ein Niveau erreicht, das ihn salviert; damit, daß er sich über sich selbst zu stellen vermag, ist er in einen geistigen Bezirk eingetreten und hat sich als den Bürger einer geistigen Welt bestätigt, deren Werte an ihm haftenbleiben. „Wär' unser Aug nicht sonnenhaft, nie könnt' die Sonne es erblicken . . ." Analoges läßt sich von der Verallgemeinerung der Verzweiflung, vom Zweifel an der Menschheit sagen. „Der Mensch ist schlecht", an sich und im Grunde — hält man uns dann vor (Anmerkung 13). Dieser Weltschmerz darf aber ebenfalls niemanden in seinem Tun lahmlegen: Macht jemand geltend, daß „alle Menschen letzten Endes nur Egoisten" seien und daß gelegentlicher Altruismus eigentlich auch nur ein Egoismus sei, da der scheinbare Altruist nur sein jeweiliges Mitleidsgefühl loswerden wolle, dann wissen wir bereits, was wir zu entgegnen haben: erstens ist die Beseitigung einer Mitleidsregung nicht Zweck, sondern Folge; zweitens setzt ihr Auftreten echten Altruismus schon voraus. Weiters werden wir aber erwidern können, daß auch für das Leben der Menschheit gilt, was wir vom Sinn des Einzellebens ausgesagt haben, daß nämlich die Höhepunkte entscheiden — in der Zeitgeschichte ebenso wie in Gebirgsräumen. Schon durch wenige exemplarische Existenzen oder auch nur diesen oder jenen konkreten Menschen, den wir wahrhaft lieben, könnte die Menschheit als Ganzes gerechtfertigt sein. Und weist man schließlich darauf hin, daß die ewigen großen Menschheitsideale allenthalben mißbraucht und als Mittel zu den Zwecken von Politik, Geschäft, persönlicher Erotik oder privater Eitelkeit verwendet werden, dann können wir entgegnen: das alles zeugt nur von der allgemeinen Verbindlichkeit und unvergänglichen Macht dieser Ideale, denn daß irgendeiner Sache ein moralisches Mäntelchen umgehängt werden muß, damit sie wirken könne, beweist letzten Endes nur, daß Moralität eben wirksam ist, und das heißt: auf Menschen — vermöge deren eigener Moralität — zu wirken vermag.

Die Aufgabe, die ein Mensch im Leben zu erfüllen hat, ist also grundsätzlich immer da und niemals prinzipiell unerfüllbar. Worauf es der Existenzanalyse im allgemeinen ankommt, ist sonach, den Menschen seine Verantwortlichkeit für die Erfüllung je seiner Aufgaben erleben zu lassen; je mehr er den Aufgabencharakter des Lebens erfaßt, um so sinnvoller wird ihm sein Leben erscheinen. Während der seiner Verantwortung nicht bewußte Mensch das Leben als eine bloße Gegebenheit hinnimmt, lehrt die Existenzanalyse, das Leben in seiner Aufgegebenheit sehen. Hierzu müssen wir aber folgendes bemerken: Es gibt Menschen, die einen Schritt weiter gehen, das Leben gleichsam in einer weiteren Dimension erleben. Für sie ist Aufgabe sozusagen etwas Transitives. Sie erleben gleichzeitig eine Instanz, von der die Aufgabe kommt, sie erleben jene Instanz hinzu, welche die Aufgabe stellt. Sie erleben die Aufgabe als Auftrag. Das Leben erscheint dann in der Transparenz auf einen transzendenten Auftraggeber hin. Damit wäre unseres Erachtens ein Wesenszug des homo religiosus umrissen; als eines Menschen, für dessen Bewußtsein und Verantwortlichsein mit dem Lebensauftrag der Auftraggeber mitgegeben ist (Anmerkung 14).

Das Sein des Menschen haben wir hingestellt als Verantwortlichsein. Dieses Verantwortlichsein ist jeweils ein Verantwortlichsein für die Verwirklichung von Werten. Von diesen Werten nun haben wir ausgesagt, daß die einmaligen, die „Situationswerte“ (SCHELER) mit berücksichtigt werden müssen. Die Chancen einer Wertverwirklichung gewinnen damit konkretes Gepräge. Sie sind aber nicht nur situationsbezogen, sondern auch personal gebunden. So zwar, daß sie von Person zu Person ebenso wechseln wie von Stunde zu Stunde. Die Möglichkeiten, die jeder Mensch für sich und exklusiv für sich hat, sind ebenso spezifisch wie die Möglichkeiten, die jede geschichtliche Situation in ihrer Einmaligkeit bietet.

Eine allgemein gültige, für alle verbindliche Lebensaufgabe muß uns in existenzanalytischem Aspekt eigentlich unmöglich erscheinen. In dieser Sicht ist die Frage nach „der“ Aufgabe im Leben, nach „dem“ Sinn des Lebens — sinnlos. Sie müßte uns vorkommen wie etwa die Frage eines Reporters, der einen Schach-Weltmeister interviewt: „Und nun sagen Sie, verehrter Meister — welcher ist der beste Schachzug?" Diese Frage läßt sich ebensowenig allgemeingültig und ebenso nur in bezug auf eine konkrete Situation (und Person) beantworten. Jener Schach-Weltmeister müßte, falls er die Frage überhaupt ernst nehmen würde, erwidern: „Ein Schachspieler soll so handeln, daß er nach Maßgabe dessen, was er kann, und dessen, was der Gegner zuläßt, den jeweils besten Zug zu machen versucht." Dabei wäre zweierlei zu unterstreichen: Erstens „nach Maßgabe dessen, was er kann" — damit ist nämlich gemeint, daß auch die innere Lage, das, was man Anlage nennt, ins Kalkül zu ziehen ist; und zweitens wäre zu berücksichtigen, daß der betreffende Spieler immer nur „versuchen" kann, den in einer konkreten Spielsituation besten, d. h. den einer bestimmten Figurenstellung jeweils angepaßten Zug zu machen. Wäre er nämlich von vornherein darauf aus, den absolut besten Zug zu machen, so müßte er, von Zweifeln und Selbstkritik geplagt, zumindest jene Zeit überschreiten, die ihm zur Verfügung steht, und das Spiel aufgeben. Ganz analog verhält es sich nun mit dem Menschen, der vor die Frage nach dem Sinn seines Lebens gestellt ist; auch er kann diese Frage, soll sie als Frage Sinn haben, nur stellen im Hinblick auf eine konkrete Situation sowie auf seine konkrete Person; darüber hinaus wäre es fehlerhaft und krankhaft, wenn er sich in den Kopf setzte, das absolut Beste zu tun, statt bloß zu „versuchen", es zu tun. Intendieren muß er das Beste wohl, sonst käme nicht einmal etwas Gutes heraus; aber gleichzeitig muß er verzichten können auf ein mehr als nur asymptotisches Erreichen seines Ziels.

Wenn wir nun dazu übergehen, die Summe aus allem zur Frage nach dem Sinn des Lebens bisher Gesagten zu ziehen, dann gelangen wir zu einer radikalen Kritik der Frage als solcher. Die Frage nach dem Sinn des Lebens schlechthin ist sinnlos, denn sie ist falsch gestellt, wenn sie vage „das" Leben meint und nicht konkret „je meine" Existenz. Holen wir zu einer Rückbesinnung auf die ursprüngliche Struktur des Welterlebens aus, dann müssen wir der Frage nach dem Sinn des Lebens eine kopernikanische Wendung geben: Das Leben selbst ist es, das dem Menschen Fragen stellt. Er hat nicht zu fragen, er ist vielmehr der vom Leben her Befragte, der dem Leben zu antworten — das Leben zu ver-antworten hat. Die Antworten aber, die der Mensch gibt, können nur konkrete Antworten auf konkrete „Lebensfragen" sein. In der Verantwortung des Daseins erfolgt ihre Beantwortung, in der Existenz selbst „vollzieht" der Mensch das Beantworten ihrer eigenen Fragen.

Es ist vielleicht nicht unangebracht, an dieser Stelle darauf hinzuweisen, daß auch die Entwicklungspsychologie zeigt, daß „Sinnentnahme" auf einer höheren Entwicklungsstufe steht als „Sinngebung" (CHARLOTTE BÜHLER). Es entspricht somit das, was wir im obigen logisch zu „entwickeln" versuchten, durchaus der psychologischen Entwicklung: der scheinbar paradoxe Primat der Antwort gegenüber der Frage. Er gründet sich auf dem Sich-erfahren des Menschen als eines je schon Befragten. Derselbe Instinkt nun, der — wie wir gesehen haben — den Menschen zu seinen eigensten Lebensaufgaben hinführt, leitet ihn auch bei der Beantwortung der Lebensfragen, in der Verantwortung seines Lebens. Dieser Instinkt ist das Gewissen. Das Gewissen hat seine „Stimme" und „spricht" zu uns — ein unleugbarer phänomenaler Tatbestand. Das Sprechen des Gewissens ist jedoch jeweils ein Antworten. Hier erweist sich der religiöse Mensch psychologisch gesehen als einer, der zum Gesprochenen den Sprecher hinzu erlebt, also gleichsam hellhöriger ist als der Nichtreligiöse: In der Zwiesprache mit seinem Gewissen — in diesem intimsten Selbstgespräch, das es gibt — ist ihm sein Gott der Partner (Anmerkung 15).

Das homöostatische Prinzip und die existentielle Dynamik

In der Praxis geht die Logotherapie auf eine Konfrontation der Existenz mit dem Logos aus. In der Theorie geht sie von einer Motivation der Existenz durch den Logos aus.

Der Einwand liegt auf der Hand, durch die Konfrontierung der Existenz mit dem Logos, durch die Hinordnung der Person auf eine Welt des Sinnes und der Werte werde der Mensch überfordert. Abgesehen davon, daß dergleichen heute weniger denn je zu befürchten ist, sind derartige Befürchtungen bereits im Ansatz verfehlt, so zwar, daß sie noch an dem seit v. BERTALANFFY[1]) überholten Homöostaseprinzip festhalten. Im Bereich der Neurologie und Psychiatrie war es KURT GOLDSTEIN[2]), der nachweisen konnte, daß das Prinzip der "tension reduction", auf dem immerhin die psychoanalytischen und psychodynamischen Hypothesen aufruhen, eigentlich ein ausgesprochen pathologisches Prinzip vorstellt: normalerweise liege dem Menschen vielmehr daran, Spannungen auszuhalten bzw. auf Werte hin auszurichten, nicht aber, ihnen um jeden Preis zu entgehen.

Wir selbst halten dafür, daß es ein für menschliches Sein wesentliches Merkmal ist, im polaren Spannungsfeld zwischen Sein und Sollen zu stehen, im Angesicht von Sinn und Werten zu stehen, von ihnen an-

[1]) Problems of Life, Wiley, New York 1952.

[2]) Human Nature in the Light of Psychopathology, Harvard University Press, Cambridge 1940.

gefordert zu werden. Insofern, als die Flucht vor dieser Anforderung ein Kennzeichen neurotischen Daseins ist, wird klar, wie sehr die Psychotherapie diesem typisch neurotischen "escapism" entgegenarbeiten muß und nicht in die Hände arbeiten darf, indem sie aus übertriebener Furcht vor einer Störung der Homöostase jede Spannung vom Patienten fernzuhalten versucht und ihm die Konfrontierung mit Sinn und Werten zu ersparen trachtet.

Die Dynamik, die sich im polaren Spannungsfeld zwischen Sein und Sollen etabliert, wird in der Logotherapie im Gegensatz zu aller Psychodynamik Noodynamik genannt. Von der ersteren unterscheidet sie sich in erster Linie dadurch, daß in sie ein Moment der Freiheit eingeht: während ich von Trieben getrieben werde, werde ich von Werten gezogen, d. h. ich kann zu einer Wertforderung ja oder nein sagen, ich kann mich also so oder so entscheiden. Das Moment der freien Stellungnahme gilt nämlich nicht nur gegenüber der eben bloß scheinbaren Nötigung durch die biologischen, psychologischen oder soziologischen Bedingungen, sondern auch gegenüber einer zu verwirklichenden Wertmöglichkeit.

Je reduzierter die Spannung ist, die aus der Noodynamik erfließt, desto bedrohter und gefährdeter ist der Mensch. Sich an von CARL ROGERS angeregte Forschungsergebnisse anlehnend, erklärt ALLPORT: "There is always a wholesome gap between self and ideal-self, between present existence and aspiration. On the other hand, too high a satisfaction indicates pathology."[1]) Die normale Korrelation zwischen realem Selbstbild und idealem Selbstbild, behauptet er, sei durch einen Koeffizienten von +.58 gekennzeichnet.

Es ist also durchaus zu verstehen, wenn amerikanische Autoren — ich beschränke mich darauf, THEODORE A. KOTCHEN[2]) zu zitieren — auf Grund statistischer Untersuchungen der Logotherapie akkreditieren, die Sinnorientierung des Menschen sei als ein Maßstab seelischen Gesundseins zu werten.

In den USA wird die Psychologie von zwei Strömungen beherrscht: einer mechanistischen und — im Sinne einer Reaktion auf sie — einer humanistischen. Was die erstere anlangt, wird sie getragen vom homöostatischen Prinzip. Was die letztere betrifft, schwebt ihr das Ideal der Selbstverwirklichung (GOLDSTEIN, HORNEY und MASLOW) vor.

GORDON W. ALLPORT weist darauf hin, daß die übliche Auffassung der Motivation als eines Versuchs, einen Spannungszustand durch Homöostase abzulösen, das Wesen eigentlichen Strebens nicht treffe[3]).

---

1) Personality and Social Encounter, Beacon Press, Boston 1960.

2) Journal of Individual Psychology 16, 174, 1960.

3) Becoming, New Haven 1955, p. 48 f.

Tatsächlich hatte FREUD „den seelischen Apparat" als etwas hingestellt, dessen „Absicht" darin bestehe, „die von außen und innen an ihn herantretenden Reizmengen und Erregungsgrößen zu bewältigen und zu erledigen"[1]), und JUNGS Archetypen sind nach wie vor homöostatisch konzipiert: nach wie vor steht der Mensch da als einer, dessen Streben auf die Verwirklichung eben archetypisch präformierter Möglichkeiten hinausläuft, welchem Streben jedoch einzig und allein die Absicht zugrunde liegt, dem Stachel oder gar der Rache nicht ausgelebter Archetypen zu entgehen und die von ihnen hervorgerufenen Spannungen zu vermeiden.

Mit Recht behauptet CHARLOTTE BÜHLER: „Von FREUDS frühesten Formulierungen des Lustprinzips bis zur letzten, gegenwärtigen Version des Prinzips der Spannungsabfuhr und Homöostase wurde das ständige Endziel aller Aktivität durchs ganze Leben im Sinne einer Wiederherstellung des Gleichgewichts im Individuum aufgefaßt."[2]) Aber bereits CHARLOTTE BÜHLER bemängelt an der FREUDschen Auffassung der Anpassungsvorgänge, daß „im Gleichgewichtsstreben des sich Anpassenden die Realität negativ aufgefaßt wird", während in Wirklichkeit „der Schaffende sein Produkt und Werk in eine positiv aufgefaßte Realität setzt"[3]). Wie denn auch das der Realität dienende Realitätsprinzip insofern selber und seinerseits im Dienst des Lustprinzips steht, als es ja eine bloße „Modifikation" des Lustprinzips vorstellt, „die im Grunde auch Lust erzielen will"[4]). Sehen wir näher zu, so können wir nun feststellen, daß das Lustprinzip selber und seinerseits eine bloße Modifikation darstellt, nämlich insofern, als es einem höheren Prinzip dient, und zwar dem Homöostaseprinzip, d. h. der Tendenz, einen möglichst niedrigen Spannungspegel aufrechtzuerhalten bzw. wiederherzustellen.

Wie der Wille zur Lust von der Psychoanalyse in Form des Lustprinzips, so wurde der Wille zur Macht von der Individualpsychologie in Form des sogenannten Geltungsstrebens hervorgekehrt. Im Falle von ADLERS Geltungsstreben jedoch handelt es sich längst nicht mehr um ein Getriebensein des Menschen zu etwas, das sich etwa als Aggressivität der von FREUD in den Vordergrund gerückten Sexualität an die Seite stellen ließe, sondern um ein vom „Aktzentrum" (SCHELER) der Person ausgehendes Wollen.

Im geschlossenen System eines „seelischen Apparats", der vom Lustprinzip beherrscht wird, ist kein Platz für den von uns so benannten Willen zum Sinn, der ja den Menschen auf die Welt hinordnet und aus-

---

1) S. FREUD, Gesammelte Werke, Band XI, p. 370.

2) Basic Tendencies in Human Life, in: Sein und Sinn, Tübingen 1960.

3) Psychol. Rdsch. 8, 1956.

4) S. FREUD, Gesammelte Werke, Band XI, p. 370.

richtet. Dieses Konzept darf nicht in einem voluntaristischen Sinne mißverstanden werden. Daß wir von einem „Willen zum Sinn" sprechen und nicht etwa von einem „Trieb zum Sinn", heißt noch lange nicht, einem Voluntarismus huldigen; vielmehr soll auf diesem Wege das Faktum der (primär) direkten Sinnintention — will heißen das Faktum, daß es dem Menschen zunächst und zuletzt um den Sinn und nichts als den Sinn geht — nicht aus dem Auge gelassen werden: würde es sich nämlich wirklich um einen Trieb handeln, dann würde der Mensch den Sinn nur erfüllen, um den Stachel des Triebes loszuwerden und sein Gleichgewicht wiederzugewinnen. Dann jedoch hätte der Mensch aufgehört, um des Sinnes selbst willen zu handeln, und unsere Motivationstheorie liefe wieder auf das Homöostaseprinzip hinaus.

Während sich die europäische Kritik der Logotherapie noch ergeht in mokanten Bemerkungen wie „appellieren an den Willen", ist die amerikanische Psychiatrie längst dazu übergegangen, den hierzulande viel gelästerten Willen wieder in seinen rechtmäßigen Rang einzusetzen. Der führende Existentialpsycholog von New York, ROLLO MAY, behauptet, die Psychoanalyse arbeite der Tendenz des Patienten zur Passivität in die Hände und verführe ihn dazu, sich selbst nicht mehr als eine Entscheidungsmacht zu verstehen und nur nicht sich selbst als für seine Schwierigkeiten verantwortlich anzusehen. Seine bissigen Bemerkungen setzt er folgendermaßen fort: "The existential approach puts decision and will back into the center of the picture" — und schließt sie sinnigerweise mit einem Psalmenwort: "The very stone which the builders rejected has become the head of the corner."[1]) Und JAMES C. CRUMBAUGH und LEONARD T. MAHOLICK, die Direktoren des Bradley Center in Columbus, Georgia, USA, erklären in einer im Journal of Existential Psychiatry erschienenen Arbeit (The Case for FRANKLS "Will to Meaning"), daß ihnen das Ergebnis ihrer Experimente unsere Hypothese von der Existenz eines Willens zum Sinn bestätigt.

Die Idee eines Willens zum Sinn darf nicht im Sinne eines Appells an den Willen mißdeutet werden. Glaube, Liebe, Hoffnung lassen sich nicht manipulieren und fabrizieren. Niemand kann sie befehlen. Selbst dem Zugriff des eigenen Willens entziehen sie sich. Ich kann nicht glauben wollen, ich kann nicht lieben wollen, ich kann nicht hoffen wollen — und vor allem kann ich nicht wollen wollen. Darum ist es müßig, einen Menschen aufzufordern, „den Sinn zu wollen". An den Willen zum Sinn appellieren heißt vielmehr den Sinn selbst aufleuchten lassen — und es dem Willen überlassen, ihn zu wollen.

[1]) Review of Existential Psychology and Psychiatry 1, 249, 1961.

CHARLOTTE BÜHLER stellt der Triebbefriedigungstheorie die Selbstverwirklichungstheorie gegenüber, wenn sie zusammenfaßt: „Gegenwärtig gibt es im wesentlichen zwei Grundauffassungen von den Grundtendenzen des Lebens, soweit diese für die Psychotherapie in Frage kommen. Die eine ist die der psychoanalytischen Theorie, der zufolge die Wiederherstellung des homöostatischen Gleichgewichts die einzige Grundtendenz des Lebens ist. Die zweite Theorie über die Grundtendenz des Lebens ist die Lehre der Selbstverwirklichung als Endziel des Lebens."[1]) Aber nur in dem Maße, in dem der Mensch Sinn erfüllt, in dem Maße verwirklicht er auch sich selbst: Selbstverwirklichung stellt sich dann von selbst ein, als eine Wirkung der Sinnerfüllung, aber nicht als deren Zweck. Nur Existenz, die sich selbst transzendiert, kann sich selbst verwirklichen, während sie, sich selbst bzw. Selbstverwirklichung intendierend, sich selbst nur verfehlen würde. Zum Wesen des Menschen gehört das Hingeordnet-, Ausgerichtetsein, sei es auf etwas, sei es auf jemand, auf eine Idee oder auf eine Person![2]) Nun bemerkt CHARLOTTE BÜHLER ganz richtig: "What the representatives of the self-realization principle really meant was the pursuit of potentialities." Tatsächlich läuft alles Sich-selbst-Verwirklichen letzten Endes hinaus auf die Verwirklichung eigener Möglichkeiten. Wollen wir uns doch einmal fragen, was hinter all diesen Lehren steht, die dem Menschen von heute gegeben werden: daß er bloß versuchen möge, seine inneren Möglichkeiten auszuleben, oder, wie ebenfalls gesagt wird, sich selbst zum Ausdruck zu bringen. Nun, meines Erachtens geht das verborgene Motiv, das da dahintersteckt, dahin, jene Spannung zu verringern, die durch die Spaltung zwischen dem, was ein Mensch ist, und dem, was er zu werden hat, hervorgerufen wird; die Spannung, wie wir ebensowohl sagen könnten, zwischen der Realität einerseits und jenen Idealen, die erst zu verwirklichen sind; oder, anders ausgedrückt, die Spannung zwischen Existenz und Essenz, zwischen Sein und Sinn. Tatsächlich bedeutet die Verkündigung, der Mensch brauche sich um keine Ideale und Werte zu kümmern, da sie ja nichts weiter als Ausdruck seiner selbst seien und er selbst daher ruhig sich darauf beschränken könne, sein Selbst und seine Möglichkeiten zu verwirklichen — solche Verkündigung bedeutet eine frohe Botschaft; denn auf diese Art und Weise erfährt der Mensch, daß er gar nicht erst nach Sinnerfüllung oder Wertverwirklichung zu langen braucht, da ja alles bereits

[1]) Z. exp. angew. Psychol. 6, 1959.

[2]) „Menschen sind stark, solange sie eine starke Idee vertreten; sie werden ohnmächtig, wenn sie sich ihr widersetzen." (S. FREUD, Gesammelte Werke, Band X, p. 113.)

längst in Ordnung ist, immer schon da ist, zumindest in Form jeweils eigener Möglichkeiten, die es zu verwirklichen gilt. PINDARS Imperativ, daß der Mensch werden solle, was er ist, wird solcherart seines imperativen Charakters beraubt und in eine indikative These umgewandelt, dergestalt nämlich, daß sie nunmehr lautet: Was immer der Mensch werden soll — er ist es immer schon gewesen! Und ebendarum braucht er sich um keine Ideale zu sorgen — oder, um es bildlich auszudrücken: er braucht nicht erst nach den Sternen zu langen, um sie auf die Erde herabzuholen — denn, siehe: die Erde selbst ist ein Stern . . .

Und ein erleichtertes Aufatmen geht durch die Reihen der Spießer, die in ihrer Pseudomoral ein Unbehagen gespürt hatten! Wir aber wissen, daß die Spannung zwischen Sein und Sinn unaufhebbar im Wesen des Menschen begründet ist. Die Spannung zwischen Sein und Seinsollen gehört eben zum Mensch-sein mit dazu. Und darum ist sie auch unabdingbare Bedingung seelischen Gesund-seins. Testuntersuchungen, die in den USA durchgeführt wurden, haben ergeben, daß der logotherapeutische Grundbegriff der Sinnorientiertheit sogar das vorzüglichste Kriterium psychischer Gesundheit darstellt.

Aber selbst in einem tieferen Sinne ist der Hiatus zwischen Sein und Sollen, zwischen Sein und Sinn wesentlich für alles Mensch-sein. Weder können noch sollen in einem endlichen Wesen wie dem Menschen Existenz und Essenz koinzidieren und kongruieren; im Gegenteil, der Sinn muß jeweils dem Sein voraus sein — nur dann nämlich kann der Sinn das sein, was sein eigener Sinn ist: Schrittmacher des Seins zu sein! Umgekehrt sackt Existenz in sich selbst zusammen, wofern sie nicht sich selbst transzendiert, indem sie über sich selbst hinauslangt auf etwas jenseits ihrer selbst.

Wie heißt es doch in der Bibel: Während der Wanderung Israels durch die Wüste schritt Gott in Form einer Wolke seinem Volk voran — und es mag nicht abwegig sein, diesen Bericht so zu deuten, daß wir sagen: Der (letzte) Sinn (der Übersinn, wie ich es zu formulieren pflege) schritt dem Sein voran, auf daß letzteres ersterem folge, auf daß ersterer letzteres mit sich reiße. Fragen wir uns aber einmal, was denn geschehen wäre, wenn Gottes Herrlichkeit nicht Israel vorangeschritten wäre, vielmehr inmitten dieses Volkes geweilt hätte — es liegt auf der Hand, was geschehen wäre: die Wolke wäre nimmermehr imstande gewesen, Israel durch die Wüste zu geleiten und ans Ziel, an seinen Bestimmungsort zu bringen, sondern die Wolke hätte alles eingenebelt, niemand hätte sich zurechtgefunden, und Israel wäre irregegangen.

Haben wir einmal diese existentielle Dynamik eingesehen, dann können wir sehr wohl unterscheiden zwischen zweierlei Menschentypen, die ich bezeichnen möchte als Schrittmacher und Ruhestifter (im englischen Original: "pacemakers versus peacemakers"). Die Schrittmacher konfrontieren uns mit Werten und Sinn, sie offerieren sie unserem Willen zum Sinn. Die Ruhestifter hingegen versuchen, uns von der Bürde jeder Sinnkonfrontierung zu entlasten.

Ein Schrittmacher in diesem Sinne war beispielsweise MOSES: er trachtete keineswegs, das Gewissen seines Volkes einzulullen, im Gegenteil, er forderte es heraus. Er brachte seinem Volk die Zehn Gebote mit, als er vom Berge Sinai herniederstieg, und ersparte ihm weder die Konfrontierung mit Idealen noch das Wissen um die ihnen nur nachhinkende Realität.

Und dann ist da der Typus des Ruhestifters, dem es ums innere Gleichgewicht geht, das nur ja nicht gestört werden darf und um dessentwillen nicht nur alle Mittel erlaubt sind, sondern die ganze Welt zu nichts anderem als einem Mittel denaturiert und degradiert wird: sei es nun einem Mittel zum Zweck der Triebbefriedigung oder aber der Selbstverwirklichung, der Abstillung von Bedürfnissen, der Besänftigung eines Über-Ichs oder der Ausfaltung eines Archetypus. So oder so, der Mensch wird mit sich selbst ausgesöhnt — der Mensch wird „ausgeglichen". Was allein gilt, sind Tatsachen. Und Tatsache ist nun einmal, daß eine verschwindende Minorität an Ideale heranreicht — warum sollen wir uns also um sie scheren, warum sollen wir anders sein als der Durchschnitt? Wozu sollen wir ideal werden — bleiben wir normal! Und jetzt verstehen wir auch, in welchem Sinne KINSEY ein Ruhestifter genannt zu werden verdient ...

CHARLOTTE BÜHLER meint, daß anscheinend das Funktionieren des gesunden Organismus von einem Alternieren zwischen den Tendenzen der Spannungsentladung und der Spannungserhaltung abhängt[1]). Fragen wir uns nun, ob es zu diesem — wollen wir sagen — ontogenetischen Rhythmus nicht auch ein phylogenetisches Analogon gibt! Oder hat nicht SCHOPENHAUER auf das abwechselnde Vorherrschen einerseits der Not und andererseits der Langeweile verwiesen, wie es im geschichtlichen und gesellschaftlichen Maßstab zutage tritt? Zwar nicht wie im Falle „des gesunden Organismus" im Nebeneinander, wohl aber im Nacheinander lösen da Perioden der Not und Epochen der Langeweile einander ab. Ja, wir möchten sogar die Behauptung wagen, daß der Mensch zu „homöostatischen" Zeiten (wie der einer "affluent society") die gegengewichtige Not freiwillig auf sich nimmt. GEHLEN, der ebenfalls der Ansicht ist, daß „der Druck der Not anthropologisch eine wahrscheinlich ungemeine Bedeutung hat", hat in diesem Zusammenhang

[1]) Psychol. Rep. 10, 1962.

erklärt, „wenn man sich einen Ausweg vorstellen könnte, so wäre es eigentlich nur noch die Askese". Allein, wenn er die Meinung vertritt, „daß von fast allen Elementen der christlichen Religion die Askese nicht säkularisiert wurde"[1]), dann können wir ihm nicht folgen; denn es will uns scheinen, daß es der Sport ist, der die Mission übernommen hat, den Organismus einem periodischen Stress auszusetzen und inmitten des Wohlstands dem Menschen zu Situationen eines künstlichen und flüchtigen Notstands zu verhelfen.

Bedenklicher als die gängigen Motivationstheorien jedoch ist deren praktische Anwendung, sagen wir auf die psychische Hygiene. Scheint sie doch insofern im Ansatz verfehlt, als sie auf dem verfehlten Grundsatz aufgebaut ist, nur ja keine Spannung aufkommen zu lassen im Menschen, kurz, sie huldigt dem Homöostaseprinzip, um nicht zu sagen dem „Nirvanaprinzip" (SIGMUND FREUD). Was jedoch der Mensch in Wirklichkeit braucht, ist nicht ein Zustand bar jeder Spannung, vielmehr eine gewisse, eine gesunde Dosis von Spannung — etwa jene dosierte Spannung, wie sie hervorgerufen wird durch sein Angefordert- und Inanspruchgenommensein durch einen Sinn.

Allein, in der affluent society kommt zuwenig Spannung auf; so kommt es denn, daß dem Menschen von heute im Verhältnis zu früheren Zeiten viel Not und Spannung erspart geblieben sind, so daß er es schließlich verlernt hat, beides zu ertragen. Seine Frustrationstoleranz ist herabgesetzt, er hat verlernt zu verzichten. In eben dieser Situation aber geht der Mensch daran, die Spannung, die ihm die Gesellschaft schuldig geblieben ist, künstlich zu erzeugen: er verschafft sich die Spannung, die er braucht. Und er tut es, indem er nunmehr von sich selbst etwas verlangt: er fordert sich eine Leistung ab — und zwar nicht zuletzt das „Leisten" von Verzicht. Und so kommt es denn, daß er inmitten des Wohlstands beginnt, sich freiwillig etwas zu versagen — künstlich und absichtlich erzeugt er Situationen des Notstands. Und mitten in der Überflußgesellschaft beginnt er, sozusagen „Inseln der Askese" aufzuschütten —, und eben darin sehe ich nun die Funktion des Sports: er ist die moderne, die säkulare Askese.

Wie die Professoren der USA klagen, sind die Studenten von heute durch eine abgründige Apathie charakterisiert: "On almost every campus from California to New England, student apathy was a topic of conversation. It was the one subject mentioned most often in our discussions with faculty members and students."[2])

Die Professoren der USA halten das Ideal der Freiheit hoch; aber

[1]) Anthropologische Forschung, Hamburg 1961, p. 65 f.

[2]) E. D. EDDY, The College Influence on Student Character, p. 16.

die Freiheit, die sie meinen, ist negativ und bedarf ihrer Ergänzung durch eine positive Idee, und zwar die der Verantwortlichkeit. Wann wird endlich das Pendant zur Freiheitsstatue an der Ostküste errichtet: an der Westküste eine Statue der Verantwortlichkeit?[1])

In den Vereinigten Staaten klagen die Psychoanalytiker darüber, daß sie es mit einem neuen Typus von Neurose zu tun bekommen, dessen hervorstechendstes Merkmal in einem Mangel an Initiative und Interesse besteht.

Anscheinend verträgt der Mensch auf die Dauer die absolute Unbeschwertheit im psychologischen Sinne ebensowenig wie die absolute Schwerelosigkeit im physikalischen Sinne, und anscheinend kann er im sinnlosen Raum ebensowenig wie im luftleeren Raum existieren.

Bekanntlich führt der totale Entzug von Sinneseindrücken, wie er im Rahmen von Experimenten herbeigeführt wird, die der Vorbereitung von Weltraumfahrten dienen, zu Sinnestäuschungen. Untersuchungen an den Universitäten Yale und Harvard ergaben jedoch, daß „es nicht die Abwesenheit von Sinneserregung an sich ist, die die Wirkungen des Entzugs von Sinneseindrücken produziert, sondern die Abwesenheit sinnvoller Erregung“. Abschließend erklären die Autoren, was das Gehirn brauche, sei Sinn. Es zeigt sich, daß das elementare Sinnbedürfnis des Menschen bis in die biologischen Fundamente seines Daseins hinein verfolgt werden kann. Aus dessen Projektion in die physiologische Ebene wieder in den Raum der spezifisch humanen Phänomene transponiert klingt das Leitmotiv der Logotherapie, eine Brücke schlagend zwischen den Bedeutungen von Logos — Geist und Sinn — wie eine Fuge: Der Geist braucht den Sinn — der Nous den Logos — und die noo-gene Erkrankung ihre logo-therapeutische Behandlung.

Neben den noogenen Neurosen gibt es aber nicht nur die psychogenen, sondern auch die von mir beschriebenen somatogenen Pseudoneurosen. Ich erwähne nur die Agoraphobien, hinter denen eine Hyperthyreose steht, die Klaustrophobien, in denen eine latente Tetanie steckt, und die

---

[1]) Der Unterschied, der zwischen verantwortlich sein und frei sein besteht, läßt sich an Hand einer Gegenüberstellung von Schuld und Willkür exemplifizieren. Während wir nämlich Willkür als Freiheit ohne Verantwortlichkeit definieren können, ist Schuld gewissermaßen Verantwortlichsein ohne Freisein; trägt doch der schuldig Gewordene für etwas Verantwortung, ohne die Freiheit zu besitzen, es jemals wieder aus der Welt zu schaffen. Dann kommt es nur auf die rechte Haltung an, auf die richtige Einstellung, und die rechte Haltung gegenüber der eigenen Schuld ist die Reue. Wie sehr die Reue, wenn schon nicht rückgängig machen, so doch wenigstens auf moralischer Ebene wiedergutmachen kann, was geschehen ist und verschuldet wurde (S. 116), hat uns Max Scheler in seinem diesbezüglichen Aufsatz gezeigt.

Depersonalisationssymptome bzw. die psych-adynamischen Syndrome, hinter denen sich eine Nebennierenrindeninsuffizienz versteckt. Es kann also davon gar nicht die Rede sein, daß die Logotherapie in ihrer Theorie spiritualistisch und in ihrer Praxis moralistisch ist. Eher ließe sich dergleichen der psychosomatischen Medizin nachsagen. Tatsächlich hat das leibliche Krankheitsgeschehen durchaus nicht durchgängig jenen Stellenwert in der Lebensgeschichte und jenen Ausdruckswert für die Geistseele, den ihm die psychosomatische Medizin so großzügig zuspricht. Keineswegs ist der Leib des Menschen ein getreues Spiegelbild seines Geistes — dies gälte von einem „verklärten" Leib; der Leib des „gefallenen" Menschen jedoch ist, sofern überhaupt ein Spiegel, ein zerbrochener, verzerrender Spiegel. Gewiß hat jede Krankheit ihren „Sinn"; aber der wirkliche Sinn einer Krankheit liegt nicht im Daß des Krankseins, vielmehr im Wie des Leidens, in der Haltung, in der sich der Kranke der Krankheit stellt, in der Einstellung, mit der er sich mit der Krankheit auseinandersetzt.

Ist die Logotherapie in ihrer Praxis moralistisch? Sie ist es aus dem einfachen Grunde nicht, weil Sinn nicht rezeptiert werden kann. Der Arzt kann nicht dem Leben des Patienten Sinn geben. Sinn kann letzten Endes überhaupt nicht gegeben, sondern muß gefunden werden. Und zwar muß der Patient ihn selber und selbständig finden. Die Logotherapie befindet nicht über Sinn und Unsinn oder Wert und Unwert; denn es ist nicht die Logotherapie, sondern die Schlange, die im Paradies den Menschen versprach, sie würde sie machen zu Wesen „wie Gott, erkennend Gutes und Böses".

Vom Sinn des Todes

Beim Versuch, auf die Frage nach dem Sinn des Lebens — diese menschlichste möglicher Fragen — eine Antwort zu geben, wird der Mensch auf sich selbst verwiesen, als auf einen vom Leben Befragten, als auf den, der sein Leben zu verantworten hat. Er wird also auf den Urtatbestand verwiesen, daß menschliches Dasein Verantwortlichsein ist. In der Existenzanalyse hat sich nun die Verantwortlichkeit als etwas erwiesen, das aus der Konkretheit von Person und Situation erwächst und mit dieser Konkretheit anwächst. Die Verantwortung wächst, wie sich gezeigt hat, mit der Einzigartigkeit der Person und der Einmaligkeit der Situation. Einzigartigkeit und Einmaligkeit sind, wie wir sagten, für den Sinn menschlichen Lebens konstitutiv. In diesen beiden Wesensmomenten seiner Existenz manifestiert sich aber zugleich die Endlichkeit des Menschen. Sonach muß sie selbst ebenfalls etwas darstellen, was dem menschlichen Dasein Sinn gibt und nicht den Sinn nehmen kann. Dies müssen wir nun erläutern und wollen hierbei zuerst die Frage beantworten, ob die Endlichkeit des Menschen in der Zeit, die zeitliche Endlichkeit seines Lebens — die Tatsache des Todes, das Leben sinnlos machen kann.

Wie oft hält man uns nicht vor, daß der Tod den Sinn des ganzen Lebens in Frage stelle. Daß alles letzten Endes sinnlos sei, weil der Tod es schließlich vernichten müsse. Kann nun der Tod der Sinnhaftigkeit des Lebens wirklich Abbruch tun? Im Gegenteil. Denn was geschähe, wenn unser Leben nicht endlich in der Zeit, sondern zeitlich unbegrenzt wäre? Wären wir unsterblich, dann könnten wir mit Recht jede Handlung ins Unendliche aufschieben, es käme nie darauf an, sie eben jetzt zu tun, sie könnte ebensogut auch erst morgen oder übermorgen oder in einem Jahr oder in zehn Jahren getan werden. So aber, angesichts des Todes als unübersteigbarer Grenze unserer Zukunft und Begrenzung unserer Möglichkeiten, stehen wir unter dem Zwang, unsere Lebenszeit auszunützen und die einmaligen Gelegenheiten — deren „endliche" Summe das ganze Leben dann darstellt — nicht ungenützt vorübergehen zu lassen.

Die Endlichkeit, die Zeitlichkeit ist also nicht nur ein Wesensmerkmal des menschlichen Lebens, sondern für dessen Sinn auch konstitutiv. Der Sinn menschlichen Daseins ist in seinem irreversiblen Charakter fundiert. Die Lebensverantwortung eines Menschen ist daher nur dann zu verstehen, wenn sie als eine Verantwortung im Hinblick auf Zeitlichkeit und Einmaligkeit verstanden wird. Wollen wir also im Sinne der Existenzanalyse unsere Patienten zum Bewußtsein ihres Verantwortlichseins bringen, wollen wir sie ihrer Verantwortlichkeit wirklich innewerden lassen, dann müssen wir an Hand von Gleichnissen versuchen, den geschichtlichen Charakter des Lebens und damit die menschliche Verantwortung im Leben zu vergegenwärtigen. Dem schlichten Menschen, der einem in der Sprechstunde gegenübersitzt, empfehle man z. B., einmal so zu tun, als ob er an seinem Lebensabend in seiner eigenen Biographie blätterte und eben jenes Kapitel aufgeschlagen hätte, das den jeweils gegenwärtigen Lebensabschnitt behandelt; durch ein Wunder hätte er nun Gelegenheit, zu entscheiden, was das nächste Kapitel bringen soll, es stünde sonach in seiner Macht, an einem entscheidenden Kapitel seiner ungeschriebenen, inneren Lebensgeschichte gleichsam noch Korrekturen anzubringen. Man könnte überhaupt die existenzanalytische Maxime in folgende Imperativform kleiden: *Lebe so, als ob du zum zweiten Mal lebtest und das erste Mal alles so falsch gemacht hättest, wie du es zu machen — im Begriffe bist.* Gelingt es einem, sich dieser Phantasievorstellung hinzugeben, dann wird ihm im gleichen Augenblick die ganze Größe der Verantwortung bewußt, die der Mensch in jedem Moment seines Lebens hat: die Verantwortung dafür, was aus der jeweils folgenden Stunde werden soll, dafür, wie er den nächsten Tag gestaltet.

Oder wir weisen den Patienten an, sich sein Leben so vorzustellen, als ob es ein Film wäre, der gerade „gedreht" wird, aber nicht „geschnitten" werden darf; d. h. daß nichts von dem, was einmal „aufgenommen" wurde, jemals rückgängig gemacht werden kann. Auch so wird es das eine oder andere Mal gelingen, den irreversiblen Charakter des menschlichen Lebens, die Geschichtlichkeit des Daseins sehen zu lassen.

Im Anfang ist das Leben noch ganz Substanz, noch unverbraucht; im Ablauf jedoch verliert es immer mehr an Substanz, wird es immer mehr in Funktion umgewandelt, um am Ende nur mehr darin zu bestehen, was von seinem Träger, dem jeweiligen Menschen, an Taten, Erlebnissen und Erleidnissen gezeitigt worden ist. So erinnert das Menschenleben an das Radium, das bekanntlich auch nur eine beschränkte „Lebensdauer" hat, da seine Atome zerfallen und seine Materie sich immer mehr in Energie umwandelt, die ausgestrahlt wird, nie mehr zurückkehrt und sich nie wieder in Materie umsetzt. Denn der Prozeß des Atomzerfalls ist irreversibel, „gerichtet"; auch beim Radium weicht also die ursprüngliche Substantialität in zunehmendem Maße. Ähnliches gilt nun vom Leben auch insofern, als sein ursprünglicher Materialcharakter immer mehr zurücktritt, bis es am Ende zu reiner Form geworden ist. Denn der Mensch gleicht einem Bildhauer, der den ungeformten Stein mit Meißel und Hammer so bearbeitet, daß das Material immer mehr an Form gewinnt. Der Mensch wieder verarbeitet den Stoff, den das Schicksal ihm liefert: bald schaffend, bald erlebend oder leidend, versucht er, aus seinem Leben an Werten „herauszuschlagen", soviel er kann, an schöpferischen oder Erlebniswerten oder Einstellungswerten. In dieses Gleichnis vom Bildhauer können wir aber auch das Zeitmoment einführen; wir brauchen uns nur vorzustellen, daß ihm für die Fertigstellung seines Kunstwerks eine beschränkte Zeit zur Verfügung gestellt ist, daß ihm aber jener Termin nicht bekanntgegeben wurde, an dem er das Werk wird abliefern müssen. So weiß er niemals, wann er „abberufen" wird, und ob nicht die Abberufung gar im nächsten Augenblick erfolgt. So ist er aber auch gezwungen, auf jeden Fall die Zeit zu nützen — auf die Gefahr hin, daß sein Werk als Torso zurückbleibt. Daß er es nicht vollenden konnte, macht es noch lange nicht wertlos. Der „Fragmentcharakter" des Lebens (Simmel) tut dem Sinn des Lebens keinen Abbruch. Nie können wir aus der Länge eines Menschenlebens auf seine Sinnfülle schließen. Eine Biographie pflegen wir doch auch nicht nach ihrer „Länge" zu beurteilen, nach der Zahl der Buchseiten — sondern nach ihrem Inhaltsreichtum. Das heldenhafte Leben eines jung Verstorbenen hat gewiß mehr Inhalt und Sinn als die Existenz irgendeines langlebigen Spießers. Wie manche „Unvollendete" gehört zu den schönsten Symphonien!

Der Mensch steht im Leben wie vor einer Matura-Prüfung: Hier kommt es ja ebenfalls weniger darauf an, daß die Arbeit vollendet wird, als darauf, daß sie hochwertig ist. So wie der Kandidat darauf gefaßt sein muß, daß ein Glockenzeichen das Ende der ihm zur Verfügung stehenden Zeit anzeigt, genauso muß man im Leben jederzeit gewärtig sein, „abberufen" zu werden.

Der Mensch soll — in der Zeit und in der Endlichkeit — etwas voll-enden, d. h. die Endlichkeit auf sich nehmen und ein Ende bewußt in Kauf nehmen. Diese Einstellung muß noch nicht heroisch sein, sie läßt sich vielmehr schon am alltäglichen Verhalten des Durchschnittsmenschen aufzeigen. Als Kinobesucher z. B. wird er wohl eher darauf bestehen, daß ein Film überhaupt ein Ende hat, als darauf, daß er ein Happy-End hat. Allein die bloße Tatsache, daß der Alltagsmensch so etwas wie Kino oder Theater braucht, beweist schon die Sinnhaftigkeit des Geschichtlichen: wenn es nicht eben darum ginge, das, was gilt, erst zu explizieren, also in der Zeit zu entfalten, geschichtlich darzustellen, dann würde er sich damit begnügen können, sich „die Moral von der Geschichte" ganz kurz erzählen zu lassen, statt stundenlang im Theater oder Kino zu sitzen.

Es ist also gar nicht notwendig, den Tod aus dem Leben irgendwie auszuschalten; gehört er doch recht eigentlich zum Leben dazu! Es ist aber auch gar nicht möglich, ihn zu „überwinden", wie es der Mensch vermeintlich tut, wenn er mit der Fortpflanzung seine „Verewigung" will. Denn die Behauptung, der Sinn des Lebens liege in der Nachkommenschaft, ist falsch. Sie läßt sich leicht ad absurdum führen. Erstens läßt sich unser Leben nicht in infinitum fortsetzen: auch Sippen sterben ja schließlich aus und einmal wird wohl auch die ganze Menschheit absterben müssen, und sei es auch nur erst im Rahmen einer kosmischen Katastrophe des Sternes „Erde". Wäre ein endliches Leben sinnlos, dann wäre es ganz gleichgültig, wann das Ende kommt, ob es absehbar ist oder nicht. Wer vor der Irrelevanz dieses Zeitpunktes die Augen verschließt, gleicht jener Dame, die anläßlich der Prophezeiung eines Astronomen, der Weltuntergang sei in einer Billion Jahren zu erwarten, entsetzt zurückschrak und auf die nochmalige Versicherung

„erst in einer Billion Jahren“ erleichtert aufatmete und bemerkte: „Ich habe nämlich zuerst verstanden: schon in einer Million Jahren.“ Entweder das Leben hat einen Sinn, dann behält es ihn auch unabhängig davon, ob es lang oder kurz ist, ob es sich fortpflanzt oder nicht; oder das Leben hat keinen Sinn, dann erhält es auch keinen, wenn es noch so lange dauert oder sich unbegrenzt fortpflanzen könnte. Wäre das Leben einer kinderlos gebliebenen Frau aus diesem Grund allein wirklich sinnlos, dann hieße das, daß der Mensch nur für seine Kinder lebt und der ausschließliche Sinn seiner Existenz in der jeweils kommenden Generation gelegen ist. Damit wird aber das Problem nur verschoben. Denn jede Generation schiebt es dann ungelöst der nächsten Generation zu. Worin anders sollte dann der Lebenssinn der einen Generation liegen, als in der Aufzucht der nächsten? Etwas an sich Sinnloses zu perpetuieren ist aber selber sinnlos. Denn ein an sich Sinnloses wird nicht bloß schon dadurch sinnvoll, daß es verewigt wird.

Auch wenn eine Fackel erlischt, hat ihr Leuchten Sinn gehabt; keinen Sinn hat es aber, in einem wenn auch ewigen Fackellauf (ins Unendliche) eine Fackel weiterzureichen, die nicht brennt. „Was leuchten soll, muß dulden, daß es brennt“, sagt WILDGANS und meint damit wohl: daß es leidet; wir können aber auch sagen: es muß dulden, daß es ver-brennt, daß es „zu Ende“ brennt.

So kommen wir zu der Paradoxie, daß ein Leben, dessen einziger Sinn in seiner Fortpflanzung bestünde, eo ipso ebenso an sich sinnlos würde, wie seine Fortpflanzung. Umgekehrt hat die Fortpflanzung des Lebens nur dann und erst dann Sinn, wenn bereits das Leben an sich etwas Sinnvolles darstellt. Wer also in der Mutterschaft den ausschließlichen und letzten Sinn eines Frauenlebens erblickt, nimmt in Wirklichkeit nicht dem Leben der kinderlos gebliebenen Frau den Sinn, sondern gerade dem Leben der Mutter gewordenen. Das Fehlen von Nachkommen kann also die Existenz eines bedeutenden Menschen nicht sinnlos machen. Aber mehr als das: die ganze Ahnenreihe, die zu ihm hinführt, hätte allein schon durch die Bedeutung dieser einen Existenz, die sie hervorgebracht, rückwirkend ihren krönenden Sinn bekommen. Aus all dem ersehen wir nur wieder einmal, daß Leben niemals Selbstzweck, daß seine Fortpflanzung niemals sein eigener Sinn sein kann; vielmehr erhält es seinen Sinn erst aus andern, nichtbiologischen Bezügen. Diese Bezüge stellen daher ein transzendentes Moment dar. Das Leben transzendiert sich selbst nicht in die „Länge“ — im Sinne seiner eigenen Fortpflanzung —, sondern „in die Höhe“ — indem es einen Sinn intendiert.

Das Korrelat zur Einmaligkeit menschlichen Daseins — in der Zeit, im Nacheinander — ist die Einzigartigkeit jedes Menschen — im Nebeneinander der einzelnen Individuen. Aber ebenso wie der Tod als zeitliche, äußere Beschränkung das Leben nicht sinnlos macht, vielmehr dessen Sinnhaftigkeit erst konstituiert, ebenso gibt die innere Beschränkung des Menschen seinem Leben nur Sinn. Wären alle Menschen vollkommen, dann wären alle einander gleich, jeder einzelne durch jeden beliebigen Vertreter also ersetzlich. Gerade aus der Unvollkommenheit des Menschen folgt aber die Unentbehrlichkeit und Unaustauschbarkeit jedes Einzelnen; denn der Einzelne ist zwar unvollkommen, aber jeder ist es in seiner Art. Der Einzelne ist nicht allseitig, dafür einseitig und dadurch einzigartig.

In diesem Zusammenhang wollen wir ein biologisches Modell gebrauchen: Bekanntlich bezahlt das einzellige Lebewesen seine Entwicklung zum mehrzelligen Organismus mit dem Preis der „Unsterblichkeit" — und mit dem Opfer der Omnipotenz. Für diese hat die Zelle jedoch ihre Spezifität eingetauscht. Die hochdifferenzierte Retina-Zelle z. B. ist durch keine andere Zellart in ihrer Funktion vertretbar. So hat das Prinzip der Arbeitsteilung der Zelle zwar ihre funktionelle Allseitigkeit genommen, aber dafür mit ihrer funktionellen Einseitigkeit ihre relative Unersetzlichkeit für den Organismus gegeben.

In einem Mosaik ist ebenfalls jedes Teilchen, der einzelne Stein, in Form und Farbe etwas Unvollständiges, gleichsam Unvollkommenes; erst aus dem Ganzen und für das Ganze bedeutet es etwas. Enthielte jeder Stein — etwa gleich einer Miniatur — im einzelnen das Ganze, dann wäre er durch jeden andern ersetzlich — so wie ein Kristall, der in seiner Form irgendwie vollkommen sein mag, aber gerade deshalb durch jeden andern Repräsentanten der gleichen Kristallform vertretbar wird: ein Oktaeder ist schließlich wie der andere.

Je höher ein Mensch differenziert ist, desto weniger entspricht er der Norm — sowohl im Sinn von Durchschnitt als auch im Sinn von Ideal; aber er hat sich, um den Preis dieser Normalität bzw. Idealität, seine Individualität erkauft. Die Bedeutung solcher Individualität jedoch, der Sinn menschlicher Persönlichkeit ist jeweils gerichtet und bezogen auf Gemeinschaft. Denn so wie die Einzigartigkeit dem Mosaiksteinchen ausschließlich in bezug auf das Ganze des Mosaiks Wert verleiht, so liegt der Sinn aller persönlichen Einzigartigkeit des Menschen ausschließlich in deren Bedeutsamkeit für ein übergeordnetes Ganzes. So weist der Sinn personaler Existenz als persönlicher, der Sinn menschlicher Person als Persönlichkeit, über ihre eigenen Grenzen hinaus, er verweist auf Gemeinschaft; in der Richtung auf Gemeinschaft transzendiert der Sinn des Individuums es selbst.

Über die gefühlsmäßige, also gleichsam nur „zuständliche" Gegebenheit der Sozialität des Menschen hinaus erscheint so die Gemeinschaft in ihrer Aufgegebenheit. Aus ihrer bloßen psychologischen oder gar biologischen Faktizität — ist doch der Mensch ein „Zoon politikon" — wird ein ethisches Postulat. Aber die individuelle Existenz braucht nicht nur die Gemeinschaft, um sinnvoll zu werden, sondern umgekehrt braucht auch die Gemeinschaft die individuelle Existenz, um selber Sinn zu haben. Dies unterscheidet sie wesentlich von der bloßen Masse. Denn die Masse duldet keine Individualität, geschweige denn, daß die individuelle Existenz in ihr eine Sinnerfüllung finden könnte. Ließe sich die Beziehung des Individuums zur Gemeinschaft mit der eines Mosaiksteinchens zu einem ganzen Mosaik vergleichen, dann könnte man die Beziehung des Einzelmenschen zur Masse der Beziehung eines genormten Pflastersteins zum einheitlich grauen Straßenpflaster gleichsetzen: jeder Stein, gleich behauen, ist hier ersetzlich durch jeden andern; er hat keine qualitative Bedeutung mehr für das große Ganze — dieses selbst ist dann eigentlich kein Ganzes, sondern lediglich ein Großes; das eintönige Straßenpflaster hat auch nicht mehr den Schönheitswert eines Mosaiks, sondern nur mehr einen Nutzwert — ebenso wie die Masse nur mehr den Nutzen von Menschen und nicht mehr deren Wert und Würde kennt.

Der Sinn der Individualität erfüllt sich erst in der Gemeinschaft. Insofern ist der Wert des Individuums auf die Gemeinschaft angewiesen. Soll aber die Gemeinschaft selber Sinn haben, dann kann sie der Individualität der sie bildenden Individuen nicht entraten — während in der Masse der Sinn der einzelnen, der einzigartigen Existenz untergeht, untergehen muß, weil in der Masse jede Einzigartigkeit sich als störender Faktor auswirken würde. Der Sinn der Gemeinschaft wird durch Individualität konstituiert und der Sinn der Individualität durch Gemeinschaft; der „Sinn" der Masse wird durch die Individualität der Individuen, die sie zusammensetzen, gestört (Anmerkung 16) und der Sinn der Individualität geht in der Masse unter (während er in der Gemeinschaft aufgeht).

Wir sagten, daß die Einzigartigkeit jedes Menschen und die Einmaligkeit allen Lebens für den Sinn des Daseins konstitutiv ist; sie muß aber von bloßer numerischer Singularität wohl unterschieden werden. Alle numerische Singularität an sich ist wertlos. Die bloße Tatsache, daß jeder Mensch von allen andern daktyloskopisch unterscheidbar ist, macht ihn noch lange nicht zur Persönlichkeit. Wann immer daher von Einzigartigkeit als Sinnmoment menschlicher Existenz die Rede ist, wird nicht diese „daktyloskopische" Einzigartigkeit gemeint. Man könnte sonach — analog der „guten" und der „schlechten Unendlichkeit" HEGELS — von einer guten und von einer schlechten Einzigartigkeit sprechen. Die „gute Einzigartigkeit" wäre dann diejenige, welche auf eine Gemeinschaft gerichtet ist, für die ein Mensch als einzigartiger Wertbedeutung hat.

Die Einzigartigkeit menschlichen Daseins ist unseres Erachtens ontologisch fundiert. Stellt doch die personale Existenz eine besondere Seinsform dar. Ein Haus z. B. ist aus Stockwerken zusammengesetzt und die Stockwerke aus Zimmern. Das Haus läßt sich somit durch Addition von Stockwerken ebenso begreifen wie ein Zimmer durch Division eines Stockwerks. Wir können somit die Grenzen im Sein mehr minder willkürlich ziehen, das Seiende willkürlich abgrenzen und aus der Totalität des Seins herausgreifen. Ausschließlich das Person-sein, die personale Existenz, entzieht sich dieser Willkür; eine Person ist etwas in sich Abgeschlossenes, für sich Bestehendes — weder teilbar noch summierbar.

Die Vorzugstellung des Menschen innerhalb des Seins, die menschliche Seinsweise als besondere können wir jetzt auch so präzisieren, daß wir in Anlehnung an unsere ursprüngliche These „Sein = Anders-sein" den Satz aufstellen: Person-sein (menschliches Dasein, Existenz) heißt absolutes Anders-sein[1]). Denn die wesentliche und werthafte Einzigartigkeit jedes einzelnen Menschen bedeutet ja nichts anderes, als daß er eben anders ist als alle andern Menschen.

Das Sein des Menschen läßt sich also nicht zu irgendeinem komplexen Sein höherer Ordnung zusammenfassen, ohne daß dieses übergeordnete Sein die Dignität des menschlichen Seins verlöre. Dies sehen wir am deutlichsten an der Masse. Sofern sie wirksam und in diesem Sinne

[1]) Indem jeder Mensch gegenüber allen anderen „absolut anders ist", ist er, was sein Sosein anlangt, einzigartig; zugleich ist jeder Mensch, was sein Dasein anlangt, einmalig, und so ist denn auch der Sinn jedes Daseins einmalig und einzigartig — wodurch menschliche Verantwortlichkeit fundiert ist: gerade durch diese Endlichkeit menschlichen Daseins im Nacheinander und im Nebeneinander, in der Zeit und im Raum. Zu dieser doppelten Endlichkeit menschlichen Daseins kommt jedoch ein drittes konstitutives Moment — das sie auch schon sprengt: die Transzendenz der Existenz, das Auf-etwas-hingeordnet-Sein des Menschen; denn einmalig und einzigartig ist der Mensch an sich, aber nicht für sich. Am eindringlichsten kommt dieser Tatbestand jedoch nicht in unseren dürftigen und armseligen Worten, vielmehr in denen von HILLEL zum Ausdruck — HILLEL faßt seine Lebensweisheit zusammen, indem er seine Lebensweisung in drei Fragen kleidet: Wenn nicht ich es tue — wer soll es tun? Und wenn ich es nicht jetzt tue — wann soll ich es tun? Und wenn ich es nur für mich tue — was bin ich dann?

„wirklich" ist, wirkt sie niemals an sich. Die soziologischen Gesetze wirken nicht über die Köpfe der Einzelnen hinweg, sondern durch sie hindurch. Sie mögen gelten, aber sie gelten nur so, wie massenpsychologische Wahrscheinlichkeitsrechnungen gelten, und nur soweit, als ein Durchschnittstypus psychologisch berechenbar ist. Dieser Durchschnittstypus ist aber eine wissenschaftliche Fiktion und keine reale Person — er könnte eine solche schon deshalb gar nicht sein, weil er eben berechenbar ist.

Durch die Flucht in die Masse verliert der Mensch sein Eigentlichstes: Verantwortlichkeit; durch die Hingabe an jene Aufgaben jedoch, die ihm eine Gemeinschaft stellt, in die er hineingestellt oder hineingeboren ist, gewinnt der Mensch, und zwar ein Plus an zusätzlicher Verantwortung. Die Flucht in die Masse ist sonach eine Flucht vor der individuellen Verantwortung. Sobald jemand so tut, als ob er der bloße Teil eines Ganzen wäre und erst dieses Ganze das Eigentliche, kann er das Gefühl haben, die Last seiner Verantwortlichkeit losgeworden zu sein. Diese Tendenz zur Flucht vor Verantwortlichkeit ist das Motiv alles Kollektivismus. Wahre Gemeinschaft ist wesentlich Gemeinschaft verantwortlicher Personen — bloße Masse aber nur Summe entpersönlichter Wesen.

In der Beurteilung der Menschen führt der Kollektivismus dazu, daß er an Stelle von verantwortlichen Personen nur einen Typus sieht und an Stelle von persönlicher Verantwortlichkeit nur die Gebundenheit des Menschen an einen Typus. Aber nicht nur auf der Seite des Objekts einer Beurteilung kommt es zur Entverantwortlichung, sondern auch auf der Seite des Subjekts. Bedeutet doch die Bewertung nach einem Typus eine Erleichterung für den Urteilenden, insofern sie ihn der Verantwortung des Urteils zum Teil enthebt. Wertet man einen Menschen als Typus, dann braucht man sich mit dem Einzelfall gar nicht erst abzugeben, und dies ist sehr bequem. Ebenso bequem wie etwa die Bewertung eines Motors nach seiner Fabriksmarke oder seinem Konstruktionstypus. Fährt jemand eine bestimmte Wagentype, dann weiß man, woran er ist. Kennt man die Marke einer Schreibmaschine, dann weiß man auch, was man von ihr zu erwarten hat. Selbst auf Hunderassen kann man sich noch verlassen: bei einem Pudel werden wir gewisse Neigungen und Charaktereigenschaften voraussetzen und bei einem Wolfshund wieder andere. Nur beim Menschen ist dies anders. Nur der Mensch ist durch seine Zugehörigkeit zu irgendeinem Typus nicht bestimmt, aus ihr nicht zu berechnen; diese Rechnung würde nämlich niemals aufgehen — immer würde ein Rest übrigbleiben. Dieser Rest entspricht der Freiheit des Menschen, sich den Bedingtheiten durch einen Typus zu entziehen.

Als Gegenstand sittlicher Beurteilung fängt der Mensch als solcher dort überhaupt erst an, wo er die Freiheit hat, sich der Gebundenheit an einen Typus entgegenzustellen. Denn erst dort ist sein Sein — Verantwortlich-sein, erst dort „ist" der Mensch eigentlich, oder: erst dort ist der Mensch „eigentlich". — Je genormter eine Maschine ist, um so besser ist sie, je genormter jedoch ein Mensch — je mehr er in seinem (Rassen-, Klassen- oder Charakter-) Typus aufgeht und einer Durchschnittsnorm entspricht —, um so abtrünniger ist er der ethischen Norm.

Auf moralischem Gebiet führt der Kollektivismus in der Beurteilung bzw. Verurteilung der Menschen dazu, daß man sie „kollektiv haftbar" macht. Man macht sie für etwas verantwortlich, wofür sie nicht verantwortlich sind. Damit aber versucht man, sich der Verantwortlichkeit des Urteils zu entziehen. Es ist allerdings viel bequemer, ganze „Rassen" pauschal zu werten oder zu entwerten, als jeden einzelnen Menschen danach zu bewerten, welcher der beiden einzigen in sittlicher Beziehung relevanten „Rassen" er angehört: ob der „Rasse" der anständigen Menschen oder der „Rasse" der unanständigen Menschen.

Freiheit und Verantwortlichkeit

Die Verantwortung des Menschen, deren Bewußtwerdung die Existenzanalyse sich so angelegen sein läßt, ist eine Verantwortung angesichts der Einmaligkeit und Einzigartigkeit je seiner Existenz; das menschliche Dasein ist ein Verantwortlichsein angesichts seiner Endlichkeit. Diese Endlichkeit des Lebens als dessen zeitliche Endlichkeit macht es aber nicht sinnlos; im Gegenteil: wir haben gesehen, daß der Tod das Leben sinnvoll macht. Wir haben gesagt, zur Einmaligkeit des Lebens gehört die Einmaligkeit jeder Situation; zur Einzigartigkeit des Lebens gehört nun die Einzigartigkeit jedes Schicksals. Überhaupt gehört das Schicksal — analog dem Tod — zum Leben irgendwie dazu. Aus seinem konkreten, einzigartigen Schicksalsraum kann der Mensch nicht heraustreten. Hadert er gegen sein Schicksal, gegen das also, wofür er nichts kann, wofür er keine Verantwortung oder Schuld trägt, dann übersieht er den Sinn des Schicksals. Und es gibt einen Sinn des Schicksals — das Schicksal gibt dem Leben ebenso Sinn wie der Tod. Innerhalb seines gleichsam exklusiven Schicksalsraumes ist jeder Mensch unvertretbar. Diese seine Unvertretbarkeit macht seine Verantwortlichkeit für die Gestaltung seines Schicksals aus. Schicksal haben heißt sein eigenes Schicksal haben. Mit seinem einzigartigen Schicksal steht jeder einzelne Mensch sozusagen im ganzen Kosmos einzig da. Sein Schicksal wiederholt sich nicht. Niemand hat die gleichen Möglichkeiten wie er, und er selbst hat sie nie wieder. Was ihm widerfährt an Gelegenheiten zur schaffenden oder erlebenden Wertverwirklichung, was ihm an eigentlich Schicksalhaftem begegnet — was er also nicht ändern kann, sondern im Sinn von Einstellungswerten tragen muß —, all dies ist einzigartig und einmalig.

Die Paradoxie einer Auflehnung gegen das Schicksal wird klar, wenn einer fragt, was aus ihm geworden wäre, wenn nicht sein tatsächlicher Vater, sondern jemand anderer ihn gezeugt hätte; er vergißt dann nämlich, daß er in diesem Falle nicht „er" geworden wäre, daß der Träger des Schicksals ein ganz und gar anderer wäre, so daß auch nicht mehr von „seinem" Schicksal gesprochen werden könnte. Die Frage nach der Möglichkeit eines andern Schicksals ist also in sich unmöglich, widerspruchsvoll und sinnlos.

Das Schicksal gehört zum Menschen wie der Boden, an den ihn die Schwerkraft fesselt, ohne die aber das Gehen unmöglich wäre. Zu unserem Schicksal haben wir zu stehen wie zu dem Boden, auf dem wir stehen — ein Boden, der das Sprungbrett für unsere Freiheit ist. Freiheit ohne Schicksal ist unmöglich; Freiheit kann nur die Freiheit gegenüber einem Schicksal sein, ein freies Sich-verhalten zum Schicksal. Wohl ist der Mensch frei, aber er ist nicht gleichsam freischwebend im luftleeren Raum, sondern findet sich inmitten einer Fülle von Bindungen. Diese Bindungen sind jedoch die Angriffspunkte für seine Freiheit. Freiheit setzt Bindungen voraus, ist auf Bindungen angewiesen. Aber diese Angewiesenheit bedeutet keine Abhängigkeit. Der Boden, auf dem der Mensch geht, wird im Gehen jeweils auch schon transzendiert und ist ihm Boden letztlich eben nur soweit, als er transzendiert wird, Absprungbasis ist. Wollte man den Menschen definieren, dann müßte man ihn bestimmen als jenes Wesen, das sich je auch schon frei macht von dem, wodurch es bestimmt ist (als biologisch-psychologisch-soziologischer Typus bestimmt ist); jenes Wesen also, das alle diese Bestimmtheiten transzendiert, indem es sie überwindet oder gestaltet, aber auch noch während es sich ihnen unterwirft.

Diese Paradoxie zeichnet den dialektischen Charakter des Menschen ab, zu dessen Wesenszügen seine ewige Unabgeschlossenheit und Sich-selbst-Aufgegebenheit gehören: seine Wirklichkeit ist eine Möglichkeit, und sein Sein ist ein Können. Niemals geht der Mensch in seiner Faktizität auf. Mensch-sein — so könnten wir sagen — heißt nicht faktisch, sondern fakultativ sein!

Das menschliche Dasein ist Verantwortlich-sein, weil es Frei-sein ist. Es ist ein Sein, das — wie JASPERS sagt — jeweils erst noch entscheidet, was es ist: es ist „entscheidendes Sein". Es ist eben „Dasein" und nicht bloß „Vorhanden-sein" (HEIDEGGER). Der Tisch, der vor mir steht, ist und bleibt so, wie er nun einmal ist, zumindest von sich aus, d. h. wenn er nicht von einem Menschen verändert wird; der Mensch jedoch, der an diesem Tisch mir gegenüber sitzt, entscheidet jeweils noch, was er in der nächsten Sekunde „ist", was er im nächsten Moment etwa zu mir sagen oder vielleicht mir verschweigen wird. Die Vielfalt verschiedener Möglichkeiten, von denen er in seinem Sein immer nur eine einzige verwirklicht, zeichnet sein Dasein als solches aus. (Das ausgezeichnete Sein des Menschen, Existenz genannt, ließe sich auch bezeichnen als „das Sein, das ich bin".) Dem Zwang zur Wahl unter den Möglichkeiten entgeht der Mensch in keinem Augenblick seines Lebens. Er kann nur so tun, „als ob" er keine Wahl und keine Entscheidungsfreiheit hätte. Dieses „Tun als ob" macht ein Stück der Tragikomik des Menschen aus.

Eine Anekdote berichtet von Kaiser Franz I. von Österreich, daß er über einen Bittsteller, der bereits wiederholt und jedesmal mit dem gleichen Anliegen in Audienz erschienen war — und nun wieder einmal abgewiesen wurde, daß er über diesen Mann, zu seinem Adjutanten gewandt, folgendes sagte: „Sie werden sehen, der Trottel setzt's durch." Was mutet uns an dieser Anekdote lächerlich an? Daß hier einer so tut, als ob er nicht frei wäre, nicht selber entscheiden könnte — ob der „Trottel" das nächste Mal wirklich „es durchsetzt" oder nicht.

Die Komik des Menschen, der sich seiner wesentlichen Entscheidungsfreiheit nicht bewußt ist, wird in so manchem Witz anschaulich. Ein solcher Witz berichtet von einem Mann, der seiner Frau auseinandersetzt, wie unmoralisch die heutige Menschheit sei — und als Beleg anführt: „Heut' hab ich z. B. eine Brieftasche gefunden; glaubst du, es wäre mir eingefallen, sie beim Fundamt abzugeben?" Was wirkt an dieser Figur lächerlich? Daß jemand von der eigenen Unmoral so spricht, als ob er für sie nicht verantwortlich wäre; dieser Mann tut so, als ob er seine Unmoral als gegebene Tatsache einfach hinnehmen müßte, so wie man die Unmoral der Andern, eben in ihrer Faktizität, hinnehmen muß. Auch er tut also so, als ob er nicht frei wäre und nicht hätte entscheiden können, ob er die Brieftasche behält oder zum Fundamt trägt.

Wir erwähnten einmal jenen Mittelschullehrer, der das „Wesen" des Lebens als einen Oxydationsvorgang oder Verbrennungsprozeß hinstellte. Eine Kerze, die „vorhanden" ist — um die existenzphilosophische Terminologie zu gebrauchen —, brennt zu Ende, ohne diesen Verbrennungsprozeß irgendwie dirigieren zu können; der Mensch hingegen —

der „Dasein“ hat — hat jeweils die Möglichkeit, über sein Sein frei zu entscheiden. Ein Entscheiden, das so weit geht, daß es auch noch die Möglichkeit der Selbstvernichtung ergreifen kann: der Mensch kann „sich selbst auslöschen“.

Die Freiheit allen Entscheidens, die sogenannte Willensfreiheit, ist für den unvoreingenommenen Menschen eine Selbstverständlichkeit; er erlebt sich unmittelbar als frei. An der Willensfreiheit ernstlich zu zweifeln vermag überhaupt nur einer, der entweder in einer deterministischen philosophischen Theorie befangen ist oder an einer paranoiden Schizophrenie leidet und seinen Willen als unfrei, „gemacht“, erlebt. Im neurotischen Fatalismus aber ist die Willensfreiheit verdeckt: der neurotische Mensch verstellt sich selbst den Weg zu seinen eigentlichen Möglichkeiten, er steht sich selbst im Wege zu seinem „Sein-können“. So deformiert er sein Leben und entzieht sich der „Werdewirklichkeit“, statt sie zu vollziehen (denn auch das menschliche Sein als Ganzes läßt sich als „Vollzugswirklichkeit“ auffassen). Wenn, wie wir anfangs sagten, alles Sein Anders-sein ist, dann müssen wir jetzt formulieren: Menschsein bedeutet nicht nur Anders-sein, sondern auch Anderskönnen.

Der Freiheit des Willens stellt sich das Schicksalhafte entgegen. Denn Schicksal nennen wir eben das, was sich der Freiheit des Menschen wesentlich entzieht, was weder in der Macht noch in der Verantwortung des Menschen steht. Wobei wir jedoch in keinem Augenblick vergessen, daß alle menschliche Freiheit auf Schicksalhaftes insofern angewiesen ist, als sie sich nur in ihm und erst an ihm überhaupt entfalten kann.

Zum Schicksalhaften gehört nun vor allem alles Vergangene, gerade in seiner Unabänderlichkeit. Das Faktum (das Getane, Gewordene, Vergangene) ist eigentlichstes Fatum. Und trotzdem ist der Mensch auch noch gegenüber dem Vergangenen und insofern Schicksalhaften frei. Zwar macht die Vergangenheit die Gegenwart verständlich, aber es ist nicht berechtigt, auch die Zukunft ausschließlich von ihr bestimmen zu lassen — der charakteristische Irrtum des typisch neurotischen Fatalismus, der gleichzeitig mit dem Verstehen der Fehler, die in der Vergangenheit gemacht wurden, auch ein Verzeihen der gleichen Fehler für die Zukunft beansprucht; während die Fehler der Vergangenheit als fruchtbares Material zu dienen hätten zur Gestaltung einer „besseren“ Zukunft, indem aus diesen Fehlern „gelernt“ wird. Dem Menschen steht also frei, der Vergangenheit gegenüber sich bloß fatalistisch einzustellen oder aber zuzulernen. Zum Zulernen ist es nie zu spät — aber auch nie zu früh, also immer „höchste Zeit“. Wer dies übersieht, würde jenem Säufer gleichen, dem man einmal vorhielt, er solle mit dem Saufen doch endlich aufhören, und der daraufhin meinte, dazu sei es schon zu spät; als man nun einwandte, es sei nie zu spät, gab er zur Antwort: „Dann hab' ich ja ohnehin noch Zeit!"

Durch die Unabänderlichkeit des Vergangenen, das als solches zum Schicksal geworden, ist gerade die menschliche Freiheit aufgerufen: das Schicksal hat jeweils Ansporn zu verantwortungsbewußtem Tun zu sein. Wie wir gesehen haben, steht der Mensch im Leben da als einer, der in jedem Augenblick aus einer Fülle von Möglichkeiten eine einzige herausgreift und durch ihre Verwirklichung sie in das Reich der Vergangenheit gleichsam hinüberrettet, sie sozusagen in Sicherheit bringt. Im Reich der Vergangenheit „bleibt" das Vergangene — so paradox das klingen mag —, und es „bleibt" nicht obzwar, sondern gerade weil es vergangen ist. Meinten wir doch schon an anderer Stelle, die Wirklichkeit des Vergangenen sei „aufgehoben" im HEGELschen Doppelsinn von Aufhebung und Aufbewahrung, und sagten: Gewesen-sein ist die „sicherste" Form des Seins. Vor der Vergänglichkeit wird es gerettet durch die Vergangenheit; was vergänglich ist, sind nur die Möglichkeiten (vgl. das von den einmaligen Situationswerten und der unwiederbringlich vorübergehenden Gelegenheit zu ihrer Verwirklichung Gesagte) — was vor der Vergänglichkeit bewahrt ist, ist das in der Vergangenheit Aufbewahrte, die ins Vergangen-sein hineingerettete Wirklichkeit. Der Augenblick wird zur Ewigkeit, wenn es gelingt, die Möglichkeiten, welche die Gegenwart birgt, in jene Wirklichkeiten umzusetzen, die in der Vergangenheit „für alle Ewigkeit" geborgen sind. Dies ist der Sinn allen Verwirklichens. In diesem Sinne „verwirklicht" der Mensch aber nicht nur dort, wo er „ein für allemal" eine Tat setzt bzw. ein Werk schafft, sondern auch dort, wo es sich um ein Erleben handelt. In unserem Sinne und in Konsequenz dieser Art Objektivismus läßt sich sogar die Behauptung aufstellen, daß das im Erleben Realisierte eigentlich auch nicht dadurch, daß es der Vergessenheit anheimfällt, ja nicht einmal durch die totale Aufhebung einer Möglichkeit des Erinnertwerdens — durch den Tod des erlebenden Subjekts — wirklich vernichtet werden kann[1]).

Für gewöhnlich sieht der Mensch nur das Stoppelfeld der Vergänglichkeit; was er übersieht, sind die vollen Scheunen der Vergangenheit. Im Vergangensein ist nämlich nichts unwiederbringlich verloren, vielmehr alles unverlierbar geborgen. Nichts läßt sich aus der Welt schaffen, was

[1]) Vgl. als Gegenstück dazu übrigens das an späterer Stelle (S. 117) Gesagte über den Subjektivismus bzw. „Psychologismus" des angesichts eines Unglücks sich betäubenden Menschen, der in die „Ungewußtheit" des Unglücks flieht — im Rausch — oder in die absolute Unbewußtheit — im Selbstmord. (Anmerkung 31.)

einmal geschehen ist; kommt nicht alles nur um so mehr darauf an, daß es in die Welt geschaffen wird?

Von der Trotzmacht des Geistes

Das Schicksalhafte stellt sich dem Menschen hauptsächlich in drei Formen: 1. als seine Anlage, als das, was TANDLER das „somatische Fatum" des Menschen genannt hat; 2. als seine Lage, als das Insgesamt seiner jeweiligen äußeren Situationen. Anlage und Lage zusammen machen die Stellung eines Menschen aus. Ihr gegenüber hat der Mensch eine Einstellung. Diese Einstellung ist — im Gegensatz zur wesentlich schicksalhaften „Stellung" — eine freie. Beweis dafür ist, daß es so etwas wie eine Umstellung gibt (sobald wir die Zeitdimension in unser Schema einbeziehen; da ja eine Umstellung eine Änderung der Einstellung in der Zeit und mit der Zeit bedeutet). Zur Umstellung in diesem Sinne gehört z. B. alles, was wir Erziehung, Nacherziehung und Selbsterziehung nennen, aber auch Psychotherapie im weitesten Wortsinn und Phänomene wie das der Bekehrung.

Die Anlage stellt das biologische Schicksal des Menschen dar, die Lage sein soziologisches Schicksal; dazu kommt noch sein psychologisches Schicksal, zu dem seine seelische Einstellung gehört, soweit sie unfrei und nicht eine freie geistige Stellungnahme ist. Im folgenden werden wir der Reihe nach untersuchen, wie das Biologische, das Psychologische und das Soziologische als etwas Schicksalhaftes mit der menschlichen Freiheit gleichsam interferieren.

Das biologische Schicksal

Wenden wir uns jenen Fällen oder Situationen zu, in denen der Mensch mit dem biologischen Schicksal konfrontiert wird, dann stehen wir vor der Frage, wie weit die Freiheit des Menschen gegenüber dem organischen Geschehen reicht bzw. wie tief die Macht seines freien Willens ins Physiologische hinunter eingreift. Damit nähern wir uns der psychophysischen Problematik, ohne jedoch in die uferlose Diskussion der Frage einzugehen, ob und inwiefern der körperliche Leib des Menschen von dessen Seelisch-Geistigem abhängig sei und umgekehrt. Wir wollen uns damit begnügen, zwei krasse Tatbestände einander gegenüberzustellen und sich selbst kommentieren zu lassen.

Der Psychiater LANGE berichtete einmal von folgendem Falle: Er kannte eineiige Zwillingsbrüder, die seit vielen Jahren voneinander völlig getrennt lebten. Nahezu zur gleichen Zeit erhielt er nun von dem in einer andern Stadt lebenden Bruder einen Brief, in dem sich zum ersten Male eine Wahnidee des gleichen Inhalts ankündigte, den die Paranoia des

Bruders hatte, der ihretwegen bei LANGE in psychiatrischer Behandlung stand. So schicksalhaft hatte sich die gemeinsame Krankheitsanlage bei diesen beiden Brüdern ausgewirkt, die als eineiige Zwillinge sich aus der gleichen Keimzelle entwickelt, also dieselben Anlagen hatten.

Sollen wir nun solcher biologischen Schicksalsgewalt gegenüber die Hände in den Schoß legen? Sollen wir angesichts solcher Tatsachen, die für die Durchschlagskraft organischer Mächte sprechen, diesen den Respekt versagen? Wird nicht das Schicksal der Träger von Anlagen zwangsläufig gestaltet, vom Biologischen her; ist da noch Platz für ein Gestalten des Schicksals aus der Freiheit des menschlichen Geistes? Von den Ergebnissen der erbpathologischen Zwillingsforschung geht eine fatalistische Suggestion aus, die gefährlich ist, weil sie den Willen, dem inneren Schicksal zu trotzen, lähmt. Denn wer sein Schicksal für besiegelt hält, ist außerstande, es zu besiegen.

Nun der zweite Tatbestand: Auf der Wiener Nervenklinik haben HOFF und Mitarbeiter Versuchspersonen in Hypnose versetzt, um auf diese Weise gleichsam reinkristallisierte Affekte zu erzeugen. Bald wurden freudige Erlebnisse suggeriert, bald traurige. Bei derartigen Experimenten ergab sich nun, daß der Agglutinationstiter gegenüber Typhusbazillen, wenn das Blutserum zur Zeit freudiger Erregung abgenommen worden war, unvergleichlich höher lag, als der zur Zeit trauriger Stimmung. Diese Untersuchungen warfen ebenso ein Licht auf die verringerte Widerstandskraft des Organismus eines hypochondrisch ängstlichen Menschen gegen Infektionen, wie auf die Tatsache, daß von ihrer sittlichen Pflicht erfüllte Krankenschwestern, die in Epidemiespitälern oder gar auf Leprastationen arbeiten, von Infektionen dermaßen verschont bleiben, daß man bis dahin entweder immer von „Wundern“ sprach oder von „Märchen“.

Es ist unseres Erachtens müßig, die „Macht des Geistes“ und die „Macht der Natur“ immer wieder gegeneinander auszuspielen. Wir haben auch schon erwähnt, daß beides zum Menschen gehört, daß in ihm beides aufeinander angewiesen ist. Ist doch der Mensch Bürger mehrerer Reiche, steht er doch in seinem Leben wesentlich in einer Spannung, in einem bipolaren Kraftfeld. Wollten wir die beiden Mächte aneinander messen — sie sich miteinander messen lassen, dann käme es wohl zu einem „toten Rennen“. Bei toten Rennen geht es aber bekanntlich am lebhaftesten zu. Und auch das ewige Ringen der Freiheit des Menschen in ihm mit dessen innerem wie äußerem Schicksal macht recht eigentlich sein Leben aus. Ohne das Schicksalhafte, im besonderen das biologische Schicksal, im geringsten zu unterschätzen, sehen wir als psychotherapeutische Ärzte in ihm dennoch letztlich Bewährungsproben für die menschliche Freiheit. Zumindest aus heuristischen Gründen hätten wir so zu tun, als ob die Grenze des freien Könnens gegenüber dem schicksalhaften Müssen unendlich fern läge — dann werden wir wenigstens so weit gehen, wie es möglich ist (RUDOLF ALLERS).

Selbst dort, wo das Physiologische in inniger Beziehung zum Psychischen steht, in der Hirnpathologie, bedeutet eine körperliche krankhafte Veränderung an sich noch kein endgültiges Schicksal, sondern jeweils erst den Ansatzpunkt für eine freie Gestaltung. Vom Gehirn sagt man in diesem Sinne aus, daß es „plastisch" sei: So weiß man, daß im Falle von Verletzungen ausgedehnter Hirnpartien andere Teile dieses Organs „vikariierend" einspringen, stellvertretend eingesetzt werden, so daß früher oder später die Funktion wiederhergestellt werden kann. Der amerikanische Hirnchirurg DANDY hat sogar den ganzen rechten Hirnmantel (bei Rechtshändern) operativ entfernen können, ohne daß nennenswerte seelische Dauerstörungen resultiert hätten; eine Frage für sich ist, ob das dauernde körperliche Siechtum nach solchen Operationen, bestehend in einer Lähmung der gesamten linken Körperhälfte, von den betreffenden Kranken bzw. deren Angehörigen in Kauf genommen wird — eine Frage, angesichts derer sich wieder einmal die letzten weltanschaulichen Grundlagen ärztlichen Handelns offenbaren.

Heute wissen wir noch nicht einmal, ob nicht ganze Partien des menschlichen Großhirns gleichsam brachliegen. Es steht nicht fest, ob tatsächlich alle Ganglienzellen schon ausgenützt werden. (Die Tatsache, daß für lädierte Zentren andere die Funktion übernehmen können, spräche ja dagegen.) Vor allem haben neuere Forschungen ergeben, daß die phylogenetische Großhirnentwicklung insofern sprunghaft erfolgt, als die Zahl der Ganglienzellen sich nicht allmählich vermehrt, sondern jeweils plötzlich verdoppelt. Wer könnte nun mit Sicherheit behaupten, ob wir Menschen von heute alle Chancen bereits verwirklicht haben, die der gegenwärtigen Organisationsstufe des menschlichen Großhirns entsprechen? Wäre es doch denkbar, daß die Entwicklung der Funktionen hinter den maximalen Möglichkeiten, hinter der Leistungskapazität des Organs noch zurücksteht.

Das biologische Schicksal ist für die menschliche Freiheit das jeweils erst noch zu gestaltende Material. Dies ist, vom Menschen her gesehen, sein letzter Sinn. Tatsächlich sehen wir immer wieder, wie der Mensch es in sein historisches bzw. biographisches Lebensgefüge sinnvoll einbaut. Wir begegnen immer wieder Menschen, denen es in vorbildlicher Weise gelungen ist, die ursprünglichen Einengungen und Beschränkungen ihrer Freiheit vom Biologischen her, die Schwierigkeiten, die sich ihrer Geistesentfaltung anfangs entgegenstellten, zu überwinden. So gleicht ihre definitive Lebensform einer künstlerischen oder einer sportlichen Leistung. Ersterer insofern, als die widerspenstige biologische Materie geformt wurde; letzterer in dem Sinne, in dem die Nation der Sportler par excellence, der Angelsachsen, die Redewendung to do one's best — sein Bestes hergeben — zu einem der häufigst und alltäglich gebrauchten Leitsätze gemacht hat. „Sein" Bestes herzugeben, das jeweils Mögliche getan zu haben, heißt jedoch: die Relativität einer Leistung in deren Beurteilung einbeziehen, die Leistung in bezug auf den „Start" beurteilen, in bezug auf die konkrete Situation, mit all ihren Schwierigkeiten, d. h. äußeren Hindernissen oder inneren Hemmungen.

Ein ganzes Menschenleben, von allem Anfang an, kann unter dem Zeichen des Trotzes gegen ein schicksalhaftes biologisches Handikap stehen, vom schwierigen „Start" an eine einzige große Leistung darstellen. Uns ist ein Mann bekannt, der infolge einer bereits im Mutterleib durchgemachten Gehirnerkrankung an allen vier Extremitäten teilweise gelähmt war und so verkümmerte Beine hatte, daß er zeitlebens nur in einem Rollstuhl fortbewegt werden konnte. Bis in seine spätere Jugend hinein wurde er allgemein für geistig zurückgeblieben gehalten und blieb er Analphabet. Bis schließlich ein Gelehrter sich seiner annahm und ihn unterrichten ließ; in unvorstellbar kurzer Zeit erlernte unser Patient nicht nur das Lesen, Schreiben usw., sondern auch ein Hochschulwissen — in Fächern, für die er sich besonders interessierte. Eine Reihe prominenter Wissenschaftler und Universitätsprofessoren wetteiferten um die Ehre, sein Privatlehrer zu sein. In seinem Heim hielt er mehrmals in der Woche einen schöngeistigen Cercle ab, dessen bewunderter gesellschaftlicher Mittelpunkt er selber war. Schöne Frauen geizten um seine Liebesgunst; seinetwegen kam es unter ihnen zu Szenen, Skandalen, Suiziden. Bei all dem war dieser Mann nicht einmal imstande, normal zu sprechen: durch eine schwere allgemeine Athetose war auch seine Artikulation in Mitleidenschaft gezogen — schweißtriefend vor Anstrengung, mit krampfverzerrtem Gesicht, mußte er um die motorische Gestaltung jedes einzelnen Wortes sichtlich ringen. Welche Leistung stellt doch die Lebensgestaltung dieses Menschen dar — welche Beweiskraft hat sie als Vorbild für unsere Kranken, die im Durchschnitt einen wohl bei weitem leichteren Start haben als dieser Fall, der, wenn es nur nach seinem „Schicksal" gegangen wäre, ebensogut heute noch in einer Anstalt vegetieren und eines Tages dort krepieren würde.

Das psychologische Schicksal

Wir kommen nun zur Besprechung dessen, was wir das psychologische Schicksal des Menschen genannt haben und worunter wir jenes Seelische verstehen, das sich der menschlichen Freiheit entgegenstellt. Neurotische Kranke neigen zum blinden Schicksalsglauben in psychologischer Beziehung und berufen sich immer wieder auf die vermeintliche Schicksalhaftigkeit ihrer Triebrichtungen, ihrer Triebstärke bzw. ihrer Willensschwäche und ihrer Charakterschwächen. In dem ihm eigenen Fatalismus scheint der Neurotiker beherrscht zu sein von der Formel: „So ist es" — nämlich sein Sosein! — „und dabei bleibt es"; mit welch letzterem Teil der Formel er sich eben ins Unrecht setzt.

Das Ich „will". Das Es „treibt" (Anmerkung 17). Niemals ist jedoch das Ich schlechthin „getrieben". Das Segeln besteht auch nicht darin, daß ein Boot sich vom Winde einfach treiben läßt; die Kunst des Seglers fängt vielmehr erst damit an, daß er imstande ist, die Kraft des Windes in einer gewollten Richtung sich auswirken zu lassen, so daß er sogar gegen den Wind zu segeln vermag.

Ursprüngliche Willensschwäche gibt es wohl nicht; die Stärke des Willens wird zwar vom Neurotiker hypostasiert, ist aber nichts Statisches, nichts ein für allemal Gegebenes, sondern jeweils gleichsam die Funktion von: klarer Zielerkenntnis, ehrlichem Entschluß und einem gewissen Training. Solange ein Mensch den Fehler begeht, noch bevor er etwas versucht, sich fortwährend vor Augen zu halten, daß der Versuch mißlingen müsse, wird er ihm auch nicht gelingen können; schon deshalb nicht, weil man sich, auch vor sich selbst, nicht gerne desavouiert. Um so mehr kommt es darauf an, in der inneren Formulierung des jeweiligen Vorsatzes jedes fakultative scheinbare Gegenargument von vornherein auszuschließen: wenn jemand sich z. B. vorsagt: „Ich will nicht trinken", so ist damit zu rechnen, daß sich alsbald die verschiedensten Einwände melden werden, wie da möglich sind der Einwand: „— ich muß aber" oder: „— ich werde trotzdem nicht widerstehen können" usw. Wenn der Betreffende jedoch sich schlicht, aber wiederholt sagt: „Es wird nicht getrunken — und es wird darüber nicht diskutiert", dann hätte er den richtigen Weg eingeschlagen.

Wie weise — freilich ohne es zu wissen und zu wollen — war doch die Antwort, die eine schizophrene Patientin auf die Frage gab, ob sie willensschwach sei: „Ich bin willensschwach, wenn ich will, und wenn ich nicht will, bin ich nicht willensschwach." Diese psychotische Patientin hätte also so manchen neurotisch Kranken lehren können — daß der Mensch dazu neigt, seine eigene Willensfreiheit hinter seiner angeblichen Willensschwäche vor sich selbst zu verbergen.

Zumal unter dem Eindruck individualpsychologischer Thesen — diese mißverstehend und mißbrauchend — beruft sich der neurotische Fatalismus manchmal auch auf das, was erzieherische und Milieu-Einflüsse in seiner Kindheit aus ihm „gemacht" hätten, wie sie ihm zum Schicksal geworden u. dgl. Mit all dem wollen diese Menschen sich für ihre Charakterschwächen exkulpieren. Sie nehmen diese Schwächen als gegeben hin, statt in ihnen eine Aufgabe der Nacherziehung bzw. Selbsterziehung zu sehen. Eine Kranke, die einmal nach einem Selbstmordversuch in eine Nervenklinik eingeliefert worden war, erklärte, auf die Vorhalte eines Psychotherapeuten hin, ablehnend: „Was wollen Sie von mir haben? Ich bin eben ein typisches ‚einziges Kind' nach Alfred Adler!" Als ob es nicht eben darauf ankäme, sich vom Typischen, das in einem ist, frei zu machen. Das wohlverstandene Ethos der Individualpsychologie müßte vom Menschen verlangen, daß er sich von den typischen Fehlern und Charakterschwächen, die ihm von seiner Erziehungssituation her noch anhaften mögen, so sehr frei macht, daß man ihm das „einzige Kind" — oder was immer er war — schließlich gar nicht mehr anmerkt.

Das „Gesetz" (der Individualpsychologie), nach dem unsere oben zitierte Patientin „angetreten" (als einziges Kind), gilt jeweils nur theoretisch, für den Außenstehenden; praktisch, existentiell gilt es nur, solange man es eben „gelten läßt". Erziehungsfehler sind keine Entschuldigung, sondern durch Selbsterziehung auszugleichen. Demgegenüber bedeutet der neurotische Fatalismus eine Flucht vor der Verantwortung, mit der den Menschen seine Einzigartigkeit und Einmaligkeit belastet, — eine Flucht in das Typische, in das scheinbar Schicksalhafte der Typenzugehörigkeit. Wobei es unwesentlich ist, ob der Typus, dessen Gesetzmäßigkeiten man sich verfallen glaubt, als Charaktertypus gesehen wird oder als Rassentypus oder Klassentypus, also ob er im Sinne psychologischer oder (kollektiv-) biologischer oder soziologischer Bedingtheiten verstanden wird.

Daß die geistige Einstellung eines Menschen nicht nur seinem Körperlichen, sondern auch noch dem Seelischen gegenüber einen freien Spielraum hat — er sich also keineswegs dem psychologischen Schicksal blindlings beugen muß, wird vielleicht am eindeutigsten und eindringlichsten in jenen Fällen klar, wo es sich um das wahlfreie Verhalten des Menschen gegenüber krankhaften seelischen Zuständen handelt. Eine Patientin stand wegen periodisch rezidivierender endogener Depressionen in Anstaltsbehandlung. Angesichts der endogenen Komponente ihrer Krankheit war eine medikamentöse Therapie verordnet, also eine am Somatischen ansetzende Behandlung in die Wege geleitet worden. Eines Tages wurde sie nun vom behandelnden Arzt in einem hochgradigen weinerlichen Erregungszustand vorgefunden. Da ergab eine kurze Unterredung, daß die Depression in diesem Augenblick eigentlich gar nicht endogen, sondern psychogen war, als Ganzes somit eine psychogene Komponente hatte. Denn die Kranke weinte damals darüber, daß sie so weinerlich war. Die Depression hatte sich sozusagen potenziert. Zur endogenen war eine zusätzliche psychogene Komponente hinzugetreten. Die aktuelle Depression hatte die endogene zum Gegenstand, war demnach eine Reaktion auf den endogenen Zustand. Angesichts dieser Tatsache einer reaktiven Verstimmung war jetzt auch eine zusätzliche Therapie angezeigt, nämlich Psychotherapie, entsprechend der psychogenen Komponente. Die Kranke wurde daher angewiesen, das Grübeln aus der Depression und über die Depression möglichst zu vermeiden, da es begreiflicherweise, aber unberechtigterweise, schwarzseherisch ausfallen muß. Der Patientin wurde empfohlen, die Depression vorüberziehen zu lassen wie eine Wolke, die an der Sonne vorüberzieht, die Sonne unseren Blicken entziehend; aber so wie die Sonne auch weiterexistiert, wenn wir sie momentan nicht sehen, existieren die Werte fort, auch wenn ein durch die Depression wertblind gewordener Mensch ihrer momentan nicht ansichtig ist.

Nachdem jedoch die Kranke psychotherapeutisch nun einmal aufgeschlossen war, enthüllte sich ihre ganze geistige Not, enthüllte sie selbst die vermeintliche Inhaltsarmut und vermutete Sinnlosigkeit ihrer Existenz — der Existenz eines Menschen, der sich durch das Schicksal rezidivierender Depressionen gehandikapt fühlt. Nun war es indiziert, über die psychotherapeutische Behandlung im engeren Wortsinn hinaus auch noch logotherapeutisch vorzugehen, indem dazu übergegangen wurde, der Kranken zu zeigen, wie sehr gerade die Tatsache schicksalhaft (Straus würde sagen: „kreatürlich“) wiederkehrender Verstimmungszustände geeignet ist, den in der geistigen Stellungnahme zu seelischen Vorgängen freien Menschen zum einzig richtigen Verhalten ihnen gegenüber aufzurufen: zur Verwirklichung dessen, was wir als Einstellungswerte bezeichnet haben. Mit der Zeit lernte die Patientin nicht nur, trotz ihrer Verstimmungszustände ein Leben voll persönlichster Aufgaben vor sich zu sehen, sondern auch in diesen Zuständen eine Aufgabe mehr zu erblicken: die Aufgabe, irgendwie mit ihnen fertig zu werden und irgendwie sich über sie zu stellen. Nach dieser Existenzanalyse — denn um nichts anderes handelte es sich jetzt — konnte sie trotz weiterer endogen-depressiver Phasen und noch in ihnen ein Leben führen, das sinnerfüllter war als vor der Behandlung und sogar — als es wahrscheinlich gewesen wäre, wenn sie nie erkrankt wäre, nie einer Behandlung bedurft hätte. Uns fällt jenes Wort von Goethe ein, das wir bereits zitierten und von dem wir behaupten, es sei die beste Maxime für jede Psychotherapie: „Wenn wir die Menschen so nehmen, wie sie sind, dann machen wir sie schlechter; wenn wir sie aber so nehmen, wie sie sein sollen, dann machen wir sie zu dem, was sie sein können."

In vielen Fällen seelischer Erkrankung wird die mögliche freie geistige Einstellung zu ihr sich am besten in der Form einer Versöhnung mit dem Krankheitsschicksal vollziehen lassen. Ist es doch gerade das vergebliche immerwährende Ankämpfen gegen jene „kreatürlichen" Zustände, das zu einer zusätzlichen Depression führt; während derjenige, der die in Frage stehenden Zustände unverkrampft einfach hinnimmt, eher über sie hinwegkommt.

Eine Patientin, die seit Jahrzehnten an schwersten akustischen Halluzinationen litt, fortwährend schreckhafte Stimmen hörte, die all ihr Tun und Lassen mit höhnischen Bemerkungen begleiteten — diese Patientin wurde eines Tages gefragt, wieso sie trotzdem so guter Laune sei und was sie denn zu diesem Stimmenhören zu sagen habe; woraufhin sie zur Antwort gab: „Ich denke mir eben: dieses Stimmenhören ist schließlich noch immer besser, als wenn ich schwerhörig wäre." Wieviel Lebenskunst und wieviel Leistung (im Sinne von Einstellungswerten) steckt doch in diesem Verhalten eines schlichten Menschen zu dem schrecklichen Schicksal eines qualvollen schizophrenen Symptoms. Enthält aber diese ebenso drollige wie urgescheite Bemerkung unserer Patientin nicht gleichzeitig ein Stück Geistesfreiheit gegenüber seelischer Krankheit?

Jedem Psychiater ist es bekannt, wie verschieden — gemäß den verschiedenen Geisteshaltungen — das Verhalten psychotisch erkrankter Menschen bei ein und derselben Psychose sein kann. Der eine Paralytiker ist gereizt und seinen Mitmenschen gegenüber feindlich eingestellt, während der andere — auf ein und derselben Krankheitsgrundlage! — liebenswürdig, gutmütig und vielleicht sogar charmant ist. Uns ist folgender Fall bekannt: In einem Konzentrationslager lagen in einer Baracke ein paar Dutzend Fleckfieberkranke beisammen. Alle waren delirant bis auf einen, der den nächtlichen Delirien auszuweichen bemüht war, indem er nachts absichtlich wach blieb; die fieberhafte Erregung und geistige Angeregtheit jedoch nützte er dazu aus, daß er ein noch unveröffentlichtes wissenschaftliches Buchmanuskript, das ihm im Konzentrationslager fortgenommen worden war, im Verlauf von 16 Fiebernächten rekonstruierte, indem er im Dunkeln auf winzige Zettel stenographische Stichworte hinkritzelte.

Das soziologische Schicksal

Der Einzelmensch erscheint uns allenthalben eingebettet in den sozialen Zusammenhang. Er ist von der Gemeinschaft her in zweifacher Hinsicht bestimmt, insofern er vom sozialen Gesamtorganismus bedingt wird und andererseits gleichzeitig auf diesen Gesamtorganismus hin ausgerichtet ist. Es gibt somit sowohl eine soziale Kausalität im Individuum als auch eine soziale Finalität des Individuums. Was die soziale Kausalität anlangt, wäre nun wieder zu betonen, daß die sogenannten soziologischen Gesetze das Individuum niemals vollständig determinieren, also keineswegs seiner Willensfreiheit berauben. Sie müssen vielmehr erst gleichsam eine Zone individueller Freiheit passieren — bevor sie sich am Individuum in dessen Verhalten auswirken können. So behält auch dem sozialen Schicksal gegenüber der Mensch ebenso einen Spielraum freier Entscheidungsmöglichkeit wie seinem biologischen oder seinem psychologischen Schicksal gegenüber.

Was die soziale Finalität anlangt, wäre auf jenen Irrtum hinzuweisen, dem auf dem Gebiete der Psychotherapie vor allem die Individualpsychologie verfallen ist: jene irrtümliche Auffassung nämlich, derzufolge alles wertvolle Verhalten eines Menschen letzten Endes nichts anderes als ein sozial richtiges Verhalten ist. Der Standpunkt, daß wertvoll nur das sei, was der Gemeinschaft nütze, ist nicht haltbar. Er würde zu einer Wertverarmung des menschlichen Daseins führen. Denn es läßt sich leicht nachweisen, daß es im Reiche der Werte individuelle Reservate gibt, im Sinne von Werten, deren Verwirklichung jenseits und unabhängig von aller menschlichen Gemeinschaft vollzogen werden kann oder gar muß. Namentlich dort, wo es nach unserer Terminologie um Erlebniswerte geht, hat der Maßstab eines Nutzens für die Gemeinschaft keinerlei Geltung zu beanspruchen. Die Wertfülle, die sich aus künstlerischem oder Naturerleben dem Einzelmenschen auch in dessen Einsamkeit erschließt, ist wesentlich und grundsätzlich unabhängig davon, ob jemals die Gemeinschaft daraus Nutzen schlägt — was ohnedies nur schwer vorstellbar ist. Wobei wir nicht übersehen, daß es andererseits auch eine Reihe von Erlebniswerten gibt, die wesensnotwendig gemeinschaftlichem Erleben vorbehalten sind. Sei es nun auf breiterer Basis (Kameradschaftlichkeit, Solidarität usw.) oder aber auf dem Grunde erotischer Gemeinschaft, in Form der Zweisamkeit.

Haben wir somit das soziale Moment am menschlichen Dasein insoweit besprochen, als es Grundlage oder Zielpunkt des Lebens darzustellen vermag, so müssen wir uns nunmehr dem Sozialen als eigentlichem Schicksal zuwenden, d. h. als mehr minder Unabänderlichem, Unbeeinflußbarem, das sich dem menschlichen Willen entgegenstellt, ihn zum Kampf herausfordernd. Als dem dritten Feld, auf dem das Schicksalhafte dem Menschen entgegentritt, haben wir uns also dem Soziologischen zuzuwenden. Und wenn wir im nächsten Kapitel die Fragen einer Gestaltung des Berufslebens, das Problem einer sozusagen tätigen Auseinandersetzung mit der sozialen Umwelt abzuhandeln haben, so ist in diesem Abschnitt die soziale Umwelt ein Faktor, unter dem der Einzelmensch gegebenenfalls zu leiden hat.

Zur Psychologie dieses möglichen Leidens unter den gesellschaftlichen Umständen hat die letzte Zeit Material in Fülle geliefert. Nachdem schon der Erste Weltkrieg die Psychologie der Haft insofern bereichert hatte, als die psychopathologischen Beobachtungen und Erfahrungen in Kriegsgefangenenlagern die Aufstellung des Krankheitsbildes der sogenannten Stacheldrahtkrankheit ("barbed wire disease") veranlaßten, hat uns der Zweite Weltkrieg mit den Folgeerscheinungen des „Nervenkriegs" bekannt gemacht. Die Forschung im Sinne einer Psychopathologie der Massen bereichert zu haben, blieb aber der jüngsten Vergangenheit auch insofern vorbehalten, als das Massenleben in Konzentrationslagern dazu beigetragen hat.

Zur Psychologie des Konzentrationslagers

In den Konzentrationslagern erlitt das menschliche Dasein eine Deformierung. Diese Deformierung nahm solche Ausmaße an, daß es fraglich erscheinen mußte, ob ihr Beobachter, wenn er selber sich im Lager befand, überhaupt noch eine genügende Objektivität seines Urteils behalten konnte. In psychologischer Hinsicht mußte ja seine Fähigkeit, sich selbst oder andere zu beurteilen, mit affiziert sein. Während der Außenstehende zuviel Distanz hatte und kaum sich einzufühlen vermochte, hatte derjenige, der „mitten drin" stand und sich schon eingelebt hatte, schon längst viel zuwenig Distanz. Mit andern Worten, das grundsätzliche Problem lag darin, daß man annehmen mußte, der Maßstab, der an die deformierte Lebenswirklichkeit angelegt werden sollte, sei selber verzerrt.

Trotz dieser Bedenken wurde von seiten psychopathologischer und psychotherapeutischer Fachmänner das einschlägige Material ihrer Selbst- und Fremdbeobachtung, die Summe ihrer Erfahrungen und Erlebnisse, zu Theorien verdichtet, von denen nicht allzu viel als subjektiv abzustreichen ist; stimmen sie doch im wesentlichen so ziemlich miteinander überein.

An den Reaktionen des Lagerhäftlings lassen sich drei Phasen unterscheiden: die Phase der Aufnahme ins Lager, die Phase des eigentlichen Lagerlebens und die Phase nach der Entlassung bzw. Befreiung aus dem Lager. Die erste Phase ist gekennzeichnet durch den sogenannten Aufnahmsschock. Diese Form der Reaktion auf die ungewohnte, ungewöhnliche Umgebung bietet psychologisch nichts Neuartiges. Der neu zugegangene Häftling macht einen Strich unter sein bisheriges Leben. Seine ganze Habe ist ihm abgenommen worden, nichts mehr außer vielleicht seine Brille, die er behalten durfte, stellt ein äußerliches Bindeglied zu seinem früheren Leben dar. Die Eindrücke, die auf ihn einstürmen, erregen ihn zutiefst oder machen ihn höchst empört. Angesichts der ständigen Lebensbedrohung entschließt sich der eine oder andere dazu, „in den Draht zu laufen" (die mit elektrischer Hochspannung geladene Stacheldrahtumzäunung des Lagers) oder sonstwie Selbstmord zu versuchen. Dieses Stadium weicht jedoch gewöhnlich bereits nach wenigen Tagen oder Wochen der zweiten Phase, einer tiefgreifenden Apathie. Diese Apathie ist ein Selbstschutzmechanismus der Seele. Was den Häftling vorher je nachdem erregt oder verbittert, zur Empörung oder Verzweiflung getrieben hat, was er rings um sich mit ansehen oder selber mitmachen muß, prallt von nun an an einer Art Panzerschicht ab, mit der er sich umgeben hat. Es handelt sich hierbei um eine seelische Anpassungserscheinung an die eigentümliche Umwelt; was in ihr vorgeht, gelangt nur abgeblendet zum Bewußtsein. Das Affektleben wird hinuntergeschraubt auf ein niedrigeres Niveau. Es kommt zu dem, was seitens psychoanalytisch orientierter Beobachter als Regression zur Primitivität aufgefaßt wurde. Die Interessen werden auf die unmittelbaren, dringlichsten Bedürfnisse eingeschränkt. Alles Trachten erscheint konzentriert auf den einen Punkt: den jeweiligen Tag zu überleben. Wenn die Lagerhäftlinge abends müde, frierend und hungrig über die verschneiten Felder dahinstolpernd von den „Arbeitskommandos" ins Lager zurückgetrieben wurden, hörte man sie immer wieder in den Stoßseufzer ausbrechen: „Nun, wieder ein Tag überstanden!"

Was aber über die aktuellsten Fragen der puren vitalen Selbsterhaltung hinausgeht, was jenseits der täglich und stündlich aktuellen Lebensrettung — der eigenen wie der gegenseitigen! — liegt, muß als Luxus angesehen werden. Es wird entwertet. Diese weitgreifende Entwertungstendenz macht sich in den Worten Luft, die wohl zu den meistgehörten im Lagerleben zählen: „Alles Scheiße." Alle höheren Interessen werden für die Dauer des Lagerlebens zurückgestellt — ausgenommen selbstverständlich allfällige politische und bemerkenswerterweise etwaige religiöse Interessen. Ansonsten verkriecht sich der Häftling in einen kulturellen Winterschlaf.

Die Primitivität des inneren Lebens im Konzentrationslager findet einen charakteristischen Ausdruck in den typischen Träumen der Häftlinge. Meist träumen sie von Brot, von Torten, von Zigaretten und von einem guten warmen Wannenbad. Vom Essen wird auch fortwährend geredet: Wenn die Häftlinge auf den „Arbeitskommandos" beisammenstehen und der Wachtposten sich nicht in ihrer Nähe aufhält, dann tauschen sie Kochrezepte aus und malen sich gegenseitig aus, welche Lieblingsspeisen sie einander auftischen werden, wenn dereinst, nach ihrer Befreiung, der eine den andern zu sich laden wird. Die Besten unter ihnen wünschen sich den Tag herbei, an dem sie nicht mehr hungern müssen, nicht um des guten Essens willen, sondern damit endlich der menschenunwürdige Zustand aufhöre, daß sie an nichts anderes als ans Essen denken können. Führt das Lagerleben (bis auf die angeführten Ausnahmen), zur Primitivität und die Unterernährung dazu, daß gerade der Nahrungstrieb der hauptsächlichste Inhalt wird, um den die Gedanken und Wünsche kreisen, so liegt es wahrscheinlich ebenfalls vorwiegend an der Unterernährung, wenn ein auffallendes Desinteressement an allen sexuellen Gesprächsthemen vorhanden ist: im Konzentrationslager wird nicht „geschweinigelt".

Die Deutung der seelischen Reaktionen auf das Lagerleben als Regression zu primitiverer Struktur der Triebhaftigkeit blieb nicht die einzige. E. Utitz hat die typischen Charakterveränderungen, die er bei Lagerinsassen zu beobachten glaubte, als eine Verschiebung vom zyklothymen zum schizothymen Charaktertypus gedeutet. War es ihm doch aufgefallen, daß bei den meisten Lagerinsassen nicht nur Apathie, sondern auch Gereiztheit sich bemerkbar machte. Beide Affektlagen entsprachen nun durchaus der psychästhetischen Proportion des schizothymen Temperaments im Sinne von Kretschmer. Abgesehen von der ganzen psychologischen Fraglichkeit eines solchen Charakterwandels oder Dominanzwechsels kann diese — scheinbare — Schizoidisierung unseres Erachtens ohne weiteres viel einfacher erklärt werden: Die große Masse der Häftlinge litt einerseits an Nahrungsmangel, andererseits an Schlafmangel — einer Folge der von der übermäßigen Wohndichte verursachten Ungezieferplage. Während die Unterernährung die Leute apathisch machte, machte sie das chronische Schlafdefizit gereizt. Zu diesen beiden ursächlichen Momenten traten aber noch zwei weitere hinzu: der Fortfall jener beiden Zivilisationsgifte, die im normalen Leben gerade die Apathie bzw. die Gereiztheit zu mitigieren haben: Koffein und Nikotin. War doch der Besitz von Bohnenkaffee und Rauchwaren von der Lagerkommandantur untersagt. Mit all dem hätten wir aber erst die physiologischen Grundlagen der in Frage stehenden „Charakterveränderung" zu klären versucht. Zu ihnen gesellt sich nun noch ein psychischer Faktor. Die Majorität war von Minderwertigkeitsgefühlen geplagt — diese Leute waren einmal „wer" und wurden jetzt ärger als ein „Niemand" behandelt. Eine Minorität jedoch, die cliquenmäßig zusammenhielt und namentlich von den Capos (Arbeitsaufsehern) repräsentiert wurde, produzierte nachgerade einen Cäsarenwahn en miniature; dieser ohnehin im Sinne einer charakterologischen „negativen“ Auslese zusammengesetzten Menschengruppe war eine Macht in die Hände gegeben, die in keinem Verhältnis zu der Verantwortungslosigkeit dieser Menschen stand. Wo immer nun jene Majorität der Deklassierten und diese Minorität der Arrivierten aufeinanderprallten — und zu solchen Zusammenstößen gab es in den Lagern nur allzu oft Gelegenheit — da mußte die aus den angegebenen Gründen ohnedies schon potenzierte Gereiztheit der Häftlinge zur Entladung kommen.

Spricht nun all dies nicht dafür, daß ein Charaktertypus von der Umwelt her geprägt wird? Beweist es nicht, daß der Mensch dem Schicksal seiner sozialen Umgebung nicht entgehen kann? Wir antworten mit Nein. Wo bleibt dann aber die innere Freiheit des Menschen? Wie steht es dann um sein Verhalten — trägt er geistig noch Verantwortung für das, was seelisch mit ihm geschieht, für das, was das Konzentrationslager aus ihm „macht“? Wir antworten mit Ja. Denn auch in dieser sozial eingeengten Umwelt, trotz dieser gesellschaftlichen Einschränkung seiner persönlichen Freiheit bleibt ihm doch noch die letzte Freiheit, auch dort noch sein Dasein irgendwie zu gestalten. Es gibt Beispiele genug — oft heroische —, die beweisen, daß der Mensch auch in diesen Lagen noch „auch anders kann“, daß er den scheinbar allmächtigen Gesetzmäßigkeiten einer seelischen Deformierung durch das Konzentrationslager nicht unterliegen muß. Es hat sich vielmehr gezeigt, daß überall dort, wo die herausgestellten typischen Charaktereigenschaften des Lagerhäftlings angenommen werden, wo also einer den charakterformenden Mächten seiner sozialen Umwelt verfällt — er sich vorher in geistiger Beziehung eben fallengelassen hat. Er hat die Freiheit der Einstellung zur konkreten Situation nicht verloren, er hat sich ihrer nur begeben (Anmerkung 18). Was immer man ihm in der ersten Stunde im Lager fortgenommen haben mag — bis zum letzten Atemzug kann ihm niemand die Freiheit nehmen, sich zu seinem Schicksal so oder so einzustellen. Und es gibt ein „So oder So“. Wohl in jedem Konzentrationslager hat es Einzelne gegeben, die ihre Apathie eben überwinden und ihre Gereiztheit unterdrücken konnten. Es sind dies jene Gestalten, die — für ihre Person bis zur Selbstentsagung und Selbstaufopferung anspruchslos — über die Appellplätze und durch die Baracken der Lager gewandelt sind, hier ein gutes Wort und dort den letzten Bissen Brot hergebend.

Die ganze Symptomatologie des Konzentrationslagers, die wir vorhin in ihrer scheinbar schicksalhaften, zwangsläufigen Entwicklung aus körperlichen und seelischen Ursachen herleiteten, stellt sich so als etwas heraus, das vom Geistigen her gestaltungsfähig ist. Und auch innerhalb der Psychopathologie des Konzentrationslagers gilt, was wir in einem späteren Kapitel vom neurotischen Symptom ganz allgemein aussagen werden: daß es jeweils nicht nur Folge von etwas Somatischem und Ausdruck eines Psychischen ist, sondern auch eine Weise der Existenz — und dieses Moment ist das letztlich entscheidende. Die Charakterwandlungen des Menschen im Konzentrationslager sind ebenfalls Folgen physiologischer Zustandsänderungen (Hunger, Schlafmangel usw.) und Ausdruck psychologischer Gegebenheiten (Minderwertigkeitsgefühl usw.), schließlich aber und wesentlich: eine geistige Stellungnahme. Denn in jedem Falle behält der Mensch die Freiheit und Möglichkeit, sich für oder gegen den Einfluß der Umgebung zu entscheiden (Anmerkung 19). Wenn er auch von dieser Freiheit und Möglichkeit im allgemeinen nur selten Gebrauch macht — sie steht ihm zu. Irgendwie lag es also noch in der Hand jener Menschen, die einer seelischen Prägung durch die Umwelt des Konzentrationslagers verfielen, irgendwie stand es noch in ihrer Macht und Verantwortung, sich diesen Einflüssen zu entziehen. Fragen wir uns aber, welche die Gründe waren, die es diesen Menschen nahelegten, sich geistig so fallenzulassen, daß sie den körperlich-seelischen Einflüssen der Umgebung verfallen mußten, dann können wir sagen: sie ließen sich fallen, weil und nur wenn sie den geistigen Halt verloren hatten. Dies muß nun näher ausgeführt werden.

Schon Utitz hat die Daseinsweise der Lagerinsassen als „provisorische Existenz“ gekennzeichnet. Diese Charakterisierung bedarf unseres Erachtens einer wesentlichen Ergänzung: Bei dieser Form menschlichen Daseins handelte es sich nämlich nicht nur um ein Provisorium schlechthin, sondern um ein Provisorium „ohne Termin“. Bevor die künftigen Häftlinge das Lager betraten, waren sie vielfach in einer Stimmung, die sich nur vergleichen ließ mit der, in welcher sich der Mensch etwa gegenüber dem Jenseits befindet, von dem noch keiner zurückgekehrt ist: auch aus manchen Lagern war noch niemand zurückgekehrt oder waren noch keinerlei Nachrichten in die Öffentlichkeit gedrungen. War aber das Lager einmal betreten, dann kam mit dem Ende der Ungewißheit (über die dortigen Zustände) auch schon die Ungewißheit des Endes. Konnte doch keiner der Häftlinge wissen, wie lange er sich dort wird aufhalten müssen. Die vielen Gerüchte, die Tag für Tag und Stunde für Stunde unter den zusammengepferchten Menschenmassen kursierten und von einem jeweils nahe bevorstehenden „Ende“ zu erzählen wußten, führten nur immer mehr zu immer gründlicherer oder gar endgültiger Enttäuschung. Die Unbestimmtheit des Zeitpunkts der Entlassung erzeugt im Lagerhäftling das Gefühl einer praktisch unbegrenzten, weil nicht abgrenzbaren Haftdauer. So bekommt er gegenüber der Welt außerhalb des Stacheldrahts mit der Zeit ein Fremdheitsgefühl; durch den Stacheldraht hindurch sieht er die Menschen und Dinge dort draußen so, als ob sie nicht von dieser seiner Welt wären, oder vielmehr, als ob er nicht mehr von der Welt, als ob er ihr „abhanden gekommen" wäre. Die Welt der Nicht-Inhaftierten bietet sich seinen Blicken gleichsam so, wie sie nur ein Toter aus dem Jenseits sehen mag: unwirklich, unzugänglich, unerreichbar — gespenstisch.

Die Terminlosigkeit der Existenzweise im Konzentrationslager führt zum Erlebnis der Zukunftslosigkeit. Einer der Häftlinge, die in langer Kolonne zu ihrem künftigen Lager dahinmarschierten, berichtete einmal, er hätte damals das Gefühl gehabt, als ob er hinter seiner eigenen Leiche herzöge. So sehr hatte er das Gefühl, sein Leben sei ohne Zukunft, sei nur mehr Vergangenheit, sei ebenso vergangen wie das eines Toten. Das Leben solcher „lebenden Leichname" wird zu einem vorwiegend retrospektiven Dasein. Ihre Gedanken umschweben immer wieder die gleichen Details vergangenen Erlebens; alltäglichste Kleinigkeiten tauchen dabei in das Licht märchenhafter Verklärung.

Ohne fixen Punkt in der Zukunft jedoch vermag der Mensch nicht eigentlich zu existieren. Von diesem her wird normalerweise seine ganze Gegenwart gestaltet, auf ihn hin gerichtet, wie die Eisenfeilspäne auf einen Magnetpol. Umgekehrt verliert die innere Zeit, die Erlebniszeit ihre ganze Struktur, wann immer der Mensch „seine Zukunft" verliert. Es kommt zu einem präsentischen Dahinleben — etwa wie es von THOMAS MANN im „Zauberberg" geschildert wird, wo es sich um unheilbar Tuberkulöse handelt, die ebenfalls keinen Entlassungstermin kennen. Oder es kommt zu jenem Gefühl der Inhaltsleere und Sinnlosigkeit des Daseins, das manche Arbeitslose beherrscht; auch bei ihnen kommt es zu einem Strukturzerfall des Zeiterlebens, wie psychologische Reihenuntersuchungen arbeitsloser Bergarbeiter ergeben haben.

Das lateinische Wort „finis" bedeutet sowohl Ende als auch Ziel. In dem Augenblick, wo der Mensch das Ende eines Provisoriums innerhalb seines Lebens nicht abzusehen vermag, kann er sich auch kein Ziel mehr setzen, keine Aufgabe stellen; das Leben muß in seinen Augen jeden Inhalt und Sinn verlieren. Umgekehrt macht die Blickrichtung auf das „Ende" und auf einen Zielpunkt in der Zukunft eben jenen geistigen Halt aus, dessen der Lagerhäftling so sehr bedarf, weil dieser geistige Halt allein imstande ist, den Menschen vor dem Verfall an die charakterprägenden und typenbildenden Mächte der sozialen Umwelt, also vor dem Sichfallenlassen, zu bewahren. Ein Lagerhäftling beispielsweise versuchte instinktiv richtig, über die ärgsten Situationen des

Lagerlebens dadurch hinwegzukommen, daß er sich jeweils vorstellte, er stünde am Vortragspult vor einem zahlreichen Auditorium und spräche gerade über die Dinge — die er soeben erlebte. Mit diesem Trick gelang es ihm, die Dinge „quadam sub specie aeternitatis" zu erleben — und zu ertragen[1]).

Der seelische Verfall aus geistiger Haltlosigkeit, das vollends Sichfallenlassen in die totale Apathie, war unter allen Lagerhäftlingen eine ebenso bekannte wie gefürchtete Erscheinung, die sich oft so rasch vollzog, daß sie in wenigen Tagen zur Katastrophe führte. Solche Lagerinsassen blieben eines Tages einfach auf ihrem Platz in der Baracke liegen, weigerten sich, zum Appell zu gehen bzw. zur Einteilung in ein „Arbeitskommando" anzutreten, kümmerten sich nicht um die Essenfassung, gingen nicht mehr in den Waschraum, und kein Vorhalt, keine Drohung vermochte, sie aus der Apathie herauszureißen; nichts schreckte sie mehr, auch keine Strafe: die ließen sie stumpf und gleichgültig über sich ergehen — alles war ihnen „wurscht". Dieses Liegenbleiben — mitunter im eigenen Kot und Harn — bedeutete eine Lebensbedrohung nicht nur in disziplinärer, sondern auch in unmittelbar vitaler Hinsicht. Dies zeigte sich deutlich in jenen Fällen, wo das Erlebnis der „Endlosigkeit" den Häftling ganz plötzlich überkam. Hierfür ein Beispiel:

Eines Tages erzählte einer der Lagerhäftlinge seinen Kameraden, er hätte einen merkwürdigen Traum gehabt: eine Stimme spreche zu ihm und frage ihn, ob er nicht irgend etwas zu wissen wünsche — sie könne ihm die Zukunft prophezeien. Er habe nun geantwortet: „Ich möchte wissen, wann dieser Zweite Weltkrieg für mich zu Ende sein wird." Daraufhin habe die Traumstimme zur Antwort gegeben: „Am 30. März 1945." Als dieser Häftling von seinem Traum berichtete, war es Anfang März. Damals war er noch voller Hoffnung und guter Dinge. Doch der 30. März rückte immer näher heran und trotzdem wurde es immer weniger wahrscheinlich, daß die „Stimme" Recht behalten sollte. In den letzten Tagen vor dem prophezeiten Termin verfiel der Mann immer mehr in Mutlosigkeit. Am 29. März aber wurde er mit Fieber und in delirantem Zustand ins Krankenrevier gebracht. An dem für ihn so bedeutsamen 30. März — am Tage, an dem die Leiden „für ihn" zu Ende sein sollten, — verlor er das Bewußtsein. Am nächsten Tag war er tot. Er war an Fleckfieber gestorben.

Wir haben bereits gehört, wie weitestgehend abhängig die Immunlage des Organismus von der Affektlage ist, also auch von Dingen wie Lebens-

---

[1]) V. E. Frankl, Man's Search for Meaning, Preface by Gordon W. Allport, 66. Auflage, Simon and Schuster, New York 1980.

mut oder Lebensmüdigkeit — etwa auf Grund einer Enttäuschung, auf Grund getäuschter Hoffnungen. Wir können daher mit Recht und in vollem klinischem Ernst annehmen, die Enttäuschung jenes Häftlings über die falsche Prophezeiung seiner Traumstimme habe zu einem jähen Absinken der Abwehrkräfte seines Organismus geführt und diesen Organismus der schlummernden Infektion unterliegen lassen. Im Einklang mit unserer Auffassung dieses Falles steht eine Beobachtung im größeren Maßstab, über die einmal ein Lagerarzt berichtete: Die Häftlinge seines Lagers hatten sich allgemein der Hoffnung hingegeben, zu Weihnachten 1944 würden sie wieder daheim sein. Weihnachten kam, aber die Zeitungsnachrichten waren für die Lagerinsassen nichts weniger als ermutigend. Was war die Folge? In der Woche zwischen Weihnachten und Neujahr kam es in diesem Konzentrationslager zu einem Massensterben, wie es weder bis dahin gesehen worden war noch durch Umstände, wie geänderte Wetterlage oder erschwerte Arbeitsbedingungen oder Auftreten von Infektionskrankheiten, hätte erklärt werden können.

Es ist klar, daß jeder Versuch einer Psychotherapie im Konzentrationslager nur dann möglich war, wenn er auf das entscheidende Moment des geistigen Halts an einem Zielpunkt in der Zukunft, auf die Notwendigkeit eines Lebens „sub specie futuri“ — unter dem Gesichtswinkel der Zukunft — abgestimmt war. In der „Praxis“ war es nun oft gar nicht so schwer, den einen oder andern Häftling dadurch wieder aufzurichten, daß man ihn auf die Zukunft hin ausrichtete. In einem gemeinsamen Gespräch mit zwei Lagerinsassen, deren Verzweiflung bis zum Selbstmordentschluß gesteigert war, ergab sich dabei einmal folgende Parallele: beide waren von dem Gefühl beherrscht, sie hätten „vom Leben nichts mehr zu erwarten“. Auch hier galt es, jene kopernikanische Wendung vollziehen zu lassen, von der wir bereits sprachen und aussagten, daß nach ihrem Vollzug das Leben eigentlich nicht mehr auf seinen Sinn hin befragt werden könne, daß es vielmehr in bezug auf seine konkreten Fragen beantwortet, daß es ver-antwortet werden müsse. Tatsächlich stellte sich bald heraus, daß — jenseits von dem, was die beiden Häftlinge vom Leben zu erwarten hatten — ihr Leben mit ganz konkreten Aufgaben auf sie wartete. Hatte sich doch ergeben, daß der eine eine Serie geographischer Bücher veröffentlicht, die Serie aber noch nicht zum Abschluß gebracht hatte; und der andere hatte eine Tochter im Ausland, die mit abgöttischer Liebe an ihm hing. Auf den einen wartete somit ein Werk, auf den andern ein Mensch. Beide waren demnach gleichermaßen in jener Einzigartigkeit und Unvertretbarkeit bestätigt, die dem Leben trotz des Leidens einen unbedingten Sinn zu geben vermag. Für seine wissenschaftliche Arbeit war der eine ebenso unersetzlich, wie der andere unaustauschbar war innerhalb der Liebe seiner Tochter.

Auch der befreite Häftling bedarf noch der seelischen Betreuung. Gerade die Befreiung, die plötzliche Entlassung, die Entlastung vom seelischen Druck bedeutet ihrerseits — in psychologischer Hinsicht — eine Gefahr. Was in charakterologischer Beziehung hier droht, stellt nichts anderes dar als das seelische Gegenstück zur Caisson-Krankheit. Hiermit wären wir aber auch schon bei der dritten Phase angelangt, die wir innerhalb dieser skizzenhaften Psychologie des Lagerhäftlings abzuhandeln haben. Was nun seine Reaktion auf die Entlassung anlangt, läßt sich kurz folgendes sagen: Anfangs erscheint ihm alles wie ein schöner Traum, er wagt es noch nicht zu glauben. Hat ihn doch schon so mancher schöne Traum getäuscht. Wie oft hat er nicht von seiner Befreiung geträumt — davon geträumt, wie er nach Hause kommt, seine Frau umarmt, seine Freunde begrüßt, sich zu Tische setzt und zu erzählen beginnt, zu erzählen von seinen Erlebnissen, zu erzählen davon, wie er sich nach diesem Augenblick des Wiedersehens gesehnt und wie häufig er von diesem Augenblick geträumt, bis er diesmal endlich Wirklichkeit geworden. Da schrillen die drei Pfiffe, die früh morgens das Aufstehen kommandieren, in seine Ohren und reißen ihn aus dem Traum heraus, der ihm die Freiheit nur vorgetäuscht, der ihn nur gefoppt hat. Einmal aber wird das Ersehnte und Erträumte wirkliche Wirklichkeit. Noch ist der Befreite von einer Art Depersonalisationsgefühl beherrscht. Er kann sich des Lebens noch nicht recht freuen — er muß erst wieder lernen sich zu freuen, er hat es verlernt. Ist ihm am ersten Tag der Freiheit die Gegenwart wie ein schöner Traum erschienen, dann ist er aber eines Tages so weit, daß ihm die Vergangenheit nur mehr wie ein böser Traum erscheint. Er selbst kann dann nicht mehr verstehen, wie er imstande war, die Haft zu überstehen. Nunmehr beherrscht ihn das köstliche Gefühl, nach all dem, was er erlebt und erlitten, nichts mehr auf der ganzen Welt fürchten zu müssen — außer seinen Gott. An den wieder zu glauben, hat so mancher im Konzentrationslager und durch das Konzentrationslager gelernt.

2. Vom Sinn des Leidens

Bei der Besprechung der Frage nach dem Sinn des Lebens haben wir ganz allgemein drei mögliche Wertkategorien unterschieden. Wir sprachen von schöpferischen Werten, von Erlebniswerten sowie von Einstellungswerten. Während die erste Kategorie durch ein Tun verwirklicht wird, werden die Erlebniswerte durch das passive Aufnehmen von Welt (Natur, Kunst) in das Ich realisiert. Die Einstellungswerte jedoch werden überall dort verwirklicht, wo ein Unabänderliches, etwas Schicksalhaftes, als solches eben hingenommen werden muß. In der Weise, wie einer diese Dinge auf sich nimmt, ergibt sich eine unabsehbare Fülle von Wertmöglichkeiten. Das heißt aber, daß nicht nur im Schaffen und im Freuen das menschliche Leben sich zu erfüllen vermag, sondern auch noch im Leiden!

Solche Gedankengänge sind jeder trivialen Erfolgsethik verschlossen. Eine Rückbesinnung jedoch auf das ursprüngliche, auf unser alltägliches Urteil über Wert und Würde menschlichen Daseins erschließt sofort jene Erlebnistiefe, in der die Dinge auch jenseits von Erfolg oder Erfolglosigkeit, ganz und gar unabhängig vom Effekt überhaupt, ihre Geltung bewahren. Erst recht wird dieses Reich der inneren Erfüllung trotz äußerer Erfolglosigkeit durch jene Sicht zugänglich, die uns die Kunst zu vermitteln pflegt. Wir brauchen nur an Darstellungen zu erinnern wie etwa Tolstois Geschichte vom „Tod des Iwan Iljitsch". Hier wird eine bürgerliche Existenz geschildert, deren abgründige Sinnlosigkeit ihrem Träger erst unmittelbar vor seinem unvermuteten Tode aufbricht. Mit der Einsicht in diese Sinnlosigkeit wächst jedoch dieser Mensch noch in seinen letzten Lebensstunden weit über sich hinaus, zu einer inneren Größe, die rückwirkend sein ganzes bisheriges Leben — trotz dessen scheinbarer Vergeblichkeit — zu einem sinnvollen weiht. Ist es doch so, daß nicht nur — wie beim Helden — das Leben seinen letzten Sinn durch den Tod erhalten kann, sondern auch im Tod. Daß also nicht nur das Opfern eigenen Lebens ihm Sinn gibt, sondern daß sich das Leben noch im Scheitern zu erfüllen vermag.

Erfolglosigkeit bedeutet nicht Sinnlosigkeit. Dies wird auch deutlich, wenn man die eigene Lebensvergangenheit beispielsweise in bezug auf das Liebesleben betrachtet. Fragt einer sich ehrlich, ob er bereit wäre, die unglücklichen Liebeserlebnisse zu missen, das unlustbetonte und leidvolle Erleben aus seinem Leben gestrichen zu wissen — dann wird er wohl verneinen; die Leidfülle war ihm nicht Unerfülltheit. Im Gegenteil, im Leiden ist er gereift, an ihm ist er gewachsen, es hat ihm mehr gegeben als so mancher erotische Erfolg ihm hätte geben können.

Überhaupt neigt der Mensch dazu, das positive oder negative Vorzeichen der Lust- bzw. Unlustbetontheit seiner Erlebnisse zu überschätzen. Die Wichtigkeit, die er diesen Vorzeichen beimißt, erzeugt in ihm eine ungerechtfertigte Wehleidigkeit gegenüber dem Schicksal. Wir haben schon gehört, in welch vielfachem Sinne der Mensch „nicht zum

Vergnügen auf der Welt“ ist. Wir haben auch gehört, daß die Lust gar nicht imstande wäre, dem Leben des Menschen einen Sinn zu geben. Solange sie dies nicht vermag, kann aber auch der Mangel an Lust dem Leben den Sinn nicht nehmen. Wieder ist es so, daß die Kunst einen Hinweis gibt auf die Art, in der das schlichte, unbefangene und unmittelbare Erleben den Sachverhalt richtig sieht; man denke bloß daran, wie irrelevant für den künstlerischen Gehalt die Frage ist, ob eine Melodie in Dur oder Moll gesetzt ist. Nicht nur unvollendete Symphonien gehören trotzdem zu den wertvollsten Musikstücken, worauf wir in einem andern Zusammenhang schon hingewiesen haben, — sondern auch die „Pathétiques“.

Wir sagten, im Schaffen verwirklicht der Mensch schöpferische Werte, im Erleben Erlebniswerte und im Erleiden Einstellungswerte. Darüber hinaus hat aber das Leiden auch einen immanenten Sinn. In paradoxer Weise führt uns die Sprache zu diesem Sinn hin: wir leiden unter etwas deswegen, weil wir „es nicht leiden mögen“ — deshalb also, weil wir es eben nicht gelten lassen wollen. Die Auseinander-setzung mit dem schicksalhaft Gegebenen ist letzte Aufgabe und eigentliches Anliegen des Leidens. Im Leiden unter einer Sache rücken wir innerlich von ihr ab, schaffen wir Distanz zwischen unserer Person und dieser Sache. Solange wir unter einem nicht seinsollenden Zustand noch leiden, ebenso lange stehen wir in der Spannung zwischen dem faktischen Sein einerseits und dem Seinsollenden andererseits. Dies gilt, wie wir bereits gesehen haben, auch vom Menschen, der an sich selbst verzweifelt: gerade durch die Tatsache seiner Verzweiflung hat er auch schon keinen Grund mehr zu ihr, da er ja die eigene Realität auf eine Idealität hin wertet, an ihr mißt; die Tatsache, daß er der (unverwirklicht gebliebenen) Werte überhaupt ansichtig geworden, impliziert bereits einen gewissen Wert an diesem Menschen selbst. Er könnte ja gar nicht über sich selber zu Gericht sitzen, wenn er nicht von vornherein Weihe und Würde des Richters besäße — als eines Mannes, der des Seinsollenden gegenüber dem Seienden innegeworden ist (Anmerkung 20). Das Leiden schafft also eine fruchtbare, man möchte sagen: eine revolutionäre Spannung, indem es den Menschen das, was nicht sein soll, als solches überhaupt empfinden läßt. In dem Maße, in dem er sich mit dem Gegebenen gleichsam identifiziert, eliminiert er die Distanz zum Gegebenen und schaltet die fruchtbare Spannung zwischen Sein und Seinsollen aus.

So offenbart sich in den Emotionen des Menschen eine tiefe Weisheit, die vor aller Rationalität steht, die rationaler Nützlichkeit sogar widerspricht. Betrachten wir etwa die Affekte der Trauer und der Reue: vom utilitaristischen Standpunkt müssen beide sinnlos erscheinen. Denn etwas unwiederbringlich Verlorenes zu betrauern muß vom Standpunkt des „gesunden Menschenverstandes“ ebenso unnütz und sinnwidrig erscheinen wie etwas untilgbar Verschuldetes zu bereuen. Aber in der inneren Geschichte des Menschen haben Trauer und Reue ihren Sinn. Die Trauer um einen Menschen, den wir geliebt und verloren haben, läßt ihn irgendwie weiterleben, und die Reue des Schuldigen läßt diesen von Schuld befreit irgendwie auferstehen. Der Gegenstand unserer Liebe bzw. unserer Trauer, der objektiv, in der empirischen Zeit, verlorenging, wird subjektiv, in der inneren Zeit, aufbewahrt: die Trauer vergegenwärtigt ihn. Die Reue jedoch vermag, wie SCHELER gezeigt hat, eine Schuld zu tilgen: zwar wird die Schuld nicht von ihrem Träger genommen, aber dieser Träger selber — durch seine moralische Wiedergeburt — gleichsam aufgehoben. Diese Möglichkeit, das Geschehene in der inneren Geschichte fruchtbar zu machen, steht mit der Verantwortung des Menschen in keinem Widerspruch, sondern in einem dialektischen Verhältnis. Denn Schuldigwerden setzt Verantwortlichkeit voraus. Verantwortlich aber ist der Mensch angesichts der Tatsache, daß er keinen Schritt zurücknehmen kann, den er im Leben tut; die kleinste wie die größte Entscheidung bleibt eine endgültige. Nichts ist auslöschbar von dem, was er tut und läßt. Nur für eine oberflächliche Betrachtungsweise steht damit in Widerspruch, daß trotzdem, im Akte der Reue, der Mensch von einer Tat innerlich abzurücken vermag und im Vollzug dieses Aktes, also eines inneren Geschehens — das äußere Geschehen auf moralischer Ebene irgendwie ungeschehen machen kann.

SCHOPENHAUER hat bekanntlich gemeint und beklagt, das menschliche Leben pendle zwischen Not und Langeweile hin und her. In Wirklichkeit haben beide ihren tiefen Sinn. Die Langeweile ist ein ständiges Memento. Was führt zur Langeweile? Untätigkeit. Aber das Tun ist nicht etwa dazu da, daß wir der Langeweile entgehen; sondern die Langeweile ist dazu da, daß wir dem Nichtstun entgehen und dem Sinn unseres Lebens gerecht werden. Der Lebenskampf hält uns in „Spannung“, weil der Lebenssinn mit der Erfüllungsforderung von Aufgaben steht und fällt; diese „Spannung“ ist also wesensverschieden von jener, die von neurotischer Sensationslust oder hysterischem Reizhunger gesucht wird.

Der Sinn der „Not“ liegt gleichermaßen in einem Memento. Schon auf der biologischen Ebene stellt der Schmerz einen sinnvollen Wächter und Warner dar. Im seelisch-geistigen Bereich hat er nun eine analoge Funktion. Das, wovor das Leiden den Menschen bewahren soll, ist die

Apathie, die seelische Totenstarre. Solange wir leiden, bleiben wir seelisch lebendig. Ja, im Leiden reifen wir sogar, an ihm wachsen wir — es macht uns reicher und mächtiger. Die Reue, haben wir gesehen, hat den Sinn und die Macht, ein äußeres Geschehen in der inneren Geschichte (im moralischen Sinne) ungeschehen zu machen; die Trauer hat den Sinn und die Macht, das Vergangene irgendwie fortbestehen zu lassen. Beide korrigieren also irgendwie die Vergangenheit. Damit aber lösen sie ein Problem — im Gegensatz zur Ablenkung und Betäubung: Der Mensch, der sich von einem Unglück abzulenken oder sich zu betäuben versucht, löst kein Problem, schafft ein Unglück nicht aus der Welt; was er aus der Welt schafft, ist vielmehr eine bloße Folge des Unglücks: der bloße Gefühlszustand der Unlust. Durch Ablenkung oder Betäubung „macht er sich nichts wissen". Er versucht, der Wirklichkeit zu entfliehen. Er flüchtet sich etwa in den Rausch. Damit begeht er einen subjektivistischen, ja geradezu psychologistischen Fehler: den Fehler, so zu handeln, als ob mit dem emotionalen Akt, den man durch die Betäubung zum Schweigen bringt, auch der Gegenstand der Emotion aus der Welt geschafft würde; als ob das, was man in die Ungewußtheit bannt, damit auch schon in die Unwirklichkeit gebannt würde. Aber der Akt des Hinsehens erzeugt nicht den Gegenstand, der Akt des Wegsehens vernichtet ihn nicht — und so annulliert auch die Unterdrückung einer Regung der Trauer nicht den Sachverhalt, der betrauert wird. Das gesunde Empfinden eines Trauernden pflegt auch tatsächlich sich dagegen aufzulehnen, beispielsweise Schlafmittel zu nehmen — „statt die Nächte durchzuweinen"; der banalen Verordnung von Schlafmitteln wird vom Trauernden jeweils entgegengehalten: damit, daß er besser schlafe, werde der Tote, dem sein Weinen gilt, nicht erweckt. Der Tod — dieses Paradigma eines irreversiblen Geschehens — wird also keinesfalls dadurch ungeschehen gemacht, daß er in die Ungewußtheit verjagt wird; aber ebensowenig auch dadurch, daß der Trauernde selber in die absolute Unbewußtheit flieht — in die Unbewußtheit des eigenen Todes[1]).

Wie tief im Menschen das Gefühl für den Sinn des Emotionalen wurzelt, zeigt sich in folgendem Tatbestand. Es gibt Melancholien, in deren symptomatologischem Vordergrund nicht (wie gewöhnlich) der Affekt der Traurigkeit steht, sondern in denen die Patienten gerade

[1]) Der Rausch ist gegenüber der bloßen Betäubung etwas Positives. Das Wesen des Rausches ist die Abwendung von der gegenständlichen Welt des Seins und die Zuwendung zu „zuständlichem" Erleben, zum Leben in einer Welt des Scheins. Die Betäubung führt hingegen nur zur Ungewußtheit des Unglücks, zu einem „Glück" im negativen Sinne SCHOPENHAUERS, zur Nirvana-Stimmung.

darüber klagen, daß sie eben nicht traurig sein können, daß sie sich nicht ausweinen können, daß sie gefühlskalt und innerlich abgestorben sind: es handelt sich um die Fälle von sogenannter Melancholia anaesthetica. Wer solche Fälle kennt, der weiß nun, daß es wohl kaum eine größere Verzweiflung gibt, als die Verzweiflung dieser Menschen darüber, daß sie nicht traurig sein können. Diese Paradoxie zeigt wieder einmal, wie sehr das Lustprinzip eine bloße Konstruktion ist, ein psychologisches Artefakt, aber kein phänomenologischer Tatbestand; aus der emotionalen « logique du cœur » heraus ist der Mensch in Wirklichkeit immer bestrebt, ob nun in freudiger oder trauriger Erregung, auf jeden Fall seelisch „rege" zu sein und zu bleiben und nicht in Apathie zu versinken. Die Paradoxie, daß der an Melancholia anaesthetica Leidende unter seiner Unfähigkeit zum Leiden — leidet, ist also nur eine psychopathologische Paradoxie; existenzanalytisch aber findet sie ihre Auflösung. Denn in der Existenzanalyse erweist sich der Sinn des Leidens, erweist sich das Leiden als sinnvoll zum Leben gehörig. Das Leiden, die Not gehört zum Leben dazu, wie das Schicksal und der Tod. Sie alle lassen sich vom Leben nicht abtrennen, ohne dessen Sinn nachgerade zu zerstören. Not und Tod, das Schicksal und das Leiden vom Leben abzulösen, hieße dem Leben die Gestalt, die Form nehmen. Erst unter den Hammerschlägen des Schicksals, in der Weißglut des Leidens an ihm, gewinnt das Leben Form und Gestalt.

Das Schicksal, das ein Mensch erleidet, hat also erstens den Sinn, gestaltet zu werden — wo möglich —, und zweitens, getragen zu werden — wenn nötig. Andererseits dürfen wir aber auch nicht vergessen, daß der Mensch auf der Hut sein muß davor, nicht zu früh die Waffen zu strecken, nicht zu früh einen Tatbestand als schicksalhaft anzuerkennen und sich vor einem bloß vermeinten Schicksal zu beugen. Erst wenn der Mensch keinerlei Möglichkeit mehr hat, schöpferische Werte zu verwirklichen, erst wenn er wirklich außerstande ist, das Schicksal zu gestalten, erst dann können Einstellungswerte verwirklicht werden, erst dann hat es einen Sinn, „sein Kreuz auf sich zu nehmen". Das Wesen eines Einstellungswertes liegt darin, wie ein Mensch sich in das Unabänderliche fügt; die Voraussetzung für die wahre Verwirklichung von Einstellungswerten liegt also darin, daß es sich wirklich um ein Unabänderliches handelt. Um das, was Brod „edles Unglück" nennt und dem „unedlen" Unglück gegenüberstellt, welch letzteres nicht eigentlich schicksalhaft ist, sondern vermeidbar oder (sobald eingetreten) verschuldet (Anmerkung 21).

So oder so bietet jede Situation die Chance einer Wertverwirklichung

Wenige Tage bevor sie starb, äußerte sie: „Eigentlich bin ich meinem Schicksal dankbar dafür, daß es mich so hart getroffen hat. In meiner früheren, bürgerlichen Existenz war ich sicherlich irgendwie zu lax. Mit meinen schöngeistigen Ambitionen war es mir nicht ganz ernst.“ Dem Tod, den sie kommen sah, blickte sie fest ins Auge. Von dem Platz im Krankenrevier, wo sie lag, konnte man durchs Fenster einen soeben in Blüte stehenden Kastanienbaum sehen; wenn man sich zum Kopfe der Kranken hinabneigte, erblickte man gerade noch einen Zweig mit zwei Blütenkerzen. „Dieser Baum ist der einzige Freund in meinen Einsamkeiten“, sagte die Frau; „mit ihm unterhalte ich mich“. Sollte sie halluzinieren, war sie vielleicht delirant? Meinte sie doch, er „antworte“ ihr auch. Aber es fehlten alle Anzeichen für einen deliranten Zustand. Was war das für eine merkwürdige „Zwiesprache“ — was hatte der blühende Baum der sterbenden Frau „gesagt“? „Er hat gesagt: Ich bin da — ich bin da — ich bin das Leben, das ewige Leben.“

Viktor von Weizsäcker hat einmal davon gesprochen, daß der Kranke als der Leidende dem Arzt gegenüber irgendwie überlegen sei. Das kam einem so recht zu Bewußtsein, wenn man jene Kranke verließ. Ein Arzt, der feinfühlig genug für die Imponderabilien einer Situation ist, wird gegenüber einem unheilbar Kranken oder einem Sterbenden immer das Gefühl haben, diesem Menschen nicht ohne eine gewisse Beschämung gegenübertreten zu können. Ist doch der Arzt selber ohnmächtig und unfähig gewesen, dem Tod das Opfer zu entreißen; der Patient aber steht als ein Mensch da, der dem Schicksal standhält, indem er es in stillem Leiden auf sich nimmt und damit auf einer metaphysischen Ebene eine echte Leistung vollbringt — während der Arzt in der physischen Welt, im ärztlichen Leistungsbereich, soeben versagt.

3. Vom Sinn der Arbeit

Der Sinn des Lebens, haben wir gesagt, sei nicht zu erfragen, sondern zu beantworten, indem wir das Leben verantworten. Daraus ergibt sich aber, daß die Antwort jeweils nicht in Worten, sondern in der Tat, durch ein Tun zu geben ist (Anmerkung 22). Außerdem muß sie der ganzen Konkretheit von Situation und Person entsprechen, diese Konkretheit gleichsam in sich aufgenommen haben. Die rechte Antwort wird somit eine tätige Antwort sein und eine Antwort in der Konkretheit des Alltags — als des konkreten Raumes menschlichen Verantwortlichseins.

Innerhalb dieses Raumes ist jeder Mensch unersetzlich und unvertretbar. Die Bedeutung, die das Bewußtsein seiner Einzigartigkeit und

Einmaligkeit hat, haben wir bereits besprochen. Wir haben gesehen, aus welchen Gründen die Existenzanalyse auf ein Bewußtwerden des Verantwortlichseins hinarbeitet, gleichzeitig aber, wie das Verantwortungsbewußtsein vor allem auf dem Grunde des Bewußtseins einer konkreten, persönlichen Aufgabe, einer „Mission" erwächst. Ohne die Sicht auf den einzigartigen Sinn seines einmaligen Seins muß der Mensch in schwierigen Situationen erlahmen. Es muß ihm so ergehen wie dem Bergsteiger, der in einen dichten Nebel gerät und, ohne Ziel vor Augen, der lebensgefährlichen Müdigkeit zu erliegen droht. Lichtet sich aber der Nebel, wird gar die Schutzhütte in der Ferne sichtbar, dann fühlt er sich auf einmal wieder frisch und bei Kräften. Welcher Kletterer kennt nicht das typische Erlebnis des Erschlaffens, wenn er „in der Wand" ist und nicht weiß, ob er sich nicht auf einer falschen Route befindet, vielleicht auf ein falsches Felsband geraten ist; bis er plötzlich den „Ausstiegskamin" erblickt und jetzt, wo er sich nur ein paar Seillängen unterhalb des Gipfels weiß, neue Kräfte in seine flott zugreifenden Arme einschießen fühlt.

Soweit und solange schöpferische Werte bzw. deren Verwirklichung im Vordergrund der Lebensaufgabe stehen, fällt der Bereich ihrer konkreten Erfüllung im allgemeinen mit der beruflichen Arbeit zusammen. Im besonderen kann die Arbeit jenes Feld darstellen, auf dem die Einzigartigkeit eines Individuums in Beziehung zur Gemeinschaft steht und so Sinn und Wert bekommt. Dieser Sinn und Wert haftet jedoch jeweils der Leistung (als einer Leistung für die Gemeinschaft) an, nicht aber dem konkreten Beruf als solchem. Es ist also nicht so, daß etwa nur ein bestimmter Beruf einem Menschen die Möglichkeit der Erfüllung bietet. Kein Beruf macht in diesem Sinne allein selig. Und wenn viele, hauptsächlich die neurotisch eingestellten Menschen behaupten, sie würden sich erfüllt haben, wenn sie in einem andern Beruf stünden, dann handelt es sich bei dieser Behauptung um ein Mißverstehen des Sinns beruflicher Arbeit oder um einen Selbstbetrug. In den Fällen, wo der konkrete Beruf kein Gefühl der Erfüllung aufkommen läßt, liegt die Schuld am Menschen, nicht am Beruf. Der Beruf an sich macht den Menschen noch nicht unersetzlich und unvertretbar; er gibt hierzu nur die Chance.

Eine Patientin äußerte einmal, sie halte ihr Leben für sinnlos und wolle daher gar nicht gesund werden; alles wäre aber anders und schön, wenn sie einen Beruf hätte, der sie erfüllt; wenn sie beispielsweise Ärztin oder Krankenschwester wäre oder eine Chemikerin, die irgendwelche wissenschaftlichen Entdeckungen macht. Da galt es, dieser Kranken klarzumachen, daß es keineswegs auf den Beruf ankommt, in dem man schafft, vielmehr auf die Art, in der man schafft; daß es nicht am konkreten Beruf als solchem, sondern jeweils an uns liegt, ob jenes Persönliche und Spezifische, das die Einzigartigkeit unserer Existenz ausmacht, in der Arbeit zur Geltung kommt und so das Leben sinnvoll macht oder nicht.

Wie ist es denn wirklich beim Arzt? Was gibt denn seinem Tun den Sinn? Daß er nach den Regeln der Kunst handelt? Im gegebenen Falle diese oder jene Injektion gibt oder Medizin verschreibt? Nur nach den Regeln der Kunst vorzugehen, darin besteht nicht die ärztliche Kunst. Der ärztliche Beruf gibt der ärztlichen Persönlichkeit bloß den Rahmen ständiger Gelegenheiten, sich durch das Persönliche einer Berufsleistung zu erfüllen. Das, was der Arzt in der ärztlichen Arbeit und doch über das Nur-ärztliche hinaus tut, das Persönliche — das Menschliche, das macht den Sinn dieser Arbeit aus, macht den Menschen in ihr unvertretbar. Denn ob er oder irgendeiner seiner Kollegen „lege artis" Injektionen gibt usw., liefe auf eins hinaus — solange er eben nichts anderes tut, als „nach den Regeln der Kunst" vorzugehen. Dort erst, wo er sich jenseits der Grenzen bloßer beruflicher Vorschriften, jenseits des vom Beruf „Geregelten" bewegt, dort fängt wahrhaft persönliches und einzig erfüllendes Arbeiten erst an. Und wie steht es um die Arbeit der Krankenschwestern, die unsere Patientin so beneidete? Sie kochen Spritzen aus, sie tragen Leibschüsseln hinaus, sie betten Kranke um — alles recht nützliche Arbeiten, die aber an sich den Menschen wohl kaum befriedigen würden; wo aber eine Krankenschwester über ihre mehr minder reglementierten Pflichten hinaus Persönliches tut, wo sie etwa ein persönliches Wort für einen Schwerkranken findet — dort fängt die Chance, dem Leben vom Beruf her Sinn zu geben, erst an. Diese Chance aber gibt jeder Beruf, sofern nur die Arbeit in ihm richtig aufgefaßt wird. Die Unersetzlichkeit und Unvertretbarkeit, das Einmalige und Einzigartige liegt jeweils am Menschen, daran, wer schafft, daran, wie er schafft, und nicht daran, was er schafft. Darüber hinaus jedoch mußte jene Kranke, die sich in ihrem Beruf so gar nicht erfüllen zu können glaubte, darauf hingewiesen werden, daß sie schließlich auch jenseits ihres Berufslebens, in ihrem Privatleben, die Einzigartigkeit und Einmaligkeit als Sinnmomente der Existenz zur Geltung bringen könnte: als Liebende und Geliebte, als Gattin und Mutter, die in all diesen Lebensbezügen, für den Mann und das Kind, unvertretbar und unersetzlich ist.

Die natürliche Beziehung des Menschen zu seiner beruflichen Arbeit als dem Felde möglicher schöpferischer Wertverwirklichung und einzigartiger Selbsterfüllung erleidet durch die herrschenden Arbeitsverhältnisse vielfach eine Verbiegung. Da sind vor allem die Menschen, die darüber klagen, daß sie acht oder mehr Stunden im Tag für einen Unternehmer, für dessen Interessen arbeiten, etwa an einem laufenden Band die gleiche Bewegung, den gleichen Hebelgriff an einer Maschine ausüben — je unpersönlicher, je genormter, um so verläßlicher und erwünschter. Unter solchen Umständen kann die Arbeit freilich nur als bloßes Mittel zum Zweck aufgefaßt werden, zum Zweck des Gelderwerbs, also des Erwerbs der notwendigen Mittel zum eigentlichen Leben. Dieses eigentliche Leben beginnt in diesem Falle erst in der Freizeit, sein Sinn liegt in deren freier persönlicher Gestaltung. Wobei wir allerdings nicht vergessen dürfen, daß es Menschen gibt, deren Arbeit sie so ermüdet, daß sie nach Arbeitsschluß todmüde einfach ins Bett sinken, ohne etwas Rechtes mehr anfangen zu können; ihre Freizeit können sie nur so gestalten, daß sie sie zu einer Erholungszeit umgestalten; in ihr können sie nichts anderes und nichts Vernünftigeres tun als schlafen.

Der Unternehmer selbst, der Arbeitgeber, ist aber auch nicht immer in seiner Freizeit „frei"; auch er bleibt von den genannten Verbiegungen der natürlichen Arbeitsbeziehung nicht immer verschont. Wer kennt nicht den Typus, der im Gelderwerb aufgeht und über dem Erwerb der Mittel zum Leben das unmittelbare Leben vergißt. Das Verdienen der Geldmittel zum Leben ist Selbstzweck geworden. So ein Mensch hat viel Geld und sein Geld hat noch ein Wofür, sein Leben aber kein Wozu mehr. Bei so einem Menschen überwuchert das Erwerbsleben sein eigentliches Leben; neben dem Gelderwerb kennt er nichts, keine Kunst, nicht einmal Sport, und im Spiel höchstens Spannung und auch die womöglich irgendwie in Beziehung gesetzt zum Geld: in den Spielkasinos, in denen noch im Spiel das Geld, das „auf dem Spiele steht", dessen letzten Zweck darstellt.

Die Arbeitslosigkeitsneurose

Die existentielle Bedeutung des Berufes wird am deutlichsten sichtbar, wenn die berufliche Arbeit zur Gänze fortfällt, also im Falle der Arbeitslosigkeit. Psychologische Beobachtungen an arbeitslosen Menschen haben uns zur Aufstellung des Begriffs der Arbeitslosigkeitsneurose[1]) bewogen. In deren symptomatologischem Vordergrund steht nun bemerkenswerterweise nicht etwa eine Depression, sondern eine Apathie. Die Arbeitslosen werden zunehmend interesselos, und ihre Initiative versandet immer mehr. Ihre Apathie ist nicht ungefährlich. Sie macht diese Menschen nämlich unfähig, die helfende Hand zu ergreifen, die sich ihnen entgegenstrecken mag. Der Arbeitslose erlebt die Unausgefüllt-

[1]) V. E. Frankl, Wirtschaftskrise und Seelenleben vom Standpunkt des Jugendberaters, Sozialärztliche Rundschau 43, 1933.

heit seiner Zeit als eine innere Unausgefülltheit, als eine Unausgefülltheit seines Bewußtseins. Er fühlt sich unnütz, weil unbeschäftigt. Weil er keine Arbeit hat, meint er, sein Leben habe keinen Sinn. So wie es aber im Biologischen sogenannte Vakatwucherungen gibt, so gibt es auch im Psychologischen analoge Erscheinungen. Die Arbeitslosigkeit wird so zum Nährboden für neurotische Entwicklungen. Der geistige Leerlauf führt zu einer Sonntagsneurose „in Permanenz".

Die Apathie als führendes Symptom der Arbeitslosigkeitsneurose ist aber nicht nur Ausdruck der seelischen Unerfülltheit; wie unseres Erachtens jedes neurotische Symptom, ist sie daneben auch Folgeerscheinung eines körperlichen Zustands, und zwar im konkreten Falle die Folge der meistens gleichzeitig vorhandenen Unterernährung. Gelegentlich ist sie aber auch — ebenso wie die neurotischen Symptome im allgemeinen — ein Mittel zum Zweck. Namentlich bei Menschen, bei denen eine Neurose bereits vorher bestand und durch die sozusagen interkurrente Arbeitslosigkeit nur exazerbierte bzw. rezidivierte, geht der Tatbestand der Arbeitslosigkeit gleichsam als Material in die Neurose ein, er wird in die Neurose als Inhalt aufgenommen und „neurotisch verarbeitet". Die Arbeitslosigkeit ist in diesen Fällen dem Neurotiker ein willkommenes Mittel, um sich für alle Fehlschläge im Leben (also nicht nur im Berufsleben) zu exkulpieren. Sie dient als Sündenbock, dem die ganze Schuld am „verpfuschten" Leben aufgehalst wird. Die eigenen Fehler werden als schicksalhafte Folgen der Arbeitslosigkeit hingestellt. „Ja, wenn ich nicht arbeitslos wäre, dann wäre alles anders, dann wäre alles schön und gut" — dann würden sie dies und jenes tun, so beteuern diese neurotischen Typen; das Leben eines Arbeitslosen erlaubt es ihnen, das Leben als Provisorium zu führen, und verführt sie dazu, einer provisorischen Modalität der Existenz zu verfallen. Sie meinen, man dürfe von ihnen nichts verlangen. Sie selber verlangen auch nichts von sich. Das Arbeitslosenschicksal scheint sie ihrer Verantwortung vor den Andern ebenso wie vor sich selbst, ihrer Lebensverantwortung zu entheben. Alles Versagen, auf allen Gebieten des Daseins, wird auf dieses Schicksal zurückgeführt. Anscheinend tut es irgendwie gut, zu glauben, der Schuh drücke einen nur an einer einzigen Stelle. Erklärt man alles nur aus einem Punkt und ist noch dazu dieser Punkt eine scheinbar schicksalhafte Gegebenheit, dann hat dies den Vorteil, daß einem nichts aufgegeben erscheint und daß man nichts weiter zu tun braucht, als auf den imaginären Augenblick zu warten, wo alles aus diesem einen Punkte heraus auch kuriert werden kann.

Wie jedes neurotische Symptom ist also auch die Arbeitslosigkeitsneurose: Folge, Ausdruck und Mittel; wir erwarten nun, daß sie sich in letzter und entscheidender Sicht gleich jeder andern Neurose auch als Modus der Existenz erweist, als eine geistige Stellungnahme, eine existentielle Entscheidung. Die Arbeitslosigkeitsneurose ist nämlich gar nicht jenes unbedingte Schicksal, als das sie vom Neurotiker hingestellt wird. Der Arbeitslose muß gar nicht der Arbeitslosigkeitsneurose verfallen. Auch in dieser Beziehung zeigt sich vielmehr, daß der Mensch „auch anders kann", daß er sich irgendwie entscheiden kann dafür, ob er den Mächten des sozialen Schicksals seelisch unterliegt oder nicht. Es gibt Beispiele genug, die beweisen, daß der Charakter von der Arbeitslosigkeit her nicht eindeutig, nicht schicksalhaft geformt und geprägt wird. Es gibt nämlich außer dem gekennzeichneten neurotischen Typus auch noch einen andern Typus von Arbeitslosen. Er rekrutiert sich aus Menschen, die unter den gleichen ungünstigen wirtschaftlichen Bedingungen zu leben gezwungen sind, wie die an der Arbeitslosigkeitsneurose erkrankten, und trotzdem von ihr frei geblieben sind, weder einen apathischen noch einen deprimierten Eindruck machen, ja mitunter sich sogar eine gewisse Heiterkeit bewahrt haben. Woran mag dies nun liegen? Sieht man näher zu, dann stellt sich heraus, daß diese Menschen zwar nicht beruflich, aber anderweitig beschäftigt sind. Sie sind z. B. freiwillige Helfer in irgendwelchen Organisationen, ehrenamtliche Funktionäre in Volksbildungsinstitutionen, unbesoldete Mitarbeiter in Jugendvereinen; sie hören häufig Vorträge und gute Musik, sie lesen viel und diskutieren mit ihren Kameraden über das Gelesene. Das Übermaß ihrer freien Zeit gestalten sie sinnvoll und geben so ihrem Bewußtsein, ihrer Zeit, ihrem Leben Inhaltsfülle. Oft knurrt ihnen der Magen genauso wie den Repräsentanten des andern, neurotisch gewordenen Typus von Arbeitslosen, und doch bejahen sie ihr Leben und sind nichts weniger als verzweifelt. Sie haben es verstanden, ihrem Leben einen Inhalt zu geben und Sinn abzuringen. Sie haben erfaßt, daß der Sinn menschlichen Lebens in der Berufsarbeit nicht aufgeht, daß einer arbeitslos sein kann, ohne deshalb gezwungen zu sein, sinnlos zu leben. Für sie deckt sich nicht mehr der Sinn des Lebens mit der Tatsache beruflicher Anstellung. Das, was den neurotischen Arbeitslosen eigentlich apathisch macht, was der Arbeitslosigkeitsneurose letztlich zugrunde liegt, ist also die irrtümliche Ansicht, daß die berufliche Arbeit der einzige Lebenssinn sei. Denn die fälschliche Identifizierung von Beruf und Lebensaufgabe, zu der man berufen ist, diese Gleichsetzung muß eben dazu führen, daß der Arbeitslose unter dem Gefühl leidet, unnütz und überflüssig zu sein.

Nach all dem zeigt sich, wie wenig schicksalhaft die seelische Reaktion auf die Arbeitslosigkeit ist, wieviel Spielraum für die geistige Freiheit des Menschen auch hier noch ausgespart ist. Im Blickfeld der von uns versuchten Existenzanalyse der Arbeitslosigkeitsneurose wird deutlich, daß die gleiche Situation der Arbeitslosigkeit von verschiedenen Menschen verschieden gestaltet wird, oder, besser gesagt, daß der eine sich vom sozialen Schicksal seelisch gestalten und charaktermäßig formen und prägen läßt, während der nichtneurotische Typus seinerseits das soziale Schicksal gestaltet. Jeder einzelne Arbeitslose kann also jeweils gleichsam noch entscheiden, welchen Typus er darstellen wird, ob den des innerlich aufrecht gebliebenen oder den des apathisch gewordenen Arbeitslosen.

Die Arbeitslosigkeitsneurose ist also keine unmittelbare Folge der Arbeitslosigkeit. Ja, wir sehen mitunter sogar, daß umgekehrt die Arbeitslosigkeit eine Folge der Neurose ist. Ist es doch verständlich, daß eine Neurose ihre Rückwirkungen auf das soziale Schicksal und die wirtschaftliche Situation des an ihr Leidenden hat. Ceteris paribus wird ein innerlich aufrecht gebliebener Arbeitsloser gegenüber dem apathisch gewordenen im Konkurrenzkampf die größeren Chancen haben und bei einer Stellenbewerbung glücklicher abschneiden. Die Rückwirkungen der Arbeitslosigkeitsneurose sind jedoch nicht nur soziale, sondern auch vitale. Denn die Strukturiertheit, die das geistige Leben durch seinen Aufgabencharakter gewinnt, wirkt sich bis ins Biologische aus. Andererseits führt der plötzliche Verlust an innerer Struktur, der mit dem Erlebnis von Sinn- und Inhaltslosigkeit einhergeht, auch zu organischen Verfallserscheinungen. Die Psychiatrie kennt beispielsweise den typischen psychophysischen Verfall in Form rasch eintretender Alterserscheinungen bei Menschen, die pensioniert wurden. Sogar von Tieren ist Analoges bekannt: Man weiß z. B., daß dressierte Zirkustiere, denen man „Aufgaben" stellt, eine durchschnittlich längere Lebensdauer haben als ihre Artgenossen, die in zoologischen Gärten gehalten und nicht „beschäftigt" werden.

Aus der Tatsache, daß die Arbeitslosigkeitsneurose nicht schicksalhaft an die Arbeitslosigkeit gekoppelt ist, folgt die Möglichkeit psychotherapeutischen Eingreifens. Wer demgegenüber geringschätzig meint, dem psychologischen Problem der Arbeitslosigkeit sei auf diesem Wege nicht beizukommen, der sei nur auf die nicht seltene Äußerung besonders jugendlicher Arbeitsloser verwiesen: „Was wir wollen, ist nicht Geld, was wir wollen, ist ein Lebensinhalt." Daraus wird aber auch ersichtlich, daß eine Psychotherapie im engeren, nicht logotherapeutischen Sinne, etwa eine „tiefenpsychologisch" ausgerichtete Behandlungsweise, in solchen Fällen aussichtslos wäre. Was hier angezeigt ist, kann vielmehr nur in einer Existenzanalyse bestehen, die dem Arbeitslosen den Weg zu seiner inneren Freiheit auch gegenüber seinem sozialen Schicksal weist und ihn zu jenem Verantwortungsbewußtsein hinführt, aus dem heraus er auch seinem schwierigen Leben noch einen Inhalt zu geben und Sinn abzuringen vermag.

Wie wir gesehen haben, kann als Mittel zum neurotischen Zweck sowohl die Arbeitslosigkeit als auch die Berufsarbeit mißbraucht werden. Von dieser neurotischen Verwendung als Mittel zum Zweck ist aber jene richtige Einstellung wohl zu unterscheiden, die dafür sorgt, daß die Arbeit ein Mittel zum Zweck sinnvollen Lebens bleibt. Denn die Würde des Menschen verbietet, daß er selber zu einem Mittel werde, daß er zum bloßen Mittel des Arbeitsprozesses, zum Produktionsmittel degradiert werde. Arbeitsfähigkeit ist nicht alles, sie ist weder ein zureichender noch ein notwendiger Grund, um das Leben mit Sinn zu erfüllen. Ein Mensch kann arbeitsfähig sein und trotzdem kein sinnvolles Leben führen; und ein anderer kann arbeitsunfähig sein und trotzdem seinem Leben Sinn geben. Von der Genußfähigkeit gilt im allgemeinen das gleiche. Es ist also ohne weiteres gerechtfertigt, daß ein Mensch den Sinn seines Lebens vorwiegend auf einem bestimmten Felde sucht und insofern sein Leben irgendwie einschränkt; es fragt sich jeweils nur, ob eine solche Einschränkung, ob diese Selbstbeschränkung auch sachlich begründet ist oder, wie im Falle der Neurose, eigentlich unnötig war. In diesem Falle wird eben unnötigerweise auf Genußfähigkeit zugunsten von Arbeitsfähigkeit verzichtet bzw. umgekehrt. Solchen neurotischen Menschen müßte man das Wort entgegenhalten, das in einem Ärztinnenroman („Ich komme nicht zum Abendessen“ von Alice Lyttkens) steht: „Wenn die Liebe fehlt, wird die Arbeit zum Surrogat, wenn die Arbeit fehlt, wird die Liebe zum Opiat.“

Die Sonntagsneurose

Die Fülle beruflicher Arbeit ist nicht identisch mit der Sinnfülle schöpferischen Lebens; der Neurotiker jedoch versucht mitunter, vor dem Leben schlechthin, vor dem großen ganzen Leben ins Berufsleben zu flüchten. Die eigentliche Inhaltsleere und letztliche Sinnarmut seines Daseins wird aber sofort zutage treten, sobald seine berufliche Betriebsamkeit für eine gewisse Zeitspanne zum Stehen gebracht wird: am Sonntag! Wer kennt nicht die kaum verbergbare Trostlosigkeit im Gesichtsausdruck von Menschen, die für den Sonntag ihre Arbeit in Stich lassen mußten und gleichzeitig selber in Stich gelassen wurden, indem sie beispielsweise ein Rendezvous versäumten oder keine Kinokarten mehr erhielten. Das „Opium“ der „Liebe“ ist dann nicht bei der

Hand bzw. der Weekendbetrieb ist ihnen dann momentan verschlossen — jener Weekendbetrieb, der die innere Öde übertönen soll. Ihn aber braucht der Mensch, der nur Arbeitsmensch, nichts als Arbeitsmensch ist. Denn am Sonntag, wenn das Arbeitstempo der Arbeitswoche fortfällt, wird die Sinnarmut großstädtischen Alltags bloßgelegt. Und man hat bei allem Tempo den Eindruck, als ob der Mensch, der um kein Ziel im Leben weiß, den Weg des Lebens deshalb mit höchstmöglicher Geschwindigkeit liefe, damit er die Ziellosigkeit nicht merke. In einem damit versucht er, vor sich selber davonzulaufen — vergebens, und zwar deswegen, weil am Sonntag, dann also, wenn der betriebsame Lauf für 24 Stunden sistiert, die ganze Ziellosigkeit, Inhaltslosigkeit und Sinnlosigkeit seiner Existenz wieder vor ihm steht.

Was unternimmt er nicht alles, um diesem Erlebnis zu entgehen. Er flüchtet in ein Tanzlokal. Dort gibt es laute Musik und die erspart ihm das Sprechen, so daß er sich nicht einmal zu den einstmaligen „Ballgesprächen" aufraffen muß. Er erspart sich auch das Denken; alle Aufmerksamkeit ist aufs Tanzen konzentriert. Aber der „Sonntagsneurotiker" flüchtet auch in ein anderes „Asyl" des Weekendbetriebs, in den Sportbetrieb. Da kann er z. B. so tun, als ob es das Wichtigste auf Erden wäre, welcher Fußballklub ein Match gewinnt. 2×11 spielen — und tausendmal mehr Leute schauen zu. Bei einem Boxkampf gar sind nur zwei Menschen aktiv — allerdings kämpfen sie um so intensiver —, und hier gesellt sich noch ein Stück Sadismus zum Voyeurtum des inaktiven Zuschauers. Mit all dem soll nicht das Geringste gegen einen gesunden Sportbetrieb gesagt sein. Man hätte nur jeweils kritisch zu fragen, welcher innere Stellenwert dem Sport zukommt. Nehmen wir z. B. die sportliche Einstellung eines Bergsteigers. Bergsteigen setzt aktive Beteiligung voraus; passives Zuschauertum fällt hier weg. Es kommt zu echten Leistungen: bezüglich körperlicher Leistungsfähigkeit ist beispielsweise der Kletterer in gewissen Situationen (der Lebensgefahr) gezwungen, das Letzte aus sich herauszuholen; in seelischer Beziehung wieder liegen „Leistungen" vor, wo immer er seelische Schwächen, wie Ängstlichkeit oder Höhenschwindel, überwinden lernen muß. Wobei zu beachten ist, daß der Kletterer die Gefahr nicht (um ihrer selbst willen) „sucht", sondern sie „versucht" — worauf schon E. Straus hingewiesen hat. Die Rivalität jedoch, die beim übrigen Sport zur Rekordsucht führt, wird beim Alpinismus in die hochwertige Form eines „Rivalisierens mit sich selbst" übergeführt. Ein weiteres positives, ein soziales Moment stellt schließlich das Erlebnis der Seilkameradschaft dar.

Aber noch in der ungesunden Rekordsucht läßt sich ein eigentlich menschlicher Zug konstatieren, insofern sie gleichsam eine Form alles menschlichen Strebens nach Einmaligkeit und Einzigartigkeit darstellt. Ähnliches gilt übrigens auch von andern massenpsychologischen Erscheinungen, etwa von der Mode: in ihr will der Mensch Originalität um jeden Preis; nur daß sich die Einzigartigkeit und Einmaligkeit hierbei auf das Äußerlichste beschränkt.

Nicht nur der Sport, auch die Kunst kann neurotisch mißbraucht werden. Während wahre Kunst bzw. echtes Kunsterleben den Menschen bereichert und zu seinen eigensten Möglichkeiten führt, lenkt die neurotisch mißbrauchte „Kunst“ den Menschen von ihm selbst nur ab. Sie ist dann nur mehr eine Möglichkeit und Gelegenheit, sich zu berauschen und zu betäuben. Wenn der Mensch vor sich selbst, vor dem Erlebnis der existentiellen Leere flüchten will, so wird er beispielsweise nach einem möglichst spannenden Kriminalroman greifen. In der Spannung sucht er letzten Endes die Lösung — jene negative Lust des Loskommens von etwas Unlustbetontem, die SCHOPENHAUER irrtümlich für die einzig mögliche Lust gehalten hat. Daß Unlust, Spannung, Kampf jedoch nicht dazu da sind, um im Freiwerden von ihnen negative Lust erleben zu lassen, wurde schon erwähnt; in Wirklichkeit kämpfen wir den Lebenskampf nicht, damit uns dadurch immer neue Sensationen zuteil werden, der Lebenskampf ist vielmehr etwas Intentionales und erst dadurch etwas Sinnvolles.

Die größtmögliche Sensation bedeutet dem spannungshungrigen Menschen der Tod — innerhalb der „Kunst“ ebenso wie als reales Phänomen. Der spießerische Zeitungsleser bedarf, wenn er beim Frühstückstisch sitzt, der Reportage von Unglück und Tod. Massenunglück und Massensterben können ihm jedoch nicht genügen; die anonyme Masse wirkt anscheinend zu abstrakt. So kann es geschehen, daß dieser Mensch noch am gleichen Tage das Bedürfnis empfindet, ins Kino zu gehen, um sich einen Gangsterfilm anzusehen. Es ergeht ihm wie jedem Süchtigen: die Sensationsgier braucht den Nervenkitzel, der Nervenkitzel erzeugt neuen, größeren Reizhunger und führt zu steigender Dosierung. Worum es aber letztlich geht, ist jene Kontrastwirkung, die darauf beruht, daß es scheinbar immer die Andern sind, die da sterben müssen. Dieser Menschentypus flüchtet nämlich davor, wovor ihm am meisten graut: vor der Gewißheit des eigenen Todes, davor also, was ihm die existentielle Leere so untragbar macht. Denn die Todesgewißheit bedeutet einen Schrecken nur auf dem Grunde eines schlechten Lebensgewissens. Der Tod als Ende der Lebenszeit vermag nur den zu schrecken, der seine Lebenszeit nicht ausfüllt. Nur er kann dem Tod nicht ins Gesicht blicken. Statt die endliche Zeit seines Lebens und in ihr sich selbst zu erfüllen, flüchtet er in eine Art Begnadigungswahn, gleich dem zum Tode Verurteilten, der in letzter Stunde zu glauben anfängt, er werde noch begnadigt werden. Jener Menschentypus flüchtet sich in den Wahn, ihm selbst könne nichts geschehen und Tod und Katastrophen seien das, was jeweils nur die „Andern" angehe.

Die neurotische Flucht in die Welt der Romane, in die Welt ihrer „Helden", mit denen sich der Neurotiker irgendwie identifiziert, gibt ihm noch eine weitere Chance. Während der vom Rekordwahn besessene Sportler wenigstens auf seinen eigenen Lorbeeren ruhen möchte, begnügt sich dieser Typus von Romanlesern damit, daß jemand anderer, wenn auch bloß eine fiktive Gestalt, das Seinige getan hat. Im Leben gilt es aber überhaupt niemals, auf irgendwelchen Lorbeeren zu ruhen, sich mit dem Erreichten jemals zu begnügen; das Leben, mit seinen immer wieder neuen Fragen an uns, läßt uns eigentlich nie zur Ruhe kommen. Nur durch Selbstbetäubung sind wir imstande, uns gegen jenen ewigen Stachel unempfindlich zu machen, den das Leben mit seinen immer wieder neuen Forderungen an uns in unser Gewissen bohrt. Wer stehenbleibt, wird überholt, und wer da selbstzufrieden ist, verliert sich selbst. Weder als Schaffende noch als Erlebende dürfen wir uns also mit dem jeweils Erreichten begnügen; jeder Tag, jede Stunde macht neue Taten nötig und neue Erlebnisse möglich.

4. Vom Sinn der Liebe

Wir haben gesehen, wie die Sinnhaftigkeit der menschlichen Existenz fundiert ist durch die Einzigartigkeit und Einmaligkeit der menschlichen Person. Wir haben weiters gesehen, daß die schöpferischen Werte in Form von Leistungen verwirklicht werden, die jeweils gemeinschaftsbezogen sind. So hat sich gezeigt, daß die Gemeinschaft als das, worauf menschliches Schaffen gerichtet ist, der persönlichen Einzigartigkeit und Einmaligkeit erst den existentiellen Sinn verleiht. Die Gemeinschaft kann aber auch das sein, worauf menschliches Erleben gerichtet ist. Im besonderen die Zweisamkeit, die innige Gemeinschaft eines Ich mit einem Du. Sehen wir von Liebe in mehr minder übertragenem Sinne ab, fassen wir also Liebe im Sinne von Eros auf, dann stellt sie jenes Feld dar, auf dem Erlebniswerte in einer besonderen Weise realisierbar sind: Liebe ist nachgerade das Erleben des andern Menschen in dessen ganzer Einzigartigkeit und Einmaligkeit!

Außer dem Wege, durch die Verwirklichung schöpferischer Werte, also irgendwie aktiv, die Einzigartigkeit und Einmaligkeit der eigenen

Person zur Geltung zu bringen, gibt es sonach noch einen zweiten Weg, einen gleichsam passiven, auf dem all das, was sich der Mensch im allgemeinen erst durch ein Tun erwerben muß, ihm gleichsam in den Schoß fällt. Dieser Weg ist der Weg der Liebe — oder, besser gesagt: der Weg des Geliebt-werdens. Ohne eigenes Hinzutun, ohne eigenes „Verdienst" — gleichsam im Gnadenwege —, wird hier dem Menschen jene Erfüllung zuteil, die in der Realisierung seiner Einzigartigkeit und Einmaligkeit gelegen ist. In der Liebe wird der geliebte Mensch wesentlich als das in seinem Da-sein einmalige und in seinem So-sein einzigartige Wesen erfaßt, das er ist; er wird als Du erfaßt und als solches in ein anderes Ich aufgenommen. Als menschliche Gestalt wird er für den ihn Liebenden unvertretbar und unersetzlich, ohne etwas dazu oder dafür geleistet zu haben. Der Mensch, der geliebt wird, „kann" ja nichts „dafür", daß im Geliebt-werden das Einmalige und Einzigartige seiner Person, also sein Persönlichkeitswert, verwirklicht wird. Liebe ist kein „Verdienst", sondern Gnade.

Liebe ist aber nicht nur Gnade, sondern auch Zauber. Für den Liebenden verzaubert sie die Welt, taucht sie die Welt in eine zusätzliche Werthaftigkeit. Die Liebe erhöht beim Liebenden die menschliche Resonanz für die Fülle der Werte. Sie schließt ihn auf für die Welt in deren Wertfülle, für das ganze „Wert-all". So erfährt der Liebende in seiner Hingegebenheit an ein Du eine innere Bereicherung, die über dieses Du hinausgeht: der ganze Kosmos wird für ihn weiter und tiefer an Werthaftigkeit, er erglänzt in den Strahlen jener Werte, die erst der Liebende sieht; denn bekanntlich macht Liebe nicht blind, sondern sehend — wertsichtig. Neben die Gnade des Geliebtwerdens und den Zauber des Liebens tritt nun als ein drittes Moment an der Liebe: das Wunder der Liebe. Wird doch durch sie das irgendwie Unbegreifliche vollbracht, daß — auf einem Umweg über das Biologische — eine neue Person ins Leben tritt, ihrerseits voll des Geheimnisses der Einzigartigkeit und Einmaligkeit ihrer Existenz: das Kind!

Sexualität, Erotik und Liebe

Es war schon wiederholt vom Stufenbau und von der Schichtstruktur des Wesens Mensch die Rede. Wiederholt haben wir darauf hingewiesen, daß wir den Menschen als eine körperlich-seelisch-geistige Totalität sehen. Und in bezug auf die Psychotherapie haben wir gefordert, daß diese Totalität als solche gesehen werde, daß also — neben dem Körperlichen — nicht bloß das Seelische, sondern auch das Geistige im Menschen zum therapeutischen Ansatz gemacht werde.

Jetzt wollen wir aber zeigen, wie der Mensch als Liebender, als Liebe Erlebender und in der Liebe den Andern Erlebender, der mehrschichtigen Personstruktur gegenüber sich verschieden einstellen kann. Den drei Dimensionen der menschlichen Person entsprechen nämlich auch drei mögliche Formen der Einstellung zu ihr. Die primitivste Einstellung ist die sexuelle Einstellung. Hierbei geht von der körperlichen Erscheinung der andern Person ein sexueller Reiz aus, und er ist es, der im sexuell eingestellten Menschen den Sexualtrieb auslöst, diesen Menschen also in dessen Körperlichkeit affiziert. Die nächsthöhere Form möglicher Einstellung zum Partner ist die erotische — wobei wir aus heuristischen Gründen Erotik und Sexualität in ein gegensätzliches Verhältnis zueinander bringen. Der in diesem engeren Wortsinn erotisch eingestellte Mensch ist nicht bloß ein sexuell Erregter, ist mehr als ein sexuell Begehrender. Seine Einstellung ist nicht eigentlich von einem Sexualtrieb diktiert und nicht von seinem Partner als bloßem Sexualpartner provoziert. Wenn wir die Körperlichkeit des Partners als dessen äußerste Schicht auffassen, so läßt sich sagen, daß der auf ihn erotisch eingestellte Mensch gleichsam tiefer dringt als der bloß sexuell eingestellte, er dringt in die nächsttiefere Schicht ein, dringt zum seelischen Gefüge des andern Menschen vor. Diese Form der Einstellung zum Partner, als Phase der Beziehung zu ihm genommen, ist identisch mit dem, was man gemeiniglich als Verliebtheit bezeichnet. Durch körperliche Eigenschaften des Partners werden wir sexuell erregt; in seine seelischen Eigenschaften jedoch sind wir „verliebt". Der Verliebte ist also nicht mehr in seiner eigenen Körperlichkeit erregt, sondern in seiner seelischen Emotionalität angeregt — angeregt durch die eigenartige (aber nicht: einzigartige) Psyche des Partners, etwa durch bestimmte Charakterzüge an ihm. Die bloß sexuelle Einstellung hat also die Körperlichkeit des Partners zum Zielpunkt und bleibt als Intention in dieser Schicht gleichsam stecken. Die erotische Einstellung, die Einstellung der Verliebtheit, hingegen ist auf das Psychische gerichtet; aber auch sie dringt nicht bis zum Kern der andern Person vor. Dies tut erst die dritte Form möglicher Einstellung: die eigentliche Liebe.

Liebe (im engsten Wortsinn) ist insofern die höchstmögliche Form des Erotischen (im weitesten Wortsinn), als sie das tiefstmögliche Vordringen in die personale Struktur des Partners vorstellt, nämlich ein In-Beziehung-Treten zu ihm als etwas Geistigem. Die unmittelbare Beziehung zu dem Geistigen im Partner bedeutet sonach die letztmögliche Form von Partnerschaft überhaupt. Der in diesem Sinne Liebende ist auch seinerseits nicht mehr in der eigenen Körperlichkeit erregt oder in der eigenen Emotionalität angeregt, sondern in seiner geistigen Tiefe berührt, berührt vom geistigen Träger der Körperlichkeit und des Seelischen seines Partners, von dessen personalem Kern. Liebe ist dann das direkte Eingestelltsein auf die geistige Person des geliebten Menschen, auf dessen Person eben in ihrer ganzen Einzigartigkeit und Einmaligkeit (die sie als geistige Person erst konstituieren!). Als geistige Person ist sie die Trägerin jener seelischen und im weiteren jener körperlichen Eigenschaften, die der (im engeren Wortsinn) erotisch bzw. der sexuell Eingestellte intendiert; als geistige Person ist sie das, was hinter jenen körperlichen und noch hinter jenen seelischen Erscheinungen steht, bis zu denen die bloß sexuelle bzw. die „verliebte" Einstellung nur vordringt; als geistige Person ist sie das, was in der körperlichen bzw. seelischen Erscheinung eben erscheint. Die körperliche und die seelische Erscheinung der geistigen Person sind gleichsam das äußere bzw. innere „Kleid", das die geistige Person „trägt". Während dem sexuell Eingestellten oder dem Verliebten ein körperliches Merkmal oder eine seelische Eigenschaft „am" Partner gefällt, also irgend etwas, das dieser Mensch „hat", liebt der Liebende nicht bloß etwas „am" geliebten Menschen, sondern eben ihn selbst; also nicht etwas, was der geliebte Mensch „hat", sondern eben das, was er „ist". Der Liebende sieht gleichsam durch das physische und durch das psychische „Kleid" der geistigen Person hindurch auf sie selbst. Ihm ist es daher auch nicht mehr um einen körperlichen „Typus" zu tun, der ihn reizen mag, oder um einen seelischen Charakter, in den er verliebt sein mag; ihm geht es um den Menschen selbst, um den Partner als einen unvergleichlichen und unaustauschbaren Menschen.

Jene Strebungen, die uns in der sogenannten Verliebtheit entgegentreten, also an sich nicht sexueller Natur sind, werden von der Psychoanalyse bekanntlich als „zielgehemmte" Strebungen bezeichnet. Damit hat die Psychoanalyse recht — aber unseres Erachtens in einem andern Sinne, als sie glaubt. Sie hält nämlich jene Strebungen für zielgehemmt in bezug auf ein von ihr supponiertes genital-sexuelles Triebziel. Wir meinen nun, daß sie in umgekehrtem Sinne zielgehemmt sind, daß sie gehemmt sind in der Richtung auf die (gegenüber der Verliebtheit) nächsthöhere Einstellungsform, in der Richtung auf eigentliche Liebe, also auf die nächsttiefere Schicht der Person des Partners, auf dessen geistigen Kern.

Einmaligkeit und Einzigartigkeit

Liebe ist ein eigentliches menschliches Phänomen, sie ist ein spezifisches Humanum, d. h. sie läßt sich nicht so ohne weiteres auf subhumane Phänomene reduzieren bzw. von ihnen deduzieren. Als ein

„Urphänomen", das sich als solches nicht weiter reduzieren läßt auf etwas, das „eigentlich" hinter ihm stehe, ist die Liebe ein Akt, der menschliches Dasein als menschliches auszeichnet, mit anderen Worten, ein existentieller Akt. Mehr als dies: sie ist der koexistentielle Akt kat exochen; denn Liebe ist jene Beziehung von Mensch zu Mensch, die uns instand setzt, des Partners in dessen ganzer Einmaligkeit und Einzigartigkeit gewahr zu werden. Mit einem Wort, die Liebe ist ausgezeichnet durch ihren Begegnungscharakter, und Begegnung bedeutet allemal, daß es sich um eine Beziehung von Person zu Person handelt.

Liebe ist nicht nur ein eigentliches, sondern auch ein ursprüngliches menschliches Phänomen, also kein bloßes Epiphänomen. Sie wäre jedoch ein bloßes Epiphänomen, wenn sie etwa im Sinne psychoanalytischer und psychodynamischer Doktrinen als eine Sublimierung der Sexualität interpretiert würde. Aber Liebe kann schon aus dem einfachen Grunde nicht bloß Sublimierung von Sexualität sein, weil sie umgekehrt Bedingung und Voraussetzung eines Prozesses ist, in dessen Rahmen so etwas wie Sublimierung allererst denkbar wird, nämlich der im Laufe von Entwicklung und Reifung zunehmenden Integrierung der Sexualität.

Entwicklung und Reifung der Sexualität gehen aus von einem bloßen Sexualdrang, der — wenn wir die von FREUD eingeführte Terminologie beibehalten wollen — weder ein Triebziel noch ein Triebobjekt kennt. Später kommt es zur Ausbildung des Sexualtriebs im engeren Wortsinn. Der Sexualtrieb verfügt bereits über ein Triebziel. Zielt er doch auf den Geschlechtsverkehr. Noch aber fehlt und mangelt ihm ein Triebobjekt im Sinne eines echten Liebespartners, auf den er zentriert wäre: solche Ausrichtung und Hinordnung auf eine bestimmte, eben die geliebte Person kennzeichnet dann die dritte Phase und das dritte Stadium sexueller Entwicklung und Reifung, das Sexualstreben. So gilt denn, daß die Liebesfähigkeit Bedingung und Voraussetzung für die Integration der Sexualität ist. Oder, wie ich zu sagen pflege, nur das Ich, das ein Du intendiert, kann das eigene Es integrieren.

Daß der Mensch, wofern er wirklich liebt, im Lieben tatsächlich auf das Einmalige und Einzigartige der geistigen Person des Partners eingestellt ist, läßt sich auch dem schlicht erlebenden Menschen klarmachen. Lassen wir ihn nur sich vorstellen, er liebe einen bestimmten Menschen und dieser Mensch gehe ihm irgendwie für immer verloren, sei es nun durch den Tod oder etwa durch Abreise und dauernde Trennung; man biete ihm aber sozusagen ein Double des geliebten Menschen an — einen andern Menschen, der dem ursprünglich geliebten psychophysisch aufs Haar gliche. Wir fragen nun, ob der Liebende seine Liebe auf diesen andern Menschen einfach übertragen könnte, und er wird uns zugeben müssen, daß er dazu nicht fähig wäre. Tatsächlich ließe sich eine derartige „Übertragung" echter Liebe nicht vorstellen. „Meint" doch der wahrhaft Liebende in all seinem Lieben eben nicht irgendwelche psychischen oder physischen Eigentümlichkeiten „an" der geliebten Person, meint er doch nicht diese oder jene Eigenart, die sie „hat", vielmehr das, was sie in ihrer Einzigartigkeit „ist". Als einzigartige Person ist sie aber nie und nimmer und auch nicht durch ein noch so ähnliches Double vertretbar. Dem bloß „Verliebten" jedoch wäre durch ein Double wohl geholfen. Seine bloße Verliebtheit ließe sich auf ein Double ohne weiteres übertragen. Denn in seiner Verliebtheit ist er nur auf den seelischen Charakter eingestellt, den der Partner „hat", nicht aber auf die geistige Person, die der Partner „ist".

Die geistige Person als Gegenstand der eigentlichen Liebeseinstellung ist also für den wirklich liebenden Menschen unvertretbar und unaustauschbar, weil einmalig und einzigartig. Daraus ergibt sich aber gleichzeitig, daß echte Liebe schon von sich aus ihre Dauer in der Zeit gewährleistet. Denn ein körperlicher Zustand vergeht, und auch eine bestimmte Gemütsverfassung hält nicht an; auch jener körperliche Zustand, den der sexuelle Erregungszustand darstellt, ist ein vorübergehender: der Sexualtrieb schwindet sogar gerade durch seine Befriedigung; und auch jene Gemütsverfassung, die als Verliebtheit bezeichnet wird, pflegt nicht anzudauern. Der geistige Akt jedoch, in dem wir eine geistige Person intentional erfassen, überdauert irgendwie sich selbst: sofern sein Gehalt Geltung hat, hat er diese Geltung ein für allemal. So bleibt auch echte Liebe als ein Ansichtigwerden eines Du in dessen So-und-nicht-anders-sein von jener Vergänglichkeit verschont, von der die bloßen Zuständlichkeiten körperlicher Sexualität oder seelischer Erotik betroffen sind.

Liebe ist mehr als ein Gefühlszustand. Liebe ist ein intentionaler Akt. Was in ihr intendiert wird, ist das So-sein eines andern Menschen. Dieses So-sein — das Wesen dieses andern Menschen — ist (wie alles So-sein) vom Dasein letztlich unabhängig; das Wesen, die „essentia", ist nicht angewiesen auf „existentia" und insofern über letztere erhaben. So und nur so ist es zu verstehen, daß Liebe den Tod des geliebten Menschen überdauern kann; erst jetzt wird uns verständlich, daß Liebe „stärker" sein kann als der Tod, d. h. die Vernichtung des geliebten Menschen in dessen Existenz. Das Dasein des geliebten Menschen wird durch den Tod wohl vernichtet, aber sein So-sein kann durch den Tod nicht aufgehoben werden. Sein einzigartiges Wesen ist, gleich allen echten Wesenheiten, etwas Zeitloses und insofern etwas Unvergängliches. Die „Idee" eines Menschen — die eben der ihn Liebende schaut — gehört einem überzeitlichen Reich an. Man denke nun nicht, daß derartige Überlegungen, die auf scholastische oder platonische Gedanken zurückzugreifen gezwungen sind, sich viel zu fern jener Weise des schlichten Erlebens bewegen, deren kognitive Dignität auch wir anerkennen. Es liegt uns z. B. folgender Erlebnisbericht eines ehemaligen Häftlings eines Konzentrationslagers vor:

„Uns allen im Lager, meinen Kameraden und mir, war klar: es gibt kein Glück auf Erden, das in der Zukunft je wettmachen könnte, was wir während unserer Haft mitmachen mußten. Hätten wir eine Glücksbilanz gezogen, dann wäre uns nur eines übriggeblieben: ‚in den Draht zu laufen', d. h. uns umzubringen. Soweit unsere Leute dies nicht taten, unterließen sie es aus dem tiefen Gefühl irgendeiner Verpflichtung. Was mich anlangt, so war ich meiner Mutter gegenüber verpflichtet, am Leben zu bleiben. Wir liebten einander über alles. So hatte mein Leben einen Sinn — trotz allem. Aber ich mußte täglich und stündlich mit meinem Tod rechnen. Und irgendwie sollte auch noch mein Tod Sinn haben — und auch alles Leiden, was mir bis dahin noch bevorstand. Da schloß ich einen Pakt mit dem Himmel: Sollte ich sterben müssen, dann hätte mein Tod meiner Mutter das Weiterleben schenken sollen; was ich aber bis zu meinem Tode zu erleiden hätte, damit sollte ihr dereinst ein leichtes Sterben erkauft werden. Nur in diesem Gesichtswinkel des Opfers erschien mir mein ganzes qualvolles Dasein tragbar. Ich konnte mein Leben nur leben, wenn es einen Sinn hatte; aber ich wollte auch mein Leiden nur leiden und meinen Tod nur sterben, wenn auch Leiden und Tod einen Sinn hatten." In seiner Selbstschilderung fährt er nun fort zu berichten, wie er, wann immer es ihm die Zeit und seine Situation im Lagerleben erlaubten, sich innerlich an die geistige Gestalt des von ihm so geliebten Menschen hingab. Wir könnten somit sagen: Während es in seiner konkreten Lebenssituation nicht möglich war, schöpferische Werte zu verwirklichen, erfuhr er so recht die innere Bereicherung und Erfüllung eines liebend hingegebenen Daseins, eines Lebens, das in liebender Kontemplation, im liebenden Erleben, Erlebniswerte verwirklicht. Bemerkenswert erscheint uns nun die Fortsetzung der Erlebnisschilderung:

„Aber ich wußte nicht, ob meine Mutter selber noch am Leben sei. Wir blieben die ganze Zeit über ohne Nachricht voneinander. Da fiel mir auf, daß mich in der häufigen Zwiesprache, die ich im Geiste mit meiner Mutter hielt, die Tatsache so gar nicht störte, daß ich ja nicht einmal wußte, ob meine Mutter überhaupt noch lebe!" Dieser Mann wußte also in keinem Augenblick, ob der von ihm geliebte Mensch physisch noch existiere, und trotzdem störte ihn dies so wenig, daß er nur nachträglich und nebenbei auf die Frage des „Daseins“ stieß — gleichsam ohne sich daran zu stoßen. In solchem Maße meint Liebe also wesentlich das So-sein eines Menschen, daß sein Dasein kaum mehr in Frage steht. Mit andern Worten: den wahrhaft Liebenden erfüllt die Wesenheit eines andern Menschen so sehr, daß dessen Wirklichkeit irgendwie in den Hintergrund tritt.

Liebe meint also so wenig die Körperlichkeit des Geliebten, daß sie dessen Tod ohne weiteres überdauern und bis in den eigenen Tod andauern kann. Einem wirklich Liebenden ist der Tod des Geliebten auch niemals wirklich faßbar. Er kann ihn ebensowenig „fassen“ wie den eigenen Tod. Ist es doch bekannt, daß die Tatsache des je eigenen Todes erlebnismäßig nicht vollziehbar ist, letztlich ebenso undenkbar ist, wie die Tatsache des Noch-nicht-gewesen-seins vor der je eigenen Geburt. Wer wirklich glaubt, er könne den Tod eines Menschen fassen, belügt irgendwie sich selbst; so letzten Endes unfaßlich ist das, was er meint und glauben machen will: daß ein personales Wesen einfach damit, daß der von ihm getragene Organismus zu einem Kadaver geworden, schlechterdings aus der Welt geschafft worden sei, also keinerlei Form von Sein mehr zugehöre. Scheler hat in einer postum erschienenen Abhandlung über das in Frage gestellte „Fortleben“ der Person nach dem Tode (des Leibes) darauf hingewiesen, daß uns ja auch zu ihren Lebzeiten jeweils bedeutend mehr „gegeben“ ist — sobald wir eine Person nur wirklich „intendieren“ — als „die paar Sinnesfetzchen“ ihrer körperlichen Erscheinungsdaten; nur diese vermissen wir nach dem Tode! Damit sei aber noch gar nicht gesagt, daß die Person selber nicht mehr existiere, vielmehr dürfte man höchstens behaupten, daß sie sich bloß nicht mehr kundgeben kann; denn zur Kundgabe bedarf sie der physischen bzw. physiologischen Ausdrucksvorgänge (Sprache usw.). Wiederum wird uns sonach klar, aus welchem Grunde und in welchem Sinne die echte Liebesintention, also die Intention einer andern Person als solcher, von deren körperlichem Vorhandensein, ja von Körperlichkeit überhaupt, unabhängig ist.

Mit all dem ist natürlich nicht gesagt, daß Liebe sich nicht „verkörpern“ will. Aber sie ist insofern unabhängig von Körperlichkeit, als sie auf diese nicht angewiesen ist. Selbst für die Liebe zwischen den Geschlechtern ist das Körperliche, das Sexuelle, nichts Primäres, kein Selbstzweck, sondern Ausdrucksmittel. Auch ohne es kann diese Liebe prinzipiell bestehen. Wo es möglich ist, wird sie es wollen und suchen; wo aber Verzicht notwendig sein sollte, wird sie an ihm nicht erkalten oder sterben müssen. Die geistige Person gewinnt Gestalt, indem sie ihre seelischen und körperlichen Erscheinungsweisen und Ausdrucksformen gestaltet. In der um den personalen Kern zentrierten Totalität erhalten so die je äußeren Schichten einen Ausdruckswert für die je inneren. Irgendwie vermag das Leibliche an einem Menschen dessen Charakter (als etwas Seelisches) und sein Charakter wiederum die Person (als etwas Geistiges) zum Ausdruck zu bringen. Geistiges gelangt zum Ausdruck — und verlangt nach Ausdruck — in Körperlichem und Seelischem. So wird die körperliche Erscheinung des geliebten Menschen für den Liebenden zum Symbol für etwas, was dahinter steht und sich im Äußeren kundgibt, aber nicht erschöpft. Echte Liebe an und für sich bedarf des Körperlichen weder zu ihrer Erweckung noch zu ihrer Erfüllung; aber sie bedient sich des Körperlichen in Hinsicht auf beide. In Hinsicht auf ihre Erweckung insofern, als der instinktsichere Mensch vom Körperlichen des Partners her beeindruckt wird — ohne daß damit gesagt wäre, daß seine Liebe auf das Körperliche des Partners hin gerichtet sei; aber das Körperliche des Partners wird unter Umständen als Ausdruck des Geistigen einer Person diese sozusagen in die engere Wahl kommen lassen, in die engere Wahl eines Liebenden, der eben aus seiner Instinktsicherheit heraus den einen Menschen den andern gegenüber bevorzugt. Gewisse körperliche Eigenheiten oder seelische Charakterzüge bestimmter Prägung sind es dann, die den Liebenden auf dem Wege zu einem bestimmten — zu dem „ihm bestimmten" Partner jeweils geführt haben. Während also der „flache" Mensch an der „Oberfläche" des Partners haftet und dessen Tiefe nicht zu erfassen vermag, ist für den „tiefen" Menschen die „Oberfläche" selber noch Ausdruck der Tiefe und als Ausdruck zwar nicht wesentlich und entscheidend, aber bedeutsam.

In diesem Sinne bedient sich Liebe des Körperlichen zu ihrer Erweckung; wir sagten jedoch, daß sie sich seiner auch zu ihrer Erfüllung bediene. Tatsächlich wird es den körperlich reifen liebenden Menschen im allgemeinen zu einer körperlichen Beziehung drängen. Aber für den wirklich Liebenden bleibt die körperliche, sexuelle Beziehung ein Ausdrucksmittel seiner geistigen Beziehung, die doch seine Liebe eigentlich ist, und als Ausdrucksmittel erhält sie ihre menschliche Weihe erst von der Liebe als dem sie tragenden geistigen Akte her. Wir können daher sagen: So wie für den Liebenden der Körper des Partners zum Ausdruck von dessen geistiger Person wird, so ist für den Liebenden der Sexualakt Ausdruck einer geistigen Intention.

Der äußere Eindruck der körperlichen Erscheinung eines Menschen ist sonach für dessen Geliebtwerden verhältnismäßig irrelevant. Die faktischen individuellen Merkmale seiner Psychophysis gewinnen ihre erotische Dignität erst von der Liebe her, zu „liebenswerten" Eigenschaften macht sie erst die Liebe. Dies muß uns gegenüber kosmetischen Bestrebungen kritisch und zurückhaltend stimmen. Denn selbst das, was wir einen Schönheitsfehler nennen, gehört dann irgendwie zu dem betreffenden Menschen dazu. Sofern etwas Äußerliches überhaupt wirkt, wirkt es ja nicht an sich, sondern eben an dem geliebten Menschen. Eine Patientin trug sich z. B. mit der Absicht, ihren unschönen Busen durch eine Mammaplastik, also eine kosmetische Operation, verschönern zu lassen; damit wollte sie sich die Liebe ihres Gatten sichern. Sie fragte nun ihren Arzt um Rat. Der warnte sie und meinte, ihr Mann liebe sie doch wirklich, daher liebe er ihren Körper so wie er nun einmal sei. Auch ein Abendkleid wirke nicht „an sich" auf einen Mann, sondern schön finde er es nur „an" der geliebten Frau, die es trägt. Schließlich fragte die Patientin ihren Mann um seine Meinung. Tatsächlich gab auch er zu verstehen, den operativen Effekt könnte er nur störend empfinden — er müßte sich dann sagen: „Das ist irgendwie nicht mehr meine Frau."

Psychologisch ist natürlich verständlich, daß ein Mensch, der äußerlich wenig anziehend ist, gerade das, was äußerlich anziehenden Menschen gleichsam in den Schoß fällt, forciert suchen wird. Der häßliche Mensch wird — je schwerer er es im Liebesleben hat, um so mehr — das Liebesleben überschätzen. Faktisch ist die Liebe aber nur eine der möglichen Chancen, das Leben mit Sinn zu erfüllen, und nicht einmal die größte. Es wäre traurig um unser Dasein bestellt, und unser Leben wäre arm zu nennen, wenn sein Sinn davon abhinge, ob wir Liebesglück erleben oder nicht. Das Leben ist unendlich reich an Wertchancen. Denken wir doch nur an den Primat schöpferischer Wertverwirklichung. Auch wer daher nicht liebt und nicht geliebt wird, kann sein Leben höchst sinnvoll gestalten. Es fragt sich nur, ob diese Versagung wirklich schicksalhaft ist und nicht vielleicht ein neurotisches Versagen vorliegt, wenn einer zum Liebesglück keinen Zugang findet. Auch hier, bei den Erlebniswerten der Liebe, gilt also — analog wie beim Verzicht auf schöpferische Wertverwirklichung zugunsten der Einstellungswerte —, daß der Verzicht kein unnötiger sein, nicht zu früh geleistet werden darf. Und die Gefahr einer solchen vorzeitigen Resignation ist im allgemeinen groß. Denn die Menschen vergessen gewöhnlich, wie relativ gering die Bedeutung des äußerlich Anziehenden ist und um wieviel mehr es im Liebesleben auf Persönlichkeit ankommt. Wir alle kennen leuchtende — und tröstende — Beispiele dafür, wie Personen, die äußerlich wenig anziehend oder gar unscheinbar sind, kraft ihrer Persönlichkeit, vermöge deren Charmes, im Liebesleben Erfolg haben. Wir erinnern uns etwa des zitierten Falles jenes Krüppels, der unter den gewiß denkbar ungünstigsten Lebensumständen nicht nur geistig, sondern auch in eroticis seinen Mann stellte.

Die Resignation des äußerlich wenig anziehenden Menschen hat also eigentlich keinen Grund. Um so mehr hat sie eine unheilvolle Wirkung: das Ressentiment. Denn der neurotische Mensch, der in einem bestimmten Wertbereich unerfüllt bleibt, geht entweder den Weg der Flucht in die Überwertung oder in die Entwertung des betreffenden Lebensbereichs. Auf beiden Wegen setzt er sich aber ins Unrecht — und stürzt sich ins Unglück. Führt doch das neurotisch verkrampfte Streben nach „Glück" in der Liebe schon wegen seiner neurotischen Verkrampftheit zum „Unglück". Wer also an die von ihm überwertete Erotik fixiert ist, versucht jene „Tür zum Glück" einzudrücken, von der wir mit KIERKEGAARD bereits sagten, daß sie „nach außen aufgeht" und so dem Ungestümen sich nur verschließt. Wer andererseits gleichsam in negativem Sinne an das Liebesleben fixiert ist, indem er es entwertet und mit dieser Entwertung des Unerreichten und scheinbar Unerreichbaren sich schadlos halten und betäuben will, — auch er verschließt sich selber den Zugang zum Liebesglück. So führt der innere Groll wegen des scheinbaren oder wirklichen Verzichtenmüssens zum gleichen Resultat wie die Auflehnung und der Protest gegen das Schicksal: beide Typen von Menschen bringen sich um ihre Chance. Während die gelöste, ressentimentfreie Haltung des ehrlich, aber nicht unwiderruflich Verzichtenden den Wert einer Persönlichkeit aufleuchten läßt und so jene letzte Chance gibt, die einem Menschen zuteil wird, der sich an das alte Wort hält: abstinendo obtinere.

Die Betonung der äußeren Erscheinung führt dazu, daß körperliche „Schönheit" innerhalb der Erotik im allgemeinen überschätzt wird. Gleichzeitig wird aber der Mensch als solcher irgendwie entwertet. In dem Urteil etwa über eine Frau, sie sei „eine schöne Frau", liegt eigentlich eine Demütigung; besagt denn dieses Urteil letzten Endes etwas anderes, als daß man von andern Werten, beispielsweise von geistigen, schonungshalber lieber nicht reden will? Das betonte positive Urteil im relativ niederen Wertungsbereich muß doch den Verdacht erwecken, daß ein negatives Urteil in einem höheren Wertungsbereich verschwiegen wird. In der Betonung erotisch-ästhetischer Werturteile ist aber nicht nur die Entwertung der so beurteilten Person enthalten, sondern auch eine Entwertung des jeweils so Urteilenden. Denn wenn ich ausschließlich von der Schönheit eines Menschen spreche, so heißt das nicht nur, daß ich von seiner Geistigkeit nichts zu sagen weiß, sondern gleichzeitig, daß ich mich für seine Geistigkeit nicht interessiert habe — weil ich auf seine Geistigkeit gar keinen Wert lege.

In unbewußter Absicht vorbeisehend an der geistigen Person des Partners ist aller Flirt, alle durchschnittliche Erotik von gestern und heute. Sie sieht nicht die Einzigartigkeit und Einmaligkeit des Andern, denn sie will sie gar nicht wahrhaben. Diese Erotik flüchtet vor der Verbindlichkeit eigentlicher Liebe, vor dem Gefühl wahrer Verbundenheit mit dem Partner — vor der Verantwortung, die in solcher Verbundenheit liegt. Sie flüchtet in das Kollektive: in den „Typus“, den man jeweils bevorzugt und dessen mehr minder zufälligen Repräsentanten der jeweilige Partner darstellt. Es wird dann nicht eine bestimmte Person gewählt, sondern nur ein bestimmter Typus bevorzugt. Die Liebesintention bleibt an der wohl typischen, aber unpersönlichen äußeren Erscheinung stecken. Der vielfach am meisten bevorzugte weibliche Typus ist nun die unpersönliche Frau — die weibliche „Un-Person“, zu der man keine persönliche Beziehung haben muß, zu der man eine unverbindliche Beziehung haben kann, die Frau, die man eben „haben“ kann und daher nicht „lieb haben“ muß: sie ist Eigentum — ohne Eigenart — und ohne Eigenwert. Liebe gibt es nur zu einer Person als solcher; zur weiblichen „Unperson“ kann es keine Liebe geben. Zu ihr kann es dann auch keine Treue geben: der Unperson entspricht die Untreue. Diese Untreue wird in solchen erotischen Beziehungen aber nicht nur möglich, sondern auch nötig. Denn wo die Qualität des Liebesglücks fehlt, muß dieser Mangel durch die Quantität des Sexualgenusses kompensiert werden; je weniger ein Mensch „beglückt“ wird, um so mehr muß sein Trieb „befriedigt“ werden.

Der Flirt stellt eine Kümmerform von Liebe dar. Daß es eine Redewendung wie: diese Frau habe ich „gehabt“, überhaupt gibt, läßt bis auf den Grund dieser Form von Erotik blicken. Was man „hat“, kann man tauschen, was man besitzt, kann man wechseln; auch die Frau, die ein Mann „besessen“ hat, kann er ebenso wechseln; kann er sich doch eine andere sogar „kaufen“. Unter der Kategorie des „Habens“ steht diese Erotik auch auf der Seite des weiblichen Partners. Diese im wahrsten Sinne „oberflächliche“ Erotik — die an der „Oberfläche“ des Partners, an dessen äußerer, körperlicher Erscheinung haftenbleibt — steht auch auf seiten der Frau unter dem Horizont des „Habens“. Unter diesem Horizont gilt nicht, was ein Mensch als solcher „ist“, sondern nur, ob er (als möglicher Sexualpartner) etwa Sex appeal hat. Was man hat, das kann man ändern, und das „Äußere“, das eine Frau hat, kann sie — durch Make up — ebenfalls ändern. Der gekennzeichneten Einstellung des Mannes kommt also eine entsprechende seitens der Frau entgegen. Ist sie doch in solchen Fällen vorwiegend darauf bedacht, alles Persönliche zu verbergen, den Mann damit nicht zu belasten, und ihm nur das zu sein, was er sucht: der Typus, den er bevorzugt. Die Frau geht in solchen Fällen in der Sorge um ihr Äußeres auf; sie will „genommen" werden — sie will gar nicht ernst genommen werden, als das genommen werden, was sie eigentlich ist: ein Mensch in seiner Einzigartigkeit und Einmaligkeit. Sie will als Gattungswesen genommen werden und stellt demgemäß ihre Körperlichkeit in deren unspezifischem Charakter in den Vordergrund. Sie will unpersönlich sein und irgendeinen Typus darstellen, der gerade in Mode ist und auf dem Jahrmarkt erotischer Eitelkeiten in hohem Kurs steht. Einen solchen Typus will sie möglichst getreu imitieren und muß dabei sich selbst, ihrem Selbst, untreu werden.

Diesen Typus entnimmt sie beispielsweise der Welt des Films. Mit einem solchen Typus — der das jeweilige Frauenideal ihrer selbst oder ihres männlichen Partners vorstellt — vergleicht sie sich immer wieder, um sich schließlich ihm möglichst anzugleichen. Längst hat sie nicht mehr den Ehrgeiz, sich zu der jedem Menschen eignenden Unvergleichlichkeit zu bekennen. Sie hat nicht einmal den Ehrgeiz, selber einen neuen Frauentypus zu schaffen, gleichsam Mode zu „machen". Statt einen Typus zu kreieren, begnügt sie sich damit, einen Typus zu repräsentieren. Gerne und freiwillig präsentiert sie dem Manne jenen „Typ", den er bevorzugt. Nie gibt sie sich selbst, nie gibt sie ihr Selbst liebend hin. Auf diesem Wege, diesem Abwege kommt sie so immer mehr von erfüllendem, echtem Liebeserleben ab. Ist doch niemals sie selber gemeint, wenn der Mann scheinbar sie, in Wirklichkeit aber ihren Typus sucht. Dem Manne in seinen Wünschen ergeben, gibt sie ihm bereitwillig, was er braucht und „haben" will. So gehen beide leer aus. Statt einander zu suchen und so sich selbst zu finden, indem sie zu jener Einzigartigkeit und Einmaligkeit finden, die den Andern erst liebenswert und das eigene Leben erst lebenswert macht. Denn in seinem Schaffen stellt der Mensch seine Einzigartigkeit und Einmaligkeit heraus — im Lieben aber nimmt er die Einzigartigkeit und Einmaligkeit des Partners in sich hinein. In der gegenseitigen Hingabe der Liebe, in diesem einander Geben und Nehmen, kommt jedoch gleichzeitig die eigene Persönlichkeit zur Geltung. Die echte Liebesintention dringt also bis zu jener Seinsschicht vor, in der jeder einzelne Mensch nicht mehr irgendeinen „Typus" darstellt, sondern nur mehr sein eigenes einziges Exemplar, unvergleichlich und unvertretbar und ausgestattet mit der ganzen Würde solcher Einzigartigkeit. Diese Würde ist die Würde jener Engel, von denen einzelne Scholastiker behaupten, sie seien dem „principium individuationis" nicht unterworfen, sie repräsentieren daher nicht je eine Sorte, vielmehr sei jede Sorte eben nur in einem einzigen Exemplar vertreten.

Wenn die echte Liebeseinstellung das Gerichtetsein einer geistigen Person auf eine andere darstellt, dann ist sie auch der einzige Garant für die Treue. Aus der Liebe als solcher resultiert sonach ihre Dauer in der empirischen Zeit. In der Erlebniszeit jedoch resultiert mehr: das Erlebnis der „Ewigkeit" einer Liebe. Liebe kann nur sub specie aeternitatis erlebt werden. Der wirklich Liebende kann sich im Augenblick seines Liebens, in der Hingegebenheit an diesen Augenblick und an den Gegenstand seiner Liebe, niemals vorstellen, daß sein Gefühl sich jemals wandeln könnte. Dies wird verständlich, wenn wir bedenken, daß seine Gefühle nicht „zuständlich" sind, sondern intentional. Sie intendieren das Wesen des geliebten Menschen und dessen Wert ebenso wie in irgendeinem andern geistigen Akte, etwa der Erkenntnis oder der Wertkognition, ein Wesen bzw. ein Wert erfaßt wird. Habe ich einmal erfaßt, daß $2 \times 2 = 4$ ist, dann habe ich es ein für allemal erfaßt: „es bleibt dabei". Und habe ich das Wesen eines Andern in Wahrheit erfaßt, indem ich es in Liebe schaue, dann muß es auch bei dieser Wahrheit bleiben, dann muß ich bei dieser Liebe und diese Liebe in mir bleiben. Im Augenblick, da wir echte Liebe erleben, erleben wir sie ebenso als für immer gültig, wie wir eine Wahrheit, die wir als solche erkennen, als „ewige Wahrheit" anerkennen: genauso wird Liebe, solange sie in der empirischen Zeit dauert, notwendig als „ewige Liebe" erlebt. Aber bei allem Suchen nach Wahrheit kann der Mensch sich irren. Auch im Lieben mag der Einzelne sich getäuscht haben. Von vornherein jedoch kann eine subjektive Wahrheit niemals als „nur subjektive", als möglicher Irrtum gemeint sein; nur nachträglich kann sie sich als Irrtum erweisen. Ebenso kann der Mensch unmöglich „auf Zeit", also provisorisch lieben, er kann unmöglich das Provisorium als solches intendieren und die zeitliche Endlichkeit der Liebe „wollen"; er kann höchstens „auf die Gefahr hin" lieben, daß der Gegenstand seiner Liebe sich nachträglich als seiner Liebe unwürdig herausstellt und daß die Liebe „stirbt", sobald der Wert der geliebten Person sich der Sicht des Liebenden entzieht.

Allen bloßen Besitz kann man wechseln. Dadurch aber, daß die echte Liebesintention nicht das intendiert, was man vom Andern „besitzen" könnte, bzw. das, was der Andere „hat", dadurch, daß die echte Liebesintention vielmehr das intendiert, was der Andere „ist", — dadurch führt echte Liebe und nur sie zur monogamen Einstellung. Denn die monogame Einstellung setzt voraus, daß der Partner in seiner unverwechselbaren Einzigartigkeit und unaustauschbaren Einmaligkeit erfaßt wurde, also in seinem geistigen Wesen und Wert, demnach jenseits aller körperlichen oder seelischen Eigentümlichkeiten, im Hinblick auf die ja jeder Mensch durch andere Träger der gleichen Eigentümlichkeiten vertretbar und ersetzlich wäre.

Schon daraus darf man folgern, daß bloße Verliebtheit, als wesensgemäß mehr minder flüchtiger „Gefühlszustand", fast als Kontraindikation gegen eine Eheschließung angesehen werden muß. Damit ist freilich noch nicht gesagt, daß echte Liebe an sich schon eine positive Indikation darstelle. Die Ehe ist ja mehr als eine ausschließliche Angelegenheit privaten Erlebens. Sie ist ein komplexes Gebilde; sie ist eine staatlich legalisierte bzw. kirchlich sanktionierte Einrichtung des gesellschaftlichen Lebens, womit gesagt ist, daß sie auch in das Soziale hineinreicht. Auch in dieser Hinsicht sollen gewisse Bedingungen erfüllt sein, bevor sie geschlossen wird. Dazu kommen noch biologische Bedingungen und Umstände, die eine Eheschließung im konkreten Fall ratsam bzw. unratsam erscheinen lassen mögen. Gibt es doch so etwas wie eugenische Kontraindikationen. Die Liebe als solche wird durch sie wohl niemals gefährdet werden; eine Ehe wird dann allerdings nur in jenen Fällen angezeigt sein, wo es den Partnern hierbei gleichsam um eine geistige Werkgemeinschaft geht und nicht sozusagen um das gemeinsame „Fortpflanzungsgeschäft" zweier biologischer Individuen. Wenn hingegen Motive, die von vornherein außerhalb des Bereichs echten Liebeserlebens liegen, als positive Motive für eine Eheschließung ausschlaggebend werden, so ist dies nur möglich im Rahmen jener Erotik, von der wir sagten, sie stünde unter der dominanten Kategorie des „Habens" und Besitzens. Vor allem, wo wirtschaftliche Motive für eine Eheschließung maßgeblich sind, liegt dies auf der Linie eines Materialismus, eines „Haben"-Wollens. Das soziale Moment der Ehe wird hier isoliert berücksichtigt, noch dazu eingeschränkt auf das Wirtschaftliche, ja sogar auf das Finanzielle.

Echte Liebe als solche konstituiert bereits das Moment der Definität einer monogamen Beziehung. Zu dieser Beziehung gehört aber noch ein zweites Moment, das Moment der Exklusivität (Oswald Schwarz). Liebe bedeutet das Gefühl innerer Verbundenheit; die monogame Beziehung in Form der Ehe bedeutet die äußere Bindung. Diese Bindung in ihrer Definität aufrechterhalten, heißt treu sein. Die Exklusivität der Bindung verlangt jedoch vom Menschen, daß er die „richtige" Bindung eingehe; daß er nicht nur sich binden könne, sondern auch wisse, an wen er sich bindet. Dies setzt die Fähigkeit voraus, sich für einen bestimmten Partner zu entscheiden. Die erotische Reife im Sinne einer inneren Reife zur monogamen Beziehung enthält sonach eine doppelte Forderung: die Forderung nach der Fähigkeit, sich (exklusiv) für einen Partner zu entscheiden, und die Forderung nach der Fähigkeit, (definitiv) ihm die Treue zu halten. Betrachten wir die Jugend als eine Vorbereitungszeit auch im erotischen Sinne, demnach auch für das Liebesleben, dann ergibt sich, daß vom jungen Menschen sowohl gefordert ist, den richtigen Partner zu suchen und zu finden, als auch: es beizeiten zu „lernen", ihm treu zu sein. Diese zweifache Forderung ist nun nicht ohne Antinomie. Denn auf der einen Seite muß der junge Mensch im Sinne der Forderung nach Entscheidungsfähigkeit eine gewisse erotische Menschenkenntnis und erotische Routine zu erwerben trachten. Auf der andern Seite aber muß er im Sinne der Forderung nach Treuefähigkeit bestrebt sein, über bloße Stimmungen hinweg zu einem einzigen Menschen zu stehen und die Beziehung mit ihm aufrechtzuerhalten. Es kann daher der Fall eintreten, daß er nicht weiß, ob er eine konkrete Beziehung aufgeben soll, um möglichst viele und verschiedene Beziehungen zu erleben und sich schließlich für die richtige entscheiden zu können, oder aber, ob er die konkrete Beziehung nicht lieber möglichst lange aufrechterhalten soll, um möglichst bald das Treusein zu erlernen. In praxi empfiehlt es sich nun, den jungen Menschen, der vor dieses Dilemma gestellt ist, im Zweifelsfalle die Frage gleichsam negativ formulieren zu lassen. Er braucht sich dann nur zu fragen, ob er nicht vielleicht nur deshalb aus einer allenfalls wertvollen konkreten Beziehung „ausspringen" will, weil er die Gebundenheit fürchtet und vor der Verantwortlichkeit flüchtet, bzw. ob er nicht vielleicht nur deshalb an einer brüchig gewordenen Beziehung krampfhaft festhält, weil er fürchtet — ein paar Wochen oder Monate einsam sein zu müssen. Befragt er sich in dieser Weise auf allfällige unsachliche Motive hin, dann wird ihm eine sachliche Entscheidung leicht gemacht.

Wert und Lust

Scheler bezeichnet die Liebe als eine geistige Bewegung auf den höchstmöglichen Wert der geliebten Person hin, einen geistigen Akt, in dem dieser höchstmögliche Wert — den er das „Heil" eines Menschen nennt — erfaßt wird. Spranger sagt von der Liebe Ähnliches aus; sie erkenne die Wertmöglichkeiten des geliebten Menschen. Dostojewski drückt es anders aus: Einen Menschen lieben heißt, ihn so zu sehen, wie Gott ihn gemeint hat.

Liebe, könnte man sagen, läßt uns des Wertbilds eines Menschen ansichtig werden. Insofern vollbringt sie eine geradezu metaphysische Leistung. Denn das Wertbild, dessen wir im Vollzug des geistigen Liebesaktes jeweils ansichtig werden, ist wesensgemäß das „Bild" von etwas Unsichtbarem, Unwirklichem — Unverwirklichtem. Im geistigen Akte der Liebe erfassen wir somit an einem Menschen nicht nur das, was er in seiner Einzigartigkeit und Einmaligkeit „ist", also die „haecceitas" im Sinne der scholastischen Terminologie, sondern zugleich damit auch das, was er in seiner Einzigartigkeit und Einmaligkeit sein kann und können wird: die „Entelechie". Erinnern wir uns nun an die paradoxe Definition der Wirklichkeit des Menschen als einer Möglichkeit — einer Möglichkeit zur Wertverwirklichung, einer Möglichkeit der Selbstverwirklichung. Das, wessen die Liebe ansichtig wird, ist also nicht mehr und nicht weniger als diese „Möglichkeit" eines Menschen. Wobei wir in Parenthese vermerken, daß auch alle Psychotherapie, sofern sie vom Eros paidagogos (PRINZHORN) getragen ist, den Menschen, mit dem sie es zu tun hat, in seinen eigensten Möglichkeiten schauen, seine werthaften Möglichkeiten also antizipieren muß. Es gehört zur metaphysischen Rätselhaftigkeit des geistigen Aktes, den man Liebe nennt, daß in ihm aus dem Wesensbild des geliebten Menschen dessen Wertbild abgelesen werden kann. Denn das Vorwegnehmen der Wertmöglichkeit auf Grund der Wesenswirklichkeit ist kein Berechnen. Nur Wirklichkeiten lassen sich berechnen; Möglichkeiten entziehen sich als solche jeder Berechnung. Wir sagten auch schon, der Mensch fange erst dort an, im eigentlichen Sinne Mensch zu sein, wo er sich aus der gegebenen Wirklichkeit und naturhaften Gebundenheit eben nicht mehr berechnen läßt, vielmehr eine ihm selber aufgegebene Möglichkeit darstellt. Die gewöhnliche Behauptung, ein triebhafter Mensch sei unberechenbar, muß also in diesem Aspekt unzutreffend erscheinen. Eher ist ihr Gegenteil wahr: Gerade aus der Triebnatur heraus läßt sich der Mensch berechnen! Und auch der bloße Verstandesmensch, die bloße Konstruktion eines „Vernunftwesens", Mensch genannt, oder der psychologische Typus des „rechenhaften" Menschen, der selber ein all sein Tun berechnender Mensch ist, — er und nur er ist berechenbar. Der „eigentliche" Mensch jedoch ist eo ipso nicht berechenbar: die Existenz läßt sich weder auf eine Faktizität zurückführen noch von ihr ableiten.

Das Ansichtigwerden von Werten kann einen Menschen nur bereichern. Diese innere Bereicherung macht teilweise sogar den Sinn seines Lebens aus, wie wir bei der Besprechung der Erlebniswerte gesehen haben. Also muß auch Liebe den Liebenden auf jeden Fall bereichern. Es gibt somit keine „unglückliche" Liebe, kann keine geben; „unglückliche Liebe" ist ein Widerspruch in sich selbst. Denn entweder ich liebe wirklich — dann muß ich mich bereichert fühlen, unabhängig davon, ob ich Gegenliebe finde oder nicht; oder aber ich liebe nicht eigentlich, ich „meine" eigentlich nicht die Person eines andern Menschen, sondern sehe an ihr vorbei nur etwas Körperliches „an" ihm oder etwa einen (seelischen) Charakterzug, den er „hat", — dann allerdings mag ich unglücklich sein, dann bin ich aber eben kein Liebender. Freilich: bloße Verliebtheit macht irgendwie blind; echte Liebe jedoch macht sehend. Sie läßt uns der geistigen Person des erotischen Partners ansichtig werden — in ihrer Wesenswirklichkeit ebenso wie in ihrer Wertmöglichkeit. Liebe läßt uns den Andern als eine Welt für sich erleben und läßt so unsere eigene Welt weiter werden. Während sie dadurch uns bereichert und beglückt, fördert sie auch den Andern, insofern sie ihn zu jener Wertmöglichkeit hinführt, die in der Liebe und nur in ihr vorwegnehmend geschaut wird. Liebe verhilft dem geliebten Menschen zur Verwirklichung dessen, was der Liebende vorwegnehmend schaut. Denn er will des Liebenden bzw. dessen Liebe immer würdiger werden, indem er immer ähnlicher wird dem Bild, das der Liebende von ihm hat, und immer mehr so wird, „wie Gott ihn dachte und wollte". Während also selbst die „unglückliche", also die einseitige Liebe uns schon bereichert und beglückt, ist die „glückliche", also die gegenseitige Liebe ausgesprochen schöpferisch. In der gegenseitigen Liebe, in der einer des andern würdig sein und so werden will, wie der je andere ihn sieht, kommt es gewissermaßen zu einem dialektischen Prozeß, indem die Liebenden in der Verwirklichung ihrer Möglichkeiten einander gleichsam hinauflizitieren.

Die bloße Befriedigung des sexuellen Triebs bietet Lust, die Erotik des Verliebten bietet Freude, die Liebe bietet Glück. Darin gibt sich eine zunehmende Intentionalität kund. Lust ist nur ein zuständliches Gefühl; Freude jedoch ist intentional, also auf etwas gerichtet. Glück aber hat seine bestimmte Richtung — auf die eigene Erfüllung. So gewinnt Glück einen Leistungscharakter („beatitudo ipse virtus", SPINOZA). Glück ist nicht nur intentional, sondern „produktiv". Nur so ist es zu verstehen, daß ein Mensch in seinem Glück „sich erfüllen" kann. So verstehen wir aber auch die letztliche Analogie des Glücks zum Leiden. Denn auch vom Leiden haben wir bei der Besprechung seines „Sinns" gehört, daß der Mensch sich auch in ihm erfüllen kann. Und auch im Leiden haben wir eine Leistung sehen gelernt. So läßt sich ganz allgemein zwischen intentionalen Gefühlen und „produktiven" Affekten einerseits und andererseits „unproduktiven" bloßen Gefühlszuständen unterscheiden. Zum Beispiel der Trauer, von deren intentionalem Sinn und schöpferischer Leistung schon die Rede war, läßt sich der unproduktive Ärger (über einen Verlust) gegenüberstellen, der bloß ein reaktiver Gefühlszustand ist. So unterscheidet aber auch schon die Sprache sehr fein etwa zwischen „gerechtem" Zorn als intentionalem Gefühl und „blindem" Haß als bloß zuständlichem Gefühl.

Während sich die „unglückliche Liebe" logisch als Widerspruch erwies, zeigt sich, psychologisch gesehen, daß sie Ausdruck einer Art Wehleidigkeit ist. Die Lust- bzw. Unlustbetontheit eines Erlebnisses, sein Lust- bzw. Unlust-„Vorzeichen" wird in seiner Bedeutung für den Erlebnisgehalt überschätzt. Aber gerade in eroticis ist der hedonistische Standpunkt ungerechtfertigt. Dem Akteur im Lebensernst ergeht es nicht unähnlich wie dem Zuschauer im Theaterspiel: Trauerspiele sind im allgemeinen tiefere Erlebnisse als Lustspiele. Auch durch „unglücklich" verlaufende Erlebnisse innerhalb des Liebeslebens werden wir nicht nur bereichert, sondern auch vertieft, ja gerade an ihnen wachsen und in ihnen reifen wir am meisten. Die innere Bereicherung, die der Mensch in der Liebe erfährt, ist freilich nicht frei von inneren Spannungen. Sie fürchtet und vor ihnen flüchtet der erwachsene neurotische Mensch. Was aber bei ihm sozusagen als pathologischer Fall vorkommt, ist beim jungen Menschen mehr minder physiologischerweise der Fall. In beiden Fällen kommt es dazu, daß das Erlebnis einer „unglücklichen Liebe" ein Mittel zum Zweck wird, das gebrannte Kind vor dem Feuer des Eros zu schützen. Hinter der erstmaligen oder einmaligen ungünstigen Erfahrung suchen diese Menschen Schutz vor weiteren üblen Erfahrungen. „Unglückliche Liebe" ist also nicht nur Ausdruck von Wehleidigkeit, sondern auch Mittel — der Leidseligkeit. In fast masochistischer Weise kreisen die Gedanken des unglücklich Verliebten um sein Unglück. Hinter dem ersten — oder letzten — Fehlschlag verschanzt er sich, um sich nie wieder die Finger verbrennen zu müssen. Hinter dem unglücklich ausgegangenen Liebeserlebnis verbirgt er sich; in das Unglück der Vergangenheit flüchtet er vor den Glücksmöglichkeiten der Zukunft. Statt weiter zu suchen, bis er „findet", gibt er die Suche auf. Statt für den Chancenreichtum des Liebeslebens offen zu sein, setzt er sich Scheuklappen auf. Wie gebannt blickt er auf sein Erlebnis, um das Leben nicht sehen zu müssen. Es geht ihm um Sicherheit — statt um Bereitschaft. Von dem einen unglücklichen Erlebnis kommt er nicht los, weil er es nicht auf ein zweites ankommen lassen will. Ihn muß man rückerziehen zum ständigen Bereit-sein und Offen-bleiben gegenüber der Fülle künftiger Möglichkeiten. Ist es doch schon rein rechnungsmäßig wahrscheinlich, daß im Leben des durchschnittlichen Menschen erst auf neun sogenannte unglückliche Liebesbeziehungen eine glückliche kommen kann. Auf ihr Kommen hätte der Mensch eben zu warten. Nicht aber ihr den Weg zu verrammeln, indem er paradoxerweise vor dem Glück ins Unglück flüchtet. Eine Psychotherapie der sogenannten unglücklichen Liebe kann also nur in der Aufdeckung dieser Fluchttendenz und in der Aufzeigung jenes Aufgabencharakters bestehen, den nicht nur das Leben schlechthin, sondern auch das Liebesleben hat. Während die wohlgemeinten üblichen Hinweise auf „andere Mütter", die „auch schöne Töchter haben", wirkungslos bleiben müssen: dort, wo sich jemand auf die eine Tochter der einen Mutter eben kapriziert, fängt ja Verliebtheit oder gar Liebe erst an.

Selbst die glückliche Liebe, die also Gegenliebe findet, ist nicht immer frei von „Unglück", dann nämlich nicht, wenn das Liebesglück von den Qualen der Eifersucht gestört wird. Auch in der Eifersucht liegt nun jener erotische Materialismus, von dem oben die Rede war. Denn ihr liegt die Einstellung zum Liebesobjekt als einem Eigentum zugrunde. Der Eifersüchtige behandelt den Menschen, den er zu lieben vorgibt, so, als ob dieser Mensch sein Besitztum wäre; er degradiert ihn dazu. Er will ihn „nur für sich" haben und dokumentiert damit, daß sein Verhalten eben unter der Kategorie des „Habens" steht. Innerhalb einer echten Liebesbeziehung jedoch fände Eifersucht keinen Platz. Ist sie doch insofern prinzipiell unbegründet, als echte Liebe voraussetzt, daß der Mensch in seiner Einmaligkeit und Einzigartigkeit erfaßt wird, also in seiner grundsätzlichen Unvergleichbarkeit mit andern Menschen. Die vom Eifersüchtigen so gefürchtete Rivalität setzt andererseits die Möglichkeit des Verglichenwerdens mit einem Konkurrenten im Geliebtwerden voraus. Im echten Geliebtwerden kann es aber keine Rivalität oder Konkurrenz geben, da jeder Mensch für den jeweils ihn Liebenden unvergleichbar und somit hors de concours ist.

Bekanntlich gibt es auch eine Eifersucht, die sich auf die Vergangenheit des Partners erstreckt, nämlich die Eifersucht auf die „Vorgänger"; von solcher Eifersucht geplagte Menschen wollen jeweils die „Ersten" sein. Bescheidener ist derjenige Typus, der sich damit begnügt, der „Letzte" zu bleiben. In gewissem Sinne ist er aber nicht der Bescheidenere, sondern der Anspruchsvollere. Denn ihm ist es — gegenüber allen Vorgängern und allfälligen Nachfolgern — nicht um die Priorität, sondern um die Superiorität zu tun. All diese Menschen mitsammen übersehen jedoch den Tatbestand der grundsätzlichen Unvergleichbarkeit jedes Menschen. Wer sich mit einem Andern vergleicht, tut entweder diesem Andern oder sich selber unrecht. Dies gilt auch außerhalb des Liebeslebens. Hat doch jeder einen andern Start; wer aber den schwereren Start, weil das schwerere Schicksal gehabt hat, dessen persönliche Leistung ist ceteris paribus die relativ größere. Da man die Schicksalssituation jedoch nie in allen ihren Details überblicken kann, fehlt zum Leistungsvergleich jede Basis und jeder Maßstab.

Darüber hinaus wäre schließlich zu bemerken, daß die Eifersucht eine in taktischer Beziehung gefährliche Dynamik in sich birgt. Der

Eifersüchtige erzeugt das, was er fürchtet: Liebesentzug. So wie der Glaube nicht nur von innerer Stärke herrührt, sondern auch zu größerer Stärke führt, so entsteht der Zweifel an sich selber aus Mißerfolgen, trägt aber dem Zweifler immer mehr Mißerfolge ein. Der Eifersüchtige nun zweifelt daran, den Partner „halten" zu können; und er kann ihn auch tatsächlich verlieren, dadurch nämlich, daß er den Menschen, an dessen Treue er gezweifelt, in die Untreue hineindrängt: er treibt ihn nachgerade in die Arme eines Dritten. So macht er wahr, woran er glaubt. Wohl ist die Treue eine Aufgabe in der Liebe; sie ist aber jeweils nur als Aufgabe für den Liebenden selber möglich und nicht als Forderung an den Partner. Als Forderung muß sie für den Partner auf die Dauer zu einer Herausforderung werden. Sie wird ihn in eine Proteststellung drängen, aus der heraus er früher oder später vielleicht wirklich untreu wird. Der Glaube an den Andern ebenso wie an sich selber macht einen selbstsicher, so daß dieser Glaube im allgemeinen schließlich recht behält. Umgekehrt macht einen der Unglaube unsicher, so daß auch der Unglaube im allgemeinen schließlich recht behalten wird. Dies gilt auch vom Glauben an die Treue des Partners. Diesem Glauben an den Andern entspricht nun auf der Gegenseite die Aufrichtigkeit. So wie aber der Glaube seine Dialektik hat, der zufolge er das wahr macht, was er glaubt, so hat die Aufrichtigkeit ihre Paradoxie: mit der Wahrheit kann der Mensch lügen und, umgekehrt, mit einer Lüge die Wahrheit sagen, ja sogar „wahr machen". Ein Beispiel, das jedem Arzt geläufig ist, soll dies illustrieren: Wenn wir einem Kranken den Blutdruck messen und leicht erhöht finden und dem Kranken über seinen Wunsch das wahre Resultat mitteilen, dann wird er über diese Wahrheit erschrecken und sein Blutdruck wird ansteigen, also faktisch höher sein, als wir angegeben haben; sagen wir aber dem Kranken nicht die Wahrheit, sondern geben wir einen niedrigeren Wert an als festgestellt wurde, dann werden wir ihn beruhigen und sein Blutdruck wird dadurch tatsächlich sinken, so daß wir mit unserer Scheinlüge (nicht: Notlüge) schließlich recht behalten.

Die Konsequenzen, die aus der Untreue des Partners gezogen werden, können verschiedene sein. Die Verschiedenheit der möglichen „Einstellungen" zum vollzogenen Treuebruch des Partners gibt aber auch die Chance — „Einstellungswerte" zu verwirklichen. Je nachdem wird der eine das Erlebnis überwinden, indem er sich vom Partner lossagt, während ein anderer auf den Partner nicht verzichtet, sondern ihm verzeiht und sich mit ihm versöhnt — oder ein Dritter versucht, den Partner neu zu erobern und ihn für sich zurückzugewinnen.

Der erotische Materialismus macht nicht nur den erotischen Partner zu seinem Besitz, sondern die Erotik selber zu einer Ware. Dies zeigt sich deutlich in der Prostitution. Als psychologisches Problem ist die Prostitution allerdings weniger eine Angelegenheit der Prostituierten, als eine Angelegenheit des „Konsumenten“ der Prostitution. Die Psychologie der Prostituierten ist nämlich insofern problemfrei, als sie in einer Psychopathologie mehr oder weniger psychopathischer Persönlichkeitstypen aufgeht. Die soziologische Analyse des Einzelfalls führt uns nicht weiter. Denn auch hier gilt, was in einem andern Zusammenhang gesagt wurde, daß nämlich die wirtschaftliche Not allein niemandem ein bestimmtes Verhalten aufzwingt, also eine normale Frau auch nicht zur Prostitution zwingt. Im Gegenteil, es ist oft erstaunlich, wie häufig Frauen trotz größter Not der Versuchung widerstehen, zur Prostitution Zuflucht zu nehmen. Dieser Ausweg aus ihrer Wirtschaftsnot kommt für sie einfach nicht in Betracht, und dies erscheint ihnen ebenso selbstverständlich, wie den typischen Prostituierten die Wahl ihres Weges auch selbstverständlich erschien.

Was nun den Konsumenten der Prostitution anlangt, so sucht er in ihr jene unpersönliche und unverbindliche Form eines „Liebeslebens“, wie sie eben auch der Beziehung zu einer Ware, zu einer Sache entspricht. Die Prostitution ist nun vom Standpunkt einer psychischen Hygiene mindestens so gefährlich wie vom Standpunkt der physischen Hygiene. Ihre psychischen Gefahren lassen sich jedenfalls weniger leicht verhüten. Ihre Hauptgefahr liegt darin, daß der junge Mann auf jene Einstellung zur Sexualität geradezu dressiert wird, die eine vernünftige Sexualpädagogik gerade vermeiden will. Es ist dies die Einstellung zur Sexualität als zu einem bloßen Mittel zum Zweck des Lustgewinns.

Die Gefahr des Ausweges bzw. Abweges zur Prostitution, also der Entwertung der Sexualität zur bloßen Triebbefriedigung und der Herabsetzung des Partners zum bloßen Triebobjekt, wird dort am deutlichsten, wo dadurch der Weg zu jenem richtigen Liebesleben versperrt wird, das im Sexuellen nicht mehr als seinen Ausdruck und nicht weniger als seine Krönung findet. Die Fixierung eines jungen Mannes an den Sexualgenuß als Selbstzweck, die er durch die Prostitution erfährt, überschattet unter Umständen sein ganzes künftiges Eheleben. Wenn er dann einmal nämlich wirklich liebt, kann er sozusagen nicht mehr zurück — oder, besser gesagt, nicht mehr vorwärts, nicht mehr vordringen zur normalen Einstellung des Liebenden zur Sexualität. Für den Liebenden ist der Sexualakt der körperliche Ausdruck seelisch-geistiger Verbundenheit; bei jenem Menschen jedoch, für den die Sexualität nicht Ausdrucksmittel, sondern Selbstzweck geworden ist, kommt es zu der bekannten unheilvollen Scheidung zwischen sogenanntem Madonnentypus und Dirnentypus, die den Psychotherapeuten seit jeher so viel zu schaffen machte.

Auch auf der Seite des weiblichen Partners gibt es typische Situationen, die ihn an jener normalen Entwicklung hindern, welche im Erlebnis der Sexualität als eines Ausdrucks der Liebe gipfelt. Und auch diese Schäden sind nachträglich psychotherapeutisch oft nur schwer wiedergutzumachen. So etwa in einem Falle, wo ein Mädchen anfangs „platonische" Beziehungen zu ihrem Freund hatte; sexuelle Beziehungen zu ihm lehnte sie ab, weil sie den Trieb hierzu noch gar nicht empfand. Ihr Partner jedoch drängte immer mehr darauf und ließ dem widerstrebenden Mädchen gegenüber die Bemerkung fallen: „Mir scheint, du bist frigid." Da bekam sie es mit der Furcht zu tun, er könnte recht haben, möglicherweise sei sie tatsächlich „kein ganzes Weib", und so entschloß sie sich eines Tages, sich ihm hinzugeben — um ihm und sich selber zu beweisen, daß er unrecht hatte. Das Resultat dieses Experiments mußte natürlich in voller Genußunfähigkeit bestehen. Denn der Trieb war noch gar nicht aufgekeimt, weder erwacht noch erweckt worden; statt seine allmähliche und spontane Entfaltung abzuwarten, trat dieses Mädchen an den ersten Sexualakt mit dem verkrampften Bestreben heran, ihre Genußfähigkeit unter Beweis zu stellen, gleichzeitig aber mit der geheimen Angst, es könnte sich dabei ihre Genußunfähigkeit herausstellen. Schon die forcierte Selbstbeobachtung (Anmerkung 23) mußte sich auf eine allfällige Triebregung hemmend auswirken. Unter solchen Umständen durfte sich das Mädchen nicht wundern, wenn sie — als ängstlich sich Beobachtende — keine sich hingebend Genießende sein konnte. Die mögliche Wirkung einer derartigen Enttäuschung auf das weitere Liebes- bzw. Eheleben kann dann in einer psychogenen Frigidität vom Typus einer sexuellen Erwartungsangstneurose bestehen.

Sexualneurotische Störungen

Dem „Mechanismus" der sogenannten Erwartungsangst begegnet der Psychotherapeut bekanntlich auf Schritt und Tritt. Die Beobachtung eines jeden normalerweise automatisch regulierten und vom Bewußtsein unbeaufsichtigt ablaufenden Aktes wirkt allein schon störend. Der zum Stottern Neigende beobachtet sein Reden — statt dessen, was er sagen will; er beachtet das Wie, statt auf das Was zu achten. So hemmt er sich selber — wie einen Motor, in den er die Finger zu stecken versuchte, statt ihn bloß „anzulassen" und von selber weiterlaufen zu lassen. Es genügt oft, dem Stotterer beizubringen, daß er sich gleichsam auf lautes Denken einzustellen hat, daß er bloß laut denken muß, der Mund jedoch sozusagen von selber redet — und am fließendsten, wenn unbeobachtet; gelingt es, ihm dies beizubringen, dann ist die psychotherapeutische

Hauptarbeit damit bereits getan. In analogen Bahnen bewegt sich bekanntlich auch die Psychotherapie von Einschlafstörungen. Wird das Einschlafen fälschlicherweise selber intendiert, wird es also verkrampft „gewollt“, dann entsteht eine innere Gespanntheit, die das Einschlafen unmöglich machen muß. Die Angst vor der Schlaflosigkeit als Erwartungsangst verhindert in solchen Fällen das Einschlafen, und die so zustande kommende Schlafstörung bestätigt und bekräftigt die Erwartungsangst, so daß es schließlich zu einem circulus vitiosus kommt.

Ähnliches gilt nun von allen in ihrer Sexualität unsicher gewordenen Menschen. Ihre Selbstbeobachtung ist verschärft, und ihre Erwartungsangst vor einem Mißerfolg führt selber zum sexuellen Versagen. Der Sexualneurotiker intendiert längst nicht mehr den Partner (wie der Liebende) — er intendiert den Sexualakt als solchen. So mißlingt dieser Akt, muß er mißlingen, weil er nicht „schlicht“ erfolgt, nicht in Selbstverständlichkeit vollzogen, sondern „gewollt“ wird. Die Psychotherapie hat in diesen Fällen die wesentliche Aufgabe, den unseligen Teufelskreis der sexuellen Erwartungsangst dadurch zu sprengen, daß sie alles Intendieren des Aktes als solchen ausschaltet. Dies gelingt, sobald man den Patienten anweist, es nie darauf ankommen zu lassen, daß er sich zum Vollzug des Sexualakts gleichsam verpflichtet fühlt. Zu diesem Zwecke muß alles vermieden werden, was für den Patienten eine Art „Zwang zur Sexualität“ bedeutet. Dieser Zwang kann ein Zwang seitens der Partnerin sein („temperamentvolle“, sexuell anspruchsvolle Partnerin) oder ein Zwang seitens des eigenen Ich („Programm“, es an diesem oder jenem Tage zu einem Sexualakt kommen zu lassen) oder schließlich der Zwang seitens einer Situation (Aufsuchen von Stundenhotels u. dgl.). Neben der Ausschaltung all dieser Formen von Zwang, den der Sexualneurotiker jeweils empfinden könnte, tut seine Erziehung zum Improvisieren not; mit ihr einhergehen muß ferner eine taktvolle Führung, die ihn allmählich wieder zur Selbstverständlichkeit und Spontaneität seiner sexuellen Vollzüge hinführt. Einer solchen Psychotherapie vorausgehen sollte jedoch der Versuch, dem Patienten die schlechthin menschliche Verstehbarkeit des ursprünglichen „krankhaften“ Verhaltens aufzuzeigen und damit ihn von dem Gefühl zu befreien, an einer schicksalhaft pathologischen Störung zu leiden. Mit andern Worten, es muß ihm das Verständnis für den unseligen Einfluß der Erwartungsangst und des Zirkels, in den sie ihn verstrickte, als eine allgemein menschliche Verhaltensweise beigebracht werden.

Ein junger Mann suchte einen Arzt wegen einer Potenzstörung auf. Es ergab sich, daß er nach jahrelangem Kampf seine Partnerin endlich dazu überredet hatte, ihm „anzugehören“. Sie versprach ihm, „zu

Pfingsten" sich ihm hingeben zu wollen. Dieses Versprechen gab sie vierzehn Tage vor Pfingsten. Die ganzen zwei Wochen konnte der Junge vor Spannung und Erwartung kaum schlafen. Dann machten beide einen zweitägigen Pfingstausflug, wobei sie in einer Schutzhütte übernachteten. Als der Patient am Abend die Treppe zum gemeinsamen Zimmer hinaufging, war er so aufgeregt — im Sinne von Erwartungsangst und nicht Sexualerregung —, daß er, wie er später schilderte, vor Zittern und Herzklopfen nicht einmal recht gehen konnte. Und da hätte er potent sein sollen? Der Arzt mußte ihm nur begreiflich machen, wie unmöglich dies angesichts der konkreten äußeren und inneren Situation gewesen wäre und wie verständlich die Reaktion des Patienten auf seine Situation war — verständlich als menschliches und als noch nicht krankhaftes Verhalten! So sah der Patient schließlich ein, daß man von einer Impotenz, wie er sie gefürchtet hatte (und beinahe zum Inhalt einer Erwartungsangst bzw. zum Ausgang eines entsprechenden verhängnisvollen Zirkels gemacht hätte), füglich nicht sprechen konnte. Dies allein mußte bereits dem sexuell unsicher Gewordenen die nötige Selbstsicherheit zurückgeben. Es war ihm klargeworden, daß ein Mensch dazu gar nicht krank sein muß, um dies nicht zu können: gleichzeitig liebend an den Partner hingegeben sein (die Voraussetzung sexueller Genuß- und Leistungsfähigkeit) und sich selber ängstlich erwartend beobachten.

Es zeigt sich also immer wieder und so auch hier, im Gebiet des Sexuallebens, in dessen Psychologie und Pathologie, wie verfehlt alles Glücksstreben des Menschen ist und wie gerade das verkrampfte Streben nach Glück, nach dem Genuß als solchem, zum Scheitern verurteilt ist. Wir sagten schon in anderem Zusammenhang, daß der Mensch eigentlich auch gar nicht nach Glück strebe, daß er im allgemeinen die Lust gar nicht suche. Woran dem Menschen liegt, ist nicht die Lust an und für sich, sondern ein Grund zur Lust. In dem Maße, in dem Lust aber wirklich zum Inhalt seiner Intention und womöglich auch noch zum Gegenstand seiner Reflexion wird, verliert er den Grund zur Lust aus den Augen und sackt die Lust auch schon in sich zusammen. Und wenn Kant meinte, der Mensch wolle glücklich sein, das aber, was er solle, sei „glückswürdig" sein — dann meinen wir demgegenüber: Ursprünglich will der Mensch gar nicht glücklich sein, was er will, ist vielmehr — zum Glücklichsein Grund haben! Damit ist gesagt, daß alle Abbiegung seines Strebens vom jeweiligen Gegenstand der Intention auf diese selbst, vom Ziel des Strebens (dem „Grund" des Glücklichseins) auf die Lust (die Folge des Zielerreichens) — gleichsam einen abkünftigen Modus menschlichen Strebens darstellt. Diesem abkünftigen Modus geht die Unmittelbarkeit ab.

Solcher Mangel an Unmittelbarkeit ist es nun, der alles neurotische Erleben auszeichnet. Wir haben schon gesehen, inwiefern er allein bereits zur neurotischen, im besonderen sexuellen Störung führen kann. Die Unmittelbarkeit und somit Echtheit der sexuellen Intention ist speziell für die Potenz des Mannes die unerläßliche Voraussetzung. Im Zusammenhang mit der Sexualpathologie hat Oswald Schwarz für den in Frage stehenden Echtheitscharakter einer Intention den Ausdruck „Exemplarität" geprägt. Wir möchten sie als eine Kombination von Echtheit und Konsequenz bezeichnen — die Echtheit stellt dann Exemplarität gleichsam im Querschnitt dar, und die Konsequenz trifft dann den identischen Sachverhalt von „Exemplarität" sozusagen im Längsschnitt. Für den „exemplarischen" Menschen ist es nun typisch, daß er nicht so leicht „in Verlegenheit" gerät: mit einer für ihn charakteristischen Instinktsicherheit meidet er alle Situationen, denen er nicht „gewachsen" ist, und weicht jedem Milieu aus, in das er bzw. das zu ihm irgendwie nicht „paßt". Typisch „nichtexemplarisch" wäre hingegen das Verhalten beispielsweise eines feinfühligen Mannes, der eine Prostituierte aufsucht und ihr gegenüber sich als impotent erweist. Dieses Verhalten stellt an sich nichts Krankhaftes dar und ist auch noch nicht als neurotisch zu bezeichnen. Die Potenzstörung in der angegebenen Situation wäre von einem Manne mit kulturellem Niveau vielmehr sogar zu erwarten, ja nachgerade zu verlangen. Aber: daß sich ein solcher Mensch überhaupt in solch eine Situation begibt, daß er eine Situation überhaupt entriert, in der sein „Versagen" der einzig mögliche Ausweg ist, um sich aus der Affäre zu ziehen — das alles beweist eben, daß dieser Mensch nicht „exemplarisch" ist. Wir könnten also den Sachverhalt auch folgendermaßen formulieren: Exemplarisch ist ein Verhalten zu nennen, wenn in ihm das Geistige in innerer Übereinstimmung mit dem Psychologischen und Biologischen steht. Wir sehen sonach, daß der Begriff „exemplarisch" in existentieller Ebene dasselbe ausdrückt, was „nichtneurotisch" in psychologischer Ebene bedeutet.

Die psychosexuellen Störungen lassen sich nicht verstehen, wenn wir nicht ausgehen von einem Grundtatbestand menschlichen Daseins, der Tatsache nämlich, daß *menschliche* Sexualität immer auch schon mehr als *bloße* Sexualität ist, und zwar in dem Maße, in dem sie Ausdruck ist für eine Liebesbeziehung.

Eigentlich stimmt aber die Behauptung, menschliche Sexualität sei mehr als bloße Sexualität, nicht ganz; denn auch tierische Sexualität kann über das bloß Sexuelle hinausgehen. So hat Irenäus Eibl-Eibesfeldt in seinem Buch „Liebe und Haß" darauf hingewiesen, „daß bei Wirbeltieren sexuelle Verhaltensweisen verschiedentlich in den Dienst der Gruppenbindung gestellt wurden", was „insbesondere bei Primaten der Fall" sei; beispielsweise diene „die Bindungskopulation des Mantelpavians einzig diesem sozialen Zweck". Erst recht habe „ohne Zweifel die geschlechtliche Vereinigung beim Menschen sowohl die Aufgabe, den Partner zu binden, als auch der Fortpflanzung zu dienen." „Die Tatsache, daß die Sexualität jedoch im Dienste der Partnerbindung steht, beinhaltet als Voraussetzung ein partnerschaftliches Verhältnis, also Liebe als individualisierte Bindung." „Liebe ist individualisierte Partnerbeziehung, und ein ständiger Partnerwechsel widerspricht dem." Und EIBL-EIBESFELDT steht nicht an, glattwegs zu erklären, daß der Mensch „in diesem Sinne für Dauerpartnerschaften ehelicher Art angeborenermaßen disponiert" sei. Schließlich warnt er vor der „Gefahr einer Entindividualisierung der sexuellen Beziehungen", die „den Tod der Liebe bedeuten würde".

Mehr als dies: Der „Tod der Liebe" würde, so glauben wir selbst, auch eine Verminderung der Lust mit sich bringen. Können wir Psychiater doch immer wieder beobachten, daß dort, wo die Sexualität nicht mehr Ausdruck von Liebe ist, vielmehr Mittel zum Zweck bloßen Lustgewinns wird, dieser Lustgewinn auch schon scheitert; denn — um es zu pointieren — je mehr es dem Menschen um Lust geht, um so mehr vergeht sie ihm auch schon. Je mehr einer nach der Lust jagt, desto mehr verjagt er sie auch schon. Impotenz und Frigidität sind nach meinen Erfahrungen in den meisten Fällen auf diesen Mechanismus zurückzuführen. Vice versa: die amerikanische Zeitschrift "Psychology Today" veranstaltete einmal eine Befragung, und aus 20 000 Zuschriften, die eingingen, ergab sich, daß unter den Faktoren, die am meisten zu Potenz und Orgasmus beitragen, einer am höchsten rangierte, und der war: Liebe. Es wäre also durchaus im Interesse einer Optimierung des sexuellen Genusses gelegen, wenn die Sexualität nicht isoliert und desintegriert würde, indem sie aus der Liebe herausgebrochen und eben dadurch dehumanisiert wird.

Die psychosexuelle Reifung

Nicht vergessen dürfen wir aber, daß die Sexualität, die solcherart entmenschlicht wird, nicht von vornherein menschlich sein kann, sondern jeweils erst vermenschlicht werden muß. Um dies zu erläutern, gehen wir von einem Begriffspaar aus, das wir SIGMUND FREUD verdanken: der Unterschied zwischen „Triebziel" und „Triebobjekt". Wenn in der Pubertät die Entwicklung und Reifung der Sexualität im engeren Wortsinn einsetzt, wird — im Sinne eines „Triebziels" — die

Entladung aufgestauter sexueller Spannungen angepeilt — eine Entladung, die keineswegs in Form des Sexualakts herbeigeführt werden muß: Masturbation tut's auch. Erst auf einer späteren Stufe sexueller Entwicklung und Reifung tritt ein „Triebobjekt" hinzu — wird ein Partner anvisiert, der sich zum Sexualakt eignen und hergeben würde, irgendein Partner: eine Prostituierte tut's auch.

Damit wird klar, daß auf dieser Stufe die Sexualität noch nicht auf die eigentlich menschliche Ebene angehoben, noch nicht total vermenschlicht wurde; denn auf menschlicher Ebene wird der Partner nicht zum Objekt, sondern bleibt er Subjekt, und vor allem kann er auf menschlicher Ebene nicht mehr als bloßes Mittel zum Zweck gebraucht beziehungsweise mißbraucht werden — zum Zwecke der Triebbefriedigung ebensowenig wie zum Zwecke des Lustgewinns (Anmerkung 24). Was selbstverständlich nicht ausschließt, daß sich Lust nur um so mehr einstellt, als sich der Mensch nicht um sie kümmert!

Was geschieht nun, wenn der Mensch in seiner sexuellen Entwicklung und Reifung auf der ersten oder auf der zweiten Stufe stehen bleibt beziehungsweise wenn es zu einer „Regression" auf eine der zwei Stufen kommt? Solange er sich noch auf der ersten Stufe befindet und ohne das Triebziel „Sexualakt" auszukommen vermeint, behilft er sich mit Onanie (Anmerkung 25) — und bedarf er der Pornographie. Ist er jedoch über die zweite Stufe nicht hinausgekommen, dann äußert sich diese „Fixierung" in Promiskuität, und allenfalls ist ihm dann mit Prostitution gedient.

Es zeigt sich also, daß sowohl der Bedarf an Pornographie als auch das Bedürfnis nach Prostitution, ja bereits das Bedürfnis nach Promiskuität als Symptome psychosexueller Retardierung diagnostiziert werden müßten. Die sexuelle Vergnügungsindustrie sorgt aber dafür, daß sie glorifiziert werden, indem sie sie als „progressiv" einstuft. Die Aufklärungsindustrie trägt dazu bei, indem sie gegen die Heuchelei zu Felde zieht, selber und ihrerseits aber insofern heuchelt, als sie „Freiheit von der Zensur" schreit und Freiheit zum Geschäftemachen und Geldverdienen meint. Leider ergibt sich aus alledem ein sexueller Konsumzwang, der es mit sich bringt, daß sich Störungen der Potenz häufen; denn zu diesen Störungen kommt es für gewöhnlich dann, wenn der Patient das Gefühl hat, der Sexualakt sei eine Leistung, die von ihm erwartet, ja verlangt und gefordert werde, und namentlich dann, wenn diese Forderung von der Partnerin ausgeht. Aber auch dies gilt nicht nur vom Menschen, sondern auch von Tieren. So konnte Konrad Lorenz ein Kampffisch-Weibchen dazu bringen, dem Männchen bei der Paarung nicht kokett davon-, sondern energisch entgegenzuschwimmen — woraufhin sich dem Kampffisch-Mann auf reflektorischem Weg der Paarungsapparat verschloß.

George L. Ginsberg, William A. Frosch und Theodore Shapiro von der Universität New York berichten in den Archives of General Psychiatry, daß unter jungen Leuten die Impotenz mehr denn je zunimmt. Und zwar führen dies die drei Psychiater darauf zurück, daß die Frauen kraft ihrer neugewonnenen sexuellen Freiheit von den Männern eine sexuelle Leistung nunmehr verlangen und fordern, wie sich bei der Befragung der Patienten herausgestellt hat: „these newly freed women demanded sexual performance".

Es wurde gesagt, die menschliche Sexualität werde entmenschlicht, wenn sie als bloßes Mittel zum Zweck des Lustgewinns mißbraucht werde. Nicht weniger liegt aber Mißbrauch vor, wenn sie als bloßes Mittel zum Zweck der Fortpflanzung betrachtet wird — anstatt zu bleiben, was sie ist: Ausdruck der Liebe. Und gerade eine Religion, die Gott nachgerade als Liebe definiert, hätte sich davor hüten müssen, ex cathedra zu stipulieren, die eheliche Gemeinschaft und Liebe habe nur dann einen Sinn, wenn sie der Fortpflanzung diene. Allerdings wurde dies zu einer Zeit verkündigt, zu der nicht nur Heirat aus Liebe eine Ausnahme[1]), sondern auch eine exzessive Säuglingssterblichkeit die Regel war. Und heute steht uns die „Pille" zur Verfügung. Sie aber kann dazu beitragen, die Sexualität insofern zu vermenschlichen, als die Sexualität emanzipiert wird: nur zeitweilig in den Dienst an der Fortpflanzung gestellt, dem zwangsweisen Dienst an der Fortpflanzung aber enthoben, wird sie freigestellt zur Krönung der Liebe.

Was ist nun die Liebe selbst? Ist sie wirklich nichts als „zielgehemmte" Sexualität, wie Sigmund Freud meinte, und läßt sie sich wirklich nur auf eine Sublimierung sexueller Triebenergien zurückführen? Dies glaubt nur der Reduktionismus, der um jeden Preis versucht, ein Phänomen in ein bloßes Epiphänomen zu verwandeln, indem er es von anderen Phänomenen ableitet. Dies geschieht aber nicht etwa auf Grund empirischer Befunde, vielmehr auf Grund eines bestimmten Menschenbildes,

[1]) Ehe und Liebe scheinen in einem engen Zusammenhang zu stehen. Dies ist jedoch erst der Fall, seitdem es sogenannte Liebesehen gibt, also Ehen, deren Zustandekommen (wenn schon nicht Bestehenbleiben) auf Liebe beruht. In diesem Sinne sind jedoch Liebesehen erst eine verhältnismäßig junge Gegebenheit, wie der Soziologe Helmut Schelsky in seiner „Soziologie der Sexualität" hervorhebt. Dennoch läßt sich mit Recht sagen, daß Liebe im allgemeinen die Bedingung und Voraussetzung einer sogenannten glücklichen Ehe ist. Die Frage ist nur, ob ein auf Liebe gebautes Glück auch von Dauer ist. Liebe mag nämlich eine notwendige Bedingung von ehelichem Glück sein; damit ist aber noch lange nicht gesagt, daß sie auch eine hinreichende Bedingung ist.

das allerdings nicht als solches deklariert, sondern stillschweigend vorausgesetzt, also in die scheinbar wissenschaftlichen Erklärungsversuche einfach hineingeschmuggelt wird.

Wollen wir aber ein Phänomen wie die Liebe nicht auf das Prokrustesbett irgendwelcher Interpretationen und Indoktrinationen spannen, sondern unverkürzt erfassen, dann genügt nicht die psychoanalytische Deutung, sondern es bedarf dann einer phänomenologischen Analyse. In ihrem Rahmen aber erweist sich Liebe als ein anthropologisches Phänomen ersten Ranges. Es stellt sich nämlich heraus, daß Liebe einer der beiden Aspekte dessen ist, was ich als die Selbsttranszendenz menschlicher Existenz bezeichne.

Die Selbsttranszendenz menschlicher Existenz

Darunter verstehe ich den grundlegenden anthropologischen Tatbestand, daß Menschsein immer über sich selbst hinaus auf etwas verweist, das nicht wieder es selbst ist, — auf etwas oder auf jemanden: auf einen Sinn, den da ein Mensch erfüllt, oder auf mitmenschliches Sein, dem er da begegnet. Und nur in dem Maße, in dem der Mensch solcherart sich selbst transzendiert, verwirklicht er auch sich selbst; im Dienst an einer Sache — oder in der Liebe zu einer anderen Person! Mit anderen Worten: ganz Mensch ist der Mensch eigentlich nur dort, wo er ganz aufgeht in einer Sache, ganz hingegeben ist an eine andere Person. Und ganz er selbst wird er, wo er sich selbst — übersieht und vergißt.

Wie sehr die Selbsttranszendenz menschlicher Existenz bis in deren biologische Tiefen und Grundlagen hineinreicht, ließe sich an der Paradoxie demonstrieren, daß auch das menschliche Auge selbsttranszendent ist: Seine Fähigkeit, die Umwelt wahrzunehmen, ist unabdingbar davon abhängig, daß es nicht fähig ist, sich selbst wahrzunehmen. Wann sieht das Auge sich selbst — außer im Spiegel — oder etwas von sich selbst? Wenn es am grauen Star erkrankt ist, sieht es einen Nebel, nämlich seine eigene Linsentrübung. Wenn es am grünen Star erkrankt ist, sieht es, rings um die Lichtquellen, einen Hof von Regenbogenfarben. Analog verwirklicht der Mensch sich selbst, wenn er sich selbst übersieht, sei es, daß er einem Partner sich hingibt, sei es, daß er in einer Sache „aufgeht".

Vorhin war von Begegnung die Rede — sollte es nun so sein, daß Liebe als Begegnung zu definieren ist? Begegnung ist eine Beziehung zu einem Partner, in der der Partner als Mensch anerkannt wird. Daraus ergibt sich bereits, daß er nicht etwa als bloßes Mittel zum Zweck benützt wird — und nach der zweiten Version des kategorischen Imperativs von IMMANUEL KANT gehört es ja zum Wesen menschlicher Haltung und Einstellung, daß der Mitmensch unter keinen Umständen zu einem bloßen Mittel zum Zweck degradiert werde.

Gegenüber der Begegnung scheint mir nun die Liebe einen Schritt weiter zu gehen, und zwar insofern, als sie den Partner nicht nur in seiner ganzen Menschlichkeit erfaßt, sondern darüber hinaus auch in all seiner Einmaligkeit und Einzigartigkeit, und das heißt: als Person; denn Person ist der Mensch eben kraft der Tatsache, daß er nicht nur ein Mensch unter anderen, sondern auch anders als alle anderen ist — und daß er in diesem seinem Anderssein gegenüber allen anderen etwas Einmaliges und Einzigartiges ist. Und erst dadurch, daß der Liebende den Geliebten in dessen Einmaligkeit und Einzigartigkeit erfaßt, wird der Geliebte für den Liebenden zu einem Du.

Der eine Aspekt der Selbsttranszendenz, das Verlangen und Übersichselbsthinauslangen nach einem Sinn, wird auch mit dem motivationstheoretischen Konzept eines „Willens zum Sinn“ angepeilt, wie ich ihn zu nennen pflege. Dieses Konzept ist inzwischen auch empirisch validiert worden (ELISABETH S. LUKAS, JAMES C. CRUMBAUGH et al.). KRATOCHVIL und PLANOVA sind der Ansicht, daß der Wille zum Sinn ein Motiv sui generis ist und als solches nicht auf andere Motive (reduktionistisch) zurückgeführt beziehungsweise von ihnen hergeleitet werden kann. ABRAHAM H. MASLOW geht sogar so weit, daß er den Willen zum Sinn für das „primäre“ Motiv hält, das menschlichem Verhalten zugrunde liegt.

Heute aber können wir allenthalben beobachten, daß eben dieser Wille zum Sinn weitgehend frustriert ist: immer mehr werden wir Psychiater — auch in kommunistischen und in Entwicklungsländern — mit einem Sinnlosigkeitsgefühl konfrontiert, das dem von ALFRED ADLER beschriebenen Minderwertigkeitsgefühl, was die Entstehung von Neurosen anlangt, den Rang abläuft. Dieses Sinnlosigkeitsgefühl geht nun mit einem Leeregefühl einher, das ich als „existentielles Vakuum“ bezeichnet habe. Und in dieses existentielle Vakuum hinein wuchert die sexuelle Libido. So und letzten Endes nur so läßt sich die sexuelle Inflation erklären, die heute um sich greift. Wie jede Inflation, auch die auf dem Geldmarkt, führt sie zu einer Entwertung. Und zwar wird im Zuge der sexuellen Inflation die Sexualität insofern entwertet, als sie entmenschlicht wird. Menschliche Sexualität ist eben mehr als bloße Sexualität, und mehr als bloße Sexualität ist sie in dem Grade, in dem sie Vehikel transsexualer, personaler Beziehungen ist.

Aber nicht nur in Richtung auf die Person des Partners wäre, vom Standort einer Prophylaxe der Sexualneurosen aus betrachtet, die möglichste „Personierung" der Sexualität wünschenswert, sie ist es auch in Richtung auf die eigene Person. Die normale sexuelle Entwicklung und Reifung des Menschen läuft auf eine zunehmende Integrierung der Sexualität ins Gesamtgefüge der eigenen Person hinaus. Daraus erhellt, daß umgekehrt jede Isolierung der Sexualität — das Sie-Herausbrechen aus dem personalen und interpersonalen transsexualen Zusammenhang — allen Integrierungstendenzen zuwiderläuft und damit auch neurotisierenden Tendenzen Vorschub leistet.

B. Spezielle Existenzanalyse

Schon in den vorangegangenen Kapiteln hatten wir wiederholt Gelegenheit, die existenzanalytische Betrachtungs- und Behandlungsweise an Hand neurotischer Fälle darzutun. Ohne hierbei systematisch, etwa im Sinne einer Neurosenlehre, vorzugehen, haben wir beispielsweise in den Bemerkungen zur sogenannten Sonntagsneurose oder zu einzelnen Formen der Sexualneurose die Anwendbarkeit der Existenzanalyse als Logotherapie kennengelernt. Nunmehr wollen wir zwar nach wie vor nicht systematisch, aber immerhin zusammenhängend Beiträge zu einer speziellen Existenzanalyse der Neurosen und Psychosen liefern, und zwar unter besonderer Berücksichtigung kasuistischen Materials. Wir werden sehen, inwieweit sich dabei mögliche Ansatzpunkte einer Logotherapie der Neurosen ergeben, wie wir sie eingangs gefordert und dann in Form einer Existenzanalyse entworfen haben. Einleitend wollen wir aber einige allgemein psychologische, ja ganz allgemein pathogenetische Überlegungen anstellen.

An verschiedenen Stellen haben wir schon darauf hingewiesen, daß jedes neurotische Symptom eine vierfache Wurzel hat, die in je einer der vier wesensverschiedenen Dimensionen menschlichen Seins gründet. So präsentiert sich uns die Neurose gleichzeitig: als die Folge von etwas Physischem, als der Ausdruck von etwas Psychischem, als ein Mittel innerhalb des sozialen Kraftfeldes und schließlich als ein Modus der Existenz. Mit dem letztgenannten Moment erst ist ein Ansatzpunkt für existenzanalytisches Vorgehen gegeben.

Die physiologischen Grundlagen der Neurose sind verschiedener Art, und im konkreten Falle wird bald die eine, bald die andere besonders betont erscheinen. In Betracht kommen vorwiegend konstitutionelle Grundlagen (hereditäre Disposition) sowie konditionelle Grundlagen. Zu den konstitutionellen gehören vegetative Labilität und endokrine Stigmatisation. Als konditionelle Grundlagen der Neurosenentstehung wären beispielsweise anzusehen: Rekonvaleszenz nach schwerer körperlicher Erkrankung oder protrahierte Affektresonanz des Organismus nach heftigem Schreckerlebnis. Während nun die konditionellen Momente bedeutend seltener sind und, wenn vorhanden, jeweils mehr die bloße Bedeutung auslösender Faktoren haben, ist es höchst wahrscheinlich, daß wohl keine echte Neurose im klinischen Sinne ganz ohne eine konstitutionelle, also letztlich biologische Grundlage entstehen kann.

Soweit ein neurotisches Symptom als „Ausdruck" und als „Mittel" gedeutet werden kann, ist es primär unmittelbarer Ausdruck und erst sekundär ein Mittel zum Zweck[1]). Die sogenannte Finalität eines neurotischen Symptoms erklärt demnach niemals die Entstehung einer Neurose, vielmehr jeweils nur die Fixierung des betreffenden Symptoms. Mit dieser Finalität läßt sich also nie erklären, wieso der Patient seine Neurose bekommen hat, sondern höchstens: wieso er von einem Symptom nicht losgekommen ist. Hier wird ein Gegensatz zur individualpsychologischen Auffassung deutlich. Die Individualpsychologie meint, daß die Neurose primär die „Aufgabe" habe, den Menschen von seiner Lebensaufgabe abzuhalten. Die Existenzanalyse glaubt nicht an diese finale Funktion der Neurose, aber trotzdem sieht sie ihre eigene therapeutische Aufgabe darin, den Menschen an seine Lebensaufgabe heranzubringen; denn er wird dann um so eher und leichter von der Neurose frei werden. Dieser „Freiheit von" (der Neurose) hat die „Freiheit zu", die „Entscheidung für" die Lebensaufgabe womöglich also voranzugehen; je mehr wir von vornherein dieses positive (logotherapeutische) Moment mit dem negativen (psychotherapeutischen) verbinden, um so rascher und sicherer gelangen wir an unser therapeutisches Ziel. Es war Gordon W. Allport von der Harvard University, der den Mut hatte zu erklären: "True neuroses, we know, are best defined as stubborn self-centeredness. No therapist can cure a phobia, obsession, prejudice or hostility by subtraction. He can assist the patient to achieve a value-system and outlook that will blanket or absorb the troublesome factor." (Personality and Social Encounter, Beacon Press, Boston 1960.) Oder auf deutsch: „Wirkliche Neurosen, wir wissen, werden am besten definiert als sture Selbst-Zentriertheit. Kein Therapeut kann eine Phobie, Zwangsneurose, Vorurteil oder Feindseligkeit dadurch heilen, daß er

[1]) Vgl. V. E. Frankl, Die Neurose als Ausdruck und Mittel, Dritter internationaler Kongreß für Individualpsychologie, Düsseldorf 1926.

etwas wegnimmt. Was er tun kann, ist, dem Patienten zu einer Wert- und Weltanschauung verhelfen, die den Störfaktor zudeckt und aufsaugt."

1. Zur Psychologie der Angstneurose

An Hand ausgewählter Fälle soll im folgenden die psychologische Struktur der Angstneurose dargetan werden, wobei wir an einigen Beispielen sehen werden, inwiefern die Neurose auch in nicht eigentlich psychischen Schichten wurzelt. Gehen wir zu diesem Zwecke von einem konkreten Falle von Erythrophobie aus. Die physiologische Grundlage liegt bei dieser Neurose in einer vasovegetativen Regulationsstörung. Sie allein stellt jedoch noch keine Neurose im eigentlichen Sinne dar; als pathogenes Moment im engeren Wortsinn muß erst das psychogene hinzutreten. Dieses Psychische innerhalb der Ätiologie der Neurose tritt uns in der Mehrzahl der Fälle als irgendein psychisches „Trauma" entgegen. In dem Falle von Errötensangst, den wir im Auge haben, bestand es in folgendem Erlebnis: Eines Tages trat der betreffende junge Mann von der winterlich kalten Straße in ein warmes Kaffeehaus. Dadurch schon war es erklärlich, daß er im Gesicht ganz besonders errötete, während er nun im Kaffeehaus zu seinem Stammtisch hinschritt und vor seine Freunde hintrat. Einer von ihnen hatte aber nichts Eiligeres zu tun, als den Eintretenden sowie die ganze Gesellschaft auf sein Erröten aufmerksam zu machen und ihn entsprechend zu hänseln. In diesem Augenblick wurde zur eigentlichen Neurose der Grund gelegt. Denn nunmehr trat zur blanden vegetativ-neurotischen Disposition, die nur die Bedeutung eines „somatischen Entgegenkommens" hatte, die Erwartungsangst hinzu: das nächste Mal, in analoger Situation, fürchtete unser Patient das Erröten bereits, womit er es dann auch schon ohne jähen Temperaturwechsel, also ohne ein auslösendes Moment, direkt provozieren mußte. Sobald aber dieser „Mechanismus" der Erwartungsangst einmal zu spielen beginnt, läuft er unerbittlich weiter: die Angst erzeugt das Symptom, und das Symptom wiederum fördert die Angst. So wird der Zirkel geschlossen — bis die Therapie ihn sprengt. Grundsätzlich wäre dies auch möglich in Form einer medikamentösen[1]) Behandlung (und zwar nicht nur im Sinne larvierter Suggestion); im allgemeinen und am besten und einfachsten geschieht es in Form eigentlicher Psychotherapie.

---

[1]) Vgl. V. E. Frankl, Zur medikamentösen Unterstützung der Psychotherapie bei Neurosen, Schweizer Archiv für Psychiatrie 43, 1, 1939.

In deren Rahmen haben wir nun vor allem eines zu tun: dem Kranken die Erwartungsangst „menschlich" so verständlich zu machen, daß sie ihm nicht mehr als eigentlich „krankhaft", daher auch nicht als irgendwie schicksalhaft imponiert. Sobald er einsieht, wie die allzu verständliche Erwartungsangst das Symptom geradezu züchten muß, wird er es zu überschätzen und zu fürchten aufhören, bis schließlich das Symptom selber aufhört und der Zirkel damit gesprengt ist. Dadurch, daß wir diesem Menschen den Respekt vor dem Symptom als einer Art eigenmächtigen pathologischen Geschehens nehmen, läßt auch jene Verkrampftheit nach, die die Aufmerksamkeit des Patienten auf das Symptom lenkt, an das Symptom fixiert, was ja der eigentliche Grund zur Fixierung des Symptoms selber ist.

In andern Fällen wird — gemäß dem vorweg gegebenen schematischen Überblick über die möglichen pathogenen Momente — eine endokrine Regulationsstörung als physiologische Grundlage einer Angstneurose aufscheinen. Namentlich in Fällen von Platzangst ist uns immer wieder aufgefallen, daß sich deutliche Zeichen gleichzeitig vorhandener Hyperthyreose finden. Jedenfalls ist mit der Hyperthyreose bzw. mit der „Sympathikotonie" schon eine gewisse „Angstbereitschaft" (Wexberg) gegeben. Auf dieser dispositionellen Grundlage kann sich nun eine Angstneurose aufbauen. Was im besonderen die Agoraphobie anlangt, werden sich auch hier „traumatische" Erlebnisse als jene ursächlichen Momente auffinden lassen, welche die Lawine der Erwartungsangst ins Rollen gebracht haben. Neben Agoraphobien, hinter denen eine Hyperthyreose steht, gibt es aber auch Klaustrophobien, in denen eine latente Tetanie steckt, und Depersonalisationssymptome bzw. die Psych-adynamischen Syndrome, hinter denen sich eine Nebennierenrindeninsuffizienz versteckt.

Neben dem Aufzeigen und Auflösen der Erwartungsangst ist es nun wichtig, den Patienten sich von der Angst distanzieren zu lassen. Dies wird am einfachsten dadurch erreicht, daß er das Symptom gleichsam objektiviert. Erst recht gelingt ihm dies aber, wenn er zu einer Art Selbstpersiflage greift. Die Distanzierung und Objektivierung des Symptoms hat ja die Aufgabe, es dem Kranken zu ermöglichen, sich sozusagen „neben" oder „über" das Angstgefühl zu stellen. Nichts ist aber mehr geeignet, Distanz zu schaffen, als der Humor. Wagen wir es doch, diese Tatsache uns zunutze zu machen; versuchen wir einmal, der neurotischen Angst gleichsam den Wind aus den Segeln zu nehmen: jammert ein Platzangstkranker beispielsweise, beim Ausgehen habe er die Angst, auf der Straße könnte ihn „der Schlag treffen", dann veranlasse man ihn versuchsweise, beim Verlassen des Hauses sich „vorzunehmen", auf der

Straße vom Schlage gerührt zusammenzusinken[1]). Um seine Angst jedoch vollends ad absurdum zu führen, mag er sich dann auch noch folgendes sagen: „So und so oft ist es mir schon passiert, daß ich auf der Straße im Schlaganfall zusammengestürzt bin; nun, heute wird es mir eben wieder einmal passieren." In diesem Augenblick kommt ihm nämlich so recht zu Bewußtsein, wie wenig seine Angst eine Realangst und wie sehr sie neurotische Angst ist; damit ist aber wiederum ein weiterer Schritt der Distanzierung getan. So hat der Kranke es in zunehmendem Maße zu lernen, sich schrittweise immer mehr „über" das Symptom zu stellen, und die humoristische Art, zu der wir ihn hierbei anzuleiten, die wir ihm geradezu vorzuspielen haben, erleichtert dies ihm so, wie aller Humor es dem Menschen leicht macht, sich „über eine Situation" zu stellen. Man lächle ruhig über diese Art, den Kranken sich seinem Symptom gegenüber umstellen zu lassen; er selber wird auch lächeln — und damit haben wir — sein — Spiel irgendwie auch schon gewonnen![2])

Der angstneurotische Patient soll es aber nicht nur erlernen, etwas trotz der Angst davor zu tun, sondern gerade das zu tun, wovor er Angst hat, also gerade jene Situationen, in denen er Angst zu erleben pflegt, aufzusuchen. Die Angst wird „unverrichteter Dinge" „nachgeben"; ist sie doch eine biologische Alarmreaktion, die irgendeine Aktion gleichsam sabotieren oder irgendeiner Situation, die „in den Augen der Angst" eine Gefahrensituation darstellt, ausweichen will. Lernt es der Kranke jedoch, „an ihr vorbei" zu agieren, dann läßt die Angst sukzessive nach, gleich als ob sie einer Inaktivitätsatrophie anheimfiele. Dieses „Vorbeileben an der Angst" ist also das gleichsam negative Ziel unserer Psychotherapie im engeren Wortsinn — ein Ziel, das sie manchmal schon erreichen kann, noch bevor das positive Ziel des „Auf-ein-Ziel-Hinlebens" durch die Logotherapie bzw. die Existenzanalyse erreicht wird.

Neben den somatogenen Pseudoneurosen gibt es aber nicht nur die psychogenen, sondern auch die von mir beschriebenen noogenen Neurosen. Einen derartigen Fall stellt etwa ein junger Mann dar, der unter der ständigen Furcht litt, an einem Karzinom sterben zu müssen. In der Existenzanalyse dieses Falles erwies sich die fortwährende innere Okkupation des Kranken mit der Frage seiner dereinstigen Todesart so recht als ein Desinteressement gegenüber der Frage seiner gegenwärtigen „Lebensart", seiner Art zu leben; seine Todesangst war letztlich Gewissensangst, jene Angst

[1]) ALLERS hat einmal gesagt: „Wer auf den Sieg verzichtet, ist so wenig bedroht und braucht so wenig Angst zu empfinden wie der, welcher die Niederlage für ausgeschlossen erachtet."

[2]) Vgl. GORDON W. ALLPORT: "The neurotic who learns to laugh at himself may be on the way to self-management, perhaps to cure."

vor dem Tode, die ein Mensch haben muß, der die Möglichkeiten seines Lebens — statt sie zu verwirklichen — nur verwirkte und dem so das bisherige Dasein sinnlos erscheinen muß. Jener Uninteressiertheit, in der unser Patient an seinen eigensten Möglichkeiten vorübergegangen war, entsprach als neurotisches Äquivalent sein lebhaftes und ausschließliches Interesse für den Tod. In seiner Karzinophobie justifizierte er sich sozusagen für seinen „metaphysischen Leichtsinn" (SCHELER). Hinter solcher neurotischer Angst steht also eine existentielle Angst. Diese Angst erscheint im phobischen Symptom gleichsam nur spezifiziert. Die existentielle Angst verdichtet sich zur hypochondrischen Phobie, indem die ursprüngliche Todesangst (= Gewissensangst) sich auf eine bestimmte tödliche Krankheit konzentriert. In der hypochondrischen Neurose haben wir also eine Abspaltung oder Ableitung der existentiellen Angst auf ein einzelnes Organ zu sehen. Der aus dem schlechten Lebensgewissen gefürchtete Tod wird verdrängt — an seiner Stelle wird die Krankheit des einzelnen Organs gefürchtet.

Die Kondensation der existentiellen Angst, der Angst vor dem Tod und zugleich vor dem Leben als Ganzem, tritt uns im neurotischen Geschehen immer wieder entgegen. Die ursprünglich totale Angst sucht anscheinend nach einem konkreten Inhalt, einem gegenständlichen Stellvertreter von „Tod" oder „Leben", einem Repräsentanten der „Grenzsituation" (JASPERS), einer symbolischen Repräsentanz (E. STRAUS). Diese „repräsentative Funktion" übernimmt beispielsweise im Falle einer Agoraphobie: „die Straße" — oder in einem Falle von Lampenfieber: „die Bühne". Oft weisen die Worte, mit denen die Kranken selber ihre Symptome und Beschwerden schildern und die sie scheinbar nur gleichnishaft, bildlich meinen, die Spur zum eigentlichen, zum existentiellen Grund der Neurose. So wählte eine Patientin mit Platzangst für ihr Angstgefühl den Ausdruck: „Gefühl, als ob man in der Luft hinge"; tatsächlich war dies der treffendste Ausdruck für die ganze geistige Situation, in der sie sich befand. Ja, ihre ganze Neurose war letztlich und wesentlich seelischer Ausdruck solcher geistigen Verfassung. Das Angst- und Schwindelgefühl, das unsere agoraphobe Patientin paroxysmal auf der Straße zu befallen pflegte, ist also existenzanalytisch als ein — wir möchten sagen: „vestibulärer" — Ausdruck ihrer existentiellen Situation zu verstehen; ganz analog aber auch beispielsweise die Worte, mit denen einmal eine an Lampenfieber leidende Schauspielerin ihr Angsterlebnis darstellte: „alles ist überdimensional — alles jagt mich — ich habe Angst, das Leben vergeht." Eine andere Kranke schilderte ihr agoraphobisches Erlebnis wörtlich und völlig unbeeinflußt folgendermaßen: „Genauso wie ich im Geistigen oft eine Leere vor mir sehe,

sehe ich es im Räumlichen eben auch ... Ich weiß gar nicht, wo ich hingehöre — wo ich hinwill."

Soweit nun die neurotische Angst nicht nur unmittelbar seelischer Ausdruck der schlechthinnigen Lebensangst ist, sondern in einzelnen Fällen auch ein Mittel zum Zweck, ist sie dies jeweils erst sekundär geworden[1]). Nicht immer und wenn, dann erst sekundär, steht sie im Dienste von tyrannischen Tendenzen gegenüber dem einen oder andern Familienmitglied oder dient sie als „Krankheitslegitimation" zum Zweck der Selbstrechtfertigung vor den Andern oder vor sich selber — wie die Individualpsychologie immer wieder zu zeigen sich bemüht. Vor und neben dieser in doppeltem Wortsinn „mittelbaren" Verwendung der Angst — dieser „sekundären" Verwendung und dieser Verwendung als „Mittel" —, also vor und neben diesem allfälligen „Arrangement"-Charakter neurotischer Angst, hat sie primär immer unmittelbaren Ausdruckscharakter. Mit Recht sprach FREUD vom „Krankheitsgewinn" als „sekundärem (!) Krankheitsmotiv". Aber auch in den Fällen, wo ein solches sekundäres Krankheitsmotiv tatsächlich vorliegt, empfiehlt es sich nicht, dem Kranken „auf den Kopf zu" zu sagen, er wolle etwa mit seinen Symptomen nur seine Gattin an sich fesseln oder seine Schwester beherrschen o. dgl. m. Was wir mit diesem Vorgehen erreichen, ist gewöhnlich Protest. Oder aber wir begehen eine Art Erpressung am Kranken, indem wir ihm immer wieder und so lange einreden, sein Symptom sei eine Waffe, mit der er etwa seine Angehörigen terrorisiere, — bis er schließlich die ganze restliche Reservekraft zusammennimmt und das Symptom irgendwie überwindet, nur um jene Vorwürfe nicht länger „auf sich sitzen zu lassen". Diesem irgendwie unfairen Vorgehen mag so manche psychotherapeutische Behandlung ihren Erfolg verdanken. Statt durch eine solche Erpressung die „Opferung" des Symptoms und damit eine Heilung zu erzwingen, erscheint es uns viel empfehlenswerter, abzuwarten, bis der seelisch aufgelockerte Kranke selber merkt, daß er ein Symptom als Mittel zum Zweck seines Willens zur Macht über die soziale Umgebung oder familiäre Umwelt ausnützt und mißbraucht. Es ist jeweils gerade die Spontaneität solcher Selbsterkenntnisse und Bekenntnisse, die den wahren therapeutischen Effekt zeitigt[2]).

Soweit die Existenzanalyse eines Falles von Angstneurose die Neurose letztlich als einen Modus der Existenz begreift, als eine Weise des Daseins, menschlichen Stellungnehmens und geistiger Entscheidungen, ist

[1]) Vgl. V. E. FRANKL, Die Neurose als Ausdruck und Mittel, Dritter internationaler Kongreß für Individualpsychologie, Düsseldorf 1926.

[2]) Vgl. V. E. FRANKL, Zur medikamentösen Unterstützung der Psychotherapie bei Neurosen, Schweizer Archiv für Psychiatrie 43, 1, 1939.

damit auch schon der Ansatz für eine Logotherapie als adäquater, spezifischer Therapie gegeben. Nehmen wir als Beispiel den konkreten Fall einer klimakterischen Angstneurose. Ungeachtet der endokrinen Gleichgewichtsstörung als somatogenen Unterbaus der Erkrankung war deren eigentliche Wurzel in der geistigen, existentiellen Dimension zu finden: im Erlebnis der Lebenskrise als einer existentiellen Krise, in der Bedrohung eines Menschen durch eine im Geistigen negative Lebensbilanz. Die Patientin war als schöne Frau von der Gesellschaft verwöhnt worden; nun galt es, jenem Lebensabschnitt gegenüberzustehen, wo erotische Geltung nicht mehr in Frage kam, nun galt es, „bestehen" zu können angesichts der schwindenden Schönheit. Erotisch hatte diese Frau ausgespielt; nun fand sie sich ohne Ziel und Zweck des Lebens, ohne Lebensinhalt — ihr Dasein erschien ihr sinnlos. „Morgens stehe ich auf", sagte sie wörtlich, „und frage mich: was ist heute? Nichts ist heute . . ." Da bekam sie es mit der Angst zu tun. Und da sie keinen Lebensinhalt hatte, da sie kein Leben voll Inhalten aufbauen konnte, mußte sie ihre Angst in ihr Leben einbauen.

Nun galt es, einen Lebensinhalt zu suchen, den Sinn ihres Lebens zu finden; ihn — und damit sich selbst, ihr Selbst, ihre inneren Möglichkeiten — jetzt jenseits von erotischem Erfolg und von sozialer Geltung. Es galt, die Patientin sich von ihrer Angst ab- und ihren Aufgaben zuwenden zu lassen. Daß dieses letztere, positive Ziel einer existenzanalytischen Logotherapie auch noch vor dem negativen Ziel aller Psychotherapie im engeren Wortsinn erreicht werden kann, wurde bereits gesagt; ja, die Erreichung des positiven Ziels wird unter Umständen schon von sich aus den Kranken von seiner neurotischen Angst befreien — insofern nämlich dieser Angst ihre existentielle Grundlage entzogen wird. Denn die neurotische Angst als existentielle wird gegenstandslos, sobald die Sinnfülle des Lebens wieder entdeckt ist und für die Angst sozusagen kein Platz mehr bleibt — und, wie jene Patientin spontan hinzubemerkte: „keine Zeit". Was es hier zu tun galt, das war: diesen konkreten Menschen in seiner konkreten Situation zu der einmaligen und einzigartigen Aufgabe seines Lebens hinzuführen. Jetzt galt es für ihn, zu „werden, was er ist"; auch vor ihm stand „ein Bild des, was er werden soll", und solange er dies nicht war, war auch „nicht sein Friede voll", um mit Rückert zu sprechen. Die klimakterische Krise mußte zu einer kritischen Wiedergeburt „aus dem Geiste" gestaltet werden — das war in diesem Falle die *Aufgabe der Logotherapie*; wobei dem Therapeuten freilich die *Rolle eines Geburtshelfers im sokratischen Sinne* zukam. Wäre es doch, wie sich noch zeigen wird, nachgerade ein Kunstfehler, wenn man dem Patienten irgendwelche

Aufgaben aufoktroyieren wollte. Im Gegenteil, der Existenzanalyse kommt es ja, wie wir gesehen haben, auf die Hinführung gerade zur selbständigen Verantwortlichkeit an.

Nun, auch im vorliegenden Falle konnte die Patientin „ihre" Lebensaufgabe finden. Mit der vollen Hinwendung zum neuen Lebensinhalt, mit der Hingabe an den neugewonnenen Daseinssinn und dem Erlebnis eigener Erfüllung in ihm war nicht nur ein neuer Mensch wiedergeboren, sondern auch alle neurotische Symptomatik geschwunden. Die ganzen funktionellen Herzsensationen, wie Unruhegefühl in der Herzgegend und Palpitationen, an denen die Kranke gelitten hatte, verschwanden, obzwar doch die klimakterische Grundlage hierzu fortbestand. So erwies sich, wie sehr dieses kardial-neurotische Erlebnis der „Unruhe" letztlich Ausdruck der geistigen Unruhe, der ganzen Unerlöstheit dieses Menschen gewesen war. „Inquietum est cor nostrum . . .", heißt es bei Augustinus; unruhig war auch das Herz unserer Patientin — solange es nicht ruhen konnte und Frieden fand im Bewußtsein ihrer einmaligen und einzigartigen Aufgabe, im Bewußtsein der Verantwortung und Verpflichtung vor ihrer Lebensaufgabe.

2. Zur Psychologie der Zwangsneurose

Auch von Haus aus mehr auf Psychogenese bzw. Psychotherapie eingestellte Forscher, wie Wexberg und andere, haben der Zwangsneurose letzten Endes eine somatische Substruktion supponiert. Hatte man doch Krankheitsbilder kennengelernt, in denen sich postenzephalitische Krankheitsprozesse manifestierten und gleichzeitig eine Analogie zu zwangsneurotischen Syndromen auffiel. Man beging nun den Fehler, Formenähnlichkeit mit Wesensgleichheit zu verwechseln. Man ging schließlich so weit, nicht nur einen konstitutionellen, sondern auch einen prozeßhaften Faktor der Zwangsneurose zugrunde zu legen. Bestärkt wurde man in der Annahme dieser Grundlage durch die Kenntnis jener Fälle, in denen der Verlauf durchaus den Charakter eines fortschreitenden Prozesses oder aber phasenhaften Charakter hatte. Es ist aber nicht ausgeschlossen, daß es sich bei ersteren Fällen um getarnte Schizophrenien handelte und bei letzteren um larvierte Melancholien. Aber auch dort, wo man nicht psychotische Prozesse für die physiologische Grundlage zwangsneurotischer Symptome hielt, wurde das schicksalhafte Moment in einem andern Sinne in den Vordergrund gestellt: im Sinne einer konstitutionellen Psychopathie. Man sprach von einem „anankastischen Syndrom" als Ausdruck einer anankastischen Psychopathie. In ihr sah man das hereditäre Element der Zwangsneurose; ihr sprach man auch ein eigenes erbbiologisches Radikale zu, das einen besonderen, nämlich dominanten Erbgang haben sollte. Schließlich wurde vorgeschlagen, statt von Zwangsneurose von „Zwangskrankheit“ zu sprechen, um damit den schicksalhaften Charakter zu betonen.

Therapeutisch halten wir all diese verschiedenen Auffassungen für verhältnismäßig unerheblich; im besonderen meinen wir, daß die Psychotherapie auch durch das Betonen des schicksalhaften Moments innerhalb der Grundlagen der Zwangsneurose weder ihrer Verpflichtung enthoben ist, noch um ihre Chancen gebracht wird. Denn die anankastische Psychopathie stellt nichts weiter dar als eine bloße Disposition zu gewissen charakterologischen Eigentümlichkeiten wie Pedanterie, besondere Ordnungsliebe, Reinlichkeitsfanatismus oder skrupulantes Wesen. Unter ihnen leidet weder der Träger noch seine Umgebung. Sie sind nur der Boden, auf dem die eigentliche Zwangsneurose wachsen kann, aber nicht muß. Wo es auf dem Boden einer solchen Konstitution dann tatsächlich zur Neurose kommt, dort ist auch schon der Boden menschlicher Freiheit erreicht: dort ist die Einstellung des Menschen, sein Verhalten zur psychopathischen Anlage, wesentlich frei, also nicht mehr — wie die Anlage selber — schicksalhaft oder, um den Ausdruck von Erwin Straus zu gebrauchen, „kreatürlich“. Soweit demnach die primäre Ursache einer Zwangsneurose nichts Psychisches, die Zwangsneurose also nicht psychogen ist, handelt es sich lediglich um eine Disposition und noch gar nicht um eine Krankheit im eigentlichen Sinne. Diese Disposition ist an sich etwas rein Formales; zu ihm treten im Falle der manifesten Zwangsneurose jene inhaltlichen Bestimmungen hinzu, die allerdings psychogen sind.

Freilich ist damit noch lange nicht gesagt, daß die Aufdeckung der Psychogenie der konkreten Inhalte auch therapeutisch schon wirksam oder auch nur indiziert sei. Im Gegenteil, wir wissen nur allzu gut, welche Gefahr das Eingehen auf den jeweiligen Inhalt der Symptome in sich birgt. Die Behandlung des einzelnen Symptoms erscheint uns gerade bei der Zwangsneurose für kontraindiziert. So wie beispielsweise der Versuch einer hypnotischen Behandlung von Schizophrenen bei ihnen ein Beeinflussungsgefühl provozieren kann, oder bei Melancholikern die individualpsychologische Behandlung mit ihren Vorhalten der Ausnützung von Affekten als Machtinstrumenten gegenüber Angehörigen nur Wasser auf die Mühle der Selbstvorwürfe solcher Patienten bedeutet — so würde die eingehende Symptomenbehandlung beim Zwangsneurotiker nur geeignet sein, seinem Grübelzwang in die Hände zu arbeiten. Von derartiger symptomatischer oder Symptomenbehandlung wohl zu unterscheiden ist hingegen die palliative Behandlung durch Logotherapie. Ihr geht es nicht darum, das einzelne Symptom oder die Krankheit als solche zu behandeln, sondern was hier behandelt werden soll, ist das Ich des Zwangsneurotikers, was hier gewandelt werden soll, ist seine Einstellung zur Zwangsneurose. Diese Einstellung ist es ja erst, die aus der konstitutionellen Grundstörung das klinische Krankheitssymptom gemacht hat. Und diese Einstellung ist, zumindest in leichteren Fällen oder im Frühstadium, durchaus noch korrigierbar. Dort also, wo die Einstellung selber noch nicht jene typisch zwangsneurotische Starre hat, wo sie selber also noch nicht von der Grundstörung gleichsam infiltriert ist, dort muß auch eine Umstellung möglich erscheinen.

Schon der Psychotherapie im engeren Wortsinn kommt bei der Zwangsneurose die Aufgabe zu, in der Einstellung des Patienten zur Neurose als Ganzem eine Umstellung herbeizuführen. Diese allgemeine Umstellung hat in ähnlicher Weise vor sich zu gehen wie bei der Angstneurose. So wie bei ihr muß auch hier in erster Linie „Distanz zum Symptom" geschaffen werden. So wie bei der Behandlung von Phobien soll auch das therapeutische Vorgehen angesichts von Zwangsneurosen den Patienten gleichsam auflockern und seine Gesamthaltung gegenüber der Neurose sozusagen entkrampfen. Ist es doch bekannt, daß gerade das verkrampfte Ankämpfen solcher Patienten gegen ihre Zwangsvorstellungen den „Zwang" nur zu steigern geeignet ist. Druck erzeugt Gegendruck; je mehr der Patient gegen seine Zwangsvorstellungen gleichsam anrennt, um so stärker werden sie und um so mächtiger müssen sie ihm erscheinen. Was ihm so sehr not tut, ist Gelassenheit und Humor — worauf schon ERWIN STRAUS hingewiesen hat. Beide Momente lassen sich nun in unserem psychotherapeutischen Vorgehen vereint anwenden. Mit der gleichen Selbstpersiflage, zu der wir den Angstneurotiker anhalten, wird auch der Zwangsneurotiker seinen Zwangsbefürchtungen gegenübertreten müssen. So etwa, wenn ein Kranker die ständige Befürchtung hatte, den Straßenbahnschaffner oder einen Geschäftsmann um einige Groschen geprellt zu haben, ohne es zu bemerken. Dieser Kranke erlernte es bald, auf solche Befürchtungen hin sich zu sagen: „Wie? Um ein paar Groschen bloß habe ich den Mann betrogen? Nein: um Tausende von Schilling habe ich ihn betrogen — und will ich ihn betrügen; und immer weitere Leute und um immer mehr Geld will ich betrügen!"

Das Nichtankämpfen gegen die Zwangsvorstellungen hat aber eine wesentliche Voraussetzung. Es setzt nämlich voraus, daß der Kranke sich vor seinen Zwangsvorstellungen nicht fürchtet. Aber nur allzu oft überschätzen die Patienten ihre zwangsneurotischen Symptome insofern, als sie in ihnen Vorboten oder gar schon Anzeichen einer psychotischen Erkrankung erblicken. Dann aber müssen sie sich ja vor den Zwangsgedanken fürchten. Es gilt also, fürs erste diese Furcht vor drohender Psychose zu beseitigen, eine Furcht, die sich gelegentlich ihrerseits zu ausgesprochener Psychotophobie steigern kann. Die so wichtige, an sich schon fruchtbare und heilsame Distanzierung und Objektivierung kann erst gelingen, wenn wir dem Patienten diesen allzu großen Respekt vor seiner Zwangsneurose genommen haben. Erst dann, wenn wir sie in diesem Sinne zu bagatellisieren vermochten, wird der Kranke imstande sein, sie irgendwie zu ignorieren und an ihr vorbei zu agieren. Es empfiehlt sich in solchen Fällen, wo eine Psychosenfurcht vorliegt, ganz sachlich auf sie einzugehen; man braucht sich nicht zu scheuen, den Patienten etwa auf die Arbeiten von PILCZ sowie von STENGEL zu verweisen, aus denen sogar ein gewisser Antagonismus zwischen Zwangsneurosen und psychotischen Erkrankungen hervorgeht, so daß gerade der Zwangsneurotiker trotz, ja wegen seiner Zwangsbefürchtungen Psychosen gegenüber geradezu immun erscheinen muß. Der vom Kranken so gefürchtete „Übergang der Zwangsneurose in eine Psychose" — darauf kann man ruhig hinweisen — bildete einmal den Titel einer eigenen Rubrik in einer Statistik über die Verläufe echter Zwangsneurosen, die dem Referat auf einem Psychotherapeutenkongreß zugrunde gelegt wurde; und in dieser Rubrik stand eine tröstliche Null.

Wir fragen den Patienten, ob er nicht immer schon die Gewohnheit hätte, wiederholt zu kontrollieren, ob Gashahn und Gangtür 100%ig sicher geschlossen seien, und sobald der erstaunte Patient unsere Frage bejaht, erklären wir ihm mit todernster Miene, als wollten wir ihm sein geistiges Todesurteil verkünden: „Sehen Sie, jeder Mensch kann geisteskrank werden; eine einzige Gruppe von Menschen ist allerdings ausgenommen, die sind gefeit vor Geisteskrankheit, und das sind jene Menschen, die einen zwangsneurotischen Charakter haben, die also zu diversen Zwangsbefürchtungen neigen oder gar an ihnen leiden — und was Sie vorhin angegeben haben — wir nennen es Wiederholungs- und Kontrollzwang — sind typische Zwangsbefürchtungen. So muß ich Ihnen Ihre Illusion rauben: Sie können gar nicht geisteskrank werden — auch wenn Sie sich auf den Kopf stellen: gerade Sie nicht!" Spricht man mit dem Patienten so, dann glaubt man die Steine poltern zu hören, die ihm vom Herzen fallen.

Zwangsneurotische Patienten fürchten sich jedoch nicht nur davor, daß ihre Zwangsneurose in eine Psychose übergehen könnte, sondern auch schon davor, daß beispielsweise ihre suiziden oder homiziden Zwangsimpulse von ihnen vielleicht einmal in die Tat umgesetzt werden könnten — falls die Patienten nicht imstande wären, sie zu bekämpfen. In solchen Fällen muß erst recht diese Befürchtung sachlich zurückgewiesen werden, um das so nachteilige Ankämpfen gegen die Zwangsimpulse abzustellen.

Schon dadurch, daß es uns glückt, die unbegründete Psychosenfurcht vom Patienten zu nehmen, erzielen wir eine nennenswerte seelische „Druckentlastung"; jetzt wird auch nicht mehr jener Gegendruck seitens des Ich ausgeübt werden, der den Druck seitens des Zwanges erst so recht erzeugte. Im Sinne einer solchen Druckentlastung, wie sie aller weiteren Psychotherapie und auch jeder Logotherapie voranzugehen hat, ist es oft wichtig, eine völlige Umstellung des Patienten zur Krankheit herbeizuführen. Soweit nämlich seine Krankheit gleichsam einen schicksalhaften Kern hat, soll der Patient es lernen, die Zwangsneurose als etwas Schicksalhaftes auch hinzunehmen, um gerade dadurch zu vermeiden, daß sich um den psychopathisch-konstitutionellen Kern unnötiges, psychogenes Leiden apponiert. Der Patient soll zu dem Minimum psychotherapeutisch wirklich unbeeinflußbarer Charakterdisposition Ja sagen lernen. Je mehr wir ihn so zu einer Art amor fati erziehen, um so geringfügiger wird der Rest an unbeeinflußbarer schicksalhafter Symptomatik werden.

Es ist uns der Fall eines Patienten bekannt, der durch fünfzehn Jahre an einer schweren Form von Zwangsneurose gelitten hatte und zwecks Behandlung aus seiner Heimat auf einige Monate in die Großstadt gekommen war. Dort unterzog er sich einer Psychoanalyse, die wahrscheinlich schon wegen der Kürze der verfügbaren Frist erfolglos blieb. Nun war er im Begriffe heimzufahren, aber nur um seine Familien- und Geschäftsangelegenheiten zu ordnen und sodann Selbstmord zu begehen. So groß war seine Verzweiflung darüber, daß sein Leiden therapeutisch anscheinend als aussichtslos sich erwies. Wenige Tage vor seiner Abreise suchte er über Drängen seiner Freunde noch einen zweiten Arzt auf. Der mußte, schon angesichts der geringen verfügbaren Zeit, von vornherein auf jede Analyse verzichten und sich gleichsam auf eine Revision der Einstellung des Kranken zur Zwangskrankheit beschränken. Er versuchte nun, den Kranken mit seiner Krankheit sozusagen auszusöhnen. Diesen Versuch baute er auf der Tatsache auf, daß es sich beim Patienten um einen tief religiösen Menschen handelte. Der Arzt verlangte von ihm nun nichts anderes, als daß der Kranke in seiner Krankheit etwas „Gottgewolltes" sehe, etwas schicksalhaft Gegebenes, womit er nicht weiter hadern, sondern worüber hinweg er ein gottgefälliges Leben führen solle. Die innere Umstellung, die sich alsdann im Kranken vollzog, hatte einen erstaunlichen Effekt und überraschte sogar den Arzt selber: nachdem der Patient schon bei der zweiten psychotherapeutischen Sitzung angeben konnte, daß er nun das erste Mal seit zehn Jahren eine volle Stunde des Freiseins von seinen Zwangsvorstellungen erlebt hatte, berichtete er nach der unmittelbar darauf erfolgten, weil unaufschieblich gewesenen Heimreise brieflich, der Zustand habe sich so weit gemildert, daß er sich als praktisch geheilt bezeichnen könne.

Die Korrektur jener seelischen Fehlhaltung, die im verkrampften Ankämpfen unserer zwangsneurotischen Patienten gegen ihre Zwangsgedanken besteht, hat dem Kranken gleichzeitig zweierlei klarzumachen: daß er einerseits für die zwangsneurotischen „Einfälle" nicht verantwortlich ist, daß er andererseits aber sehr wohl verantwortlich ist für sein Verhalten gegenüber diesen Einfällen. Denn dieses Verhalten ist es ja erst, das die peinlichen Einfälle für ihn so peinigend werden läßt, wenn er sich nämlich innerlich mit ihnen „abgibt", sie gedanklich weiterführt oder etwa aus der Furcht vor ihnen immer wieder gegen sie ankämpft. Auch hier muß zu der negativen und im engeren Wortsinn psychotherapeutischen Komponente der Behandlung eine positive logotherapeutische Komponente hinzutreten. In ihrem Sinne wird es der Kranke schließlich erlernen, an der Zwangsneurose vorbeizuleben und trotz ihr ein sinnerfülltes Leben zu führen. Daß die Zuwendung zu seiner konkreten Lebensaufgabe ihrerseits die Abwendung von den Zwangsgedanken erleichtert, ist klar.

Phänomenologische Analyse der zwangsneurotischen Erlebnisweise

Außer derartiger allgemeiner Logotherapie gibt es bei der Zwangsneurose noch eine spezielle Logotherapie, die sich nämlich mit der spezifischen geistigen Haltung gerade des Zwangsneurotikers zu befassen hat und um die Korrektur jener charakteristischen Weltanschauung bemüht ist, zu der der Zwangsneurotiker typischerweise neigt und die wir gleich noch kennenlernen werden. Zum Verständnis dieser Weltanschauung verhilft uns die spezielle Existenzanalyse der Zwangsneurose. Ausgehen muß sie von einer unvoreingenommenen phänomenologischen Analyse des zwangsneurotischen Erlebens.

Was geht im Zwangsneurotiker vor, wenn er beispielsweise von Zweifelsucht geplagt wird? Er rechnet etwa: $2 \times 2 = 4$. Im konkreten Falle läßt sich nachweisen, daß er noch vor jedem Zweifel irgendwie darum weiß, daß die Rechnung stimmt; trotzdem meldet sich sogleich der Zweifel. „Ich muß es noch einmal machen", sagte ein solcher Kranker, „obzwar ich weiß, es ist gut gemacht." Gefühlsmäßig erlebt er nämlich eine Art unerledigten Rest! Während der normale Mensch mit dem jeweiligen Resultat seiner Denkakte insofern zufrieden ist, als er darüber hinaus nichts weiter zu fragen hat, mangelt dem zwangsneurotischen Menschen jenes schlichte Gefühl, das dem Denkakt folgt und im Falle des Rechenbeispiels „$2 \times 2 = 4$" lauten würde: „— und so ist es auch." Was der Normale hier erlebt, ist die Evidenz, und was dem zwangsneurotischen Denken eben abgeht, ist das normale Evidenzgefühl. Wir können sonach von einer Insuffizienz des Evidenzgefühls beim Zwangsneurotiker sprechen. Während der Normale jenen irrationalen Rest, der allen Denkergebnissen irgendwie anhaftet, selbst bei viel schwierigeren Rechenoperationen oder komplizierteren anderweitigen Denkakten gleichsam abblendet, kann der Zwangsneurotiker von diesem irrationalen Rest nicht loskommen und über ihn hinweg im Denken fortfahren: seiner Insuffizienz des Evidenzgefühls entspricht eine Intoleranz gegenüber jenem irrationalen Rest. Dem Zwangsneurotiker gelingt es eben nicht, ihn abzublenden.

Wie reagiert nun der Zwangsneurotiker auf den irrationalen Rest? In einem neuerlichen Denkansatz versucht er, ihn zu überwinden, vermag ihn aber naturgemäß niemals zur Gänze zu eliminieren. So ist er gezwungen, in einem immer neuen Denkakt immer wieder zu versuchen, den irrationalen Rest zu tilgen, kann ihn aber jeweils nur verringern. Dieses Spiel gleicht der Funktion einer Saugpumpe, die bekanntlich einen „toten Raum" hat, so daß niemals ein absolutes Vakuum erzeugt, vielmehr die in einem luftleer zu machenden Gefäß vorhandene Luftmenge jeweils nur auf einen bestimmten Prozentsatz herabgesetzt werden kann: der erste Kolbenzug reduziert den Luftgehalt etwa auf ein Zehntel, der nächste auf ein Hundertstel usf. Den letztlich vergeblichen Wiederholungen der Kolbenzüge entspricht bei der Zwangsneurose der Wiederholungszwang. Bei der Revision eines Denkergebnisses wird sich der Zwangsneurotiker seiner Sache schon etwas sicherer fühlen; ein Rest von Unsicherheit bleibt aber auch dann und immer wieder bestehen, mag sich der Zwangsneurotiker auch noch so sehr und — im Wiederholungszwang — auch noch so oft bemühen, diesen Rest auszuschalten. Solche Bemühung setzt er so lange fort, bis er erschöpft ist, sich zu einem vagen Credo und einer pauschalen Absolution aufrafft und von der Grübelei (bis zur nächsten) abläßt.

Der Störung des Evidenzgefühls, als einem Moment der zwangsneurotischen Grundstörung auf der Seite des Erkennens, entspricht auf der Seite des Entscheidens eine Störung der Instinktsicherheit.

Die weitere phänomenologische Analyse der zwangsneurotischen Erlebnisweise zeigt nämlich, daß beim Zwangsneurotiker jene Instinktsicherheit erschüttert ist, die den Gesunden im Alltag leitet und ihm die banalen Entscheidungen gleichsam abnimmt. Die Instinktsicherheit des normalen Menschen spart die Bewußtheit seiner Verantwortlichkeit für die großen Stunden an den Kreuzwegen des Lebens auf, und selbst dann ist sie noch in irgendwie irrationaler Form wirksam: als Gewissen! Der Zwangsneurotiker jedoch muß die beiden thymopsychischen Defekte, mit denen er behaftet ist, die Störung des Evidenzgefühls und der Instinktsicherheit, durch besondere Bewußtheit und besondere Gewissenhaftigkeit kompensieren. Seine Übergewissenhaftigkeit und Überbewußtheit erweisen sich somit als noopsychische Überkompensationen (um mich der bekannten Antithese von STRANSKY „Noopsyche — Thymopsyche" zu bedienen). Die Erschütterung der gefühlsmäßigen Selbstsicherheit im Erkennen und Entscheiden führt beim zwangsneurotischen Menschen zu einer forcierten Selbstkontrolle. Sie erzeugt in ihm kompensatorisch den Willen nach absoluter Sicherheit im Erkennen und im Entscheiden, ein Streben nach absolut sicherer Erkenntnis und ein Streben nach absolut moralischer Entscheidung. Mit der gleichen Gewissenhaftigkeit und Bewußtheit, mit der ein normaler Mensch bestenfalls seine Berufswahl oder Gattenwahl trifft, mit der gleichen Gewissenhaftigkeit und Bewußtheit sperrt der Zwangsneurotiker seine Wohnungstür ab oder wirft er einen Brief in den Briefkasten. Daß sich die übermäßige Bewußtheit und verschärfte Selbstbeobachtung an sich schon störend auswirken muß, ist bekannt. Dem Zwangsneurotiker mangelt gemäß der bei ihm anzutreffenden Hypertrophie der Bewußtheit, die seine Erkenntnis- und Entscheidungsakte begleitet, jener „flüssige Stil", in dem der Gesunde lebt, denkt und handelt. Der Fußgänger wird stolpern, sobald er — statt das Ziel im Auge zu behalten — seine Aufmerksamkeit allzu sehr auf den Gehakt richtet. In übermäßiger Bewußtheit kann der Mensch einen Akt höchstens initiieren, aber nicht exekutieren, ohne ihn dadurch auch schon zu stören.

Die übermäßige Bewußtheit und übertriebene Gewissenhaftigkeit des Zwangsneurotikers stellt also zwei für ihn typische Charakterzüge dar, deren Wurzel wir bis in den thymopsychischen Unterbau der Persönlichkeit verfolgen konnten. Daraus folgt, daß eine der therapeutischen Aufgaben darin besteht, den Zwangsneurotiker zu den verschütteten Quellen von Evidenzgefühl und Instinktsicherheit, die in den emotionalen Tiefenschichten der Person entspringen, irgendwie zurückfinden zu lassen, etwa durch eine Rückerziehung zum Vertrauen zu jenen Resten von Evidenzgefühl und Instinktsicherheit, die wir auch noch beim Zwangsneurotiker aufdecken können.

Der Zwangsneurotiker sucht, wie wir sagten, die absolute Sicherheit im Erkennen und Entscheiden. Er strebt nach Hundertprozentigkeit. Er will immer das Absolute, das Totale. Erwin Straus hat darauf hingewiesen, daß der Zwangsneurotiker sich jeweils der „Welt als Ganzem" gegenübergestellt findet. Wir möchten ergänzen: Unter der Last des Weltganzen leidet er gleich Atlas. Der Zwangsneurotiker leidet vertieft unter der Befangenheit jeder menschlichen Erkenntnis und unter der Fragwürdigkeit aller menschlichen Entscheidung!

Straus hat auch darauf hingewiesen, daß — im Gegensatz zum Zwangsneurotiker — der gesunde Mensch das Partikulare sieht, die Welt perspektivisch sieht. Auch hier möchten wir ergänzen: Die Werte gelten jeweils persönlich, sind aber gerade dadurch — verbindlich. Im Weltbild des Zwangsneurotikers jedoch fällt alle Konkretheit auf einen blinden Fleck. Im Gegensatz zu Straus halten wir aber dieses geistige Skotom für aufhellbar: Wir werden noch sehen, inwiefern eine spezifische Logotherapie die zwangsneurotische Weltanschauung der Hundertprozentigkeit mit sachlichen Argumenten zu korrigieren imstande ist.

Straus hat schließlich darauf hingewiesen, daß der Zwangsneurotiker nicht in der dem Menschen gemäßen Weise der „Vorläufigkeit" zu leben vermag. Hierzu wollen wir bemerken, daß dem Zwangsneurotiker eine spezifische Ungeduld eignet. Ihn zeichnet also eine Intoleranz nicht nur gegenüber dem irrationalen Rest im Denken aus, sondern auch gegenüber der Spannung zwischen Sein und Sollen. Dies mag jenem „Gottähnlichkeitsstreben" zugrunde liegen, von dem Alfred Adler gesprochen hat und in dem wir das Gegenstück zum Bekenntnis zur „kreatürlichen" Unvollkommenheit sehen können. Diesem Bekenntnis entspricht die Erkenntnis der Spannung zwischen Sein und Sollen, in die der Mensch als solcher hineingestellt ist.

Die These von Straus, der Zwangsneurotiker vermöge nicht in der Vorläufigkeit zu leben, erscheint uns ergänzungsbedürftig durch den Satz: Der Zwangsneurotiker vermag auch nicht in der Beiläufigkeit zu denken. So wie er statt des Vorläufigen das Definitive will, so will er statt des Beiläufigen das Definierte. Wir sehen also, wie seinem totalitären Anspruch auf Hundertprozentigkeit in pragmatischer Hinsicht jeweils ein gleicher Anspruch in kognitiver Hinsicht entspricht.

In dieser existenzanalytischen Sicht erweist sich das Wesen der Zwangsneurose letztlich als die Verzerrung eines faustischen Strebens. Mit all seinem Willen zum Absoluten, mit seinem Streben nach Hundertprozentigkeit auf jedem Gebiet, steht der Zwangsneurotiker da wie ein verhinderter Faust — „tragisch" in seiner Menschlichkeit und „traurig" in seiner Krankhaftigkeit.

Bei der Angstneurose haben wir gesehen, daß sich die Weltangst im phobischen Symptom kondensiert. Bei der Zwangsneurose finden wir eine Analogie: Da es unmöglich ist, den totalitären Anspruch gänzlich zu erfüllen, muß ihn der Zwangsneurotiker auf einen Sonderbereich des Lebens konzentrieren. Da Hundertprozentigkeit nicht immer und überall verwirklichbar ist, wird sie auf ein bestimmtes Gebiet eingeschränkt und abgedrängt, auf dem sie eher erfüllbar erscheint (z. B. im Waschzwang auf die Reinheit der Hände). Das Feld, auf dem es dem Zwangsneurotiker gelingt, seinen Willen zum Unbedingten halbwegs durchzusetzen, ist beispielsweise: für die Hausfrau der Haushalt, für den geistigen Arbeiter die Schreibtischordnung, für den «homme à petit papier» das notizenmäßige Festhalten von Programmen und Festlegen von Erlebtem, für den bürokratischen Typus die absolute Pünktlichkeit usw. Der Zwangsneurotiker beschränkt sich also jeweils auf einen bestimmten Sektor des Daseins; in diesem Sektor — als „pars pro toto" — versucht er, seinen totalitären Anspruch zu erfüllen (Anmerkung 5). So wie in der Phobie die Angst (des Menschen von passiverem Typus), vor der Welt in toto, einen konkreten Inhalt erhält und sich einem einzelnen Gegenstande zuwendet, genauso wendet sich im zwangsneurotischen Symptom der Wille (des Menschen von aktiverem Typus), die Welt nach seinem Ebenbilde zu gestalten, einem einzelnen Lebensgebiet zu. Aber auch dort gelingt dem Zwangsneurotiker die Erfüllung seines totalitären Anspruchs nur fragmentarisch oder nur fiktiv und jeweils nur um den Preis seiner Natürlichkeit — seiner „Kreatürlichkeit". Insofern ist all sein Streben irgendwie als unmenschlich gezeichnet. Er entzieht sich der „Werdewirklichkeit" (Straus), er verachtet die Realität, die der nicht zwangsneurotische Mensch zum Sprungbrett existentieller Freiheit macht; er antizipiert die Lösung der Lebensaufgabe in fiktiver Form.

Beide, der Zwangsneurotiker ebenso wie der Angstneurotiker, sind gleichermaßen dadurch gekennzeichnet, daß ihr Sicherheitsstreben gleichsam abgebogen, „zurückgebogen", reflektiert ist und ein gewissermaßen subjektivistisches, um nicht zu sagen psychologistisches Gepräge hat. Um all dies jedoch besser verstehen zu können, müssen wir vom Sicherheitsstreben des Normalen ausgehen. Von ihm nun läßt sich aussagen: sein Inhalt ist Sicherheit schlechthin. Das Sicherheitsstreben des neurotischen Menschen aber begnügt sich keineswegs mit solcher Sicherheit, mit dieser vagen Sicherheit, der vagen Sicherheit alles kreatürlichen Seins. Denn der neurotische Mensch ist irgendwie „geschreckt" und demgemäß sein Sicherheitsstreben ein forciertes. So entsteht in ihm der Wille zur absoluten Sicherheit. Beim Angstneurotiker nun richtet sich dieser Wille auf die Sicherung vor Katastrophen. Da es jedoch eine absolute Sicherung davor nicht gibt, ist der Angstneurotiker darauf angewiesen, sich auf das bloße Sicherheitsgefühl zu beschränken. Damit aber wendet er sich auch schon von der Welt der Objekte und der Gegenstände ab und wendet sich dem Subjektiven und dem Zuständlichen zu: der Ort der angstneurotischen Existenz ist längst nicht mehr in der Welt, die dem durchschnittlichen Menschen seine alltägliche Ruhe schenkt, jene Ruhe, die es bewenden läßt auch schon bei der relativen Unwahrscheinlichkeit einer Katastrophe — der Angstneurotiker will die absolute Unmöglichkeit einer Katastrophe. Dieser sein Wille zur absoluten Sicherung zwingt ihn jedoch, mit dem Sicherheitsgefühl eine Art Kult zu treiben; stellt doch die zugrunde liegende Abkehr von der Welt eine Art Sündenfall dar und erzeugt demzufolge gewissermaßen ein schlechtes Gewissen, das seinerseits nunmehr auf eine Kompensation drängt, die der Angstneurotiker nur noch in einer unmenschlichen Übertreibung seines reflektierend-subjektivistischen Sicherungsstrebens versuchen kann.

Während es so dem Angstneurotiker um die absolute Sicherung vor einer Katastrophe zu tun ist — die er in ein forciertes Streben nach bloßem Sicherheitsgefühl umzubiegen gezwungen ist —, geht es dem Zwangsneurotiker um die Sicherheit seines Erkennens und Entscheidens; aber auch bei ihm ist dieses Sicherheitsstreben nicht etwa eingebettet in die Beiläufigkeit und Vorläufigkeit „kreatürlichen" Daseins, vielmehr erfährt auch sein Sicherheitsstreben eine subjektivistische Wendung und endet in einem verkrampften Streben nach dem bloßen Gefühl „hundertprozentiger" Sicherheit. Hier jedoch offenbart sich eine tragische Vergeblichkeit: denn ist schon sein „faustisches" Streben nach absoluter Sicherheit an sich zum Scheitern verurteilt, so ist es das Streben nach dem absoluten Sicherheitsgefühl erst recht. Denn im Augenblick, wo dieses Gefühl als solches intendiert wird (statt daß es sich als bloße Folge sachhaltiger Vollzüge von selber einstellte), im selben Augenblick wird es auch schon vertrieben. Dem Menschen wird nun einmal keine vollkommene Sicherheit, weder in dieser noch in jener Beziehung; aber am allerwenigsten kann ihm gerade jenes absolute Sicherheitsgefühl zuteil werden, das der Zwangsneurotiker eben so verkrampft zu erhaschen sucht. Fassen wir zusammen, so können wir sagen: Der Normale will in einer halbwegs sicheren Welt sein — während der Neurotiker ein absolutes Sicherheitsgefühl anstrebt. Der Normale will sich dem geliebten Du hingeben — während der Sexualneurotiker den Orgasmus anstrebt, ihn als solchen intendiert und damit auch schon potenzgestört ist. Der Normale will ein Stück Welt „beiläufig" erkennen — während der Zwangsneurotiker ein Evidenzgefühl haben will, es als solches intendiert und damit auch schon in einem progressus in infinitum vor sich her treibt. Der Normale schließlich will das konkrete Dasein existentiell verantworten; während der zwangsneurotische Skrupulant nur das Gefühl eines — dafür aber absolut — guten Gewissens haben möchte: also ein Zuviel — vom Standpunkt des menschlich Wünschbaren — und zugleich ein Zuwenig — vom Standpunkt des menschlich Erfüllbaren.

Die Zwangsneurose erscheint uns so recht exemplarisch für das Widerspiel von Freiheit und Gebundenheit innerhalb der Neurose schlechthin. Erwin Straus hat nun in seiner Arbeit über die Psychologie der Zwangsneurose den zwangsneurotischen Charakter mehr minder als etwas „Kreatürliches" hingestellt. Dem können wir nicht beistimmen; wir halten die Charakterentwicklung zur ausgesprochenen Zwangsneurose nicht für unausweichlich schicksalhaft. Vielmehr halten wir eine Art von seelischer Orthopädie für durchaus möglich. Wie nötig sie ist — etwa im Sinne einer Psychagogik, die den Zwangsneurotiker zu den ihm so wesentlich mangelnden Charaktereigenschaften des Humors und der Gelassenheit erzieht —, wurde schon erwähnt. Straus hat das Verdienst, als einer der ersten die Zwangsneurose bis ins Existentielle hinein verfolgt zu haben; er übersah aber die Möglichkeit, die Zwangsneurose vom Geistigen her auch zu behandeln! Das Verhalten des Kranken zu ihr ist ja irgendwie immer noch frei. „Verhalten" wäre nun im gegebenen Falle ein Sich-verhalten der Person zu Pathopsychischem. Die Einstellung der Person zur seelischen Krankheit ist aber auch der Ansatz der Logotherapie. Wir haben bereits im bisherigen die allgemeine Logotherapie der Zwangsneurose (Umstellung der Person gegenüber der seelischen Krankheit) sowie die spezielle Existenzanalyse der Zwangsneurose (Deutung als Karikatur des faustischen Menschen) darzustellen versucht; im folgenden geht es nun um die spezielle Logotherapie der Zwangsneurose, um die Korrektur der zwangsneurotischen Weltanschauung.

Die Zwangsneurose „verführt" zu jener Weltanschauung der Hundertprozentigkeit, von der oben die Rede war. Während Straus in der zwangsneurotischen Weltanschauung nur ein psychisches Symptom erblickt, gilt unsere Frage der Möglichkeit, Weltanschauung überhaupt zu einem therapeutischen Instrument zu machen, zu einem Instrument, das also gegen die Zwangsneurose und damit auch gegen die zwangsneurotische Weltanschauung angewandt wird. Diese Möglichkeit wollen wir nun an Hand eines Falles besprechen, in dem die zwangsneurotische

Weltanschauung in statu nascendi war. Es handelte sich um einen jungen Menschen in der Spätpubertät. Unter den Wehen der Reifezeit wurde hier die „Geburt" der zwangsneurotischen Weltanschauung sichtbar — gleichzeitig jedoch eine logotherapeutische Gegenregulation möglich.

Der betreffende junge Mensch war von einem faustischen Erkenntnisdrang beseelt. „Ich will auf den Ursprung der Dinge zurück", waren seine Worte; „ich will alles beweisen; alles, was unmittelbar evident ist, will ich beweisen — z. B., ob ich lebe." Wir wissen, daß das Evidenzgefühl des Zwangsneurotikers insuffizient ist; aber auch das normale Evidenzgefühl stellt unseres Erachtens eine echte „Vollzugswirklichkeit" dar. Als solche entzieht es sich wesentlich dem intentionalen Zugriff: Versuchen wir, in erkenntnistheoretischer Absicht, uns lediglich auf unser Evidenzgefühl zu verlassen, dann verfallen wir in einen logischen progressus in infinitum. Ihm entspricht — auf psychopathologischer Seite — der Wiederholungszwang des Zwangsneurotikers bzw. dessen Grübelzwang. Wir dürfen uns nicht scheuen, diesen Grübelzwang einer immanenten Kritik zu unterziehen.

Die letzte oder, wenn man will, erste Frage der radikalen Skepsis gilt dem „Sinn des Seins". Nach dem Sinn des Seins zu fragen ist aber insofern sinnlos, als das „Sein" dem „Sinn" vorgängig ist. Denn das Sein von Sinn ist bei der Frage nach dem Sinn von Sein immer schon vorausgesetzt. Das Sein ist gleichsam jene Mauer, hinter die wir nun einmal nicht zurücktreten können, wann immer wir es befragen. Unser Patient aber wollte anschauliche, unmittelbare Gegebenheiten, das Sein — beweisen; es mußte ihm vorgehalten werden, daß solche Gegebenheiten zu „beweisen" unmöglich — aber auch unnötig ist: als anschauliche Gegebenheiten sind sie evident. Sein Einwand, daß er trotzdem zweifle, ist im wahrsten Sinne gegenstandslos. Denn der logischen Unmöglichkeit des Zweifels am anschaulich evidenten, unmittelbar gegebenen Sein entspricht eine psychologische Unwirklichkeit insofern, als ein derartiges Zweifeln ein leeres Gerede darstellt. Der radikalste Skeptiker verhält sich nicht nur in seinem Handeln, sondern auch in seinem Denken in Wirklichkeit genauso wie derjenige, der die Gesetze der Realität und die Denkgesetze anerkennt.

Arthur Kronfeld meint (in seinem Buch über Psychotherapie), der Skeptizismus hebe sich selbst auf[1]) — eine landläufige philosophische Ansicht; wir halten sie für unrichtig. Denn der Satz „Ich zweifle an allem" versteht unter „allem" jeweils nur: alles außer eben diesem Satze. Er

[1]) Der Selbstaufhebung des Skeptizismus entspräche die Selbstbegründung des Rationalismus (s. u.).

wendet sich also keinesfalls gegen sich selbst und widerspricht sich keineswegs. Und wenn SOKRATES sagte: „Ich weiß (!), daß ich nichts weiß" — dann meinte er damit eben: „ich weiß, daß ich nichts weiß, außer: daß ich nichts weiß".

Wie alle erkenntnistheoretische Skepsis bemüht sich auch die zwangsneurotische darum, einen archimedischen Punkt zu finden, eine absolut sichere Grundlage, von der ausgehend, auf der aufbauend sie in unbedingtem Wahrheitswillen und mit logischer Konsequenz eine Weltanschauung errichten könne. Hier ist der Mensch auf der Suche nach einem radikalen Anfang. Das Ideal einer solchen philosophia prima wäre als deren prima sententia ein Satz, der erkenntnistheoretisch sich selbst rechtfertigt. Dieser Forderung könnte begreiflicherweise nur ein Satz gerecht werden, der die unumgängliche Notwendigkeit, sich des begrifflichen Denkens in und trotz seiner ganzen Fragwürdigkeit zu bedienen, zum eigenen Inhalt hat, also ein Gedanke, der sich insofern selber trägt, als die Angewiesenheit des Denkens auf Begriffe (demnach auf etwas anderes als evidente Anschauungen) eben zu seinem Inhalt wird.

Einer solchen Selbstbegründung des Rationalismus entspricht — dessen Selbstaufhebung. In diesem Sinne galt es nun auch in der logotherapeutischen Behandlung jenes zwangsneurotischen Patienten, seinen überspitzten Rationalismus — der doch all seiner Skepsis, überhaupt aller Skepsis zugrunde liegt — auf rationalem Wege sich selber aufheben zu lassen. Der rationale Weg ist hierbei eine „goldene Brücke", die wir dem Skeptiker bauen müssen. Als solche goldene Brücke kann etwa die These dienen: „Das Allervernünftigste ist, nicht allzu vernünftig sein zu wollen" (Anmerkung 26). Unser Patient hatte sich, in all seinem philosophisch ausgebauten Grübeln und Zweifeln, an den bekannten Satz von GOETHE zu halten: „Eine tätige Skepsis ist die, welche unablässig bemüht ist, sich selbst zu überwinden." Die spezielle Logotherapie seiner zwangsneurotisch skeptischen Weltanschauung mußte ihn also so weit bringen, daß er sich zu dieser Form von Skepsis bekannte. Mit jenen Waffen, die ihm die Logotherapie in die Hand gab, konnte er sich so von der Umklammerung seitens der typisch zwangsneurotischen Weltanschauung befreien. Mit rationalen Mitteln rang er sich zur Anerkennung des letztlich irrationalen Charakters des Daseins durch. So gelangte er schließlich zu einer Umwandlung der ursprünglichen Problematik. Während das Problem eines radikalen Anfangs im Denken ursprünglich einem theoretischen Axiom gilt, wird es jetzt anders gestellt: Seine Lösung wird nunmehr in einer Sphäre gesucht, die wesensmäßig noch vor jedem wissenschaftlichen und so auch allem philosophischen Denken liegt, einer Sphäre, in der das Handeln und Fühlen seinen Ursprung hat: in einer existentiellen Sphäre. Hier geht es um das, was EUCKEN die „axiomatische Tat" genannt hat.

Der Bekämpfung und Besiegung des eigenen, des dem Zwangsneurotiker so sehr eignenden Rationalismus mit rationalen Mitteln muß nun das pragmatische Gegenstück folgen. Denn der Zwangsneurotiker, mit seiner Weltanschauung der Hundertprozentigkeit, sucht ja nicht nur die absolute Sicherheit im Erkennen, sondern auch im Entscheiden. Seine Übergewissenhaftigkeit stellt im Handeln ebenso ein Handikap dar, wie seine Überbewußtheit. Seiner theoretischen Skepsis entspricht eine ethische, seinem Zweifeln an logischer Geltung seines Denkens ein Zweifeln an der moralischen Gültigkeit seines Handelns. Daraus resultiert die Entschlußunfähigkeit des Zwangsneurotikers. Eine zwangsneurotische Patientin beispielsweise wurde von ständigen Zweifeln geplagt, was sie jeweils tun sollte. Diese Zweifel nahmen dermaßen überhand, daß sie schließlich zu gar nichts kam. Sie konnte sich nie für etwas entscheiden; sie wußte auch in den banalsten Fällen nicht, was sie vorziehen sollte. Sie konnte sich z. B. nicht entscheiden, ob sie in ein Konzert oder in einen Park gehen sollte, und blieb überhaupt zu Hause — nachdem die ganze Zeit, die ihr zum einen wie zum andern geblieben wäre, über den inneren Debatten vergangen war. Diese typische Entschlußunfähigkeit charakterisiert den Zwangsneurotiker also nicht nur etwa vor wichtigen Entscheidungen, sondern auch bei den nichtigsten. Aber auch die Übergewissenhaftigkeit des Zwangsneurotikers läßt sich — durch eine spezielle Logotherapie — zu der gleichen Selbstaufhebung bringen, wie sein übermäßiger Rationalismus. Denn wohl besteht der Satz von GOETHE zu Recht: „Der Handelnde hat nie Gewissen, nur der Betrachtende hat Gewissen." Aber auch dem skrupulanten Zwangsneurotiker können wir eine „goldene Brücke" bauen. Wir brauchen ihm nur einen ergänzenden Satz vorzuhalten: Irgendwie ist es wohl gewissenlos, so oder so zu handeln; am gewissenlosesten wäre es aber — überhaupt nicht zu handeln. Der Mensch, der sich zu überhaupt nichts entscheidet, sich überhaupt nicht entschließt, trifft mit seiner Tatenlosigkeit zweifelsohne die gewissenloseste Entscheidung.

Die logotherapeutische Technik der paradoxen Intention

Im Zusammenhang mit Logotherapie meint Logos Geist und, darüber hinaus, Sinn. Unter Geist ist zu verstehen die Dimension der spezifisch humanen Phänomene, und im Gegensatz zum Reduktionismus versagt sich die Logotherapie eben, sie auf irgendwelche sub-humanen Phänomene zu reduzieren bzw. von ihnen zu deduzieren.

In die spezifisch humane Dimension hinein zu lokalisieren hätten wir nun unter anderen Phänomenen das der Selbsttranszendenz der Existenz auf den Logos hin. Tatsächlich geht menschliches Dasein immer schon über sich hinaus, weist es immer schon auf einen Sinn hin. In diesem Sinne ist es dem Menschen in seinem Dasein nicht um Lust oder um Macht, aber auch nicht um Selbstverwirklichung, vielmehr um Sinnerfüllung zu tun. In der Logotherapie sprechen wir da von einem Willen zum Sinn. Und so ist denn auch der Sinn, neben dem Geist, einer der Brennpunkte der wie eine Ellipse sie umgebenden Logotherapie.

Zur Selbsttranszendenz des Menschen tritt nun dessen Selbstdistanzierung als ein Gegenstück hinzu. Diese seine Fähigkeit charakterisiert und konstitutiert den Menschen als solchen.

Die pandeterministische Anthropologie klammert die wesentlich menschliche Fähigkeit, von sich selbst abzurücken, aus. Nur um so reichlicher macht die von mir entwickelte Methode der paradoxen Intention (Anmerkung 37) von dieser Fähigkeit Gebrauch. Diese logotherapeutische Technik basiert auf dem heilsamen Einfluß des Versuches des phobischen Patienten, sich das zu wünschen, wovor er sich so sehr fürchtet. Auf diese Art und Weise wird nämlich der Angst schließlich der Wind aus den Segeln genommen.

Die Furcht verwirklicht auch schon, was sie fürchtet — der zu intensive Wunsch verunmöglicht auch schon, was er so sehr herbeiwünscht. Dies macht sich die Logotherapie insofern zunutze, als sie versucht, den Patienten dazu anzuleiten, sich gerade dasjenige, wovor er sich bis dahin gefürchtet hatte, wenn auch selbstverständlich nur für Augenblicke, vorzunehmen: „Heute geh' ich einmal aus, um mich vom Schlag treffen zu lassen", muß sich beispielsweise ein Patient sagen, der an einer Agoraphobie leidet.

Wie sich die Dinge nun konkret gestalten, möge im folgenden kasuistisch illustriert werden:

Nachdem ich die Methode der paradoxen Intention in einer klinischen Vorlesung vorgetragen hatte, erhielt ich den Brief einer Hörerin, die mir über folgende Tatsache berichtete: Sie hatte an einer Tremorphobie gelitten, die immer dann aufgetreten war, wenn der Anatomieprofessor den Seziersaal betrat, und tatsächlich hatte die junge Kollegin jeweils zu zittern begonnen; nachdem sie nun in meiner Vorlesung vom Falle einer Tremorphobie gehört hatte, habe sie versucht, die gleiche Therapie selbständig und auf sich selbst anzuwenden; nunmehr habe sie jedesmal, wenn der Professor kam, um beim Sezieren zuzusehen, sich vorgenommen: „Nun, dem werd' ich jetzt einmal etwas vorzittern — der soll nur sehen, wie gut ich zittern kann!" Woraufhin — wie sie mir schrieb — sowohl die Tremorphobie als auch der Tremor selbst prompt gewichen waren.

An Stelle der Furcht war der Wunsch getreten, der heilsame Wunsch. Selbstverständlich ist solch ein Wunsch nicht ernstlich und endgültig gemeint, aber es kommt ja nur darauf an, daß man einen Augenblick lang ihn hegt; der Patient lacht zumindest innerlich in sich hinein, im gleichen Augenblick, und hat das Spiel gewonnen. Denn dieses Lachen, aller Humor, schafft Distanz, läßt den Patienten von seiner Neurose sich distanzieren. Und nichts vermöchte einen Menschen in solchem Maße instand zu setzen, Distanz zu schaffen zwischen irgend etwas und sich selbst, wie eben der Humor.

Der therapeutische Effekt der paradoxen Intention steht und fällt damit, daß der Arzt auch den Mut hat, dem Patienten ihre Handhabung vorzuspielen. Zunächst wird der Patient lächeln; dann wird er es aber auch tun müssen, sobald er die paradoxe Intention in der konkreten Situation eines Angstanfalls anwendet, und schließlich wird er es lernen, seiner Angst ins Gesicht zu lachen und sich solcherart von ihr immer mehr zu distanzieren. G. W. Allport, der Psychologe von Harvard, war es, der sich einmal dahingehend geäußert hat, daß sich der Neurotiker, der es vermöchte, über sich selbst einmal so richtig zu lächeln, ebendamit auch schon auf dem Wege zur Heilung befände. Fast habe ich den Eindruck, als hätten wir in der paradoxen Intentionsmethode die klinische Verifizierung dieses Allportschen Aperçus zu sehen.

Nichts vermöchte die Umstellung gegenüber menschlichen Bedingt- und Gegebenheiten so heilsam zu gestalten wie der Humor. Eine Anekdote möge die Bedeutung der Einstellung im speziellen Hinblick auf die Angstproblematik illustrieren. Im Ersten Weltkrieg saßen ein höherer Offizier und ein jüdischer Militärarzt beisammen, als ein Bombardement losging. Da hänselte der erstere den letzteren, indem er ihn mit den Worten aufzog: „Da sieht man wieder einmal die Überlegenheit der arischen über die semitische Rasse: jetzt haben Sie, Herr Doktor, es wohl mit der Angst zu tun bekommen, nicht wahr?" Woraufhin der jüdische Militärarzt erwiderte: „Selbstverständlich hab' ich Angst — aber wieso Überlegenheit? Wenn Sie, Herr Oberst, die Angst hätten, die ich hab' — Sie wären längst schon auf und davon." In diesem „Falle" handelt es sich um eine Realitätsangst; demgegenüber haben wir es in unseren Fällen mit einer neurotischen Angstbereitschaft zu tun. Worauf es aber beide Male ankommt, ist die Einstellung bzw. die therapeutische Wandlung dieser Einstellung.

Die paradoxe Intention bedarf dessen, was wir als die Trotzmacht des Geistes bezeichnen[1]). Sie gilt es aber nicht nur in heroischem, sondern auch in ironischem Sinne aufzurufen.

Da der Humor thematisch aufscheint, mag er methodisch am Platze sein, und darum ist es wohl statthaft, im folgenden eine Anekdote zu zitieren, die wenn auch drastisch so doch plastisch die Inversion der Intention charakterisiert, die ja für die paradoxe Intention so typisch ist: Ein Schuljunge kommt zu spät zur Schule und entschuldigt sich wie folgt: „Auf der Straße gibt es ein so arges Glatteis — wann immer ich einen Schritt vorwärts gemacht hab', bin ich zwei Schritte rückwärts gerutscht." Woraufhin der Lehrer triumphierte: „Wenn dem wirklich so gewesen wäre — wie hättest du dann überhaupt zur Schule kommen können?" Allein, unser junger Lügner war nur verlogen, aber nicht verlegen: „Ganz einfach: ich hab' mich umgedreht und bin nach Haus' gegangen . . ."

Meinen Mitarbeitern EVA NIEBAUER-KOZDERA und KURT KOCOUREK[2]) ist es mit Hilfe der paradoxen Intention gelungen, selbst alte Patienten mit inveterierten Zwangsneurosen kurzfristig so weit zu bessern, daß sie wieder arbeitsfähig werden konnten. Professor Dr. D. MÜLLER-HEGEMANN, der Direktor der Neurologisch-Psychiatrischen Klinik der Karl-Marx-Universität in Leipzig, betrachtet diese psychotherapeutische Behandlungsmaßnahme als eine Technik, die sehr verdienstvoll sei, wie die von ihm in den letzten Jahren beobachteten günstigen Resultate in phobischen Fällen erwiesen hätten[3]).

Dr. HANS O. GERZ[4]), der klinische Direktor des Connecticut State Hospital in den USA, verfügt über eine ausgedehnte Kasuistik. 24 phobische, angst- und zwangsneurotische Patienten, deren Krankheitsdauer zwischen zwei Wochen und mehr als 24 Jahren betrug, wurden mit der paradoxen Intention behandelt. Auf Grund seiner jahrelangen klinischen Erfahrungen erblickt Dr. GERZ in der paradoxen Intention eine in pho-

[1]) VIKTOR E. FRANKL, Theorie und Therapie der Neurosen, Einführung in Logotherapie und Existenzanalyse, Uni-Taschenbücher 457, E. REINHARDT, München 1982.

[2]) Ergebnisse der klinischen Anwendung der Logotherapie, Handbuch der Neurosenlehre und Psychotherapie, herausgegeben von VIKTOR E. FRANKL, VICTOR E. FRHR. v. GEBSATTEL und J. H. SCHULTZ, 3. Band, Urban & Schwarzenberg, München und Berlin 1959.

[3]) Methodologic Approaches in Psychotherapy, Am. J. Psychother. 17, 554, 1963.

[4]) Zur Behandlung phobischer und zwangsneurotischer Syndrome mit der „Paradoxen Intention" nach FRANKL, Z. Psychother. med. Psychol. 12, 145, 1962. Es handelt sich um die gekürzte Übersetzung eines im englischen Original in den USA unter dem Titel "The Treatment of the Phobic and the Obsessive-Compulsive Patient Using Paradoxical Intention sec. VIKTOR E. FRANKL", Journal of Neuropsychiatry 3, 375, 1962, erschienenen Aufsatzes.

bischen, angst- und zwangsneurotischen Fällen nahezu spezifisch wirksame Technik. Auch in schweren Fällen von Zwangsneurose lasse sich mit dieser Methode dem Patienten zumindest eine erhebliche Erleichterung verschaffen. In akuten Fällen sei sie eine ausgesprochene Kurzbehandlung. „Wie ich feststellen konnte, ist diese logotherapeutische Technik auch in schweren, chronischen Fällen phobischer Neurose erfolgreich anwendbar. Die folgenden Krankengeschichten mögen dies unter Beweis stellen." (l. c.)

A. V., 45 Jahre alt, verheiratet, Mutter eines 16jährigen Sohnes, weist eine Krankengeschichte von 24 (!) Jahren Dauer auf, während welcher Zeitspanne sie an einem schwersten phobischen Syndrom zu leiden hatte, bestehend aus Klaustrophobie, Agoraphobie, Höhenangst, Angst vor Aufzügen, Überschreiten von Brücken und dergleichen mehr. Wegen all dieser Beschwerden war sie volle 24 Jahre hindurch von verschiedenen Psychiatern behandelt worden, unter anderem auch wiederholte Male im Sinne ausgesprochener Langstrecken-Analysen. Zusätzlich war sie wiederholt interniert worden, bei welcher Gelegenheit sie zahlreiche Elektroschocks erhielt, und schließlich wurde eine Leukotomie vorgeschlagen. Die letzten vier Jahre mußte sie in einer Anstalt verbringen, und zwar die ganze Zeit über auf einer unruhigen Abteilung! Allein sowohl Elektroschocks als auch intensive Behandlung mit Barbituraten, Phenothiazinen, Monoamidooxydasehemmern und Amphetamin-Präparaten blieben ohne jede Wirkung. Außerhalb eines bestimmten Bereichs rings um ihr Bett vermochte sie sich nicht aufzuhalten. Trotz all der Tranquilizer, die sie erhielt, war sie ständig in höchster Erregung. Ebenso blieb einer eineinhalbjährigen intensiven psychoanalytischen Behandlung durch einen erfahrenen Analytiker, die während des Anstaltsaufenthaltes durchgeführt wurde, ein Erfolg versagt. Am 1. März 1959 übernahm Dr. Gerz die Behandlung, und zwar mittels paradoxer Intention. Jedes Medikament wurde sofort abgesetzt, und dennoch gelang es, ein Symptom nach dem anderen, eine Phobie nach der anderen auf dem nun eingeschlagenen Wege zu beseitigen. Zunächst wurde die Patientin angewiesen, sich zu w ü n s c h e n, daß sie kollabiere, und sich v o r z u n e h m e n, so ängstlich wie möglich zu werden. Es bedurfte nur weniger Wochen und es gelang der Patientin, all das zu tun, wozu sie früher nicht imstande gewesen war: die Abteilung zu verlassen, mit dem Aufzug zu fahren und dergleichen — all dies mit dem festen Vorsatz, ohnmächtig zu werden, das Bewußtsein zu verlieren und Dr. Gerz „einmal so recht zu zeigen, wie sehr sie es vermöchte, von panischer Angst gelähmt zu werden". Im Aufzug beispielsweise meinte sie: „Sehen Sie, Herr Doktor, ich bemüh' mich ja so, zusammenzufallen und Angst zu haben — alles umsonst: ich kann's einfach nicht mehr.“ Und nun begann sie, erstmalig nach langen Jahren, außerhalb der Anstalt umherzuspazieren, mit der Absicht, sich zu fürchten, aber nicht imstande, es auch wirklich zu tun (“constantly trying hard to become panicky and paralyzed”). 5 Monate später war die Patientin frei von irgendwelchen Symptomen. Zum ersten Male nach sage und schreibe 24 Jahren war sie frei von jeder Furcht, als sie für die Dauer eines Weekends nach Hause kam. Oder doch nicht: Nur das Beschreiten einer Brücke hatte ihr zu schaffen gemacht — woraufhin sie, nach ihrer Rückkehr in die Anstalt, noch am gleichen Abend in Dr. GERZ' Wagen gesetzt wurde, um zu einer Brücke zu fahren und sie zu betreten. „Versuchen Sie doch, Angst zu bekommen, soviel Angst wie nur möglich!“ Das waren seine Worte. „Es geht nicht — ich bekomme keine Angst — es geht nicht, Herr Doktor.“ So lautete ihre Reaktion. Bald danach wurde sie entlassen. Seither sind 4½ Jahre vergangen, in denen sie nunmehr im Kreise ihrer Familie ein normales und glückliches Leben führt. Ein paarmal im Jahr sucht sie Dr. GERZ auf, aber nur, um ihre Dankbarkeit zum Ausdruck zu bringen.

D. F., 41 Jahre alt, verheiratet, Vater von zwei Mädchen, litt an einem typischen „existentiellen Vakuum“. Daneben war er nicht imstande, in Gegenwart anderer zu schreiben, dermaßen begann er dann sofort zu zittern. Dies wuchs sich zu einem schweren Handikap in seinem Berufsleben aus, um so mehr, als er vor anderen Leuten auch nicht fähig war, Kleinmechanikerarbeit zu leisten. In Gesellschaft vermochte er beispielsweise auch nicht, ein gefülltes Glas zu erheben, geschweige denn, einem Raucher Feuer anzubieten. Therapeutisch wurde er nun angewiesen, seiner Umgebung „doch einmal zu demonstrieren, welch ausgezeichneter Zitterer“ er ist. „Zeigen Sie denen doch einmal, wie nervös Sie werden können und wieviel Kaffee Sie zu verschütten imstande sind!“ Nun, nach drei Sitzungen war er es eben nicht mehr imstande: „Es geht einfach nicht — ich kann nicht mehr zittern! Ich kann mich auch nicht mehr davor fürchten! Wie sehr ich es auch versuchen mag!“ Das waren seine Worte. Schließlich konnte auch das existentielle Vakuum erfolgreich behandelt werden. (GERZ, l. c.)

A. S., 30 Jahre alt, Mutter von vier Kindern, litt an schwersten panischen Angstzuständen, vor allem aber an ständiger Todesangst. Auf die Details des Falles kann in diesem Rahmen nicht eingegangen werden; nur soviel sei gesagt, daß die paradox intentionale Instruktion in diesem Falle wie folgt lautete: „Von nun an wird mindestens dreimal täglich an einem Herzschlag gestorben!“ Das Bemerkenswerte an diesem Falle ist jedoch die Tatsache, daß ein akuter Ehekonflikt der Neurose zugrunde lag. Nachdem eine Kurzbehandlung mit Hilfe der paradoxen Intention aber prompte Erleichterung gebracht hatte, war Mrs. S. alsbald auch imstande, den Ehekonflikt im Laufe der psychotherapeutischen Behandlung aus der Welt zu schaffen. „Es kann somit nicht die Rede davon sein, daß der Einsatz der paradoxen Intention das Verständnis und die Durcharbeitung allfälliger neurotischer Konflikte ausschlösse. Vielmehr gilt selbstverständlich, daß dergleichen Konflikte auch in Fällen, in denen die paradoxe Intention von Erfolg begleitet war, im Sinne traditioneller Psychotherapie oder in logotherapeutischem Sinne durchbesprochen werden müssen.“ (Gerz, l. c.)

W. S., 35 Jahre alt, verheiratet, Vater von drei Kindern, wurde Dr. Gerz von seinem Hausarzt zugewiesen, da er an der Furcht litt, er könnte an einem Herzanfall sterben, und zwar im besonderen in zeitlichem und ursächlichem Zusammenhang mit dem Sexualverkehr. Der Patient war organisch genau durchuntersucht worden und der Befund (auch das EKG) erwies sich als normal. Als Dr. Gerz ihn das erstemal sah, war er ängstlich, gespannt und recht deprimiert. Er wußte Dr. Gerz zu berichten, daß er zwar immer schon nervös und leicht ängstlich besorgt gewesen war, einen Zustand wie den jetzigen jedoch habe er noch niemals erlebt. Sodann berichtete er, daß er eines Nachts, unmittelbar nach dem Geschlechtsverkehr, ins Badezimmer gegangen sei, um sich zu waschen, bei welcher Gelegenheit er sich über die Badewanne gebeugt hätte. Daraufhin habe er plötzlich einen heftigen Schmerz in der Herzgegend empfunden, was in ihm ein panikartiges Gefühl bewirkt hätte, wozu noch kam, daß er sich daran erinnerte, daß seine Schwester im Alter von 24 Jahren und seine Mutter mit 50 Jahren an Herzleiden gestorben waren. Gleiches erwartete er nun auch für sich. Es folgte ein Schweißausbruch, und der Patient dachte, sein Ende sei gekommen. Von dieser Nacht an beobachtete er seinen Puls. Die Angst brachte es selbstverständlich mit sich, daß er wiederholt von anfallsweisem Herzklopfen geplagt wurde. Die Versicherungen seitens seines Hausarztes, organisch sei er gesund, blieben wirkungslos. Was wirklich geschehen war, war anscheinend eine interkurrente Muskelzerrung im Brustkorb, hervorgerufen durch das Sichbeugen über die Badewanne. Das war das auslösende Moment, das den Teufelskreis der Erwartungsangst ins Rollen gebracht hatte. Im Laufe einer logotherapeutischen Behandlung wurde dem Patienten nun dies alles auseinandergesetzt und er selbst aufgefordert, sein Möglichstes zu tun, um den Herzschlag noch zu beschleunigen, ja, „auf der Stelle an einem Herzschlag zu sterben“. Woraufhin der Patient schon lachend mit der Antwort reagierte: „Herr

Doktor, ich versuch's ja, aber es geht nicht.“ Nunmehr wurde er eingeladen, analog vorzugehen, wann immer ihn die Erwartungsangst beschleichen sollte. Schließlich verließ er die Ordination mit der Weisung, „alles daranzusetzen, um mindestens dreimal täglich an einem Herzschlag zugrunde zu gehen“. Drei Tage später erschien er wieder — symptomfrei. Es war ihm geglückt, die paradoxe Intention erfolgreich anzuwenden. Insgesamt mußte er nur dreimal zur Behandlung erscheinen. Nach wie vor — d. h. jetzt seit 1½ Jahren — ist er beschwerdefrei.

P. K., 38 Jahre alt, verheiratet, Vater von zwei Teenagern, leidet seit mehr als 21 (!) Jahren an einer Reihe schwerer angst- und zwangsneurotischer Symptome. Im Vordergrund steht die Furcht, homosexuell zu werden und sich ein für allemal gesellschaftlich dadurch unmöglich zu machen, daß er nach dem Genitale irgendeines gerade in der Nähe befindlichen männlichen Individuums griffe. Von psychiatrischer Seite war bereits Schizophrenie diagnostiziert worden. Jahre hindurch war Mr. K. psychoanalytisch behandelt worden. Daneben war er sowohl intensiver Pharmakotherapie als auch Elektroschockbehandlung unterzogen worden. Nichts jedoch brachte ihm nennenswerte Erleichterung. Als Mr. K. Dr. Gerz das erstemal in seiner Ordination aufsuchte, war er gespannt, ausgesprochen agitiert und in Tränen aufgelöst. „Durch mehr als 20 Jahre bin ich durch eine wahre Hölle gegangen! Alles habe ich für mich behalten — nur meine Frau weiß davon; aber ich kann Ihnen versichern, die einzige Erleichterung ist mir vergönnt, wenn ich schlafe.“ Die Befürchtung, jemandes Penis zu ergreifen, überkam ihn beispielsweise auf das heftigste, wenn er einen Friseurladen aufsuchen mußte. Jeweils malte er sich dann auch schon aus, nicht nur gesellschaftlich erledigt zu sein, sondern auch seinen Posten verloren zu haben. Auf die Dutzende von weiteren Zwangsbefürchtungen, die ihm das Leben sosehr zur Hölle machten, kann an dieser Stelle nicht eingegangen werden. Jedenfalls war das durch sie gegebene Handikap so immens, daß der Patient z. B. unmöglich irgendwohin in Urlaub gehen konnte. Sechs Monate hindurch fanden nun zweimal wöchentlich logotherapeutische Sitzungen statt. Wiederum wurde Symptom für Symptom beseitigt. Als — um nur das wichtigste Detail hervorzuheben — dem Patienten der „Rat“ erteilt wurde, jede sich bietende Gelegenheit — auf der Straße, in Restaurants oder wo immer — auszunützen, um nach jemandes Penis zu greifen, begann Mr. K. zu lachen — auch über seine Zwangsbefürchtungen zu lachen —, und es dauerte dann nicht mehr lange, bis sie aufhörten, ihn überhaupt noch zu belästigen. Am eindrucksvollsten jedoch war sein Bericht von der ersten Flugreise seines Lebens, die zu unternehmen er bald instand gesetzt war: von seinem

Urlaub in Florida heimgekehrt (es war das erste Mal nach langen Jahren gewesen, daß er sich zu einem Urlaub überhaupt hatte aufraffen können!), erzählte er Dr. GERZ, wie er sich im Flugzeug „direkt bemüht" hatte, in panische Angst zu geraten und, vor allem, „in der Kabine herumzulaufen und einem nach dem anderen den Penis abzutasten" — und das Ergebnis? Von Angst keine Rede, im Gegenteil, Reise und Urlaub wurden eine einzige Kette freudiger Erlebnisse. Der Patient ist völlig beschwerdefrei und mit seinem Leben — das sich auch völlig normalisiert hat — in jeder Hinsicht zufrieden.

A. A., 31 Jahre alt, verheiratet, leidet seit 9 Jahren an diversen Phobien, in deren Vordergrund eine schwere Agoraphobie steht. Schließlich war der Zustand so arg, daß die Patientin ihr Haus überhaupt nicht verlassen konnte. Immer wieder wurde sie in psychiatrischen Kliniken und Universitäts-Polikliniken behandelt, und zwar sowohl mit Psychoanalyse als auch mit Elektroschocks und Pharmakotherapie. Nicht nur, daß ihr nicht geholfen werden konnte: auch prognostisch wurde der Fall ungünstig eingestuft. „Die logotherapeutische Behandlung nun bzw. die Anwendung der paradoxen Intention wurde in diesem Falle von einem meiner Assistenten durchgeführt — nachdem er durch mich in der FRANKLschen Technik unterwiesen worden war — und dauerte insgesamt nicht mehr als 6 Wochen. Danach konnte die Patientin unsere Klinik verlassen, war völlig frei von irgendwelchen Symptomen und blieb es auch für die seither verflossenen 3 Jahre." (GERZ, l. c.)

S. H., 31 Jahre alt, war ein dem zuletzt besprochenen sehr ähnelnder Fall. Nur daß seine Neurose bereits 12 (!) Jahre gedauert hatte. Wiederholte Anstaltsaufnahmen in Kliniken und Sanatorien bzw. all die dort durchgeführten Behandlungsmaßnahmen verschiedenster Art waren völlig erfolglos geblieben. Schließlich wurde im Jahre 1954 eine Leukotomie vorgenommen — ebenfalls ohne Erfolg. Auf die Anwendung der paradoxen Intention hin besserte sich der Zustand jedoch innerhalb von 6 Wochen. „Die Patientin wurde dann aus unserer Klinik entlassen und blieb die ganzen 3½ Jahre hindurch, die seither verflossen sind, völlig symptom- und beschwerdefrei." (GERZ, l. c.)

Auf dem Symposion über Logotherapie, das im Rahmen des Sechsten internationalen Kongresses für Psychotherapie veranstaltet wurde, referierte Dr. GERZ folgende zwei Krankengeschichten:

Mrs. R. W. ist 29 Jahre alt und Mutter von drei Kindern. Wegen ihrer seit 10 Jahren bestehenden Phobie ist sie bereits verschiedentlich in psychiatrischer Behandlung gewesen Vor 5 Jahren mußte sie in einem Sanatorium untergebracht werden, wo sie mit Elektroschocks behandelt wurde. Zwei Jahre bevor Dr. GERZ ihre Behandlung übernahm, mußte sie schließlich im Connecticut State Hospital interniert werden. Nach ihrer Entlassung suchte die Patientin einen anderen Kollegen auf, der die Psychoanalyse weitere 2 Jahre hindurch fortsetzte. Das Resultat war, daß die Patientin tatsächlich ihre Neurose psychodynamisch zu interpretieren lernte, aber — die Neurose wurde sie nicht los. Als sie dann Dr. Gerz aufsuchte, litt sie an multiplen Phobien: Höhenangst, Angst vor dem Alleinsein, vor dem Speisen in Restaurants, und zwar aus Angst, sie könnte erbrechen müssen oder in Panik geraten; Furcht davor, Supermarkets aufzusuchen, die Untergrundbahn zu benützen, sich unter die Leute zu mischen, allein im Auto zu fahren, vor einem Rotlicht stehenbleiben zu müssen, die Furcht, in der Kirche während der Messe laut aufzuschreien oder fluchen zu müssen usf. Dr. Gerz wies die Patientin an, all das, wovor sie sich bisher gefürchtet hatte, geradezu herbeizuwünschen. Sie möge sich beispielsweise vornehmen, mit ihrem Gatten und mit ihren Freunden auszugehen, beim Dinner den Leuten einfach „ins Gesicht zu kotzen" und „die denkbar größte Schweinerei" anzurichten. Tatsächlich begann die Patientin alsbald, mit ihrem Wagen Supermarkets aufzusuchen, zum Friseur zu fahren, in die Bank zu gehen, „zu versuchen, von soviel Angst wie nur möglich gepackt zu werden", um schließlich stolz zu berichten, was ihr alles bereits geglückt und gelungen sei. Sechs Wochen später meinte der Gatte der Patientin, daß sie — zuviel ausgehe. Bald darauf fuhr sie mit ihrem Wagen ganz allein bei Dr. Gerz' Hause vor — immerhin 80 km tour-retour. „Überall fahr' ich bereits ganz allein hin", meinte sie stolz. Vier Monate nach Einsetzen der Behandlung mit paradoxer Intention fuhr sie über 160 km nach New York, über die George-Washington-Brücke, durch den Lincoln-Tunnel, mit Autobussen und Untergrundbahnen durch das ganze riesige New York und lieferte zum Schluß ihr Meisterstück an Selbstüberwindung und Befreiung von all ihren Phobien ab, indem sie mit dem Lift bis hinauf zur Spitze des höchsten Gebäudes der Welt, des Empire State Building gelangte. „Es war einfach wunderbar", erklärte sie dann. Ihr Gatte versicherte Dr. Gerz: „Meine Frau ist ein anderer Mensch geworden, und dem Sexualverkehr kann sie sich jetzt mit Befriedigung hingeben." Inzwischen hat die Patientin ihr viertes Kind bekommen und lebt mit ihrer Familie ein normales Leben. Seit mehr als 2 Jahren ist sie nun beschwerdefrei. Die psychotherapeutische Behandlung wurde eine Zeitlang durch Gaben von 25 mg Valium pro Tag unterstützt.

Und nun der Fall eines zwangsneurotischen Patienten: Mr. M. P. ist ein 56jähriger verheirateter Rechtsanwalt, Vater eines 18jährigen College-Studenten. Vor 17 Jahren überkam ihn „ganz plötzlich, wie ein

Blitz aus heiterem Himmel, die entsetzliche Zwangsvorstellung", er könnte seine Einkommensteuer um 300 Dollar zu niedrig eingeschätzt und dadurch den Staat betrogen haben — obzwar er sein Steuerbekenntnis nach bestem Wissen und Gewissen ausgearbeitet hatte. „Diese Idee konnte ich dann nicht mehr loswerden — so sehr ich mich auch bemühte", sagte er zu Dr. GERZ. Er sah sich schon wegen Betrugs staatsanwaltlich verfolgt, eingesperrt, die Zeitungen voll mit Artikeln über ihn und seine berufliche Position verloren. Er begab sich nun in ein Sanatorium, wo er erst psychotherapeutisch und dann mit 25 Elektroschocks behandelt wurde — ohne Erfolg. Inzwischen verschlimmerte sich sein Zustand dermaßen, daß er seine Rechtsanwaltskanzlei schließen mußte. In schlaflosen Nächten mußte er gegen Zwangsvorstellungen ankämpfen, die sich von Tag zu Tag mehrten. „Kaum, daß ich eine los war, entwickelte sich auch schon eine andere", sagte er zu Dr. GERZ. Alles begann er immer wieder zu überprüfen — sogar die Räder seines Wagens. Im besonderen plagte ihn die Zwangsvorstellung, seine diversen Versicherungsverträge könnten abgelaufen sein, ohne daß er es gemerkt hatte. Immer wieder mußte er sie überprüfen — und dann wieder in einen speziellen stählernen Safe sperren, jeden einzelnen Vertrag x-mal verschnürend. Schließlich ging er bei Lloyds in London eine für ihn ausgearbeitete Spezialversicherung ein, die ihn vor den Folgen irgendeines unbewußten und unbeabsichtigten Fehlers bewahren sollte, den er im Rahmen seiner Gerichtspraxis hätte begehen können. Bald war es aber auch mit dieser Gerichtspraxis aus; denn der Wiederholungszwang wurde derartig arg, daß der Patient in die Psychiatrische Klinik von Middletown aufgenommen werden mußte. Nun aber wurde auch seine paradoxe Intentionsbehandlung durch Dr. GERZ gestartet. Vier Monate hindurch stand er bei ihm in Logotherapie, und zwar dreimal pro Woche. Immer wieder wurde er angewiesen, folgende paradox intentionalen Formulierungen zu verwenden: „Ich pfeif' auf alles. Der Teufel soll den Perfektionismus holen. Mir ist alles recht — von mir aus soll man mich einsperren. Je früher desto besser! Mich fürchten vor den Folgen eines Fehlers, der mir unterlaufen sein könnte? Soll man mich doch verhaften — jeden Tag gleich dreimal! Wenigstens krieg' ich auf die Art mein Geld zurück, das schöne Geld, das ich den Herren in London in den Rachen geworfen hab' . . ." Und nun begann er im Sinne paradoxer Intention sich geradezu zu wünschen, möglichst viele Fehler begangen zu haben, und sich vorzunehmen, noch mehr Fehler zu machen, seine ganze Arbeit durcheinanderzubringen und seinen Sekretärinnen zu beweisen, daß er „der größte Fehlermacher der Welt" sei. Und Dr. GERZ zweifelt nicht daran, daß die völlige Abwesenheit irgendwelcher Besorgnis auf seiner Seite — wie sie doch hinter seinen Instruktionen stehen mußte — mit im Spiel war, wenn der Patient nun imstande war, nicht nur paradox zu intendieren, sondern eben diese Intentionen auch möglichst humoristisch zu formulieren — wozu Dr. GERZ selbstverständlich beitragen mußte, beispielsweise, indem er ihn in seiner Ordination etwa wie folgt begrüßte: „Was — um Himmels willen! Sie laufen noch immer frei herum? Ich dachte, Sie sitzen schon längst hinter Gittern — und ich hab' schon in den Zeitungen nachgeschaut, ob die denn noch immer nicht über den großen Skandal berichten, den Sie verursacht haben." Daraufhin pflegte der Patient in lautes Gelächter auszubrechen — und in zunehmendem Maße diese ironisierende Haltung selber und seinerseits einzunehmen, sich selbst und seine eigene Neurose zu ironisieren, z. B. indem er sagte: „Mir ist alles Wurst — soll'n sie mich einsperren; höchstens geht die Versicherungsgesellschaft bankrott." Nun ist es über ein Jahr her, daß die Behandlung abgeschlossen ist. „Diese Formeln — was Sie da paradoxe Intention nennen, Herr Doktor — das hat bei mir eingeschlagen; das hat wie ein Wunder gewirkt, kann ich Ihnen nur sagen! In 4 Monaten ist es Ihnen gelungen, aus mir einen ganz anderen Menschen zu machen. Freilich, hie und da kommt mir irgendeine von den alten blödsinnigen Befürchtungen in den Sinn; aber wissen Sie, jetzt kann ich damit sofort fertig werden — jetzt weiß ich eben, wie ich mit mir umzugehen hab'!" Und lachend setzt er hinzu: „Und vor allem eines, Herr Doktor: es gibt nichts Schöneres, als — einmal so richtig und tüchtig eingesperrt zu werden . . ."

Daß die Logotherapie verhältnismäßig kurzfristig durchgeführt werden kann, ergibt sich bereits aus einem Bericht von EVA NIEBAUER-KOZDERA[1]) über die statistischen Ergebnisse der nach existenzanalytisch-logotherapeutischen Prinzipien von ihr geführten Psychotherapieambulanz: sie weist 75,7% Heilungen und Besserungen auf — Besserungen in einem Ausmaß, daß jede Weiterbehandlung sich erübrigte —, bei durchschnittlich acht Sitzungen. H. O. GERZ erklärt: „Die Zahl der benötigten Sitzungen hängt weitgehend davon ab, wie lange der Patient bereits krank war. Akute Fälle, die nur einige Wochen bis Monate zurückreichen, lassen sich meiner Erfahrung nach in vier bis zwölf Sitzungen heilen. Patienten mit einer mehrjährigen Anamnese benötigen durchschnittlich zwei Sitzungen wöchentlich und im ganzen etwa sechs bis zwölf Monate, um zu genesen, wobei nicht nachdrücklich genug unterstrichen werden kann, wie sehr es auf eine Art Bahnung des neu erlernten

---

[1]) Offizielles Protokoll der Gesellschaft der Ärzte in Wien, Wien. klin. Wschr. 67, 152, 1955.

Verhaltensmusters, nämlich der Umstellung im Sinne der paradoxen Intention, ankommt. Aber wissen wir denn nicht von der behavioristischen Lerntheorie her zur Genüge, daß jene Umstellung, die dazu bestimmt ist, bedingt-reflektorisches Geschehen aus der Bahn zu werfen, selber und ihrerseits erst gebahnt werden muß? Hierzu bedarf es eben eines gewissen Trainings.“ (l. c.)

Auf dem Symposion über Logotherapie, das in London stattfand, betonte Dr. GERZ, daß der Psychotherapeut, der die paradoxe Intention anzuwenden gewillt ist, geduldig und zähe sein muß, wenn er auf diesem Wege Erfolg haben will. Der Erfolg einer paradoxen Intentionsbehandlung stehe und falle damit, ob der Therapeut die Technik wirklich beherrscht: So kenne er einen Kollegen, der ihm eine Patientin zugewiesen hatte, die bei ihm 1½ Jahre hindurch bereits in paradoxer Intentionsbehandlung gestanden hatte, und zwar wegen Agora- und Klaustrophobie. Bei Dr. GERZ genügten vier Sitzungen, um die Kranke so weit zu bringen, daß sie ihr Haus verließ, einkaufen ging und auf eine Distanz von 30 km zu ihm in die Ordination kam.

Schließlich konnte Dr. GERZ folgende statistische Ergebnisse vorlegen:

Während der letzten 6 Jahre wurden 29 phobische und 6 zwangsneurotische Patienten von ihm mit Hilfe der paradoxen Intention behandelt. Von den Phobikern wurden 22 geheilt, 5 wesentlich gebessert und 2 blieben unbeeinflußt. In diesen beiden Fällen handelte es sich allerdings um einen sekundären Krankheitsgewinn. Von den 6 Zwangsneurotikern wurden 4 geheilt und 2 dermaßen gebessert, daß beide inzwischen 3 Jahre hindurch wieder voll arbeitsfähig sind. In diesem Zusammenhang muß freilich auch darauf hingewiesen werden, daß die meisten der Fälle chronisch waren — einer hatte nicht weniger als 24 Jahre lang an seiner Neurose gelitten! — und bereits mit all den üblichen Therapien behandelt worden waren.

Immer wieder werden Zweifel laut, was die Dauerresultate der paradoxen Intention anlangt. Nun, diese Skepsis ist nicht begründet; denn abgesehen von jenen Fällen, die mittels der paradoxen Intention behandelt und dann jahre- bis jahrzehntelang beobachtet wurden, ohne daß es zu irgendwelchen Rückfällen kam, wurde im Zusammenhang mit der neuerdings von H. J. EYSENCK propagierten behavioristischen Psychotherapie der Nachweis erbracht, daß die Vorstellung, einer sogenannten symptomatischen Psychotherapie müßten über kurz oder lang andere Symptome folgen, da die Neurose selbst noch nicht geheilt sei, nichts als ein Vorurteil ist, mit EYSENCKS Worten: “The notion has been accepted without proof in the first place, and has been perpetuated through indoctrination."[1]) EYSENCK geht weiter: "The fact that so-called symptomatic cures can be achieved which are long-lasting and do not produce alternative symptoms argues strongly against the Freudian hypothesis." (l. c., S. 82.)

Auch eine nicht psychoanalytisch orientierte Psychotherapie hat Erfolge zu verzeichnen. Dies gilt im besonderen von der reflexologischen Schule. Freilich lassen sich diese Erfolge potenzieren, sobald auch der Einstieg in die geistige, d. h. die eigentlich menschliche Dimension gewagt wird. „Ein unwägbarer Vorteil ergibt sich dabei daraus, daß neurotische und krankhafte Symptome nicht auf gleicher, sondern auf der übergeordneten, der höchsten personalen Ebene behandelt werden."[2])

Von einer kritiklosen Einstellung der von EYSENCK lancierten experimentalpsychologisch orientierten Autoren zu ihren Erfolgen kann nicht die Rede sein. EYSENCK selbst ebenso wie die Anhänger seiner nüchternen Forschungsrichtung verkennen und verleugnen nicht, was kennzeichnend ist, die konstitutionelle Prädisposition zu neurotischen Erkrankungen: "Neurotic symptoms tend to appear most frequently in people who may be supposed to be endowed genetically with an overreactive autonomic system." (l. c., S. 463.) Angesichts der konstitutionellen Grundlage neurotischer Erkrankungen könne nun die Psychotherapie von vornherein nur symptomatischer Natur sein: "Treatment on psychological grounds can only be symptomatic, since treatment of the predisposition must ultimately be by genetic or chemical means." (l. c., S. 24.) Nur um so mehr findet die logotherapeutische These von der Wichtigkeit der Sprengung sekundärer Zirkelmechanismen in den von EYSENCK herausgegebenen Arbeiten der experimentell orientierten Psychologen ihre Bestätigung.

Allein, der behavioristische Hintergrund macht sich nicht nur in der Theorie, sondern auch in der Praxis geltend, und zwar im Sinne einer Beschränkung: Die von der behavioristischen Psychotherapie übernommene Theorie langt nämlich nicht über die Ebene des Psychologischen hinaus in die eigentlich menschliche Dimension, den Raum des Noologischen hinein, sondern haftet an dem von ALLPORT je nachdem als "machine model" oder "rat model" persiflierten Menschenbild der einseitig experimentell vorgehenden und behavioristisch orientierten Psychologie. Daraus ergibt sich, daß sich eine nur dem Menschen verfügbare und zugängliche Einstellung wie der Humor — kein Tier ist fähig zu

[1]) Behaviour Therapy and the Neuroses, Pergamon Press, New York 1960, S. 82.

[2]) N. PETRILOWITSCH, Logotherapie und Psychiatrie, "Symposium on Logotherapy" auf dem Sechsten internationalen Kongreß für Psychotherapie in London.

lachen — in der subhuman-psychologischen Projektion gar nicht abbildet, sondern erst im geistigen Raum spezifisch humaner Phänomene zum Vorschein kommt.

Gegenüber der von WOLPE angegebenen "deconditioning therapy" haben BJARNE KVILHAUG[1]) und N. PETRILOWITSCH[2]) darauf hingewiesen, daß die Logotherapie die Ebene der Lernprozesse und bedingten Reflexe insofern transzendiert — und den Patienten transzendieren läßt! —, als sie die Symptome der Neurose nicht auf derselben Ebene, sondern von der Dimension eigentlich menschlicher Phänomene her angreift, beispielsweise — im Zuge paradoxer Intentionen — die so wesentlich menschliche Selbstdistanzierungsfähigkeit gegen die Neurose mobilisierend. Es ist nun genau diese den Menschen auszeichnende Fähigkeit zum Humor, die ja im Rahmen der paradoxen Intention mobilisiert wird.

So oder so, mit Hilfe negativer Praxis, reziproker Hemmung oder paradoxer Intention in die Wege geleitet, wirkt sich die Psychotherapie im Sinne des Durchbrechens sogenannter "feedback mechanisms" aus. Wir selbst haben ihnen bestimmte neurotische Reaktionstypen zugeordnet und als angstneurotische, zwangsneurotische und sexualneurotische Verhaltensmuster bezeichnet und beschrieben, die je nachdem geprägt sind durch Flucht vor der Angst, Kampf gegen den Zwang und Kampf um die Lust[3]). In diesem Zusammenhang haben wir es nicht verabsäumt, darauf hinzuweisen, daß der letzten Endes entscheidende Schritt über die paradoxe Intention insofern hinausgeht, als er in der von der Logotherapie so genannten Dereflexion gipfelt, so zwar, daß die Überwindung der Neurose in dem Maße gelingt, in dem konkrete Sinnmöglichkeiten analytisch erhellt und erarbeitet werden, deren Erfüllung und Verwirklichung den Patienten persönlich anspricht und existentiell anfordert. Bedenken wir doch die weise Mahnung von ERNST KRETSCHMER:

---

[1]) Klinische Erfahrungen mit der paradoxen Intention, Vortrag, gehalten vor der Österreichischen Ärztegesellschaft für Psychotherapie am 18. Juli 1963.

[2]) Über die Stellung der Logotherapie in der klinischen Psychotherapie, Die medizinische Welt 2790—2794, 1964.

[3]) VIKTOR E. FRANKL, Die Psychotherapie in der Praxis, Eine kasuistische Einführung für Ärzte, F. Deuticke, Wien 1975 — VIKTOR E. FRANKL, Theorie und Therapie der Neurosen, Einführung in Logotherapie und Existenzanalyse, Uni-Taschenbücher 457, E. REINHARDT, München 1982 — VIKTOR E. FRANKL, Grundriß der Existenzanalyse und Logotherapie, Handbuch der Neurosenlehre und Psychotherapie, herausgegeben von VIKTOR E. FRANKL, VICTOR E. FRHR. v. GEBSATTEL und J. H. SCHULTZ, 3. Band, Urban & Schwarzenberg, München und Berlin 1959, und VIKTOR E. FRANKL, Der Wille zum Sinn, Ausgewählte Vorträge über Logotherapie, H. HUBER, Bern 1972.

„Man muß dem Leben eine starke positive Strömung nach persönlichkeitsgerechten Zielen geben. Im stehenden Wasser können die Komplexe am besten wuchern: eine frische starke Strömung reißt sie fort[1]).“

„Selbstverständlich wird im allgemeinen die Lebensgeschichte des Patienten und dessen allfällige Konfliktlage psychotherapeutisch durchgearbeitet. Will doch die paradoxe Intention, überhaupt die Logotherapie, die bisherige Psychotherapie keineswegs ersetzen, vielmehr ergänzen.“[2]) „Ich halte es nicht für angebracht, einen Gegensatz zwischen Psychoanalyse und Logotherapie zu konstruieren. Ist es doch ohne weiteres auch möglich, die Erfolge, wie sie mit der paradoxen Intentionstechnik erzielt wurden, von der Psychoanalyse her zu verstehen und zu deuten. Ein solcher Versuch wurde erstmalig von EDITH JOELSON unternommen. Jedenfalls ließe sich sagen, daß Phobien, die sich als das Produkt verdrängter Aggressionen interpretieren lassen, demgemäß auch beseitigt werden können, wenn der Patient — eben auf dem Wege der paradoxen Intention — dazu angehalten wird, genau das zu tun, wovor ihn seine Angst abzuhalten pflegt, mit anderen Worten, seine Aggressionen zumindest symbolisch auszuleben.“ (GERZ, l. c.)[3]) „Trotzdem können wir nur allzu gut verstehen, daß jene Psychiater, die Jahre darauf verwendet haben, sich psychoanalytisch ausbilden zu lassen, gegenüber der FRANKLschen Technik ihre Voreingenommenheit nur allzu selten überwinden, um sich durch eigene Versuche von der Wirksamkeit der logotherapeutischen Methode zu überzeugen. Aber der akademische Geist gebietet uns, vorurteilsfrei zu überprüfen, was immer sich an therapeutischen Möglichkeiten anbieten mag. Dies mag nur um so mehr von der Methode der Logotherapie und speziell der paradoxen Intention gelten, die ja von vornherein nicht etwa als ein Ersatz, sondern als eine Ergänzung der herkömmlichen Psychotherapie gedacht war.“ (GERZ, l. c.)

Wer befangen ist in der ängstlichen Erwartung einer schlaflosen Nacht, wird begreiflicherweise einschlafen wollen; aber gerade dieses

---

[1]) Hypnose und Tiefenperson, Z. Psychother. med. Psychol. 11, 207, 1961.

[2]) HANS O. GERZ, Zur Behandlung phobischer und zwangsneurotischer Syndrome mit der „paradoxen Intention“ nach Frankl, Z. Psychother. med. Psychol. 12, 145, 1962.

[3]) Dr. GLENN G. GOLLOWAY von der Psychiatrischen Klinik in Ypsilanti, Michigan, USA, hat einmal gesagt: “Paradoxical intention is aimed at manipulating the defenses and not at resolving the underlying conflict. This is a perfectly honorable strategy and excellent psychotherapy. It is no insult to surgery that it does not cure the diseased gall bladder it removes. The patient is better off. Similarly, the various explanations of why paradoxical intention works do not detract from paradoxical intention as a successful technique.”

Wollen läßt ihn auch schon nicht ruhen und eben nicht einschlafen, denn das Einschlafen würde nichts so sehr zur Voraussetzung haben wie Entspannung. Eine solche kommt aber nicht zustande. So geht es denn auch hier, bei der Psychotherapie der Schlafstörungen, notwendig darum, den circulus vitiosus der Erwartungsangst zu sprengen. Und wiederum werden wir das wohl am ehesten und einfachsten dadurch bewerkstelligen können, daß wir mit Hilfe einer paradoxen Intention der spezifischen Erwartungsangst der Schlafgestörten den Wind aus den Segeln nehmen. Hierzu ist es nur nötig, daß der Kranke sich direkt vornimmt, statt zu schlafen etwa bloß eine Entspannungsübung zu machen. Wir müssen ihm soviel Vertrauen zum eigenen Organismus beibringen, daß er davon überzeugt ist, daß der Organismus den Schlaf, der er unbedingt braucht, sich auch unbedingt verschafft.

Dr. Hans Joachim Vorbusch von der Psychiatrischen Klinik der Vanderbilt University in Nashville, Tennessee, USA, berichtete in einer Sitzung der Österreichischen Ärztegesellschaft für Psychotherapie über seine Erfahrungen mit der paradoxen Intention bei schwerer und chronischer Schlafstörung. In einem einzigen Jahr konnte er in 33 von 38 Fällen, in denen die Patienten bis zu 10 Jahren an Schlafstörung gelitten hatten, innerhalb durchschnittlich einer Woche den Schlaf normalisieren. Dabei waren die Patienten bereits wiederholt erfolglos vorbehandelt worden, und in der Hälfte der Fälle war eine ausgesprochene Medikamentensucht mit im Spiel gewesen. Aus der Kasuistik von Dr. Vorbusch seien die folgenden zwei Fälle wiedergegeben:

Beim ersten Patienten handelte es sich um einen 41jährigen Journalisten, der seit 20 Jahren Alkoholiker war — und zwar war er es nicht zuletzt wegen seiner Schlafstörung geworden. Wiederholt mußte er wegen delirium tremens hospitalisiert werden. In den letzten drei Jahren konnte er seinen Beruf nicht mehr ausüben. Nach der Anstaltsaufnahme reagierte er auf die erste paradox intentionale Zumutung mit schallendem Gelächter, bezeichnete Dr. Vorbusch als verrückt ("you are crazy") und wurde ihm gegenüber aggressiv. Zu guter Letzt entschloß er sich jedoch, es einmal zu versuchen ("to give it a trial"), machte aber aus seiner Überzeugung kein Hehl, daß es ohne Medikamente nicht gehen werde. Nun wurde er angewiesen, nachts auf den Gängen und im Garten der Klinik von Nashville spazierenzugehen oder zu arbeiten, d. h. Artikel zu schreiben. Der Erfolg blieb nicht aus. Nach knapp einer Woche konnte der Patient zum erstenmal nach vielen Jahren drei Stunden durchschlafen, und innerhalb der nächsten zwei Wochen normalisierte sich sein Schlaf überhaupt. Später, im Verlauf der anschließenden gründlichen psychotherapeutischen Behandlung, die selbstverständlich über die im vorliegenden Fall bloß symptomatische Schlafstörung hinaus- und in die Tiefe ging, meinte der Patient gelegentlich, er hätte so ernstlich an den ärztlichen Fähigkeiten von Dr. VORBUSCH gezweifelt, daß er bereits daran gedacht habe, seine politischen Beziehungen spielen zu lassen und seinen ganzen Einfluß aufzuwenden, um ihn um seine leitende Stellung in der Klinik von Nashville zu bringen. Inzwischen hatte ihn die Normalisierung seines Schlafs so beeindruckt, daß er während des weiteren, im Hinblick auf seinen Alkoholismus indizierten Anstaltsaufenthalts der eifrigste Propagandist der paradoxen Intention unter seinen Mitpatienten und eine Schlüsselfigur innerhalb der psychotherapeutischen Alkoholikergruppe wurde.

Der zweite Fall betrifft einen 49jährigen Arbeiter, der zweimal wegen eines psychogenen Laryngospasmus hatte tracheotomiert werden müssen. Sobald nach der ersten Tracheotomie die Kanüle entfernt worden war, verfiel der Patient in eine so panische Erwartungsangst vor dem Ersticken, daß er auch wirklich wieder tracheotomiert werden mußte. Angesichts der reaktiven Depression und konsekutiver Suizidideen wurde er in die Klinik von Nashville eingeliefert. Die Kanüle sollte im Klinikmilieu entfernt werden. Tatsächlich kam es jedoch, während die Kanüle noch in situ verblieb, zu einer Reihe von Erstickungsanfällen, und die Ängstlichkeit nahm zu. Nun wurde ein Vorstoß im Sinne der paradoxen Intention unternommen. Die Kanüle wurde entfernt, der Patient von Dr. VORBUSCH angewiesen, „einen richtigen Erstickungsanfall“ zu produzieren, und diese Prozedur ein paarmal wiederholt. Der Erfolg blieb nicht aus. Bereits nach wenigen Tagen konnte die Kanüle definitiv entfernt werden. Nun wurde die schwere chronische Schlafstörung angegangen, und zwar ebenfalls mit paradoxer Intention. Innerhalb weniger Tage stellte sich auch diesbezüglich ein Erfolg ein. Nachdem der Patient mehr als ein Jahr arbeitsunfähig gewesen war, konnte er nach der Entlassung aus der Klinik von Nashville seine Berufsarbeit wieder aufnehmen und verblieb dann, wie wiederholte Kontrollen ergaben, frei von irgendwelchen Beschwerden. (Anmerkungen 41 und 50.)

Über spezielle Erfahrungen mit der Methode der paradoxen Intention verfügen R. VOLHARD und D. LANGEN[1]: „Die paradoxe Intention wurde vor allem bei phobischen Zuständen, bei Erwartungsangst und sexuellem Versagen mit gutem Erfolg angewandt.“ Auch Professor Dr. HANS JOACHIM PRILL[2]) berichtet aus der Universitäts-Frauenklinik Würzburg, daß in entsprechenden Fällen „die paradoxe Intention von Nutzen war“. In einer Beobachtung hatte die Patientin, um schwanger zu werden, ihr

[1]) Z. Psychotherap. med. Psychol. 3, 1, 1953.

[2]) Z. Psychotherap. med. Psychol. 5, 215, 1955.

Bett vier Monate nicht verlassen. Ihre Haltung in der Konzeptionsfrage war mit den Jahren so versteift und verbissen, daß Professor PRILL[1]) „im Sinne einer modifizierten paradoxen Intention ihr sagte, daß für die nächste Zeit Unfruchtbarkeit bestehen würde und sie erst zu einer körperlichen Bestform kommen müsse. Ihre unerfüllbaren Wünsche auf ein lebendes Kind habe sie vollkommen zurückzustellen. Nach einer schweren affektiven Reaktion reiste sie zur Erholung ab, und nach zweieinhalb Wochen meldete sie den Eintritt einer Schwangerschaft."

Zum Schlusse möchte ich der Pikanterie halber den folgenden Fall erwähnen: In seiner Dissertation „Zur Ätiologie und Therapie des Stotterns unter besonderer Berücksichtigung der paradoxen Intentionsmethode nach V. E. FRANKL" (Psychiatrische und Nervenklinik der Universität Freiburg im Breisgau, 1960) zitiert MANFRED EISENMANN „ein eindrucksvolles Beispiel einer unbeabsichtigten Anwendung der paradoxen Intention", das er GÖPPERT verdanke: „Ein Stotterpatient berichtete, daß er einmal in Gesellschaft einen Stotterwitz erzählen wollte. Als er aber den Stotterer imitiert habe, habe er plötzlich fließend zu sprechen begonnen, so daß ihn einer der anwesenden Gäste mit der Bemerkung unterbrochen habe: ‚Hören Sie auf, Sie können ja gar nicht stottern!'"

Die folgende persönliche Mitteilung, die ich dem Direktor der Mainzer Universitäts-Nervenklinik Professor Dr. HEINRICH KRANZ verdanke, halte ich für nicht weniger bemerkenswert: „Vor Jahren, als ich noch in Frankfurt praktizierte, längst bevor Sie und Ihre paradoxe Intention mir überhaupt ein Begriff waren, kam ein Gymnasialschüler (etwa Tertianer) in meine Sprechstunde, der gewaltig stotterte. Dabei wäre noch nichts Besonderes. Das Hübsche aber war, daß der Junge mir angab, ein einziges Mal habe er beim besten Willen nicht stottern können. Seine Schulklasse bereitete für einen Elternabend ein Schülerspiel vor, in dem auch ein Stotterer vorkam. Selbstverständlich sah man ihn für diese Rolle aus und er . . . ‚versagte' vollkommen; seine Rolle sprach er auf mehreren Probeversuchen fließend. Man mußte die Rolle einem anderen geben!"

3. Zur Psychologie der Melancholie

Auch endogene Psychosen können der Gegenstand logotherapeutischer Behandlung werden. Selbstverständlich wird dann nicht die

[1]) Psychosomatische Gynäkologie, Urban & Schwarzenberg, München und Berlin 1964, S. 160.

endogene Komponente behandelt, sondern jene reaktive, psychogene Komponente, die jeweils mit im Spiele sein mag. Wir haben bereits anläßlich der Besprechung der geistigen Einstellung des Menschen zu seinem seelischen Schicksal in Form einer psychotischen Krankheit auf das pathoplastische Moment hingewiesen, das im Gegensatz zum pathogenetischen als Resultat einer Gestaltung des psychotischen Krankheitsgeschehens aufzufassen ist. Im gleichen Zusammenhang haben wir auch das Beispiel eines ursprünglich endogenen Depressionszustandes angeführt, bei dem nicht nur entsprechend dem psychogenen Faktor eine psychotherapeutische Behandlung, neben der medikamentösen, möglich war, sondern auch — über beide hinaus — eine exquisit logotherapeutische. Sie bezweckte eine totale Umstellung der Patientin gegenüber der Krankheit als einem Schicksal, zugleich jedoch eine totale Umstellung gegenüber dem Leben als einer Aufgabe.

Es ist klar, daß noch vor jeder logotherapeutischen Änderung der geistigen Stellungnahme eines Menschen zum psychotischen Krankheitsgeschehen in ihm — soweit eine solche Änderung überhaupt möglich ist — in der bereits erfolgten „Pathoplastik" eine Stellungnahme schon mit enthalten ist. Insofern ist auch das manifeste Verhalten des psychotischen Kranken jeweils schon mehr als die bloße Folge schicksalhafter, „kreatürlicher" Affektion; sie ist gleichzeitig der Ausdruck seiner geistigen Einstellung. Diese Einstellung ist eine freie und als solche untersteht sie der Forderung, eine richtige zu sein oder zu werden. In diesem Sinne ist selbst die Psychose letzten Endes irgendwie eine Bewährungsprobe für den Menschen, für das Menschliche im psychotisch Kranken. Die Pathoplastik, welche das Psychotische vom Menschlichen her erfahren hat, ist ein Test für dieses Menschliche. Der Rest von Freiheit, der auch noch in der Psychose, in der freien Einstellung des Kranken zu ihr, vorhanden ist, ermöglicht dem Kranken jeweils die Verwirklichung von Einstellungswerten. Auf seine restliche Freiheit verweist ihn die Logotherapie. Auch noch in und trotz der Psychose läßt sie den Kranken die Möglichkeit einer Wertverwirklichung sehen, und sei es auch nur im Sinne der Verwirklichung von Einstellungswerten.

Unseres Erachtens eignet auch noch dem psychotischen Dasein ein Freiheitsgrad. Tatsächlich kann auch noch der im Sinne einer endogenen Depression leidende Mensch dieser Depression trotzen. Es sei mir verstattet, dies an Hand des Auszugs aus einer Krankengeschichte zu illustrieren, die ich für ein document humain halte. Die Patientin war Karmelitin, und in ihrem Tagebuch schilderte sie den Verlauf der Erkrankung und der Behandlung — wohlgemerkt: einer auch pharmakotherapeutisch und nicht nur logotherapeutisch orientierten Behandlung. Ich beschränke mich auf das Zitat einer Stelle aus diesem Tagebuch: „Die Traurigkeit ist mein ständiger Begleiter. Was immer ich auch tue, sie lastet wie ein Bleigewicht auf meiner Seele. Wo sind meine Ideale, all das Große, Schöne, all das Gute, dem einst mein Streben galt? Nur gähnende Langeweile hält mein Herz gefangen. Ich lebe wie hineingeworfen in ein Vakuum. Denn es gibt Zeiten, da selbst der Schmerz sich mir versagt." Wir haben es also mit der Andeutung einer melancholia anaesthetica zu tun. Die Patientin setzt ihre Schilderung fort: „In dieser Qual ruf' ich zu Gott, dem Vater aller. Doch auch er schweigt. So möchte ich eigentlich nur noch eines: sterben — heute noch, wenn möglich gleich." Und nun folgt ein Umschwung: „Wenn ich nicht das gläubige Bewußtsein hätte, daß ich nicht Herr über mein Leben bin — ich hätte es wohl schon oftmals fortgeworfen." Triumphierend fährt sie fort: „In diesem Glauben beginnt die ganze Bitterkeit des Leidens sich zu wandeln. Denn wer da meint, ein Menschenleben müsse ein Schreiten von Erfolg zu Erfolg sein, der gleicht wohl einem Toren, der kopfschüttelnd an einer Baustelle steht und sich wundert, daß da in die Tiefe gegraben wird, da doch ein Dom entstehen soll. Gott baut sich einen Tempel aus jeder Menschenseele. Bei mir ist Er gerade daran, die Fundamente auszuheben. Meine Aufgabe ist es nur, mich willig Seinen Spatenstichen hinzuhalten."

Im folgenden wollen wir nun versuchen, die endogene Depression existenzanalytisch zu verstehen, als einen Modus der Existenz zu begreifen. Der speziellen Existenzanalyse der endogenen Depression stellt sich fürs erste jenes ihrer Symptome, das in ihrem Vordergrund steht: die Angst. Somatisch gesehen stellt die endogene Depression eine vitale Baisse dar, nicht weniger — aber auch nicht mehr. Denn die blande Baisse, in der sich der Organismus des endogen Depressiven befindet, erklärt noch lange nicht die ganze melancholische Symptomatik. Sie erklärt noch nicht einmal die melancholische Angst. Diese Angst ist vorwiegend Todes- und Gewissensangst. Das melancholische Angstgefühl und Schulderlebnis können wir jedoch nur dann verstehen, wenn wir sie als eine Weise des Menschseins, als eine Modalität menschlichen Daseins begreifen. Aus der bloßen vitalen Baisse ist sie aber nicht erklärlich — bekanntlich ist nicht einmal diese vitale Baisse selber erklärt. Was das melancholische Erleben erst möglich macht, ist ein Transmorbides: erst das Menschliche macht aus der primär nur vitalen Baisse die melancholische Weise des Erlebens, die eben eine Weise des Menschseins ist. Während der bloße Morbus einer endogenen Depression lediglich zu Symptomen wie psychomotorischer oder sekretorischer Hemmung führt, ist das melancholische Erleben erst das Resultat einer Auseinandersetzung des Menschlichen im Menschen mit dem

Krankhaften in ihm. So kommt es, daß wir uns irgendeine Art von Depressionszustand (auch mit ängstlicher Erregung) auf Grund einer organismischen Baisse auch bei einem Tier sehr wohl vorstellen könnten; jene für die eigentliche endogene Depression des Menschen pathognomonischen Schuldgefühle, Selbstvorwürfe, Selbstbezichtigungen jedoch wären bei einem Tier unvorstellbar. Das „Symptom" der Gewissensangst des endogen Depressiven ist jeweils kein Produkt der endogenen Depression als körperlich verursachter Krankheit, sondern bereits eine „Leistung" des Menschen. Verstehbar ist die Gewissensangst nur von einem Jenseits des Physiologischen her, vom Menschlichen her. Verstehbar ist sie nur als Angst eines Menschen als solchen: als existentielle Angst!

Was die vitale Baisse als physiologische Grundlage der endogenen Depression schafft, ist allein ein Insuffizienzgefühl. Daß aber dieses Insuffizienzgefühl als ein Gefühl des Ungenügens einer Aufgabe gegenüber erlebt wird, geht über das Endogene der Krankheit wesentlich hinaus. Angst kann auch ein Tier haben, Gewissensangst oder Schuldgefühl aber nur ein Mensch als solcher, als ein Wesen, das in der Verantwortung seines Seins vor seinem Sollen steht. Psychosen, wie der Mensch sie hat, sind überhaupt bei einem Tier nicht vorstellbar — also muß das Menschliche an ihnen wesentlichen Anteil haben. Das organisch bedingte Geschehen, das der Psychose zugrunde liegt, wird nämlich jeweils ins eigentlich Menschliche transponiert, bevor es zu psychotischem Erleben geworden ist: es muß erst zum menschlichen Thema geworden sein!

Im Falle der endogenen Depression nun wird die psychophysische Insuffizienz in der dem Menschen einzig gemäßen Weise erlebt: als Spannung zwischen dem eigenen Sein und dem eigenen Sollen. Der endogen Depressive erlebt die Distanz seiner Person von ihrem Ideal naturgemäß als überdimensional. Durch die vitale Baisse wird die Daseinsspannung — die dem menschlichen Dasein als solchem eignet — überhöht. Der Abstand des Seins vom Sollen erfährt in der endogenen Depression durch das Insuffizienzerlebnis eine Vergrößerung. Für den endogen Depressiven wird der Abstand zwischen Sein und Sollen zu einem Abgrund. In der Tiefe dieses Abgrunds, der so aufbricht, müssen wir aber dessen ansichtig werden, was auf dem Grunde allen Menschseins als Verantwortlichseins liegt: des Gewissens. So ist die Gewissensangst des melancholischen Menschen als etwas zu verstehen, das aus dem Erlebnis der erhöhten Spannung zwischen Erfüllungsnotwendigkeit und Erfüllungsmöglichkeit als einem eigentlich menschlichen Erlebnis folgt.

Dieses melancholische Erlebnis der radikalen Insuffizienz, eines Nichtgewachsen-seins gegenüber einer Aufgabe, erscheint in verschiedener

Spezifikation. In der melancholisch wahnhaften Verarmungsangst des prämorbiden typischen Bürgers wird es die Aufgabe des Geldverdienens sein, auf die sich das Insuffizienzgefühl bezieht; wenn SCHOPENHAUER unterscheidet, „was einer ist, was einer hat und was einer scheint", dann gilt die Gewissensangst und das Schuldgefühl dieses Menschentypus, wenn er an einer endogenen Depression erkrankt, entsprechend der prämorbiden Akzentuation betont dem, „was einer hat". In der Todesangst des prämorbid Lebensunsicheren wieder bezieht sich das melancholische Insuffizienzerlebnis auf die Aufgabe der Lebenserhaltung, und in der Gewissensangst des prämorbid Schuldbewußten oder bloß Skrupulösen auf die Aufgabe der moralischen Rechtfertigung.

Wird durch die vitale Grundstörung der endogenen Depression die Daseinsspannung des melancholischen Menschen in kolossalem Maße erhöht erlebt, dann muß ihm sein Lebensziel unerreichbar erscheinen. So verliert er das Gefühl für das Ziel und für das Ende, für die Zukunft. „Ich lebte mein Leben zurück", meinte eine melancholische Patientin; „die Gegenwart war aus — ich verlor mich im Zurückleben." Mit dem Verlust des Gefühls für die Zukunft, mit dem Erlebnis der „Zukunftslosigkeit" geht einher das Gefühl, das Leben sei zu Ende, die Zeit habe sich erfüllt. „Ich sah mit andern Augen", sagte eine Patientin; „ich sah die Menschen nicht mehr von heute und gestern, sondern jeden einzelnen Menschen an seinem Todestag — es war egal, ob er jetzt Greis oder Kind war. Ich sah weit voraus, und ich selbst lebte nicht mehr in der Gegenwart." Die Grundstimmung in solchen Fällen von endogener Depression könnte man als eine Stimmung „wie am Jüngsten Tag" kennzeichnen, als die Stimmung der dies irae. Während KRONFELD das existentielle Erleben in der Schizophrenie als das Erlebnis des „antizipierten Todes" bezeichnete, könnten wir also von der Melancholie aussagen, sie sei das Erlebnis einer „dies irae in Permanenz".

Dem Affekt der Trauer beim endogen Depressiven entspricht der Affekt der Freude beim Manischen. Dem Erlebnis der melancholischen Angst entspricht das Erlebnis des manischen Übermuts. Während der melancholische Mensch das Können dem Sollen nicht gewachsen erlebt, erlebt der manische Mensch umgekehrt das Können dem Sollen überlegen. So wird das manische Machtgefühl zum Korrelat des melancholischen Schuldgefühls. Und wie die melancholische Angst im besonderen eine Angst vor der Zukunft ist (als Katastrophenangst die Angst vor einer katastrophalen Zukunft), so lebt der manische Mensch gerade in der Zukunft: er macht Programme, schmiedet Pläne, er antizipiert jeweils die Zukunft, nimmt ihre Möglichkeiten als Wirklichkeiten vorweg — er ist „voll Zukunft".

Aus dem Erlebnis der eigenen Insuffizienz heraus muß der endogen Depressive sich selbst gegenüber wertblind sein. Diese Wertblindheit ergreift später auch die Umwelt. Während das Wertskotom des endogen Depressiven also anfangs gleichsam zentral ist, indem es zuerst nur sein Ich betrifft, kann es zentrifugal fortschreiten und zu einem Abbau der Wertschattierungen des Nicht-Ich führen. Solange aber nur das eigene Ich entwertet wird, muß ein Wertgefälle gegenüber der Welt erlebt werden. Zu diesem Erlebnis kommt es im melancholischen Minderwertigkeitsgefühl. Der endogen Depressive erlebt dann sich selbst als wertlos und sein eigenes Leben als sinnlos — woraus die Suizidneigung resultiert.

In den nihilistischen Wahnideen der endogenen Depression geschieht nun ein Weiteres: mit den Werten werden die Dinge selbst, die Wertträger wegeskamotiert; es wird auch das Substrat möglicher Werthaftigkeit negiert. Auch hier wird zuerst das eigene Ich ergriffen: es kommt zu einer Depersonalisation. „Ich bin gar kein Mensch", gab eine Kranke an; „ich bin niemand — ich bin nicht auf der Welt." Später jedoch wird die Welt in den Nihilismus einbezogen, und es kommt zur Derealisation. So erklärte ein Patient, als der Arzt sich ihm vorstellte: „Es gibt keinen Arzt — es hat nie einen gegeben."

COTARD hat ein melancholisches Syndrom beschrieben, bei dem sich „Verdammungsideen, Ideen des Nicht-existierens und Nicht-sterbenkönnens" finden. Die melancholischen „Verdammungsideen" lassen sich ohne weiteres erklären, die nihilistische Depersonalisation haben wir im vorstehenden verstehen können; die Idee nun, nicht sterben zu können, der Wahn, unsterblich zu sein, tritt uns in gewissen Formen der endogenen Depression auch isoliert entgegen. Man könnte diese Krankheitsbilder als ahasverische Melancholien bezeichnen. Wie aber wäre dieser Krankheitstypus existenzanalytisch zu deuten?

Das aus dem Erlebnis der erhöhten Daseinsspannung vertiefte Schuldgefühl des endogen Depressiven kann so groß werden, daß er seine Schuld als untilgbar erleben muß; die Aufgabe, der er sich aus seinem Insuffizienzerlebnis heraus so gar nicht gewachsen fühlt, muß ihm dann selbst in unendlicher Lebenszeit unerfüllbar erscheinen. So und nur so sind wir imstande, Äußerungen von Patienten zu verstehen wie die folgenden: „Ich werde ewig leben müssen — um meine Schuld abzubüßen. Das kommt mir so vor wie eine Vorhölle." Der Aufgabencharakter des Lebens übersteigert sich bei solchen endogen Depressiven ins Kolossale: „Ich muß die ganze große Welt tragen", meinte ein solcher Kranker; „in mir lebt eigentlich nur mehr das Gewissen. Es ist für mich alles sehr bedrückend. Alles Weltliche, was um mich ist, ist mir entschwunden; ich sehe nur mehr das Jenseits. Ich soll die ganze Welt schaffen und kann es nicht. Ich soll jetzt die Meere und die Berge und alles ersetzen. Ich habe ja kein Geld. Ein Bergwerk kann ich nicht auskratzen und untergegangene Völker kann ich auch nicht machen und doch wird es sein müssen. Alles soll jetzt untergehen." Die Entwertung, nicht nur seiner selbst, sondern der ganzen Welt, erzeugt im endogen Depressiven eine allgemeine Misanthropie. Nicht nur er selber ekelt ihn an, sondern auch die Andern. In seinen Augen kann kein Wert mehr bestehen. „Denn alles, was besteht, ist wert, daß es zugrunde geht." Dieser mephistophelische Satz ist mit eine Erklärung für die Weltuntergangsideen, in denen das Lebensgefühl der Katastrophenangst als Weltgefühl des endogen Depressiven einen katathym-wahnhaften Niederschlag findet. Die übermenschliche Größe aber, in der ihm die Lebensaufgabe — verzerrt durch das Insuffizienzerlebnis — erscheinen muß, läßt uns jenes Schuldgefühl existenzanalytisch verstehen, dessen Überdimensionalität sich nur mehr in wahnhaften Äußerungen wie den folgenden ausdrücken kann: „Es soll alles verschwinden, und ich soll es wieder erzeugen — und das kann ich ja nicht tun! Alles soll ich machen. Woher soll ich denn jetzt das Geld nehmen, von Ewigkeit zu Ewigkeit? Ich kann die Fohlen nicht schaffen und die Ochsen und die Viecher, die von Welt an sind."

So wie es im Schwindelerlebnis zu Scheinbewegungen kommt, kommt es auch in der Angst — die KIERKEGAARD als den Höhenschwindel der Freiheit verstehen lehrte — zu einer Art von geistigen Scheinbewegungen, die im Falle der Melancholie, wenn also der Abstand zwischen Sein und Sollen als Abgrund erlebt wird, eben zum Gefühl des Versinkens des Ich und der Welt, der Wesen und der Werte führen muß.

Wir haben im Sinne einer zielenden Psychotherapie endogener Depressionen[1]) darauf zu achten, daß nicht — wie in solchen Fällen so leicht — die versuchte Psychotherapie selbst zur iatrogenen Noxe wird. Vor allem ist jeder Versuch eines Appells an den Patienten, sich doch zusammenzunehmen, durchaus verkehrt; es empfiehlt sich vielmehr, den Patienten dazu anzuleiten, daß er die Depression eben als endogene hinnimmt, mit einem Wort, daß er sie objektiviert und solcherart sich selbst von ihr distanziert — soweit dies möglich ist, und in leichten bis mittelschweren Fällen ist es möglich! Wir weisen ihn an, sich nicht „zusammenzunehmen", sondern seine Gemütskrankheit über sich ergehen zu lassen im Bewußtsein, daß auch seine Wertblindheit, sein Unvermögen, an sich einen Wert und im Leben einen Sinn zu

[1]) V. E. FRANKL, Psychagogische Betreuung endogen Depressiver, Handbuch der Neurosenlehre und Psychotherapie, herausgegeben von VIKTOR E. FRANKL, VICTOR E. FRHR. V. GEBSATTEL und J. H. SCHULTZ, 4. Band, Urban & Schwarzenberg, München und Berlin 1959.

finden, zur Gemütskrankheit gehört; wir machen ihm klar, daß er für die Dauer seiner Krankheit von Verpflichtungen frei ist bzw. nur zu zweierlei verpflichtet ist: erstens zum Vertrauen zum Arzt und zur ärztlichen Prognose — können wir ihm doch versichern, daß er zumindest aus der jeweiligen Phase ganz als der Mensch hervorgehen werde, der er war — und zweitens zur Geduld mit sich selbst — bis zum Tage solcher Genesung.

4. Zur Psychologie der Schizophrenie

In den folgenden allgemeinen psychologischen Bemerkungen zur Schizophrenie, die deren existenzanalytisches Verständnis ermöglichen sollen, wollen wir von klinischen Beobachtungen ausgehen. Wir hatten wiederholt Gelegenheit, bei einer ganzen Reihe schizophrener Patienten ein eigenartiges Erlebnis zu beobachten. Die betreffenden Kranken berichteten jeweils, sie hätten mitunter das Gefühl, gefilmt zu werden. Bei entsprechender Exploration ergab sich bemerkenswerterweise, daß dieses Gefühl keineswegs irgendwelche halluzinatorischen Grundlagen hatte: die Patienten gaben nicht etwa an, ein Kurbeln oder in jenen Fällen, wo sie nicht gefilmt, sondern photographiert zu werden fühlten, — ein Knipsen gehört zu haben. Auch in optischer Hinsicht blieb, in ihrem Erlebnis, der Filmapparat unsichtbar und der Kameramann verborgen. Aber auch paranoide Ideen ließen sich nicht nachweisen, auf deren Grundlage die Behauptungen der Patienten sich hätten im Sinne eines sekundär rationalisierenden Erklärungswahns deuten lassen. Gewiß gab es Fälle, die tatsächlich wahnhaft unterbaut waren; solche Kranke machten beispielsweise die Angabe, sie hätten sich selber in der Wochenschau dargestellt gesehen, während andere wieder behaupteten, ihre Feinde oder Verfolger hätten sie nicht anders als auf Grund heimlich angefertigter Photoaufnahmen agnoszieren können. Derartige Fälle mit paranoider Grundlage haben wir aber aus den einschlägigen Untersuchungen von vornherein ausgeschieden. Denn in ihnen ist das Gefilmtwordensein nicht unmittelbar erlebt, sondern nachträglich in die Vergangenheit hineinkonstruiert worden.

Was uns nun innerhalb der engeren Auswahl der Kasuistik entgegentritt, könnte man rein phänomenologisch und deskriptiv als F i l m w a h n bezeichnen. Dieser Filmwahn stellt eine echte „Halluzination des Wissens" im Sinne von Jaspers dar; man könnte ihn jedoch auch zu den „primär wahnhaften Gefühlen" im Sinne Gruhles rechnen. Auf die Frage an eine Kranke, wieso sie denn annehmen könne, daß sie gefilmt wurde, nachdem sie doch nichts bemerkt hatte, was irgendwie darauf hinweisen könnte, gab sie die charakteristische Antwort: „Ich weiß es halt — ich weiß nicht wieso."

Es gibt nun auch Fälle, in denen sich Übergänge vom gekennzeichneten Krankheitsbild des Filmwahns zu analogen Bildern zeigen. Solche Patienten geben etwa an, es seien von ihnen „Phonogrammaufnahmen gemacht" worden. Hier hätten wir einfach das akustische Gegenstück zum Filmwahn vor uns. Weiters gibt es aber auch Kranke, die behaupten, sie würden „abgehorcht" oder „belauscht". Schließlich scheinen uns auch jene Fälle hierher zu gehören, die angeben, das bestimmte Gefühl zu haben, sie würden irgendwie „gesucht", oder die ebensowenig begründbare Gewißheit zu haben, es würde an sie „gedacht".

Was ist nun das Gemeinsame an all diesen Erlebnissen? Wir können sagen: daß sich ein Mensch als Objekt erlebt — als Objekt des Objektivs einer Filmkamera, wie im „Filmwahn", oder des Objektivs eines Photoapparats oder als Objekt eines Phonographenapparats; aber im weiteren auch: als Objekt des „Horchens" und „Lauschens" anderer Menschen, ja schließlich als Objekt von deren „Suchen" und „Denken" — also, wenn wir diese letzten Erlebnistypen zusammenfassen, als Objekt verschiedenartigster intentionaler Akte anderer Menschen. Alle hier subsumierten Fälle erleben sich als Objekt der psychischen Aktivität anderer; jene Apparate, als deren Objekt sich die erstangeführten Fälle erleben, stellen ja nichts anderes dar als eine maschinelle Erweiterung der psychischen Aktivität, nichts weiter als gleichsam eine „technische" Verlängerung der intentionalen Akte des Sehens und Hörens. (So ist es verstehbar, daß die betreffenden Apparaturen für den Schizophrenen noch eine Art von mythischer Intentionalität behalten.) Wir haben es somit bei den erwähnten Fällen von Schizophrenie mit einem primär wahnhaften Gefühl zu tun, das man Erlebnis des reinen Objektseins nennen könnte. Von der nunmehr gewonnenen Basis aus können wir aber auch all das, was man als Beeinflussungsgefühl, Beachtungs- oder Verfolgungswahn bezeichnet, als bloße Sonderformen des allgemeineren Erlebnisses des reinen Objektseins auffassen: in diesen Sonderformen würde sich der Schizophrene dann eben als Objekt der Beobachtungs- bzw. Verfolgungsintentionen seiner Mitmenschen erleben.

Das so herausgestellte Erlebnis des reinen Objektseins möchten wir für eine Facette jener zentralen Ichstörung ansehen, die Gruhle zu den „Primärsymptomen" der Schizophrenie zählt. Wir meinen nun: Wie an einer geologischen Bruchlinie auf die Struktur der tieferen Gesteinsschichten, so läßt sich von den Primärsymptomen (sozusagen der symptomatologischen Oberfläche) her auf das Wesen der schizophrenen

„Grundstörung“ schließen. Tatsächlich können wir die verschiedenen Erscheinungsformen des Erlebnisses reinen Objektseins auf eine einheitliche Gesetzmäßigkeit in der schizophrenen Erlebnisweise reduzieren: Der Schizophrene erlebt sich selber so, als ob er — das Subjekt — in ein Objekt verwandelt wäre. Er erlebt die psychischen Akte so, als ob sie in ihr Passivum gekehrt wären. Während der normale Mensch erlebt, daß und wie er selber denkt, beachtet, beobachtet, beeinflußt, belauscht, abhorcht, sucht und verfolgt, Photo- oder Filmaufnahmen macht usw. — erlebt der Schizophrene all diese Akte und Intentionen, diese seelischen Funktionen so, als ob sie ins Passivum gekehrt worden wären: er „wird“ beachtet, an ihn „wird“ gedacht usw. Mit einem Wort, in der Schizophrenie kommt es zu einer erlebnismäßigen Passivierung der seelischen Funktionen. Dies halten wir für ein durchgängiges Prinzip der Psychologie des Schizophrenen.

Es ist interessant zu sehen, wie die erlebte Passivierung den sie erlebenden Kranken dazu zwingt, beim Sprechen dort, wo normalerweise intransitive Ausdrücke am Platze wären, die entsprechenden transitiven Wortformen zu gebrauchen. So klagte eine schizophrene Patientin darüber, daß sie nicht das Gefühl habe, zu „erwachen“, sondern: „geweckt“ zu werden. Aus der Passivierungstendenz des schizophrenen Erlebens und demgemäß auch seines sprachlichen Ausdrucks läßt sich aber auch die bekannte typische Diktion verstehen, die das Verbum vernachlässigt und — nicht selten gewaltsame — substantivische Konstruktionen bevorzugt („Elektrisiererei“ u. dgl.); ist es doch so, daß das Zeitwort, das „Tätigkeitswort“, wesentlich ein Aktivitätserlebnis voraussetzt und ausdrückt.

Die typische Sprache zumindest der autistischen — also in einem andern Sinne, nämlich auf die Welt hin, mangelhaft „aktiven“ — Schizophrenen ist durch ein weiteres Moment charakterisiert: durch ein Vorwiegen der expressiven zuungunsten der Darstellungsfunktion. So lassen sich die sogenannten Kunstsprachen mancher Schizophrenen erklären, ja sogar auch wirklich verstehen; denn es gelingt mitunter, in solchen Kunst-„Sprachen“ sich mit je ihren Schöpfern zu verständigen, indem man sich selber ebenfalls auf das Expressive beschränkt, mit den betreffenden Patienten also etwa so wie mit einem Hunde „spricht“: hier kommt es ja auch nur auf den Tonfall und keineswegs auf die Wortwahl an.

Der Deutung schizophrener Erlebnisweise als erlebnismäßiger Passivierung der psychischen Aktivität kommt die Schizophrenietheorie von Berze nahe. Bekanntlich spricht Berze von einer Insuffizienz der psychischen Aktivität beim Schizophrenen. Als deren Hauptsymptom gilt ihm die „Hypotonie des Bewußtseins". Halten wir mit dieser Bewußtseinshypotonie das zusammen, was wir als erlebnismäßige Passivierung bezeichnet haben, dann können wir nun im Sinne einer speziellen Existenzanalyse der Schizophrenie auch folgendermaßen formulieren: Das Ichsein ist als Bewußtsein „hypotonisch" und wird als Verantwortlichsein „erlebt, als ob" es ebenfalls affiziert wäre. Der schizophrene Mensch erlebt sich selber in seinem gesamten Menschsein dermaßen eingeschränkt, daß er sich nicht mehr als eigentlich „existent" fühlen kann. Jetzt wird auch jene Deutung des schizophrenen Erlebens verstehbar, die KRONFELD dazu veranlaßt hat, die Schizophrenie als den „antizipierten Tod" hinzustellen.

Seitdem BERZE zwischen Prozeßsymptomen und Defektsymptomen der Schizophrenie unterscheiden gelehrt hat, wissen wir, daß jede phänomenologisch-psychologische Deutung der schizophrenen Erlebnisweise, und so auch deren existenzanalytische Interpretation, sich nur auf Prozeßsymptome beziehen darf. Unseres Erachtens besteht nun ein analoger Unterschied wie zwischen den schizophrenen Prozeß- und Defektsymptomen auch zwischen zwei Erlebnisweisen des normalen Menschen, nämlich zwischen den Erlebnissen des Einschlafens und denen des Träumens. Mit Recht hat daher C. SCHNEIDER in seiner Studie über die Psychologie der Schizophrenie „am Modell des Einschlafdenkens" eben dieses Einschlafdenken als Modell gewählt und nicht das Traumdenken, wie etwa C. G. JUNG, der den Schizophrenen als einen „Träumenden unter Wachen" verstehen wollte. Wieso es nun kommt, daß das normale Einschlaferlebnis die schizophrene Erlebnisweise gleichsam imitiert, wird verständlich, wenn wir bedenken, daß es ja auch im Einschlafen zu einer Bewußtseinshypotonie kommt oder, um mit JANET zu sprechen, zu einem «abaissement mentale». Bereits LÖWY hat auf die „Halbfabrikate des Denkens" hingewiesen, und MAYER-GROSS spricht von „leeren Gedankenhülsen"; all diese Phänomene finden sich sowohl beim normalen Einschlafdenken wie beim schizophren gestörten Denken. Und wenn die von der Denkpsychologie ausgehende Schule KARL BÜHLERS vom „Gedankenschema" sowie vom „Blankettcharakter" des Denkens spricht, so zeigt sich eine Übereinstimmung in den Forschungsergebnissen aller drei Autoren. Denn wir könnten nunmehr sagen: der Einschlafende schläft „über" dem Gedankenblankett ein, statt es auszufüllen. Jetzt wird auch klar, warum im Einschlafdenken — wie sonst normalerweise nie — das leere Blankett eines Denkaktes zur Anschauung gebracht werden kann.

In einem Gegensatz zum Einschlafdenken steht nun das Traumdenken insofern, als im Traum die Bildersprache herrscht. Während nämlich im Einschlafen die Niveauverschiebung des Bewußtseins zu einem niedrigeren Grade von Bewußtheit — entsprechend der Bewußtseinshypotonie — vollzogen wird, ist sie vollzogen, ist das niedere Bewußtseinsniveau erreicht, sobald das Träumen beginnt; der Traum spielt sich bereits auf diesem niedrigeren Niveau ab. Gemäß dem Funktionswandel beim Übergang vom Wachen zum Schlafen „regrediert" aber der träumende Mensch zur primitiven Symbolsprache des Traumes.

Lassen wir nun aber einmal die grundsätzliche Unterscheidung zwischen Prozeßsymptomen und Defektsymptomen der Schizophrenie bewußt beiseite und fragen wir uns, inwieweit auch andere schizophrene Symptome als die besprochenen (der Ichstörung und der Denkstörung) durch das von uns herausgestellte Erklärungsprinzip einer durchgängigen erlebnismäßigen Passivierung seelischer Abläufe erhellt werden können. Hierbei wollen wir dahingestellt sein lassen, inwiefern sich auch die Motorik des Schizophrenen in den Rahmen der Passivierung fügt — bei den katatonen und kataleptischen Erscheinungen ist die Anwendung unseres Erklärungsprinzips naheliegend —, und wir beschränken uns auf das psychologische Problem der akustischen Halluzinationen, des schizophrenen Stimmenhörens. Gehen wir hierbei vom Phänomen des Gedankenlautwerdens aus, so bietet uns das Passivierungsprinzip den Schlüssel zu einem Verständins: Jene akustischen Elemente, die beim Gesunden in Form der sogenannten „inneren Sprache" das Denken (mehr minder bewußt) obligat begleiten, werden beim Schizophrenen passiviert erlebt; von ihm müssen sie also so erlebt werden, als ob sie fremd wären, von außen kämen — sie müssen also nach dem Schema von Wahrnehmungen erlebt werden. Ein Eigenes und Inneres so erleben, als ob es fremd wäre und von außen käme, als ob es eine Wahrnehmung wäre, heißt aber nichts anderes als eben halluzinieren.

Das Prinzip der erlebnismäßigen Passivierung psychischer Funktionen als Erklärungsprinzip für die Psychologie der Schizophrenie findet im therapeutischen Feld zwar keine Möglichkeit der praktischen Anwendung, kann hier aber eine empirische Bestätigung finden. So gelang es einmal, einen jungen Mann mit ausgeprägtem sensitivem Beziehungswahn psychotherapeutisch zu behandeln. Er wurde darauf trainiert, das Beachtetwerden nicht zu beachten und seine vermeintlichen Beobachter nicht — à la «persécuteur persécuté» — zu beobachten. (Die Frage, ob er in seinem Erlebnis des Beobachtetwerdens recht habe oder nicht, war von vornherein aus der Diskussion ausgeschieden worden.) Tatsächlich schwand alsbald das Gefühl des Beobachtetwerdens, sobald der Patient nämlich gelernt hatte, seine Umgebung nicht mehr, wie bis dahin, seinerseits — auf Beobachtetwerden hin — zu beobachten. Mit dem Aufgeben des eigenen Beobachtens kam es also zum Aufhören des entsprechenden passiven Erlebnisses, zum Aufhören des erlebten Beobachtetwerdens. Daß mit der auf psychotherapeutischem Wege erzielten Abstellung des aktiven Beobachtens das passive Beobachtetwerden fortfiel, läßt sich unseres Erachtens nur durch die Annahme erklären, daß die Grundstörung zu einer Umkehrung des Erlebnisses des Beobachtens in dessen Passivum geführt hatte.

Die spezielle Existenzanalyse der Schizophrenie muß sich nicht unbedingt an nosologisch einwandfreie Fälle halten; auch von der Analyse jener Krankheitsbilder her, die nur an der Peripherie des schizophrenen Formenkreises liegen — eben wie etwa der sensitive Beziehungswahn — mag ihr eine Erhellung der schizophrenen Erlebnisweise gelingen. Zu diesem Zwecke wollen wir uns im folgenden mit jenen Formen der schizoiden Psychopathie befassen, die seinerzeit unter dem Bilde der sogenannten Psychasthenie zusammengefaßt wurden. Das Erleben der betreffenden Kranken wurde bekanntlich als «sentiment de vide» beschrieben; außerdem wurde darauf hingewiesen, daß ihnen das «sentiment de réalité» fehle. Einer unserer Patienten versuchte, die Weise seines Erlebens so auszudrücken, daß er sich mit einer „Geige ohne Resonanzboden" verglich; er erlebte sich selber, „als ob" er bloß sein „eigener Schatten wäre". Die von ihm beklagte mangelhafte „Resonanz" auf die Umwelt erzeugte in ihm ein ausgesprochenes Erlebnis der Depersonalisation.

Schon HAUG hat in seiner Monographie gezeigt, daß ein Depersonalisationserlebnis durch forcierte Selbstbeobachtung provoziert werden kann. Daran möchten wir nun einige Bemerkungen knüpfen. Das Wissen ist jeweils nicht nur ein Wissen von etwas, sondern auch ein Wissen um eben dieses Wissen selbst und, im weiteren, ein Wissen darum, daß es vom jeweiligen Ich ausgeht. Der vom sekundären, reflexiven Akt reflektierte primäre Akt ist sich selber als psychischer gegeben, wird als psychischer qualifiziert; die Erlebnisqualität „psychisch" konstituiert sich also überhaupt erst in und durch die Reflexion.

Versuchen wir, diese Zusammenhänge an Hand eines biologischen Modells darzustellen. Stellen wir uns vor, dem primären psychischen Akt entspreche im biologischen Gleichnis das Pseudopodium einer Amöbe, das von deren Zellzentrum her auf irgendein Objekt hin vorgestreckt wird. Dem sekundären, reflexiven Akt entspräche dann ein zweites, kleineres Pseudopodium, das auf das ursprünglich ausgestreckte „zurückgewendet" ist. Wir könnten uns dann ganz gut vorstellen, daß dieses „reflexive" Pseudopodium, wenn es „überdehnt" wird, den syncytiären Zusammenhang mit dem Plasma der Amöbenzelle verliert und abreißt. Da hätten wir aber auch schon das biologische Modell für das Depersonalisationserleben des forciert sich selbst Beobachtenden. Denn durch die „Überspannung" dessen, was man als „intentionalen Bogen" bezeichnet hat, — gemäß der übertriebenen Selbstbeobachtung — muß ein Erlebnis des gestörten Zusammenhangs der seelischen Funktionen (die dann als „automatisiert" erlebt werden) mit dem Ich entstehen. Der forciert reflexive Akt der Selbstbeobachtung verliert den erlebnismäßigen Zusammenhang mit dem primären Akt und dem aktiven Ich. Daraus folgt notwendig der Verlust des Aktivitätsgefühls und des Persönlichkeitsgefühls: die Ichstörung in Form einer Depersonalisation.

Halten wir fest: durch die konkomitierende Reflexion eines psychischen Aktes ist er sich selber als Brücke zwischen Subjekt und Objekt und, darüber hinaus, das Subjekt sich selber als Träger aller psychischen Aktivität gegeben. Im „Haben von etwas" habe ich neben dem Etwas das Haben selbst und das Ich als „Selbst". Das „Selbst" ist also das seiner selbst bewußt gewordene Ich. Für diese Bewußtwerdung via Selbstreflexion bietet sich nun gleichfalls ein biologisches Modell, nämlich die Phylogenese des Telencephalon: Der Großhirnmantel — das anatomische Korrelat zum reflexiven Bewußtsein — ist um den Hirnstamm — das organische Substrat der unbewußten Triebe — zurückgeschlagen, „zurückgebogen", wie die hemmende Funktion des Bewußtseins „reflektierend" ist auf die Instinktreaktionen diencephaler Zentren.

Wir haben gesagt, der „intentionale Bogen" des reflexiven Aktes sei im Falle der Depersonalisation so „überdehnt", daß er gleichsam reißen könne, und haben auf diese Weise versucht, das Auftreten einer Störung des Ichgefühls bei forcierter Selbstbeobachtung verständlich zu machen. Jetzt wird auch klar, daß die „Hypotonie" des Bewußtseins in der Schizophrenie zu dem gleichen Resultat einer Ichstörung führen kann oder muß, wie die Hypertonie des Bewußtseins in der Psychasthenie, also bei schizoiden Psychopathen, und in der forcierten Selbstbeobachtung bei zwangsneurotischen Psychopathen. Der Unterschied zwischen der schizophrenen Ichstörung und der psychopathischen Depersonalisation liegt nämlich nur darin, daß bei ersterer — entsprechend der Bewußtseinshypotonie — der intentionale Bogen zuwenig gespannt ist, während er bei letzterer — entsprechend der Bewußtseinshypertonie — so sehr gespannt war, daß er „gerissen" ist.

Mit dem niedrigeren Bewußtseinsniveau, auf das der Mensch, wie gesagt, im Schlafe regrediert, geht mit einher eine physiologische, also nichtpathologische Hypotonie des Bewußtseins. Wir werden nun erwarten, daß auch sie sich in einem Sinken der Tendenz zur Reflexion äußert. Wir können nun tatsächlich annehmen, daß im Traum der reflexive Ast des Denkakts sozusagen mehr minder zurückgezogen wird. Diese Rücknahme hat eben den Effekt, daß die anschaulichen Elemente der „freisteigenden Vorstellungen" gleichsam ungestört von der reflexiven Korrektur ihr halluzinatorisches Spiel treiben können.

Überblicken wir zum Schlusse die Ergebnisse der speziellen Existenzanalyse im Hinblick auf die wesentlichen Unterschiede zwischen der Weise zwangsneurotischen und schizophrenen Erlebens, dann lassen sie sich abschließend und abgrenzend wie folgt zusammenfassen: Der Zwangsneurotiker leidet an der Insuffizienz einer Blendenfunktion und an konsekutiver Überbewußtheit. Der Schizophrene leidet an einer „Hypotonie des Bewußtseins" infolge „Insuffizienz der psychischen Aktivität". Teils realiter, teils erlebnismäßig kommt es in der Schizophrenie aber nicht nur zu einer Einschränkung des Ich qua Bewußtsein, sondern auch qua Verantwortlichsein, qua verantwortliches Subjektsein (Erlebnis des reinen Objektseins bzw. Prinzip der Passivierung!). Trotz allem bleibt aber auch dem Schizophrenen noch jener Rest von Freiheit gegenüber dem Schicksal und auch der Krankheit, der dem Menschen als solchem und auch noch als krankem in allen Situationen und in jedem Augenblick des Lebens, bis zum letzten, übrigbleibt.

III. Von der weltlichen Beichte zur ärztlichen Seelsorge

Im ersten Kapitel haben wir zu zeigen versucht, daß und inwiefern die bisherige Psychotherapie grundsätzlich ergänzungsbedürftig ist — nämlich im Sinne eines Einbeziehens der geistigen Dimension in die Region seelischer Behandlung. Der „Möglichkeit" solcher Ergänzung gilt der folgende Abschnitt.

Die Basis, die wir im ersten Kapitel gewonnen haben, war die Logotherapie. An einem bestimmten Punkte war die Logotherapie in Existenzanalyse umgeschlagen. Es ergibt sich nun die Frage, ob der Psychotherapeut über diesen Punkt überhaupt hinausgehen soll oder darf.

Die psychotherapeutische Bedeutung der Beichte ist von verschiedenen Seiten wiederholt gewürdigt worden. Es zeigt sich immer wieder, daß der bloßen Aussprache als solcher bereits eine wesentliche therapeutische Wirkung zukommt. Was in den vorangegangenen Abschnitten im Zusammenhang mit der Therapie der Angst- und Zwangsneurose über den Effekt der Objektivierung des Symptoms und der Distanzierung des Patienten gesagt wurde, gilt von der Aussprache ganz allgemein, gilt vom Aussprechen seelischer Not überhaupt. Mitgeteiltes Leid ist auch „geteiltes" Leid.

Was die Psychotherapie, im besonderen die Psychoanalyse, sein wollte, das war: weltliche Beichte; was die Logotherapie, im besonderen die Existenzanalyse, sein will, das ist: ärztliche Seelsorge.

Dieser Satz darf nicht mißverstanden werden. Ärztliche Seelsorge soll kein Ersatz für Religion sein; sie will nicht einmal ein Ersatz sein für die Psychotherapie im bisherigen Sinne, sondern, wie schon gesagt wurde, deren bloße Ergänzung. Dem religiösen Menschen, der sich im verborgenen Metaphysischen geborgen weiß (Anmerkung 27), haben wir nichts zu sagen, hätten wir nichts zu geben. Ein Problem für sich ist es jedoch, was mit den faktisch nichtreligiösen Menschen geschehen soll, wenn sie sich, lechzend nach einer Antwort auf jene Fragen, die sie zutiefst bewegen, nun einmal an den Arzt wenden. Wenn also ärztliche Seelsorge verdächtigt wird, ein Surrogat für Religion sein zu wollen, dann können wir nur sagen: nichts liegt ihr ferner. Auch in der Logotherapie oder Existenzanalyse sind wir noch Ärzte und wollen es bleiben. Wir denken nicht daran, die Priester zu konkurrenzieren. Allein wir wollen den Kreis ärztlichen Handelns ausschreiten und die Möglichkeiten ärztlichen Tuns ausschöpfen.

Ärztliche und priesterliche Seelsorge

Ärztliche Seelsorge ist selbstverständlich kein Ersatz der eigentlichen und die ist und bleibt die priesterliche Seelsorge; aber es ist eine Zwangslage, die dem Arzt abverlangt, ärztliche Seelsorge zu leisten. „Die Patienten sind es, die uns vor die Aufgabe stellen" (GUSTAV BALLY). „Nur zu oft ist die Psychotherapie darauf angewiesen, in Seelsorge auszumünden" (W. SCHULTE); denn „die Psychotherapie ... ist unvermeidlich, auch wo sie es nicht weiß noch wissen will, immer auch irgendwie Seelsorge ... Oft muß sie ausdrücklich seelsorgliche ... Eingriffe vornehmen" (A. GÖRRES)[1].

„Er mag das wollen oder nicht — in der Lebensnot außerhalb des Krankseins zu raten ist dem Arzt vielfach heute an Stelle des Seelsorgers auferlegt", und „man kann nicht ändern, daß die Menschen in Lebensnot heute zum größeren Teil nicht den Seelsorger, sondern den lebenserfahrenen Berater im Arzt suchen" (H. J. WEITBRECHT); denn die von VICTOR E. v. GEBSATTEL so benannte „Abwanderung der abendländischen Menschheit vom Seelsorger zum Nervenarzt" ist ein Tatbestand, dem sich der Seelsorger nicht verschließen, und eine Anforderung, der sich der Nervenarzt nicht versagen darf. Er enthält sich einer pharisäischen Schadenfreude, wenn der Patient nicht zum Priester findet. Es wäre pharisäisch, würde er, angesichts der seelisch-geistigen Not eines Ungläubigen, schadenfroh sein und sich denken: Wäre er doch gläubig, dann fände er Zuflucht beim Priester.

Im Prinzip sind für die Logotherapie die religiöse und die irreligiöse Existenz ko-existente Phänomene, mit anderen Worten, die Logotherapie ist ihnen gegenüber zu einer neutralen Einstellung verhalten; denn die Logotherapie ist eine Richtung der Psychotherapie, und — zumindest nach dem österreichischen Ärztegesetz — darf die Psychotherapie nun einmal nur von Ärzten ausgeübt werden. Und wenn schon aus keinem anderen Grunde, so würde der Logotherapeut auf Grund des von ihm als einem Arzt geleisteten Hippokratischen Eides dafür Sorge tragen müssen, daß seine logotherapeutische Methodik und Technik anwendbar ist auf jeden Kranken, mag er nun gläubig oder ungläubig

[1]) Jahrbuch für Psychologie und Psychotherapie 6, 200, 1958.

sein, und anwendbar bleibt durch jeden Arzt, ungeachtet dessen persönlicher Weltanschauung. Religion ist ein Phänomen am Menschen, am Patienten, ein Phänomen unter anderen Phänomenen, denen die Logotherapie begegnet. Für die Logotherapie ist Religion und kann sie nur sein ein Gegenstand — nicht aber ein Standort.

Nach dieser unserer Bestimmung des Standorts der Logotherapie innerhalb der Medizin wenden wir uns nunmehr ihrer Abgrenzung gegenüber der Theologie zu, die sich unseres Erachtens folgendermaßen umreißen läßt[1]): Das Ziel der Psychotherapie ist seelische Heilung — das Ziel der Religion jedoch ist das Seelenheil. Wie verschieden diese beiden Zielsetzungen voneinander sind, mag daraus hervorgehen, daß der Priester um das Seelenheil seines Gläubigen unter Umständen ringen wird ganz bewußt auf die Gefahr hin, ihn eben dadurch nur noch in größere emotionale Spannungen zu stürzen — er wird es ihm nicht ersparen können; denn primär und ursprünglich liegt dem Priester jedes psychohygienische Motiv fern. Aber siehe da: Mag die Religion ihrer primären Intention nach auch noch so wenig um so etwas wie seelische Gesundung oder Krankheitsverhütung bemüht und bekümmert sein, so ist es doch so, daß sie per effectum — und nicht per intentionem! — psychohygienisch, ja psychotherapeutisch wirksam wird, indem sie dem Menschen eine Geborgenheit und eine Verankerung sondergleichen ermöglicht, die er nirgendwo anders fände, die Geborgenheit und die Verankerung in der Transzendenz, im Absoluten. Nun, einen analogen, unbeabsichtigten Nebeneffekt können wir auf seiten der Psychotherapie verzeichnen, insofern nämlich, als wir in vereinzelten, beglückenden, begnadeten Fällen sehen, wie der Patient im Laufe der Psychotherapie zurückfindet zu längst verschüttet gewesenen Quellen einer ursprünglichen, unbewußten, verdrängten Gläubigkeit[2]). Aber wann immer solches zustande kommt, hätte es niemals in der legitimen Absicht des Arztes gelegen sein können, es sei denn, daß sich der Arzt mit seinem Patienten auf demselben konfessionellen Boden trifft und dann aus einer Art Personalunion heraus handelt — dann aber hat er ja von vornherein seinen Patienten gar nicht als Arzt behandelt[3]).

Selbstverständlich ist es nicht so, als ob die Ziele der Psychotherapie und der Religion auf derselben Seinsebene stünden, die gleiche Werthöhe

---

[1]) V. E. Frankl, Das Menschenbild der Seelenheilkunde, Stuttgart 1959.

[2]) Vgl. V. E. Frankl, Die Psychotherapie in der Praxis, 4. Auflage, Wien 1982.

[3]) Vgl. R. C. Leslie, Jesus and Logotherapy: The Ministry of Jesus as Interpreted Through the Psychotherapy of Viktor Frankl, New York 1965 — D. F. Tweedie, Logotherapy and the Christian Faith: An Evaluation of Frankl's Existential Approach to Psychotherapy, Grand Rapids 1961 — und An Introduction to Christian Logotherapy, Grand Rapids 1963.

hätten. Vielmehr ist die Ranghöhe seelischer Gesundheit eine andere als die des Seelenheils. Die Dimension, in die der religiöse Mensch vorstößt, ist also eine höhere, will heißen umfassendere als die Dimension, in der sich so etwas wie die Psychotherapie abspielt. Der Durchbruch in die höhere Dimension geschieht aber nicht in einem Wissen, sondern im Glauben.

Was nun den im Glauben vollzogenen Schritt in die divine, d. h. ultra-humane Dimension anlangt, so läßt er sich nicht forcieren, und zwar am allerwenigsten durch die Psychotherapie. Wir sind schon froh, wenn das Tor zum Ultra-humanen nicht blockiert wird durch den Reduktionismus, wie er einer mißverstandenen und vulgär interpretierten Psychoanalyse auf dem Fuß folgt und mit ihr an den Patienten herangetragen wird. Wir sind schon froh, wenn Gott nicht mehr als „nichts weiter denn" eine Vater-Imago und die Religion nicht mehr als „nichts anderes denn" eine Menschheitsneurose hingestellt und solcherart in den Augen des Patienten herabgesetzt wird.

Mag nun die Religion für die Logotherapie auch noch so sehr „nur" ein Gegenstand sein, wie eingangs gesagt wurde, so liegt er ihr doch zumindest sehr am Herzen, und zwar aus einem einfachen Grunde; denn im Zusammenhang mit Logotherapie meint Logos Geist und, darüber hinaus, Sinn. Insofern, als wir Menschsein definieren können als Verantwortlichsein, ist der Mensch für die Erfüllung eines Sinnes verantwortlich. Im Gegensatz zur Frage nach dem Wofür muß aber in der Psychotherapie die Frage nach dem Wovor unseres Verantwortlichseins offengelassen werden. Die Entscheidung muß dem Patienten überlassen bleiben, wie er sein Verantwortlichsein interpretiert, als Verantwortlichsein vor der Gesellschaft, vor der Menschheit, vor dem Gewissen oder überhaupt nicht vor etwas, sondern vor jemandem, vor der Gottheit[1]).

Es mag nun eingewendet werden, daß die Frage nach dem Wovor des Verantwortlichseins des Patienten ja gar nicht offengelassen werden muß. Vielmehr sei in Form der Offenbarung die Antwort ja längst schon gegeben worden; der Beweis hinkt aber. Er läuft nämlich auf eine petitio principii hinaus; denn daß ich die Offenbarung als solche überhaupt anerkenne, setzt eine Glaubensentscheidung immer schon voraus. Es verfängt also nicht im geringsten, wenn man einem Ungläubigen

---

[1]) Es fragt sich nur, ob sich überhaupt von Gott und nicht vielmehr nur zu ihm sprechen läßt. Den Satz von Ludwig Wittgenstein: "whereof one cannot speak, thereof one must be silent" — wovon man nicht sprechen kann, davon muß man schweigen —, können wir ja nicht nur aus dem Englischen ins Deutsche, sondern auch aus dem Agnostischen ins Theistische übersetzen — von dem man nicht sprechen kann, zu dem muß man beten.

gegenüber darauf verweist, daß es eine Offenbarung gibt; wäre sie für ihn eine solche, so wäre er ja auch schon gläubig.

Die Psychotherapie muß sich also diesseits des Offenbarungsglaubens bewegen und die Sinnfrage diesseits der Aufgabelung einerseits in die theistische und andererseits in die atheistische Weltanschauung beantworten. Wenn sie solcherart das Phänomen der Gläubigkeit nicht als ein Glauben an Gott, sondern als den umfassenderen Sinnglauben auffaßt, dann ist es durchaus legitim, wenn sie sich mit dem Phänomen des Glaubens befaßt und beschäftigt. Sie hält es dann eben mit ALBERT EINSTEIN, nach dem die Frage nach dem Sinn des Lebens stellen religiös sein heißt.

Der Sinn ist eine Mauer, hinter die wir nicht weiter zurücktreten können, die wir vielmehr hinnehmen müssen: diesen letzten Sinn müssen wir deshalb annehmen, weil wir hinter ihn nicht zurückfragen können, und zwar deswegen nicht, weil bei dem Versuch, die Frage nach dem Sinn von Sein zu beantworten, das Sein von Sinn immer schon vorausgesetzt ist. Kurz, der Sinnglaube des Menschen ist, im Sinne von KANT, eine transzendentale Kategorie. Genauso, wie wir seit KANT wissen, daß es irgendwie sinnlos ist, über Kategorien wie Raum und Zeit hinauszufragen, einfach darum, weil wir nicht denken und so denn auch nicht fragen können, ohne Raum und Zeit immer schon vorauszusetzen, genauso ist das menschliche Sein immer schon ein Sein auf den Sinn hin, mag es ihn auch noch so wenig kennen: es ist da so etwas wie ein Vorwissen um den Sinn, und eine Ahnung vom Sinn liegt auch dem in der Logotherapie sogenannten „Willen zum Sinn" zugrunde. Ob er es will oder nicht, ob er es wahrhat oder nicht — der Mensch glaubt an einen Sinn, solange er atmet. Noch der Selbstmörder glaubt an einen Sinn, wenn auch nicht des Lebens, des Weiterlebens, so doch des Sterbens. Glaubte er wirklich an keinen Sinn, keinerlei Sinn mehr — er könnte eigentlich keinen Finger rühren und schon darum nicht zum Selbstmord schreiten (Anmerkung 38).

Ich sah überzeugte Atheisten sterben, die es zeitlebens glattwegs perhorresziert hätten, an „ein höheres Wesen" oder dergleichen, an einen in einem dimensionalen Sinne höheren Sinn des Lebens zu glauben; aber auf ihren Totenbetten haben sie, was sie in Jahrzehnten niemandem vorzuleben imstande gewesen waren, „in der Stunde ihres Absterbens" dessen Zeugen vorgestorben: eine Geborgenheit, die nicht nur ihrer Weltanschauung Hohn spricht, sondern auch nicht mehr intellektualisiert und rationalisiert werden kann. „De profundis" bricht etwas auf, ringt sich etwas durch, tritt zutage ein restloses Vertrauen, das nicht weiß um den, dem es entgegengebracht wird, noch um das, worauf da vertraut wird, und doch dem Wissen um die infauste Prognose trotzt (Anmerkung 28).

Die manipulierte Beziehung und die konfrontierende Begegnung

In seinem Buch über Logotherapie bringt DONALD F. TWEEDIE[1]) einen Aphorismus vor, der den Unterschied zwischenPsychoanalyse und Logotherapie charakterisieren soll: "In psychoanalysis the patient lies on a couch and tells the analyst things which are disagreeable to say, while in logotherapy the patient sits in a chair and is told things which are disagreeable to hear." („In der Psychoanalyse liegt der Patient auf einer Couch und muß dem Analytiker Dinge sagen, die unangenehm sind; in der Logotherapie darf er sitzen bleiben, muß aber Dinge, die unangenehm sind, — hören.") Selbstverständlich handle es sich um eine Karikatur der wirklichen Situation, meint TWEEDIE; immerhin, setzt er fort, werde auf die aktivere Rolle hingewiesen, die der Logotherapeut spiele. Uns selbst will nun scheinen, als ob im obigen Gleichnis „sagen" und „hören" einander ergänzten, so zwar, daß erst nach solcher Ergänzung jene Gegenseitigkeit konstituiert wird, die der Begegnung von Arzt und Krankem zugrunde liegt.

Fragen wir uns in diesem Zusammenhang, worin der Schritt besteht, den — seit SCHELER und HEIDEGGER — die personal bzw. existentiell orientierte Psychotherapie, gemäß ihrer „anthropologischen Intention"[2]), über FREUD hinausgegangen war, so hätten wir von FREUDS grundlegendem Beitrag zur Psychotherapie, von der eigentlichen Leistung der Psychoanalyse auszugehen und sie zu sehen in einer „Besinnung" der Neurose: seit FREUD wird die Neurose, so oder so, als etwas Sinnvolles gedeutet; aber wo die psychoanalytische Sinnsuche nicht zur Sinnfindung vorstößt, begnügt sie sich mit der Sinngebung, und zwar geht sie in dieser Beziehung so weit, daß sie, um mit BOSS[3]) zu sprechen, die Hypothese, besser gesagt Hypostase „einer Ich- oder Es-Instanz, einer Instanz des Unbewußten und eines Über-Ichs" konstruiert und „sich im Grunde der alten Technik der Kindermärchen bedient. Denn auch diese pflegen die vom Kind erwünschten und gewollten Verhaltens-

---

[1]) Logotherapy and the Christian Faith: An Evaluation of Frankl's Existential Approach to Psychotherapy, Baker Book House, Grand Rapids, Michigan 1961.

[2]) PAUL POLAK, Existenz und Liebe: Ein kritischer Beitrag zur ontologischen Grundlegung der medizinischen Antropologie durch die „Daseinsanalyse" Binswangers und die „Existenzanalyse" Frankls, Jahrbuch für Psychologie und Psychotherapie 1, 355, 1953.

[3]) Schweizerische Zeitschrift für Psychologie und ihre Anwendungen 19, 299, 1960.

weisen der Mutter z. B. von deren anderen Möglichkeiten zu isolieren und sie zur Vorstellung einer eigenständigen Instanz, zu einer guten Fee zu verdichten; die unangenehmen dagegen, jene, von denen das Kind nichts wissen will, die es fürchtet, zur Idee einer Hexe zu personifizieren. So wenig sich indessen der Glaube an diese Märchengestalten aufrechterhalten läßt, werden vermutlich auch die psychologischen Instanz-Vorstellungen nicht in alle Zukunft hinein zu halten sein.“ Ergänzend ließe sich sagen, daß die Psychoanalyse in dem Maße, in dem sie die genannten „Instanzen personifiziert“, den Patienten depersonalisiert. Schließlich wird im Rahmen eines solchen Menschenbildes der Mensch reifiziert.

Allein, daß der Mensch reifiziert, also daß, um an die personalistische Antithese von WILLIAM STERN[1]) anzuspielen, aus einer „Person“ eine „Sache“ gemacht wird, ist nur der eine Aspekt eines Prozesses, dessen anderer Aspekt folgendermaßen formuliert werden kann: Der Mensch wird manipuliert, mit anderen Worten, er wird nicht nur zur Sache, sondern auch zu einem bloßen Mittel zum Zweck gemacht.

Wie wirkt sich die der Psychoanalyse solcherart innewohnende Tendenz zur Reifizierung und, vor allem, zur Manipulierung alles Menschlichen auf die menschliche Beziehung zwischen Arzt und Krankem, auf deren gegenseitige Begegnung aus? Aus ihr wird bekanntlich die „Übertragung“; sie jedoch wird jeweils „manipuliert“: bei ROBERT W. WHITE[2]) beispielsweise finden wir Ausdrücke wie “manipulating the transference relationship” und “the manipulation of the transference”. RUDOLF DREIKURS[3]) jedoch warnt uns vor der Übertragungstheorie, indem er erklärt: “The assumption of transference as the basic therapeutic agent puts the therapist in a superior position, manipulating the patient according to his training and therapeutic schemes.” Aber auch BOSS[4]) behauptet von dem im Sinne seiner „Daseinsanalytik“ vorgehenden Analytiker, daß er „gerade diese FREUDsche Handhabung der ‚Übertragung‘ nicht wird mitmachen können. Vielmehr läßt der daseinsanalytische Therapeut die Übertragungsliebe als die echte, unmittelbar den Analytiker meinende mitmenschliche Beziehung gelten, als welche sie vom Analysanden selbst erfahren wird.“

---

[1]) Allgemeine Psychologie auf personalistischer Grundlage, 2. Auflage, Nijhoff, Haag 1950.

[2]) The Abnormal Personality, Second Edition, Ronald Press, New York 1956.

[3]) The Current Dilemma in Psychotherapy, Journal of Existential Psychiatry 1, 187, 1960.

[4]) Die Bedeutung der Daseinsanalyse für die psychoanalytische Praxis, Zeitschrift für Psycho-somatische Medizin 7, 162, 1961.

Nun, wenn die Psychoanalyse die von ihr gestiftete „mitmenschliche Beziehung" insofern selbst untergräbt, als sie, eben im Sinne der Übertragung, diese Beziehung manipuliert, dann ist es das Verdienst von „Daseinsanalyse" (BINSWANGER) und Daseinsanalytik, den Begegnungscharakter der psychotherapeutischen Beziehung wieder an der ihm gebührenden Stelle eingesetzt zu haben. Auf diese Art und Weise wird der existentielle Charakter der Begegnung gewahrt, und existentiell will heißen: menschlichem Sein adäquat. Noch aber ist nicht hineingenommen in die psychotherapeutische Beziehung die nächsthöhere Dimension, in der menschliches Sein auf einen Sinn hin transzendiert wird, in der die Existenz mit dem Logos konfrontiert wird.

Seit KARL BÜHLER[1]) wissen wir um die Bedeutung des Gegenstandsbezugs für die menschliche Sprache. Menschliches Sprechen läßt sich nämlich von drei Seiten her anvisieren: vom Standort dessen betrachtet, der da spricht, ist es Ausdruck, im Hinblick auf den, der da angeredet wird, ist es Appell, und vom Objekt her gesehen, von dem da die Rede ist, ist es Darstellung. Jedenfalls ist die menschliche Sprache als solche, als menschliche, ohne die Objektbezogenheit nicht denkbar. Analog ist die psychotherapeutische Beziehung ebensowenig bloßer intersubjektiver Dialog wie bloßer intrasubjektiver Monolog. Der psychotherapeutische Dialog, der nicht auf einen Sinn hin „eröffnet" wird, dessen Rahmen also nicht auch schon gesprengt wird, bleibt ein Dialog ohne Logos.

Auf dem Wege von der Logotherapie über die Existenzanalyse zur ärztlichen Seelsorge bekommen wir es in zunehmendem Maße mit jener geistigen Problematik zu tun, die schon aller Psychotherapie irgendwie anhaftet; daraus ergibt sich nun mit Wesensnotwendigkeit das Problem und die Gefahr einer Grenzüberschreitung. Während wir uns im ersten Kapitel mit diesem Problem nur insofern auseinandersetzten, als wir — gegenüber der Gefahr des Psychologismus — die Eigengesetzlichkeit des Geistigen schlechthin zu wahren uns bemühten, gilt es nun, die Eigenberechtigung des konkret Geistigen, des persönlich Geistigen zu sichern. Unsere Frage muß demnach lauten: Was haben wir von einer Logotherapie oder Existenzanalyse oder gar von der prätendierten ärztlichen Seelsorge an derartigen Sicherungen zu verlangen? In Analogie zur historischen Formulierung von KANT bezüglich der Metaphysik könnten wir unsere Frage auch anders präzisieren: wir fragen, ob und wie Psychotherapie als wertende möglich sei. Oder wir variieren den KANTschen Titel und erklären uns bemüht um die „Prolegomena zu einer künftigen Psychotherapie, die als wertende wird auftreten können".

[1]) Sprachtheorie: Die Darstellungsfunktion der Sprache, 1934.

Bei all dem haben wir aber immer die quaestio iuris im Auge zu behalten, statt in die quaestio facti abzugleiten. Denn faktisch wertet ja jeder Arzt, und nicht nur erst der Seelenarzt. Bei allem ärztlichen Tun ist der Gesundheitswert bzw. der Gesundungswert vorausgesetzt. Wie wir schon früher gesagt haben, scheint die geistige, die Wertproblematik ärztlichen Handelns zwar erst dort auf, wo es sich etwa um die Frage der Euthanasie oder der Rettung von Suizidanten oder um besonders riskante Operationsvorschläge handelt, wo es also um das Ganze menschlicher Existenz geht; es gibt aber von vornherein keine wertfreie medizinische Praxis.

Im besonderen jedoch hat die Psychotherapie seit jeher praktisch Logotherapie und demnach ärztliche Seelsorge betrieben, indem der Psychotherapeut — gleichsam in Tateinheit — jene disparaten Bereiche miteinander verschränkte, deren heuristische Sonderung wir uns im ersten Kapitel so angelegen sein ließen (um dem Psychologismus zu entgehen).

Vor uns steht aber die Frage nach der prinzipiellen Berechtigung des Wertens, die Frage „nach der Instanz, im Namen welcher" (PRINZHORN) der Vorstoß ins Weltanschauliche, ins Geistige, in das Reich der Werte, unternommen wird. Diese Frage ist eine Frage der weltanschaulichen Fairneß und der methodischen Sauberkeit. Für einen Arzt mit erkenntniskritischer Kinderstube wird klar sein: die Sache einer ärztlichen Seelsorge steht und fällt damit, daß es uns gelingt, auf die gestellte Frage eine Antwort zu geben.

Wenn HIPPOKRATES meint, der Arzt, der gleichzeitig Philosoph ist, komme den Göttern gleich, dann wollen wir bei unseren Bemühungen, Wertfragen — soweit angängig — in das ärztliche Tun zu tragen, es nicht einmal den Priestern gleichtun. Wir wollen nur die letzten Möglichkeiten des Arztseins bis an dessen äußerste Grenzen ausschöpfen. Dies muß gewagt werden — auf die Gefahr hin, daß dieses Wagnis als prometheisches Beginnen ausgelegt wird. Denn: auf Schritt und Tritt wird der Arzt in seiner Sprechstunde mit weltanschaulichen Entscheidungen des Kranken konfrontiert; wir können nicht diskret an ihnen vorbei behandeln — wir sind immer wieder gezwungen, Stellung zu nehmen.

Ist nun der Arzt als solcher befugt oder gar berufen, in solchem Sinne Stellung zu nehmen? Ist es ihm nicht erlaubt oder gar geboten, einer Stellungnahme auszuweichen? Darf er in die Entscheidungen des Patienten eingreifen? Greift er damit nicht in eine private, persönliche Geistessphäre ein? Überträgt er dann nicht seine persönliche Weltanschauung auf den Kranken, unbedacht oder bedenkenlos? Und wenn

HIPPOKRATES sagt: „Man muß die Philosophie in die Medizin und die Medizin in die Philosophie tragen" — müssen wir da nicht fragen: Trägt der Arzt damit nicht etwas in die ärztliche Behandlung hinein, was nicht in sie hineingehört? Begeht er nicht einen weltanschaulichen Oktroi, sobald er weltanschauliche Fragen mit dem ihm anvertrauten, sich ihm anvertrauenden Patienten bespricht?

Leicht hat es nicht nur der Priester, der zur Besprechung weltanschaulicher Fragen legitimiert ist und keinen Oktroi zu fürchten hat, sondern auch jener Arzt, der durch eine zufällige „Personalunion" als Arzt und religiöser Mensch (Anmerkung 29) mit einem gleichsinnig religiösen Kranken weltanschauliche oder Wertfragen bespricht. Jeder andere Arzt jedoch steht hier vor einem Dilemma — vor allem der Psychotherapeut: Auf der einen Seite steht vor ihm die Notwendigkeit der Wertung innerhalb der Psychotherapie, auf der andern Seite die Notwendigkeit der Vermeidung eines Oktrois seitens des Psychotherapeuten.

Nun, es gibt eine Auflösung des dargestellten Dilemmas — aber auch nur eine, eine bestimmte Lösung. Greifen wir doch zurück auf jenen anthropologischen Urtatbestand, jene Grundtatsache menschlichen Daseins, von der wir den Ausgang genommen: Mensch-sein, so sagten wir, sei Bewußt-sein und Verantwortlich-sein. Die Existenzanalyse wollte ja nicht mehr und nicht weniger — als die Hinführung des Menschen zum Bewußtsein dieses seines Verantwortlichseins. Sie wollte den Menschen dieses Verantwortlichsein, seine Verantwortlichkeit im Dasein, erleben lassen. Den Menschen weiter zu führen als bis zu diesem Punkte, an dem er sein Dasein zutiefst als Verantwortlichsein versteht, ist aber weder möglich noch auch nötig.

Verantwortung ist ein ethisch formaler Begriff: er birgt noch keinerlei inhaltliche Bestimmungen in sich. Verantwortung ist ferner ein ethisch neutraler Begriff, und insofern ein ethischer Grenzbegriff; denn über das Wovor und über das Wofür der Verantwortung wird in ihm nichts ausgesagt. In diesem Sinne bewahrt auch die Existenzanalyse Neutralität gegenüber der Frage, „wovor" sich der Mensch verantwortlich fühle: ob vor seinem Gotte oder seinem Gewissen oder der Gemeinschaft oder welcher Instanz immer — ebenso wie gegenüber der Frage, „wofür" er sich verantwortlich fühle: für die Verwirklichung welcher Werte, für die Erfüllung welcher persönlichen Aufgaben, welchen konkreten Lebenssinns.

Die Existenzanalyse übt also keine Ingerenz auf die Beantwortung jener Fragen aus, die einer Wertskala oder einer Rangordnung von Werten gelten.

Der Existenzanalyse und damit aller ärztlichen Seelsorge genügt und muß genügen: die Führung des Kranken bis zum radikalen Erlebnis seiner Verantwortung. Eine Fortführung der Behandlung darüber hinaus, etwa in die persönliche Sphäre konkreter Entscheidungen hinein, kann nach wie vor nur als unzulässig bezeichnet werden. Der Arzt darf demnach niemals dem Kranken die Verantwortung abnehmen, sie auf sich abwälzen lassen, darf niemals Entscheidungen vorwegnehmen oder dem Kranken aufoktroyieren. Im Gegenteil, es ist gerade die Aufgabe der Existenzanalyse, den Menschen dahin zu bringen, wo er selbständig aus seiner bewußtgewordenen eigenen Verantwortlichkeit heraus zu den eigensten Aufgaben vordringt und den nun nicht mehr anonymen, vielmehr einmaligen und einzigartigen Sinn seines Lebens findet. Sobald der Mensch soweit gebracht wurde, wird er auf die Frage nach dem Sinn des Daseins — nach der besprochenen kopernikanischen Wendung (S. 72), die wir ihr gegeben haben, — eine konkrete und gleichzeitig schöpferische Antwort geben. Denn dann ist er dort angelangt, wo „Beantwortung sich zur Ver-antwortung aufruft“ (Dürck).

Die existenzanalytische Technik des gemeinsamen Nenners

Da aber Werte irgendwie inkommensurabel sind und eine Entscheidung jeweils nur auf Grund des Vorziehens (Scheler) möglich ist, ist es unter Umständen notwendig, einem Menschen auch hierbei zu helfen. Die Notwendigkeit und Möglichkeit solcher Hilfe soll an folgendem kasuistischem Beispiel erläutert werden. Ein junger Mann erschien in der Sprechstunde seines Arztes, um sich in einer aktuellen Entscheidung beraten zu lassen: Die Freundin seiner Braut hatte ihn zu einem einmaligen sexuellen Abenteuer animiert; nun fragte der junge Mann, wie er sich entscheiden solle, was er zu tun habe; durfte er seine Braut — die er sehr liebte und hochschätzte — betrügen, oder sollte er dies lieber bleiben lassen und ihr die Treue bewahren, die er ihr gefühlsmäßig schuldete? Der Arzt lehnte selbstverständlich jedes Eingreifen in die Entscheidung grundsätzlich ab. Darüber hinaus ging er jedoch — mit Recht — daran, zu versuchen, dem Patienten klarzumachen, was er eigentlich wolle — was er im einen wie im anderen Falle letztlich bezwecke. Nun, auf der einen Seite hatte der junge Mann die einmalige Gelegenheit zu einem einmaligen Genuß — auf der andern aber die ebenso einmalige Gelegenheit zur Verzichtleistung um der Liebe willen — zu einer „Leistung“ vor seinem eigenen Gewissen (und nicht vor seiner Braut, die ja von der ganzen Angelegenheit niemals etwas hätte erfahren dürfen). Mit der Chance des Sexualgenusses hatte der junge Mann deshalb kokettiert, weil er, wie er sich ausdrückte, „sich nichts entgehen lassen wollte".

Nun, der ihm sich bietende Genuß wäre voraussichtlich fragwürdig ausgefallen; war doch dieser Patient bei seinem Arzt wegen Potenzschwierigkeiten in Behandlung gestanden. Der Arzt mußte daher annehmen, daß das schlechte Gewissen dem Kranken in Form einer Potenzstörung einen Strich durch die Rechnung machen würde. Abgesehen von dieser utilitaristischen Erwägung, die der Arzt verständlicherweise für sich behielt, bemühte er sich nun, dem Patienten seine Situation zu erleichtern, die jener des „Buridanschen Esels" glich, der — nach der bekannten scholastischen Theorie — verhungern muß, weil er zwischen zwei Krippen von gleicher Entfernung und mit gleich großen Haferportionen sich nicht entscheiden kann. Der Arzt versuchte nun, die beiden zur Entscheidung stehenden Möglichkeiten sozusagen auf einen gemeinsamen Nenner zu bringen. Beide Möglichkeiten waren „einmalige Gelegenheiten", in beiden möglichen Fällen einer Entscheidung hätte sich der Patient „etwas entgehen lassen"; im einen Falle einen fragwürdigen Genuß und, im andern Falle, vor sich selber jene tiefe Dankbarkeit zu dokumentieren, die er gegenüber seiner Braut empfand und angeblich niemals so recht zum Ausdruck bringen konnte. Jetzt konnte der stillschweigende Verzicht auf ein Abenteuer der Ausdruck dieser Dankbarkeit werden! Der junge Mann hatte also nicht nur gelernt, daß er sich in beiden Fällen „etwas entgehen lassen" hätte, sondern auch: im einen Falle verhältnismäßig wenig, im andern jedoch unverhältnismäßig viel. Ohne daß man ihm den Weg hätte weisen müssen, wußte der Patient darum, welchen Weg er einzuschlagen hatte; nunmehr traf er seine Entscheidung, er traf sie selbständig — selbständig nicht trotz, sondern gerade wegen der klärenden Unterredung.

Dieses Sehenlassen eines gemeinsamen Nenners spielt auch dort eine Rolle, wo es nicht um das Vorziehen von Werten geht, sondern um das Vergleichen von „Gütern". So schilderte ein relativ junger Mann mit halbseitiger Lähmung nach Hirnembolie dem Arzt seine ganze große Verzweiflung über die körperliche Verfassung, in der er sich ohne Aussicht auf nennenswerte Besserung befand. Der Arzt aber half dem Kranken, gleichsam Bilanz zu machen: Dem Übel der Krankheit standen als Güter Dinge genug gegenüber, die dem Leben Sinn geben konnten: eine glückliche Ehe und ein gesundes Kind. Die Einschränkung des freien Gebrauches der rechtsseitigen Extremitäten fiel beim Kranken als einem Rentenbezieher nicht sonderlich ins Gewicht. Er mußte zugeben, daß eine Lähmung, wie er sie hatte, höchstens die Karriere eines professionellen Boxers ruinieren könnte und nicht einmal den ganzen Lebenssinn eines solchen Menschen stören müßte. Zu solcher philosophischen Distanz, stoischen Ruhe und weisen Heiterkeit war der Patient aber auf folgendem Wege gekommen: Der Arzt hatte ihn angewiesen, wegen einer durch den Gehirnschlag bedingten Sprachstörung Leseübungen zu machen. Das Buch nun, an Hand dessen der Kranke seine Leseübungen durchführte, war das Buch „Vom glückseligen Leben" von SENECA gewesen.

Es darf nun nicht übersehen werden, daß es immer wieder Fälle oder Situationen gibt, in denen eine dringliche, ja sogar eine lebensrettende Psychotherapie auf ein bewußtes Eingreifen in die Entscheidung des Kranken nicht ohne Gefahr verzichten würde. Einen Menschen in großer Verzweiflung wird der Arzt nicht im Stiche lassen und einem Prinzip opfern, er wird ihn ebenso wenig fallenlassen wie ein Kletterführer, der im allgemeinen den „Geführten" nur lose am Seil hält, um ihm die Mühe selbständigen Kletterns nicht zu ersparen, aber dann, wenn Absturzgefahr im Verzuge ist, sich nicht scheuen wird, mit dem Seil nicht nur zu „sichern", sondern „Seilhilfe" zu leisten, d. h. am Seil zu ziehen und so den Gefährdeten zu sich heraufzuziehen. Es gibt also etwas wie eine vitale Indikation auch auf dem Gebiet der Logotherapie und ärztlichen Seelsorge — beispielsweise im Falle drohenden Selbstmords. Aber solche Ausnahmefälle können die reguläre diskrete Haltung des Arztes in Wertfragen des Kranken nur bestätigen. Im Prinzip und im allgemeinen ist die gekennzeichnete Grenze zu respektieren.

Soviel Technik und Wissenschaft in die Psychotherapie eingehen mögen — irgendwie und letzten Endes basiert sie weniger auf Technik als auf Kunst und weniger auf Wissenschaft als auf Weisheit. Aber bei ärztlicher Seelsorge handelt es sich ja von vornherein gar nicht durchwegs oder auch nur wesentlich um Neurosenbehandlung. Die ärztliche Seelsorge ist primär Angelegenheit jedes Arztes! Der Chirurg bedarf ihrer mindestens so sehr und so oft wie der Neurolog oder der Psychiater bzw. der Psychotherapeut. Nur daß die Zielsetzung der ärztlichen Seelsorge eine andere, eine weitere ist als etwa die des Chirurgen. Wenn der Chirurg eine Amputation vorgenommen hat, dann streift er seine Operationshandschuhe ab und scheint seine ärztliche Pflicht getan zu haben. Wenn der Patient dann aber Selbstmord verübt, weil er als Verstümmelter nicht weiterleben will — was bleibt dann vom realen Effekt der chirurgischen Therapie noch übrig? Gehört es nicht irgendwie auch noch in den Rahmen ärztlichen Handelns, wenn der Arzt auch bezüglich der Einstellung des Kranken zum chirurgischen Leiden bzw. zum chirurgisch gesetzten Defekt etwas unternimmt? Hat er nicht ein Recht oder gar die Pflicht, diese Einstellung des Kranken zur Krankheit zu behandeln — eine Einstellung, die eine Weltanschauung (wenn auch nicht expressis verbis) darstellt. Wo der Chirurg als solcher die Hände in den Schoß legt, dort fängt die ärztliche Seelsorgearbeit erst an! Dort nämlich, wo der Chirurg seine chirurgische Arbeit getan hat, oder dort, wo er keine chirurgische Arbeit mehr tun kann, z. B. angesichts eines inoperablen Falles.

Als ein prominenter Jurist, an dem wegen arteriosklerotischer Gangrän eine Beinamputation vorgenommen werden mußte, zum ersten Male danach das Bett verließ, um die ersten einbeinigen Gehversuche zu machen, brach er in Tränen aus. Da fragte ihn sein Arzt, ob er etwa darauf aspiriere, Langstreckenläufer zu werden; denn dann, aber auch nur dann, wäre seine Verzweiflung verständlich. Diese Frage zauberte sofort ein Lächeln unter Tränen herbei. Sofort hatte der Patient die an sich so banale Tatsache erfaßt, daß der Sinn des Lebens nicht einmal für einen Langstreckenläufer ausschließlich darin liege, möglichst flott zu gehen, und daß das menschliche Leben nicht so arm an Wertmöglichkeiten sei, daß es durch den Verlust einer Extremität bereits sinnlos werden könnte.

Am Vorabend vor einer Beinamputation wegen Knochentuberkulose machte eine andere Patientin in einem Briefe an ihre Freundin Andeutungen bezüglich Selbstmordgedanken. Der Brief konnte rechtzeitig umstradiert werden und gelangte in die Hände eines Arztes jener chirurgischen Abteilung, auf der die Kranke lag. Wenige Minuten nach Abfassung des Schreibens improvisierte er eine Aussprache mit ihr. Auch er machte der Kranken klar, daß das menschliche Dasein sehr arm zu nennen wäre, wenn es tatsächlich mit dem Verlust eines Beines den ganzen Sinn und Inhalt verlöre. Unter solchen Umständen könnte höchstens das Leben einer Ameise zwecklos werden — wenn sie das vom Ameisenstaat ihr gesteckte Ziel, mit sechs Beinen herumzulaufen und nützlich zu sein, nicht mehr erreichte; bei einem Menschen aber müsse das wohl anders sein. Diese Plauderei des jungen Arztes, gleichsam in *sokratischem Stile* gehalten, verfehlte nicht ihre Wirkung. Sein Chef aber, der am nächsten Tag die Amputation vornahm, weiß bis heute noch nicht, daß trotz gelungener Operation die Patientin beinahe am Sektionstisch gelandet wäre. (Anmerkung 42.)

Die Existenzanalyse mußte den revolutionären und ketzerischen Schritt wagen, nicht nur die Leistungs- oder Genußfähigkeit des Menschen sich zum Ziel zu setzen, sondern, darüber hinaus, auch in seiner Leidensfähigkeit eine grundsätzlich mögliche und tatsächlich notwendige Aufgabe zu sehen. Damit wird sie Angelegenheit *jedes* Arztes und ist nun nicht mehr Angelegenheit des Neurologen, Psychiaters oder Psychotherapeuten; vor allem aber wird sie Angelegenheit von Internisten, Orthopäden und Dermatologen, und dies sogar noch viel mehr als eine der vorher angeführten Kategorien von Fachärzten. Denn der Internist hat es mit chronisch Kranken und unheilbar Siechen zu tun, der Orthopäde mit lebenslänglich Verkrüppelten und der Dermatologe mit auf Lebensdauer Entstellten. Sie alle bekommen es also mit Menschen zu tun, die unter einem nicht mehr gestaltend, sondern nur noch duldend zu bewältigenden Schicksal zu leiden haben. (Anmerkung 32.)

Letzte Hilfe

Der Einwand, die Psychotherapie habe nicht zu trösten — auch dort nicht, wo sie (oder die Medizin überhaupt) nicht mehr heilen kann —, verfängt nicht; denn nicht zufällig hat der weise Stifter des Allgemeinen Krankenhauses in Wien, Kaiser JOSEPH II., über dem Tor eine Tafel anbringen lassen mit der Inschrift: Saluti et solatio aegrorum — gewidmet nicht nur der Heilung, sondern auch der Tröstung der Kranken. Daß auch letztere in den Aufgabenbereich des Arztes fällt, geht nicht zuletzt hervor aus der Empfehlung der American Medical Association: „Der Arzt muß auch die Seele trösten. Das ist keinesfalls allein Aufgabe des Psychiaters. Es ist ganz einfach die Aufgabe jedes praktizierenden Arztes." Ich bin überzeugt, die jahrtausendealten Worte des JESAJA: „Tröstet, tröstet mein Volk, spricht euer Gott" stehen nicht nur auch heute noch in Geltung, sondern sind auch an den Arzt adressiert.

Wenn ich im rechten, nämlich aufrechten Leiden noch eine letzte und doch die höchste Möglichkeit zur Sinnfindung sichtbar mache, dann leiste ich nicht erste, sondern letzte Hilfe. Ein Tonband, von dem ein Fragment wiedergegeben werden soll, veranschaulicht, wie ich da vorgehe. Das Tonband hält ein Gespräch zwischen einer Patientin und mir fest — es wurde während einer meiner klinischen Vorlesungen aufgenommen. Ich sprach mit der Patientin vor meinen Hörern — Studenten der Medizin, Philosophie und Theologie. Es versteht sich von selbst, daß dieses Gespräch von A bis Z improvisiert wurde. Die Patientin war 80 Jahre alt und litt an einem Krebs, der nicht mehr zu operieren war, — selbstverständlich ist der Name der alten Frau fingiert: er wurde durch den einer Romanfigur ersetzt, nämlich den Namen jener Teta Linek aus WERFELS „Veruntreutem Himmel", der die Patientin ungemein ähnlich war.

FRANKL: „Nun, liebe Frau Linek, was halten Sie von Ihrem langen Leben heute, wenn Sie darauf zurückblicken? War es ein schönes Leben?"

Patientin: „Ach, Herr Professor, ich muß wirklich sagen, es war ein gutes Leben. Das Leben war so schön. Und ich muß dem Herrgott danken für all das, was er mir geschenkt hat. Ich bin in Theater gekommen. Ich habe Konzerte gehört. Wissen Sie, die Familie, in deren Haus ich in Prag gedient habe — soviel Jahrzehnte hindurch —, die hat mich manchmal mitgenommen in Konzerte. Und für all das Schöne muß ich nun meinem Herrgott danken."

Aber ich mußte ihre unbewußte, verdrängte, existentielle Verzweiflung ins Bewußtsein heben. Sie sollte mit ihr ringen, wie Jakob mit dem Engel gerungen hatte, bis der Engel ihn segnete. Ich mußte sie so weit bringen, daß sie schließlich und endlich ihr Leben segnen konnte, daß sie „ja" sagen konnte zu ihrem Schicksal, das sich nicht ändern ließ. Ich mußte sie — das klingt paradox — also dazu bringen, daß sie am Sinn ihres Lebens zunächst einmal zweifelte. Und zwar auf bewußter Ebene und nicht, wie sie es sichtlich getan hatte, ihre Zweifel verdrängend.

Frankl: „Sie sprechen von so schönen Erlebnissen, Frau Linek. Aber das wird doch nun alles aufhören?"

Patientin (nachdenklich): „Ja, das wird nun alles aufhören."

Frankl: „Wie ist es nun, Frau Linek, glauben Sie, daß damit all die schönen Dinge, die Sie erlebt haben, aus der Welt geschafft sind? Daß sie ungültig geworden — vernichtet sind?"

Patientin (noch immer nachdenklich): „Diese schönen Dinge, die ich erlebt habe . . ."

Frankl: „Sagen Sie mir, Frau Linek, kann irgend jemand das Glück ungeschehen machen, das Sie erlebt haben? Kann jemand das auslöschen?"

Patientin: „Sie haben recht, Herr Professor, niemand kann das ungeschehen machen."

Frankl: „Oder kann jemand die Güte auslöschen, der Sie im Leben begegnet sind?"

Patientin: „Nein, auch das kann niemand."

Frankl: „Kann jemand auslöschen, was Sie erreicht und errungen haben?"

Patientin: „Sie haben recht, Herr Professor, das kann niemand aus der Welt schaffen."

Frankl: „Oder kann jemand aus der Welt schaffen, was Sie tapfer und mutig durchgestanden haben? Kann jemand all das aus der Vergangenheit herausschaffen? Aus der Vergangenheit, in die Sie das alles hineingerettet, hineingeerntet haben? In der Sie es aufgespart und aufgestapelt haben?"

Patientin (jetzt zu Tränen gerührt): „Niemand kann das. Niemand!" (Nach einer Weile:) „Sicher, ich habe viel zu leiden gehabt. Aber ich habe auch versucht, die Schläge einzustecken, die das Leben mir versetzt hat. Verstehen Sie, Herr Professor, ich glaube, daß das Leiden eine Strafe ist. Ich glaube nämlich an Gott."

Von mir aus hätte ich selbstredend niemals das Recht gehabt, die Sinndeutung in irgendeinem religiösen Sinne zu beleuchten und von der Kranken beurteilen zu lassen; diese Möglichkeit hat nur der Priester — der Arzt als solcher hat hierzu weder die Verpflichtung noch die Berechtigung. Sobald jedoch die positive religiöse Einstellung der Patientin zum Vorschein gekommen war, stand nichts mehr im Wege, sie als gegebenes Faktum auch in die Psychotherapie einzubauen.

FRANKL: „Aber sagen Sie, Frau Linek, kann das Leiden denn nicht auch eine Prüfung sein? Kann es denn nicht auch sein, daß Gott hat sehen wollen, wie die Frau Linek das Leiden trägt? Und zum Schluß hat er vielleicht zugeben müssen: jawohl, sie hat es tapfer getragen. Und jetzt sagen Sie mir, was meinen Sie jetzt, kann jemand solche Leistungen ungeschehen machen?"

Patientin: „Nein, das kann niemand."

FRANKL: „Das bleibt doch, nicht wahr?"

Patientin: „Bestimmt: das bleibt!"

FRANKL: „Wissen Sie, Frau Linek, Sie haben nicht nur allerhand geleistet in Ihrem Leben, sondern noch aus Ihrem Leiden das Beste gemacht! Und Sie sind in dieser Hinsicht für unsere Patienten ein Vorbild. Ich gratuliere Ihren Mitpatienten, daß sie sich Sie zum Beispiel nehmen können!"

In diesem Augenblick geschah etwas, das sich noch in keiner Vorlesung ereignet hatte: die 150 Hörer brechen in einen spontanen Applaus aus! Ich aber wende mich wieder der alten Frau zu: „Sehen Sie, Frau Linek, dieser Applaus gilt Ihnen. Er gilt Ihrem Leben, das eine einzige große Leistung war. Sie können stolz sein auf dieses Leben. Und wie wenig Menschen gibt es, die stolz sein können auf ihr Leben! Ich möchte sagen, Frau Linek: Ihr Leben ist ein Denkmal. Ein Denkmal, das kein Mensch aus der Welt schaffen kann!"

Langsam ging die alte Frau aus dem Hörsaal. Eine Woche später starb sie. Sie starb wie Hiob: satt an Jahren. Während ihrer letzten Lebenswoche aber war sie nicht mehr deprimiert. Im Gegenteil, sie war stolz und gläubig. Anscheinend hatte ich ihr zu zeigen vermocht, daß auch *ihr* Leben sinnvoll war, ja daß noch *ihr Leiden* einen tieferen Sinn hatte. Vorher war die alte Frau, wie gesagt, bedrückt von der Sorge, daß sie nur ein nutzloses Leben geführt habe. Ihre letzten Worte aber, wie sie in der Krankengeschichte eingetragen stehen, waren die folgenden: „Mein Leben ist ein Denkmal, hat der Professor gesagt. Zu den Studenten im Hörsaal. Mein Leben war also nicht umsonst . . ."

Das Gebiet, das wir mit der Logotherapie und erst recht mit der Existenzanalyse betreten haben, ist ein Grenzgebiet zwischen Medizin und Philosophie. Gar erst die ärztliche Seelsorge bewegt sich an einer Grenzscheide: an der Grenze zwischen Medizin und Religion. Wer an einer Zweiländergrenze wandelt, muß bedenken, daß er von zwei Seiten her mißtrauisch beobachtet wird. So muß auch die ärztliche Seelsorge damit rechnen, daß sie mit argwöhnischen Blicken verfolgt wird; sie muß es in Kauf nehmen.

Man wird uns vorhalten, wir geben mit einer ärztlichen Seelsorge „Steine statt Brot". Nun, wer näher zusieht, wird milder urteilen und zugeben: Wir geben Brot — freilich: statt Manna . . .

Ärztliche Seelsorge liegt zwischen zwei Reichen. So ist sie ein Grenzgebiet. Als Grenzgebiet ist sie ein Niemandsland. Und doch — welch ein Land der Verheißung!

Zusammenfassung[1])

In seinem Vorwort zu einem Buch über Logotherapie nennt der Harvard-Professor GORDON W. ALLPORT die Logotherapie eine der in den USA unter der Bezeichnung "existential psychiatry" subsumierten Richtungen. Professor ROBERT C. LESLIE jedoch behauptet, daß die Logotherapie gerade in dieser Hinsicht eine „beachtliche Ausnahmestellung" einnehme, so zwar, daß sie im Gegensatz zu den anderen existentiell psychiatrischen Richtungen imstande gewesen sei, aus ihrem Schoß eine richtiggehende Technik hervorgehen zu lassen. Analoge Hinweise finden sich im einschlägigen Schrifttum bei TWEEDIE, UNGERSMA, KAZCANOWSKI und CRUMBAUGH. Tatsächlich ist die Logotherapie, beispielsweise im Vergleich mit der Daseinsanalyse, mehr als bloße Analyse, und zwar insofern, als sie, wie ja bereits der Name „Logotherapie" besagt, in erster Linie Therapie sein will. Darüber hinaus ist die Logotherapie nicht so sehr um das Sein als vielmehr um den Sinn, eben den Logos, bemüht. So kommt denn auch dem in der Logotherapie als solchem bezeichneten „Willen zum Sinn" innerhalb dieses Systems ein besonderer Stellenwert zu. Wobei unter diesem Willen zum Sinn nichts anderes zu verstehen ist als eine Tatsache, die sich durch eine phänomenologische Analyse feststellen läßt, die Tatsache nämlich, daß der Mensch im Grunde danach strebt, in seinem Leben einen Sinn zu finden beziehungsweise diesen Sinn zu erfüllen.

Freilich, heutzutage ist dieser Wille zum Sinn nur allzuoft frustriert. In der Logotherapie sprechen wir in diesem Zusammenhang von einer existentiellen Frustration. Patienten, auf die diese Diagnose zutrifft, pflegen über ein Sinnlosigkeitsgefühl oder über eine innere Leere zu klagen. In der logotherapeutischen Terminologie wird daher in solchen Fällen von einem „existentiellen Vakuum" gesprochen. Das existentielle Vakuum läßt sich füglich als die kollektive Neurose von heute hinstellen. (Anmerkung 43.) Übrigens hat erst kürzlich ein tschechoslowakischer

[1]) Hauptreferat, das der Autor im Rahmen des "Symposium on Logotherapy" auf dem Sechsten internationalen Kongreß für Psychotherapie (London 1964) zu halten hatte.

Psychiater darauf hingewiesen, daß sich die existentielle Frustration keineswegs etwa nur in den sogenannten kapitalistischen Ländern bemerkbar macht. (Anmerkung 44.)

In Fällen, in denen sich die existentielle Frustration in neurotischen Symptomen niederschlägt, haben wir es mit einem neuen Typus von Neurose zu tun, will heißen mit einer noogenen Neurose, um diesen logotherapeutischen Terminus einzuführen. CRUMBAUGH und MAHOLICK, die Direktoren eines Forschungszentrums in den USA, haben eigens einen Test (Anmerkung 40) ausgearbeitet und 1151 Versuchspersonen getestet, um die noogene Neurose empirisch zu verifizieren. Abschließend erklären die Autoren in ihrer im Journal of Clinical Psychology erschienenen Arbeit, daß ihre Befunde die FRANKLsche Hypothese, zu den psychogenen Neurosen trete heutigentags eine neue, die noogene Neurose, durchgehend bestätigen. Es sei bewiesen, daß es sich tatsächlich um ein neues Syndrom handelt. Was die Frequenz der noogenen Neurose anlangt, sei auf statistische Forschungsergebnisse verwiesen, wie sie von WERNER in London, LANGEN und VOLHARD in Tübingen, PRILL in Würzburg, NIEBAUER in Wien, FRANK M. BUCKLEY in Worcester, Massachusetts, USA, NINA TOLL in Middletown, Connecticut, USA, ELISABETH LUKAS in München, KAZIMIERZ POPIELSKI in Lublin, ERIC KLINGER in Minneapolis, Minnesota, USA, und GERALD KOVACIC in Wien erbracht wurden. Übereinstimmend gehen die Schätzungen dahin, daß unter den anfallenden Neurosen ca. 20% noogen sind.

Es ist wohl selbstverständlich, daß so etwas wie Lebenssinn nicht ärztlich verordnet werden kann. Es gehört nicht zu den Aufgaben des Arztes, dem Leben des Patienten Sinn zu geben; aber es mag sehr wohl eine Aufgabe des Arztes sein, im Wege einer Existenzanalyse den Patienten instand zu setzen, im Leben einen Sinn zu finden, und ich halte eben dafür, daß der Sinn jeweils zu finden ist, also nicht mehr oder weniger willkürlich in etwas hineingelegt werden kann. Wieder waren es CRUMBAUGH und MAHOLICK, die meines Wissens zum erstenmal darauf aufmerksam gemacht haben, daß das Herauslesen von Sinn aus einer gegebenen Situation dem Erfassen einer Gestalt gleichkommt (The Case for Frankl's Will to Meaning, Journal of Existential Psychiatry 4, 43, 1963). Niemand Geringerer als WERTHEIMER schlägt in dieselbe Kerbe, wenn er von einem der jeweiligen Situation innewohnenden Forderungscharakter, ja von dem objektiven Charakter dieser Forderung spricht. (Anmerkung 45.)

Es gibt nun keine Lebenssituation, die wirklich sinnlos wäre. Dies ist darauf zurückzuführen, daß die scheinbar negativen Seiten der menschlichen Existenz, insbesondere jene tragische Trias, zu der sich Leid,

Schuld und Tod zusammenfügen, auch in etwas Positives, in eine Leistung verwandelt werden können, wenn ihnen nur mit der rechten Haltung und Einstellung begegnet wird (Anmerkung 30). Es versteht sich von selbst, daß nur das unabwendbare und unabänderliche Leiden eine Sinnmöglichkeit in sich birgt, während es sich andernfalls weniger um Heroismus als um bloßen Masochismus handeln würde. (Anmerkung 46.) Nun liegt viel unvermeidliches Leiden im Wesen der menschlichen Verfassung, und der Therapeut sollte sich davor hüten, angesichts solcher existentiellen Fakten der Fluchttendenz des Patienten womöglich noch in die Hände zu arbeiten.

Dem Willen zum Sinn lassen sich der Wille zur Macht und ein Wille zur Lust an die Seite stellen, mit welch letzterem das Lustprinzip gemeint ist. Letzten Endes jedoch erweist sich der Wille zur Lust als ein Widerspruch in sich selbst. Je mehr wir nach Lust jagen, um so mehr verjagen wir sie auch schon. Je mehr wir Lust zum Ziel machen, um so mehr verfehlen wir es auch schon. Darin sehen wir eine der häufigsten Ursachen sexueller Neurosen. Sind doch Potenz und Orgasmus in dem Maße gestört, in dem sie entweder zum Gegenstand unserer Aufmerksamkeit oder zum Gegenstand unserer Absicht werden. In der Logotherapie sprechen wir da von einer Hyperintention beziehungsweise von einer Hyperreflexion. Die erstere ist in Fällen von Impotenz nicht selten darauf zurückzuführen, daß der Patient den Coitus im Sinne einer Forderung erlebt. Um diesen Forderungscharakter zu eliminieren, hält die Logotherapie eine spezielle Technik bereit. Im Grunde handelt es sich um die noch zu besprechende Dereflexion (Anmerkung 39). Die Behandlung sexueller Störungen nach logotherapeutischen Prinzipien ist jedoch auch dann möglich, wenn der sie handhabende Arzt hinsichtlich seiner theoretischen Überzeugungen nichts weniger als logotherapeutisch orientiert ist. Im Rahmen der Wiener neurologischen Poliklinik ist ein rein psychoanalytisch eingestellter Kollege mit der Behandlung sexualneurotischer Fälle betraut und bedient sich als der in diesem Rahmen einzig möglichen Kurzbehandlung der logotherapeutischen Technik.

Während die Dereflexion für sexualneurotische Fälle gedacht ist, bietet sich eine andere logotherapeutische Technik für die Kurzbehandlung angst- und zwangsneurotischer Patienten an. Es handelt sich um die sogenannte paradoxe Intention, wie sie von mir bereits 1929 praktiziert (Ludwig J. Pongratz, Psychotherapie in Selbstdarstellungen, Hans Huber, Bern 1973), aber erst 1939 beschrieben (Viktor E. Frankl, „Zur medikamentösen Unterstützung der Psychotherapie bei Neurosen", Schweizer Archiv für Neurologie und Psychiatrie 43, 26, 1939) und erst 1947 unter ihrem Namen publiziert (Viktor E. Frankl, Die Psychotherapie in der Praxis, Franz Deuticke, Wien 1947) wurde. (Anmerkung 47.)

Was geht nun vor, wenn die paradoxe Intention angewandt wird? Um dies zu verstehen, wollen wir vom Phänomen der sogenannten Erwartungsangst ausgehen, unter der wir die ängstliche Erwartung verstehen, ein Ereignis könnte sich wiederholen. Es liegt nun im Wesen der Angst, daß sie heraufbeschwört, wovor sich jemand fürchtet. Analog löst die Erwartungsangst das Symptom aus, auf das sie sich bezieht. Das Symptom erzeugt eine Phobie, die Phobie verstärkt das Symptom, und das solcherart verstärkte Symptom bestärkt den Patienten in der Phobie.

Wie sollen wir diesen Teufelskreis durchbrechen? Das ist durch psychotherapeutische und pharmakotherapeutische Maßnahmen möglich. Was das pharmakotherapeutische Vorgehen anlangt, sei auf die von mir beschriebenen basedowoiden Agoraphobien und tetanoiden Klaustrophobien verwiesen, die einer mehr oder weniger spezifischen Pharmakotherapie zugänglich sind. Der Zufall will es, daß sich im Rahmen einer medikamentösen Behandlung der tetanoiden Klaustrophobien der erste jemals auf dem europäischen Kontinent entwickelte Tranquilizer bewährt. Es handelt sich um ein Muskelrelaxans, auf dessen anxiolytische Nebenwirkung erst ich gekommen war. Es versteht sich von selbst, daß in den basedowoiden und tetanoiden Fällen die jeweilige somatische Grundlage eine bloße Angstbereitschaft und noch nicht eine ausgesprochene, ausgewachsene Angstneurose hervorbringt. Zur Angstneurose wächst sich die Angstbereitschaft erst aus, sobald eben die Erwartungsangst einklinkt. Darum empfiehlt es sich, den Zirkelmechanismus, den die Erwartungsangst ins Rollen bringt, womöglich auf beiden Seiten, ebenso auf der psychischen wie auf der somatischen, anzugehen. An der psychotherapeutischen Front geschieht dies nun durch die paradoxe Intention, d. h. daß sich der Patient nunmehr wünscht und vornimmt, wovor er sich fürchtet. Mit einem Wort, der Erwartungsangst wird der Wind aus den Segeln genommen.

Der Erwartungsangst in Fällen von Angstneurose entspricht ein anderer Zirkelmechanismus in Fällen von Zwangsneurose. Der Patient wird die Vorstellung nicht los, er könnte sich oder einer anderen Person etwas antun, oder die absurden Einfälle, die ihn quälen, könnten auf eine psychotische Erkrankung hinweisen. Darum kämpft der Patient gegen all diese Zwangsvorstellungen an; aber Druck erzeugt nur Gegendruck, und der Gegendruck vermehrt wieder den Druck. Gelingt es uns umgekehrt, den Patienten so weit zu bringen, daß er im Zuge der paradoxen Intention dieses Ankämpfen aufgibt, dann lassen die Symptome nach und verfallen schließlich einer Art Inaktivitätsatrophie.

Übereinstimmend anerkennen jene Kliniker, die mit der paradoxen Intention und über sie gearbeitet haben, daß es sich im allgemeinen um eine ausgesprochene Kurzbehandlung handelt. Daß eine solche jedoch auch nur kurzlebige Resultate zeitigt, gehört, um den verstorbenen Herausgeber des American Journal of Psychotherapy, Dr. GUTHEIL, zu zitieren, zu den „Illusionen Freudscher Orthodoxie". Auch ist es niemand Geringerer als Professor J. H. SCHULTZ, der die Ansicht vertritt, daß „das vielfach geäußerte Bedenken, es müsse einer Symptombeseitigung in solchen Fällen notwendigerweise die Bildung eines Ersatzsymptoms folgen, eine völlig unbegründete Behauptung ist". (Anmerkung 18.) Die amerikanische Psychoanalytikerin Professor EDITH WEISSKOPF-JOELSON äußerte sich in einer ihrer Arbeiten über Logotherapie folgendermaßen: „Psychoanalytisch orientierte Therapeuten könnten behaupten, daß sich durch Methoden wie die Logotherapie keine wirkliche Besserung erreichen läßt, da ja die Pathologie in ‚tieferen' Schichten nicht angegangen wird, der Therapeut sich vielmehr auf die Festigung von Abwehrmechanismen verlegt. Derartige Schlußfolgerungen sind jedoch nicht ungefährlich. Es könnte nämlich sein, daß sie uns von wesentlichen Möglichkeiten der Psychotherapie ablenken, und zwar lediglich aus dem Grunde, weil diese Möglichkeiten zufällig nicht in unsere persönliche Neurosentheorie hineinpassen. Vor allem sollten wir nicht vergessen, daß es sich im Falle von ‚Abwehrmechanismen', ‚tieferen Schichten' und ‚Fortbestehen der Neurose' in diesen tieferen Schichten um rein theoretische Konstruktionen und keineswegs um empirische Beobachtungen handelt." (EDITH WEISSKOPF-JOELSON, "Logotherapy and Existential Analysis", Acta Psychotherapeutica 6, 193, 1958.)

Die paradoxe Intention eignet sich sogar für chronische Fälle. Im „Handbuch der Neurosenlehre und Psychotherapie" wird beispielsweise über eine 65 Jahre alte Patientin berichtet, die nicht weniger als 60 Jahre hindurch an einem schweren Waschzwang gelitten hatte und dennoch von einer meiner Assistentinnen erfolgreich behandelt werden konnte.

Anscheinend läßt sich das Wort von JASPERS, in der Philosophie spreche neu sein gegen wahr sein, auch auf die Psychotherapie übertragen. Was im besonderen die paradoxe Intention anlangt, bin ich jedenfalls überzeugt, daß sie, wenn auch noch sosehr ohne Methodenbewußtsein und ohne systematischen Zusammenhang, immer schon praktiziert worden ist.

Unter den Verhaltenstherapeuten war es ARNOLD A. LAZARUS (Behavior Therapy and Beyond, McGraw-Hill, New York 1971), dem "an integral element in Frankl's paradoxical intention procedure" aufgefallen ist: "the deliberate evocation of humor. A patient who fears that he may perspire is enjoined to show his audience what perspiration is really like, to perspire in gushes of drenching torrents of sweat which will moisturize everything within touching distance." (l.c.) Tatsächlich sollte die paradoxe Intention jeweils so humoristisch wie möglich formuliert werden. Schließlich ist der Humor ein wesentlich menschliches Phänomen und ermöglicht als solches dem Menschen, sich von allem und jedem und so denn auch von sich selbst zu distanzieren, um sich vollends in die Hand zu bekommen. Dieses wesentlich menschliche Vermögen der Distanzierung zu mobilisieren ist unser eigentliches Anliegen, wann immer wir die paradoxe Intention anwenden. Sofern dies mit Humor geschieht, ist KONRAD LORENZ' Warnung, „daß wir den Humor noch nicht ernst genug nehmen", überholt.

GERZ und TWEEDIE konnten nachweisen, daß die Logotherapie nicht mit der Persuasion identisch ist und daß sich im besonderen die paradoxe Intention nicht auf bloße Suggestiveffekte zurückführen läßt. Im Gegenteil: Immer wieder kommt es vor, daß Patienten dieser Therapie gegenüber eine ausgesprochen skeptische Einstellung an den Tag legen und, sobald sie von meinen Mitarbeitern angewiesen werden, die paradoxe Intention außerhalb der Klinik zu praktizieren, die letztere ängstlich erregt verlassen; verlieren sie ihre Angst dann, so kommen diese therapeutischen Effekte trotz ihrer Erwartungs-Angst vor der Angst zustande, will heißen, trotz einer negativen Autosuggestion und eben nicht wegen einer larvierten Suggestionstherapie. (Anmerkung 49.) Andererseits muß zugegeben werden, daß es Fälle gibt, in denen die paradoxe Intention nicht gestartet werden kann, ohne durch ein entsprechendes Persuasionsverfahren vorbereitet worden zu sein. Im besonderen gilt dies von der blasphemischen Zwangsneurose, für deren Behandlung eine spezielle logotherapeutische Technik[1]) bereit liegt.

[1]) Den blasphemischen Zwangsvorstellungen begegnen wir wohl am besten, indem wir versuchen, den Patienten bei seiner Zwangsneurose zu packen, so zwar, daß wir ihn darauf aufmerksam machen, daß er durch die fortgesetzte Befürchtung, Blasphemien zu begehen, eine Blasphemie beginge; denn Gott für einen so schlechten Diagnostiker zu halten, daß man ihm die Fähigkeit abspricht, zwischen Blasphemie und Zwangsvorstellung diagnostisch zu differenzieren, bedeute an sich eine Gotteslästerung. In Wirklichkeit, so müssen wir dem Patienten versichern, rechne Gott eine blasphemische Zwangsvorstellung gewiß nicht der Person des Patienten zu. In dieser Hinsicht ist der Patient weder frei noch verantwortlich — nur um so mehr ist er es jedoch hinsichtlich seiner Einstellung gegenüber der Zwangsvorstellung: ständig kämpft er gegen seine blasphemischen Einfälle an und steigert dadurch nur deren „Macht" und die eigene Qual. Das Ankämpfen gegen das Symptom abzustellen — indem das Motiv dieses Ankämpfens ausgeschaltet wird — ist der Zweck dieser Technik.

Die bemerkenswerten Erfolge, wie sie von den verschiedensten Autoren referiert werden, dürfen uns nicht zu der Annahme verführen, die Logotherapie sei ein Allheilmittel. Weder ist sie in jedem Falle anwendbar, noch ist jeder Arzt in gleichem Maße fähig, sie zu handhaben. Dies allein wäre Grund genug, sie gegebenenfalls mit anderen Methoden zu kombinieren, wie dies Dr. LEDERMANN in London bezüglich der Hypnose, Professor BAZZI in Rom bezüglich des SCHULTZschen Entspannungstrainings, KVILHAUG in Norwegen bezüglich der WOLPEschen Technik und Dr. GERZ in den USA bezüglich der Pharmakotherapie bereits tun.

Eine Abklärung der Indikationen zur Logotherapie ist im Gange. Die Kontraindikationen gegen die paradoxe Intention herauszuarbeiten, halte ich für wichtiger. In endogenen Depressionen grenzt die Anwendung der paradoxen Intention auf die Suizidideen an einen Kunstfehler. Für endogen depressive Fälle ist eine spezielle logotherapeutische Technik[1]) reserviert, durch die wir die Tendenz der betreffenden Patienten zu allerhand Selbstbezichtigungen mitigieren können. Die mit dieser Tendenz verbundenen Schuldgefühle im Sinne einer meines Erachtens mißverstandenen Daseinsanalyse in existentiell echte Schuld zu verkehren läuft nicht nur auf eine Verwechslung von Wirkung und Ursache hinaus, sondern mag sehr wohl das eine oder andere Mal den Kranken in den Selbstmord hineinhetzen.

Ich möchte diese Gelegenheit nicht vorübergehen lassen, ohne auf eine spezielle logotherapeutische Technik (S. 43) zu verweisen, die es uns ermöglicht, im konkreten Falle das Suizidrisiko zu beurteilen. Der Direktor des Psychologischen Laboratoriums eines Zuchthauses in den USA, Dr. WALLACE, und der Klinische Direktor des Ontario Hospital, Dr. KACZANOWSKI, haben darüber berichtet. Als Dr. KACZANOWSKI noch ein junger Arzt war, plädierte er einmal im Rahmen einer staff conference gegen die Entlassung einer depressiven Patientin, indem er auf das ungünstige Ergebnis des von mir eingeführten Tests verwies, den er im Falle dieser Patientin angewandt hatte. Aber seine diesbezüglichen Warnungen wurden in den Wind geschlagen und der Test selbst mit Skepsis und Ironie abgetan. Einen Tag später, nach ihrer Entlassung, beging die Patientin Selbstmord.

In schizophrenen Fällen ist die Logotherapie, wie sich wohl von selbst versteht, nichts weniger als eine spezifische Behandlung. Dessenungeachtet ist es gelegentlich empfehlenswert, die bereits gestreifte Technik

---

[1]) V. E. FRANKL, Die Psychotherapie in der Praxis, 4. Auflage, Deuticke, Wien 1982, S. 230 ff., und Theorie und Therapie der Neurosen, 5. Auflage, München 1982, S. 65 ff.

der Dereflexion anzuwenden. Das Sammelwerk "Modern Psychotherapeutic Practice" von ARTHUR BURTON enthält die Wiedergabe magnetophonisch festgehaltener Sitzungen mit schizophrenen Patienten, um die Dereflexionstechnik zu demonstrieren.

Erst vor kurzem stellte ARTHUR BURTON fest, daß „die letzten 50 Jahre psychiatrischer Therapie aus der tiefenpsychologischen Anamnese des Patienten einen Fetisch gemacht haben. FREUDS erstaunliche Erfolge in Fällen von Hysterie veranlaßten uns, nach einem analogen traumatischen Erlebnis auch in allen anderen Fällen zu fahnden und von der Einsicht das Heil zu erwarten. Erst jetzt erwacht die Psychiatrie aus diesem Irrtum." Aber selbst wenn wir annähmen, daß die Neurosen, ja die Psychosen wirklich im Sinne der diversen psychodynamischen Hypothesen zu interpretieren sind, selbst wenn dem so wäre, würde die Logotherapie noch immer, nämlich im Sinne einer unspezifischen Behandlung, indiziert sein. Müssen wir uns doch vor Augen halten, daß auch eine an und für sich keineswegs noogene Symptomatik besonders gedeiht, wenn sie in ein existentielles Vakuum hineinwuchern kann. Dies dürfte auch CRUMBAUGH vorgeschwebt haben, wenn er meint, daß „die logotherapeutische Begegnung über den Punkt hinausführt, vor dem die meisten anderen Therapien, besonders die analytisch orientierten Methoden, haltmachen: wir halten dafür, daß die Behandlung vergeblich bleibt, wofern nicht die Sinnproblematik geklärt ist, da sonst die Ätiologie zurückbleibt und die Symptomatologie zurückkehrt."

Sofern dem so ist, wie vielfach behauptet wird — daß mit der Logotherapie eine neue Dimension, nämlich die Dimension des eigentlich Menschlichen, aufgeschlossen ist —, sofern dem so ist, folgt aus eben diesem dimensionalen Charakter unseres Beitrags, daß die Befunde der großen Pioniere von der Logotherapie nicht annulliert, sondern überhöht werden. Die Logotherapie ist kein Ersatz für die Psychotherapie; aber sehr wohl mag die Logotherapie zur Wiedervermenschlichung der Psychotherapie beitragen.

Anmerkungen

Anmerkung 1 (zu Seite 5)

Normalerweise ist der Mensch seiner Sinnorientierung auch gewahr. Nicht weniger als 87% von 1500 jüngeren Menschen erklärten gelegentlich einer statistischen Erhebung, die von einer österreichischen Gewerkschaft veranstaltet wurde, „daß es einen Sinn habe, Ideale zu haben". Illustrativ und instruktiv mag sein, daß Zuchthäusler in Ohio, denen Krebszellen eingespritzt wurden, keinerlei Entlohnung erhielten. Dennoch hatten sich für die Krebsversuche drei- bis viermal soviel Freiwillige gemeldet, wie die Ärzte eigentlich benötigten. Andrang herrschte auch in anderen Strafanstalten.

Anmerkung 2 (zu Seite 10)

Schließlich werden wir ja auch von jemandem, der ein Bewunderer und Verehrer von HIPPOKRATES oder PARACELSUS ist, darum noch lange nicht erwarten oder verlangen, daß er sich auch strikte an ihre Rezepturen und Operationsmethoden halte.

Anmerkung 3 (zu Seite 12)

Nach all dem könnte es so etwas wie das Phänomen „rot" eigentlich gar nicht geben — eigentlich gäbe es nur die komplette Relation „rot–grün", und sie wäre das eigentliche, das letzte, das Ur-Phänomen. Eine empirische Bestätigung findet diese Behauptung nun in der Tatsache, daß es auch wirklich nicht etwa isoliert Rot-Blinde einerseits und isoliert Grün-Blinde andererseits gibt, sondern eben nur kombiniert Rot-Grün-Blinde. Daß jedoch, wie oben gesagt worden ist, die Relation zwischen Seiendem als je Anders-seiendem dem Sein tatsächlich vorgängig ist, geht schon daraus hervor, daß bei der Physik oder der Astronomie — als einer Wissenschaft von Relaten — die Mathematik — als eine Wissenschaft von Relationen — immer schon vorausgesetzt ist. — Nebenbei sei hierzu noch bemerkt, daß unter Relation hier nicht eine Kategorie verstanden wird, vielmehr ist der Begriff Relation hier ontologisch gemeint. —

Eine weitere Bestätigung unserer Auffassung von der grundlegenden Bedeutung der Relation erblicken wir in gewissen tierpsychologischen Erfahrungen. So spricht denn etwa KARL BÜHLER (Die geistige Entwicklung des Kindes, 4. Auflage, Jena, Gustav Fischer, 1924, S. 180) von der „Relationserkenntnis" der Tiere und erwähnt hierbei unter Bezugnahme auf W. KÖHLER (Nachweis einfacher Strukturfunktionen beim Schimpansen und beim Haushuhn, Abh. der Berl. Akad. d. Wiss. 1918, Phys.-math. Kl. Nr. 2) beispielsweise Dressurversuche mit einem Haushuhn, bei dem es jeweils „nicht auf absolute Eindrücke, sondern auf ihre Relation" angesprochen hatte (l. c., S. 178).

Einen weiteren Beleg sehen wir in gewissen physikalischen Erfahrungen. Vgl. A. MARCH („Neuorientierung der Physik", „Der Standpunkt", 9. 5. 1952, S. 5): „Wenn wir die Erfahrungen, auf denen unser Glaube an die Existenz eines substantiellen Elektrons beruht, bis auf den Grund analysieren, so bleibt uns nichts in der Hand als ein System von konstanten Beziehungen, so daß es diese Beziehungen und nicht das substantielle Teilchen sind, die wir für das eigentlich Reale halten müssen ... daß das eigentliche Wesen der Dinge in ... einer Struktur besteht ..., diese Meinung wird heute von großen Namen gedeckt, von BERTRAND RUSSEL, EDDINGTON, SCHRÖDINGER und vielen anderen; sie alle sehen die objektive Wirklichkeit nicht in einer Substanz ..."

Oben war vom Anders-sein die Rede bzw. von der Relation zwischen Seiendem als je Anders-seiendem, und zwar im besonderen von der Relation „rot–grün". Nun, rot und grün sind je anders; aber auch gelb und violett sind je anders, und blau und orange sind ebenfalls je anders. All diese Paare sind jedoch anders „anders". Eine große und eine kleine rote Figur auf grünem Hintergrund sind in einem wieder andern Sinne je anders, und eine quadratische Figur in einem wieder andern Sinne anders als eine kreisförmige. Schließlich wäre eine räumliche Figur in einem andern Sinne anders als eine ebene Figur usw. Das Sein konstituiert sich also nicht nur als je anderes, sondern es staffelt sich auch als je anderes — es staffelt sich in immer höheren „Dimensionen" des Anders-seins! Die Welt läßt sich solcherart auffassen als ein System gestaffelter Relationen. Aus dem „dimensionalen" Charakter der Staffelung ergibt sich nun, daß die Relation zwischen den Relaten einer bestimmten Dimension selber der jeweils nächsthöheren Dimension angehören muß. So gehört die „Relation" zwischen zwei Punkten, nämlich die sie verbindende Gerade, der ersten Dimension an, während die „Relation" zwischen zwei — eindimensionalen — Geraden, nämlich die sie verbindende Ebene, selber der zweiten Dimension angehört usf.

Nun ist das, was zwischen je Anders-seiendem Brücken schlägt, vor allem eines: Erkenntnis. Sie ist es, die das je Anders zwischen Seiendem überbrückt, eben indem sie zwischen ihm Relationen stiftet. Zugleich ist die Erkenntnis jedoch selber Relation; ist sie doch die Beziehung von geistig Seiendem zu anderem Seienden — eine Beziehung, die auch „haben" genannt wird. Gleichzeitig erhellt aus dem vorhin Gesagten, daß die Erkenntnis als Relation nicht der gleichen Dimension angehören kann wie die Relata dieser Relation, d. h. das erkennende Seiende einerseits und andererseits das erkannte Seiende bzw. die erkannte Relation zwischen Seiendem als je Anders-seiendem. Aus diesem Grunde kann die Erkenntnis eines Objektes nicht zugleich mit dem Objekt der Erkenntnis erkannt werden. Die Objekterkenntnis wird also so lange auf Kosten des Erkenntnisobjektes erkannt, bis sie schließlich aufhört, überhaupt noch Objekterkenntnis zu sein.

Anmerkung 4 (zu Seite 25)

Während die Psychotherapie die psychologischen Hintergründe einer Ideologie aufzudecken hat, hat die Logotherapie die logischen Scheingründe einer Weltanschauung als scheinbare zu entlarven und damit als Gründe zu entkräften.

Anmerkung 5 (zu Seite 179)

Treffend erscheinen in diesem Aspekt die Bemerkungen von JOHANNA DÜRCK und von ALLERS zur Deutung der Zwangsneurose; erstere schreibt: „Ein Zwangsneurotiker erklärte mir einmal, Gott müßte die Ordnung sein; gemeint war erreichbare pedantische Übersicht, die Ruhe gibt und von der Spannung des Eigentlichseins entbindet. Von hier aus erscheint mir im Grunde das Verstehen der zwangsneurotischen ‚Pedanterie' erst ermöglicht zu sein." Und ALLERS sagt: „Pedanterie ist nichts Anderes als der Wille, Kleinigkeiten der Umwelt das Gesetz der eigenen Person aufzuerlegen." Und doch ist dieser Wille wie aller zwangsneurotische Wille zur Ordnung irgendwie noch menschlich im besten Sinne zu nennen: „Des Ewigen Sinn erfüllt sich durch Ordnung, und einzig durch Ordnung wird der Mensch seiner Ebenbildlichkeit gerecht." (WERFEL.) Denn Ordnung läßt sich unseres Erachtens definieren als Gleichheit in der Andersheit (analog jener bekannten Definition, der zufolge Schönheit „Einheit in der Vielheit" ist).

Anmerkung 6 (zu Seite 36)

Die Genealogie all dieser Ideologien ist folgende: Vater des Psychologismus, des Biologismus und des Soziologismus ist der Naturalismus. Aus der sozusagen inzüchtigen Verbindung jedoch, die der Biologismus mit dem Soziologismus eingegangen war, ging als Spät- und Spottgeburt ein kollektiver Biologismus hervor. Den kollektiven Biologismus aber finden wir im sogenannten Rassismus wieder.

Anmerkung 7 (zu Seite 37)

Nicht nur vom einzelnen Menschen gilt es, daß er sowohl die „Fehler seiner Tugenden" als auch die „Tugenden seiner Fehler" besitzt — es gilt dies vielmehr auch von einem Volk als Ganzem. Damit ist aber auch schon gesagt, daß es an jedem einzelnen Menschen gelegen ist, was er aus den Bereitschaften — denn um mehr handelt es sich nicht — macht, die in ihm, als Angehörigem eines bestimmten Volkes, angelegt sein mögen. Diese Bereitschaften sind nichts weiter als Möglichkeiten, Möglichkeiten, die der einzelne Mensch und erst er so oder so verwirklicht, Möglichkeiten, zwischen denen er wählt und für oder gegen die er sich entscheidet. Dann erst, sobald er diese Wahl getroffen und diese Entscheidung gefällt hat, erst dann sind aus den an sich wertneutralen Anlagen seiner Nation je nachdem wertpositive oder wertnegative Eigenschaften seiner Person geworden. Aus all dem ergibt sich jedoch nicht weniger, als daß der einzelne als solcher aufgerufen ist dazu, die Tugenden „seiner Nation" möglichst ohne deren Fehler zu „erwerben, um sie zu besitzen".

Anmerkung 8 (zu Seite 53)

Der „Vollzugswirklichkeit" — als dem eigentlichen Sein der Person in deren Aktvollzügen — stehen als uneigentliche Modalitäten des Seins die folgenden drei gegenüber: erstens das „Vorhandensein" (als abkünftiger Modus; HEIDEGGER); zweitens das im Zuständlichen verharrende Sein, das also nicht ein ihm transzendentes Sein intendiert; und drittens das sich selbst intendierende, das sich reflektierende Sein, das sich eben damit zu bloßem Vorhandensein degradiert (wird doch durch die Selbstbeobachtung das existentielle, „entscheidende", das „Da"-sein zu bloßem faktischem Sein, somit denaturiert).

Anmerkung 9 (zu Seite 55)

Vom Menschen vollendete Erkenntnis verlangen heißt gleichviel wie: von einem Komponisten verlangen, daß er nicht eine Symphonie schreibe, sondern die Symphonie, quasi die Symphonie schlechthin — vollkommen in der Form und vollständig im Inhalt. Aber jede Symphonie, jedes Kunstwerk, ist Stückwerk; nicht anders als alle Erkenntnis, die ebenfalls Stückwerk bleiben muß; einseitig in ihrer Sicht — bedingt in ihrer Standorthaftigkeit — bruchstückhaft in ihren Ergebnissen.

Anmerkung 10 (zu Seite 60)

Vgl. Gabriel Marcel: „Beethovens Klaviersonate op. 111 oder das Streichquartett op. 127 führen dahin, wo das Menschentum in einer gleichzeitig evidenten und unaussprechlichen Sinngebung über sich selbst hinausgelangt."

Anmerkung 11 (zu Seite 67)

Die banale Frage, ob Mut oder Feigheit dazu gehöre, wenn einer Selbstmord begeht, läßt sich nicht so einfach beantworten. Denn man darf nicht so ungerecht sein, über den inneren Kampf, der einem Selbstmordversuch voranzugehen pflegt, hinwegzugehen. So bleibt uns nichts anderes übrig, als zu sagen: Der Selbstmord ist zwar todesmutig — aber er ist lebensfeig.

Anmerkung 12 (zu Seite 67)

„Ist man sich über das ‚Warum' seines Lebens mit sich im reinen, so gibt man dessen ‚Wie' leichten Kaufs dahin." (Der Wille zur Macht, 3. Buch, Musarionausgabe, München 1926, Gesammelte Werke XIX, 205.)

Anmerkung 13 (zu Seite 70)

Wir können sogar ruhig zugeben, daß der durchschnittliche Mensch vielleicht wirklich gar nicht so gut ist; und daß es immer wieder nur einzelne Menschen sein mögen, die auch wahrhaft gut sind. Aber: hat nicht gerade unter solchen Umständen jeder einzelne nun erst recht die Aufgabe, eben besser zu sein, als es der „Durchschnitt" ist, und eben einer jener „einzelnen" zu werden?

Anmerkung 14 (zu Seite 71)

Diese Vertiefung, welche das Verantwortungsbewußtsein beim religiösen Menschen eo ipso erfährt, möge hier an Hand eines konkreten Beispiels illustriert werden; zu diesem Zwecke sei gestattet, folgende Stelle aus einem Aufsatz von L. G. Bachmann über Anton Bruckner wiederzugeben: „Sein Verantwortungsgefühl Gott gegenüber wächst ins Unendliche. So sagt er zu dem mit ihm befreundeten Klosterneuburger Chorherrn Dr. Josef Kluger: ‚Die wollen, daß i anders schreib. I könnt's ja auch, aber i derf nit. Unter Tausenden hat mich Gott begnadigt und das Talent mir, grad mir geben. I muß ihm einmal Rechenschaft ablegen. Wie stünd i dann vor unserm Herrgott da, wann i den andern folget und nit ihm?'" Nichts wäre sonach verfehlter, als zu behaupten, die religiöse Einstellung müsse den Menschen passiv machen; ganz im Gegenteil: sie kann ihn in höchstem Maße aktivieren. Erst recht jedoch wird sie dies bei jenem religiösen Menschentypus vermögen, der — in existentieller Haltung — sich immer irgendwie als Mitstreiter des Göttlichen auf Erden weiß. Für ihn ist es so, daß hienieden auf Erden „entschieden" wird — hienieden auf Erden wird aller Kampf ausgetragen, nicht zuletzt vom und im einzelnen Menschen und so auch nicht zuletzt von und in ihm selber. Nun, muß sich uns da nicht, als Gleichnis, die chassidische Erzählung von jenem Gelehrten anbieten, den seine Jünger einmal fragten: „So sag uns doch, wann und wie weiß der Mensch, ob der Himmel ihm etwas verziehen hat?" Und der daraufhin antwortete: „Daß der Himmel dem Menschen eine Sünde verziehen hat, kann dieser Mensch nur daran erkennen, daß er selber diese Sünde nie mehr wieder begeht."

Anmerkung 15 (zu Seite 73)

Hier ist natürlich nur von jener Religiosität die Rede, die dort erst anfängt, wo Gott als ein persönliches Wesen, ja als die Personalität schlechthin, als deren Urbild, erlebt wird, oder — wie man dann auch sagen könnte: als das erste und das letzte „Du"; für den solcherart religiösen Menschen ist das Gotteserlebnis schlechterdings das Erlebnis des Ur-„Du".

Anmerkung 16 (zu Seite 88)

Darum unterdrückt die Masse auch die Individualität der Individuen, und darum schränkt sie deren Freiheit ein zugunsten der Gleichheit; an die Stelle der Brüderlichkeit tritt dann der Herdeninstinkt.

Anmerkung 17 (zu Seite 100)

Freilich: nicht alles, was wie Ich aussieht, ist auch Ich, und nicht alles, was wie Es aussieht, ist auch Es. Und insofern sind Psychoanalyse und Individualpsychologie durchaus im Recht; insofern nämlich, als ja gerade im Falle der Neurose die Triebhaftigkeit des Menschen vielfach ein moralisches Mäntelchen umgehängt bekommen hat und in „symbolischer Verkleidung" das Bewußtsein betritt — so ganz im Sinne der Psychoanalyse; und daß umgekehrt — und dies nun ganz im Sinne der Individualpsychologie — das Ich sich nur allzu gern und oft hinter scheinbaren Trieben verbirgt (etwa im „Arrangement"). Ja wir können sogar auch noch einen Schritt weiter gehen und stehen nicht an, zuzugeben, daß beispielsweise von den Träumen all das, was die Psychoanalyse uns gelehrt hat, im wesentlichen seine Geltung behält, nach wie vor; allerdings: ich träume ja gar nicht — „Es" träumt mir ja!

Anmerkung 18 (zu Seite 108)

Die Freiheit „hat" man nicht — wie irgend etwas, das man auch verlieren kann —, sondern die Freiheit „bin ich".

Anmerkung 19 (zu Seite 109)

Das Entscheidende ist immer der Mensch. Was aber ist der Mensch? Das Wesen, das immer entscheidet. Und was entscheidet es? Was es im nächsten Augenblick sein wird.

Anmerkung 20 (zu Seite 115)

Während das Minderwertigkeitsgefühl für die Individualpsychologie immer auch schon ein neurotisches Symptom darstellt, ist es für die Existenzanalyse unter Umständen echte Leistung; und dort, wo realiter eine Defizienz vorliegt, dort nicht auch, nicht trotzdem, sondern dort erst recht. Denn nicht zuletzt eben dort, wo sich der Mensch — jeweils doch nur angesichts eines ihm vorschwebenden Wertes! — minder-wertig fühlt, gerade dort ist er, durch diese seine Wertsichtigkeit allein, irgendwie auch schon gerechtfertigt.

Anmerkung 21 (zu Seite 118)

Der Unterschied zwischen vermeidbarem oder verschuldetem Schicksal (dem „unedlen Unglück") einerseits und andererseits echtem, unvermeidbarem und unabänderlichem Schicksal (dem „edlen Unglück") — allein unter welch letzterem zu leiden eben die Möglichkeit gibt, Einstellungswerte zu verwirklichen —, dieser Unterschied entspricht durchaus der dem Alpinisten geläufigen Unterscheidung zwischen „subjektiven" und „objektiven Gefahren". Tatsächlich gilt es auch bei den Alpinisten nicht als „unehrenhaft", einer objektiven Gefahr (beispielsweise Steinschlag) zum Opfer gefallen zu sein; während es für beschämend angesehen wird, einer subjektiven Gefahr (etwa: mangelhafter Ausrüstung oder Fehlen alpinistischer Erfahrung oder kletterischer Technik) zu unterliegen.

Anmerkung 22 (zu Seite 121)

Auch das Leben fragt uns nicht in Worten, sondern in Form von Tatsachen, vor die wir gestellt werden, und wir antworten ihm auch nicht in Worten, sondern in Form von Taten, die wir setzen; insofern, als wir auf die Tatsachen erst zu antworten haben, stehen wir vor unvollendeten Tatsachen.

Anmerkung 23 (zu Seite 153)

Es muß so etwas wie eine umgekehrt proportionale Relation zwischen Handlung und allfälliger Selbstbeobachtung geben, eine Relation, derzufolge zumindest ausgeschlossen erscheint, gleichzeitig mit ganzer Aktivität im Handeln aufzugehen und andererseits mit aller Schärfe und voller Distanz sich selber zu beobachten. Wem aber drängte sich, angesichts dieser umgekehrt proportionalen Relation zwischen menschlicher „Impulsivität" auf der einen und reflektierender Selbstbeobachtung auf der anderen Seite, nicht die Analogie zu der bekannten HEISENBERGschen „Unschärfe-Relation" auf?

Anmerkung 24 (zu Seite 158)

Wie jedes Ideal gilt auch dieses nur regulativ; „es ist aufgestellt wie das Schwarze der Scheibe, das man immer auf dem Korn haben muß, wenn man es auch nicht immer trifft" (GOETHE). Ebenso wenig oder selten, wie der durchschnittliche Mensch echter Liebe fähig ist, ebenso wenig oder selten gelangt er auch auf die höchste Entwicklungsstufe reifen Liebeslebens. Aber schließlich bleibt jede menschliche Aufgabe eine „ewige" und aller menschliche Fortschritt ein unendlicher, ein Fortschreiten ins Unendliche, auf ein im Unendlichen liegendes Ziel hin. Und selbst hierbei handelt es sich nur um ein Fortschreiten des einzelnen Menschen in seiner persönlichen Geschichte. Denn es ist fraglich, ob und in welchem Sinne es einen wahren „Fortschritt“ auch innerhalb der Menschheitsgeschichte gibt: als sicher ist hier nur ein technischer Fortschritt zu verzeichnen, der uns vielleicht nur deshalb als Fortschritt schlechthin zu imponieren vermag, weil wir eben in einem Zeitalter der Technik leben.

Anmerkung 25 (zu Seite 158)

In ihr wird die Sexualität in einer rein „zuständlichen“ Weise erlebt; im onanistischen Akt entbehrt sie jeglicher Intentionalität und Gerichtetheit über sich selber hinaus, auf einen Partner hin. Wohl ist die Onanie weder eine Krankheit noch eine Krankheitsursache, vielmehr jeweils nur Zeichen gestörter Entwicklung bzw. verfehlter Einstellung zum Liebesleben; die hypochondrischen Ideen über ihre krankhaften Folgeerscheinungen sind also ungerechtfertigt. Aber der Katzenjammer, der dem onanistischen Akt zu folgen pflegt, hat jenseits und unabhängig von diesen hypochondrischen Ideen den Grund in jenem Schuldgefühl, das den Menschen befallen muß, wann immer er aus dem intentionalen Erleben in das zuständliche flüchtet. Diese uneigentliche Weise menschlichen Verhaltens haben wir ja schon bei der Besprechung des Rausches als dessen Wesen kennengelernt. Um so mehr muß uns bemerkenswert erscheinen, daß auch der Onanie — genauso wie dem Rausch — eine Katzenjammerstimmung folgt.

Anmerkung 26 (zu Seite 183)

Vgl. Leo Tolstoi: „Den Verstand muß man wie ein Opernglas nur bis zu einem gewissen Grade aufschrauben; dreht man weiter, so sieht man schlechter.“

Anmerkung 27 (zu Seite 217)

Religiosität ist letztlich und wesentlich vielleicht das Erleben der eigenen Fragmentarität und Relativität des Menschen auf einem Hintergrund, den als „das Absolute“ zu bezeichnen eigentlich und irgendwie auch schon vermessen ist — so absolut müßte dieses Absolute ja gemeint sein! Man dürfte vielmehr höchstens von einem Nicht-Fragmentarischen, von einem Nicht-Relativen sprechen. Was aber ist dann das Erlebnis der Fragmentarität und Relativität in ihrer Bezogenheit auf ein Unbeziehbares? Es ist schlicht eben Geborgenheit. So ist denn das, worin der Religiöse sich geborgen weiß, in der Transzendenz verborgen. Und so gibt es für das Suchen kein Gefundenes — dieses bleibt vielmehr immer in der Transzendenz —, aber für den Suchenden gibt es immerhin das Gesuchte! Und so „ist“ dieses Gesuchte dem Suchenden doch „gegeben“ — gegeben nicht in seiner Was-heit (wie ein Gefundenes), sondern in seiner puren Daß-heit. So sprengt die Intentionalität die Immanenz und bleibt trotzdem vor der Transzendenz stehen. (Schließlich war dies auch der Phänomenologie „letzter Schluß“: daß sie vor dem intentionalen Akt als einer Letztheit haltmachte — so wie es die Existenzphilosophie vor der existentiellen Entscheidung tut.) Also auch für den religiösen Menschen ist Gott immer transzendent — aber auch immer intendiert. So ist Gott für den religiösen Menschen der immer Schweigende — aber auch der immer Gerufene. Und so ist Gott für den religiösen Menschen das niemals Aussprechbare — aber auch das je schon Angesprochene!

Anmerkung 28 (zu Seite 222)

In die gleiche Kerbe schlägt W. v. Baeyer, wenn er schreibt: „Wir halten uns an Beobachtungen und Gedanken, die Plügge ausgesprochen hat. Objektiv betrachtet ist keine Hoffnung mehr da. Der Kranke, der bei klaren Sinnen ist, müßte es längst selbst gemerkt haben, daß er aufgegeben ist. Aber immer noch hofft er, hofft bis zum Ende. Worauf? Die Hoffnung solcher Kranken, die vordergründig eine illusionäre, auf Heilung in dieser Welt gerichtete sein kann und nur im verborgenen Grunde ihren transzendenten Sinngehalt ahnen läßt, muß im Menschsein verankert liegen, das nie ohne Hoffnung sein kann, vorausweisen auf eine künftige Vollendung, die zu glauben dem Menschen auch ohne Dogma angemessen und natürlich ist.“ (Gesundheitsfürsorge — Gesundheitspolitik 7, 197, 1958.)

Anmerkung 29 (zu Seite 226)

Die Existenzanalyse hat das Zimmer der Immanenz einzurichten und möglichst auszustatten und sich dabei nur davor zu hüten, daß sie die Türe zur Transzendenz nicht verstelle. Sie will nicht mehr als ersteres — mehr als letzteres aber kann man von ihr auch nicht verlangen. So betreibt sie, wenn man es so nennen will, eine Politik der offenen Türe; und durch die offengehaltene Türe kann der religiöse Mensch unbehindert ausgehen oder, wenn man es anders will, der Geist echter Religiosität ungezwungen eintreten: der Geist echter Religiosität ... angewiesen auf solche Spontaneität.

Anmerkung 30 (zu Seite 236)

Der Freiheit des Willens und dem Willen zum Sinn gesellt sich solcherart der Sinn des Leidens als die dritte Säule zu, auf der das Lehrgebäude der Logotherapie aufruht. Welch tröstliche Trias! Der Mensch will den Sinn; aber es gibt nicht nur einen Sinn, sondern auch die Freiheit des Menschen, ihn zu erfüllen.

Anmerkung 31 (zu Seite 95)

Eine Patientin konnte einmal nicht einsehen, daß der Tod dem Leben nicht den Sinn nimmt. Daraufhin wurde sie gefragt, ob sie denn nicht einen bedeutenden Menschen kennt, der zwar tot ist, aber eine besondere Leistung vollbracht hatte. „Ja ... Ein Hausarzt ... Wie ich ein Kind war ... Ein guter Mensch ...“ Woraufhin sie gefragt wurde: „Nehmen Sie an, die Patienten, die noch am Leben sind, sind vergeßlich. Vielleicht sind sie senil, und niemand erinnert sich an das viele Gute. Wird es durch die Vergeßlichkeit, ja, wird es auch nur durch den Tod der vergeßlichen Patienten aus der Welt geschafft?“ Und die Patientin antwortete: „Nein ... Es bleibt ...“

Anmerkung 32 (zu Seite 231)

Dasselbe gilt von der Krankenschwester. Tatsächlich liegt ein Versuch vor, ein diesbezügliches Lehrbuch auf den Grundlagen der Logotherapie zu erstellen. Es handelt sich um eine Schrift der New Yorker Professorin Joyce Travelbee (Interpersonal Aspects of Nursing, F. A./Davis Company, Philadelphia 1966), die von vornherein erklärt, “the assumptions which underlie this work are based on Frankl’s concepts of Logotherapy” (p. 164), und ausdrücklich hervorhebt, “the nurse does not supply the patient with meaning but assists the patient to arrive at meaning” (p. 176). Methodik und Technik der Bemühung, dem Patienten über eine existentielle Krise hinwegzuhelfen, werden von der New Yorker Professorin systematisiert. Eine der von ihr angewandten Methoden sei ausführlich wiedergegeben. “The parable method seems particularly suited for some patients. One particularly useful parable is ‘The Parable of the Mustard Seed’. Gotani bore a son but the boy died. The teacher told her to go throughout the city and in whatever house no one had suffered or died from that house to bring a grain of mustard seed. She went from house to house and never succeeded in finding a house where no one had suffered. She realized that her son was not the only child who suffered and that suffering was a law common to mankind." (p. 176.)

Anmerkungen zur 9. Auflage

Anmerkung 33 (zu Seite 7)

Bereits 1925 hat ROBERT REININGER diese Erklärung, wie ich soeben erfahre, eigentlich vorweggenommen: „Die Frage nach dem Sinn des Daseins wird erst dann aufgeworfen, wenn die instinktive Sicherheit des Lebens oder das Genügen an seiner traditionellen Deutung verloren zu gehen droht oder schon verloren ist und dieser Verlust schmerzlich empfunden wird."

Anmerkung 34 (zu Seite 9)

„Als ich noch ein Kind war", erinnert sich JOSEPH B. FABRY, „besuchte unser Hausarzt allwöchentlich meine Großmutter, die sich dann all ihre Schmerzen und Sorgen von der Seele reden konnte. Heute unterziehe ich mich alljährlich einer gründlichen Durchuntersuchung, bei der ich 3 Stunden lang von einer Krankenschwester zur anderen, von einem Apparat zum anderen gereicht werde und schließlich auf einem Fragebogen 150 Fragen beantworten muß, die dem Computer bei der Erstellung der Diagnose helfen. Ich weiß, daß die medizinische Betreuung, die ich in der betreffenden Klinik erfahre, unvergleichlich besser ist als die, die der Hausarzt meiner Großmutter bieten konnte, aber irgend etwas ist bei dieser Weiterentwicklung der medizinischen Technik verlorengegangen. Und wenn ich die Fragen höre, die Frankl nach seinen amerikanischen Vorträgen gestellt werden, dann höre ich auch heraus, daß dieses Etwas in der modernen Psychotherapie nicht weniger fehlt." („Das Ringen um Sinn [Logotherapie für den Laien]", Paracelsus Verlag, Stuttgart 1973.) Was FABRY uns da erzählt, beweist aufs neue, daß die Depersonalisation und Dehumanization vor der Psychotherapie keineswegs Halt macht, vielmehr dort nur noch viel schmerzlicher erlebt und erfahren wird: „Es gibt nicht nur den kalten Objektivismus der naturwissenschaftlichen Medizin, sondern auch den kalten Objektivismus der Psychologie und einer mit Psychologie durchtränkten Medizin" (W. VON BAEYER, Gesundheitsfürsorge – Gesundheitspolitik 7, 197, 1958).

Anmerkung 35 (zu Seite 32)

"There is no real contradiction . . . for we can look at reality from two different points of view." (RABBI YEHUDA LEOVE BEN BEZALEL [The Maharal of Prague], The Book of Divine Power: Introduction on the Diverse Aspects and Levels of Reality, Cracow, 1582 [translated by SHLOMO MALLIN, Feldheim, New York, 1975, p. 24].) "One object can have two contradictory qualities relative to two different viewpoints; there are two different levels involved . . ." (l. c., p. 36).

Anmerkung 36 (zu Seite 61)

Daß es sich auch wirklich um eine Leistung, ja um eine Höchstleistung handelt, bezeugt Marek Edelmann, der 1943 im Warschauer Ghetto den Aufstand der Juden organisierte und als Siebzehnjähriger dessen Kommandant war. Heute ist er Arzt in Lodsch. Doktor Edelmanns Definition des Heldentums lautet folgendermaßen: „Wer kämpft, stirbt leichter. Aber wenn du nicht mehr handeln kannst, wenn sie dich zum Erschießen führen und du gehst würdevoll — dann bist du ein Held."

Anmerkung 37 (zu Seite 185)

Die paradoxe Intention wurde von mir bereits 1929 praktiziert (Ludwig J. Pongratz, Psychotherapie in Selbstdarstellungen, Hans Huber, Bern 1973), aber erst 1939 beschrieben (Viktor E. Frankl, „Zur medikamentösen Unterstützung der Psychotherapie bei Neurosen", Schweizer Archiv für Neurologie und Psychiatrie 43, 26, 1939) und erst 1947 unter ihrem Namen publiziert (Viktor E. Frankl, Die Psychotherapie in der Praxis, Franz Deuticke, Wien 1947). Die Ähnlichkeit mit später auf den Markt gekommenen verhaltenstherapeutischen Behandlungsmethoden wie anxiety provoking, exposure in vivo, flooding, implosive therapy, induced anxiety, modeling, modification of expectation, negative practice, satiation und prolonged exposure ist unverkennbar und ist auch einzelnen Verhaltentherapeuten nicht verborgen geblieben. "Behavioral techniques have been developed which appear to be translations of paradoxical intention into learning terms" (L. Michael Ascher, "Paradoxical Intention", in Handbook of Behavioral Interventions, herausgegeben von A. Goldstein und E. B. Foa, John Wiley, New York 1978). Nur um so bemerkenswerter ist es, daß der erste Versuch, die Wirksamkeit der paradoxen Intention experimentell zu beweisen, von Verhaltenstherapeuten unternommen wurde. Waren es doch die Professoren L. Solyom, J. Garza-Perez, B. L. Ledwidge und C. Solyom[1]) von der Psychiatrischen Klinik der McGill University, die in Fällen von chronischer Zwangsneurose jeweils zwei gleich intensiv ausgeprägte Symptome auswählten und dann das eine, das Zielsymptom, mit paradoxer Intention behandelten, während das andere, das "Kontroll"-Symptom, unbehandelt blieb. Tatsächlich ergab sich, daß einzig und allein die jeweils behandelten Symptome dahinschwanden, und zwar innerhalb weniger Wochen[2]). Und zu Ersatzsymptomen kam es in keinem einzigen Falle![1]) "Follow-ups revealed no relapse of symptoms" (L. Michael Ascher, "Employing Paradoxical Intention in the Behavioral Treatment of Urinary Retention", Scandinavian Journal of Behaviour Therapy, Vol. 6, Suppl. 4, 1977, 28). (Anmerkung 50.)

Anmerkung 38 (zu Seite 221)

„Gott ist tot", heißt es schon seit Nietzsche. Inzwischen hat sich die „Gott ist tot"-Bewegung bereits selber und ihrerseits totgelaufen. Ja — mehr als dies: nicht

---

[1]) L. Solyom, J. Garza-Perez, B. L. Ledwidge und C. Solyom, "Paradoxical Intention in the Treatment of Obsessive Thoughts: A Pilot Study", Comprehensive Psychiatry 13, 291, 1972.

[2]) Siehe Ralph M. Turner und L. Michael Ascher, "Controlled Comparison of Progressive Relaxation, Stimulus Control, and Paradoxical Intention Therapies for Insomnia", Journal of Consulting and Clinical Psychology 47, 500, 1979.

einmal die Werte leben noch. Und zwar leben sie deshalb und insofern nicht mehr, als sich der Mensch von heute fragt, wozu er sie denn verwirklichen soll, mit anderen Worten, was es denn für einen Sinn haben mag, sie zu verwirklichen. Aber wir haben ja gesehen, daß es einen Sinn immer und überall gibt, allerdings nur im Sinne eines partikulären Sinns, wie wir ihn kraft unseres „Willens zum Sinn" und dank unseres „Sinn-Organs", nämlich des Gewissens, auch aufzuspüren vermögen. Was nun diesen unseren Willen zum Sinn anlangt, so ist er unabdingbar, wir können gar nicht anders als „den Sinn wollen", der Wille zum Sinn ist in diesem Sinne transzendental und etwas Apriorisches (KANT) oder ein Existential (HEIDEGGER), er ist sosehr in die condition humaine eingebaut, daß wir einfach nicht umhinkönnen, so lange „nach Sinn zu suchen", bis wir ihn eben gefunden zu haben glauben. Nunmehr erhebt sich jedoch eine letzte Frage, die Frage nach dem letzten Sinn, eine Meta-Frage, die auch noch die Frage mit sich einbegreift, wozu die menschliche Verfassung mit so etwas wie einem Willen zum Sinn überhaupt ausgestattet ist. Zunächst einmal sieht alles so aus, als hätte GOETHE recht behalten, wenn er einmal sagte, „alles Wollen ist ja nur ein Wollen, weil wir eben sollten". So leicht dürfen wir es uns aber nicht machen — daß wir zuerst alles Sollen (die Werte beziehungsweise den Sinn) auf ein Wollen (den Willen zum Sinn) zurückführen und sodann das Wollen wieder auf ein Sollen: damit würden wir uns nur in einen Zirkel verstricken. Ich denke, wir sollten es vorziehen, uns mit der Feststellung zu begnügen, daß wir da die „Natur" (in diesem Zusammenhang würden wohl die Ethologen die „Evolution" und die Theologen nach wie vor „Gott" sagen) nicht hinterfragen können. Es bleibt uns nichts anderes übrig als resignierend festzustellen, daß wir unmöglich den Zweck eruieren können, zu dem die Natur — oder was immer beziehungsweise wer immer — das Sinnbedürfnis in uns eingepflanzt haben mag: der Grund dazu, der Sinn, den dies gehabt haben mag, muß für uns unergründlich bleiben — dieser Sinn ist ein „Über-Sinn", und an ihn können wir nur noch glauben, um ihn gibt es kein Wissen mehr. Freilich handelt es sich um ein Glauben, das naheliegt, um einen Glauben, der sich uns sogar aufdrängt. Ist es doch soviel wie unumgänglich, anzunehmen, daß es unmöglich sinnlos gewesen sein kann, wenn wir uns mit einer sinnlosen Welt nicht abfinden können beziehungsweise nicht anders können, als nach Sinn suchen. Wir können nicht anders als annehmen, daß sich die „Natur" etwas dabei gedacht haben muß, wenn sie uns nach Sinn fahnden ließ, mit einem Wort, daß sie damit selber und ihrerseits einen Sinn verfolgt haben muß, mag er auch noch sowenig von uns hinterfragt werden können. Die Stiftung von Sinn muß jedenfalls auch selber und ihrerseits „Sinn" gehabt haben. Und ähnlich muß auch die Antwort gelautet haben, die der Psalmist auf seine Frage erwartet hatte: „Der das Auge geschaffen - er sollte nicht sehen? Und der das Ohr geschaffen - er sollte nicht hören?"

Anmerkung 39 (zu Seite 237)

Der Hyperreflexion treten wir logotherapeutisch mit einer Dereflexion entgegen, während zur Bekämpfung der in Fällen von Impotenz so pathogenen Hyperintention eine logotherapeutische Technik zur Verfügung steht, die auf das Jahr 1947 (VIKTOR E. FRANKL, Die Psychotherapie in der Praxis, Franz Deuticke, Wien) zurückgeht. Und zwar empfehlen wir, den Patienten dazu zu bewegen, daß er den Sexualakt „nicht programmatisch sich vornimmt, sondern es bewenden läßt bei fragmentarisch bleibenden Zärtlichkeiten, etwa im Sinne eines mutuellen sexuellen Vorspiels". Auch veranlassen wir „den Patienten, seiner Partnerin gegenüber zu erklären, wir hätten vorderhand ein strenges Koitusverbot erlassen — in Wirklichkeit soll sich der Patient über kurz oder lang nicht mehr daran halten, sondern — nunmehr entlastet vom Druck sexueller Forderungen, wie sie bis dahin seitens der Partnerin an ihn ergangen waren — in einer zunehmenden Annäherung ans Triebziel heranmachen, auf die Gefahr hin, daß er von der Partnerin — eben unter Hinweis auf das vorgebliche Koitusverbot — abgewiesen würde. Je mehr er refüsiert wird, desto mehr reüssiert er auch schon." WILLIAM S. SAHAKIAN und BARBARA JACQUELYN SAHAKIAN ("Logotherapy as a Personality Theory", Israel Annals of Psychiatry 10, 230, 1972) sind der Ansicht, daß die Forschungsergebnisse von W. MASTERS und V. JOHNSON unsere eigenen durchaus bestätigt haben. Tatsächlich ist ja auch die 1970 von MASTERS und JOHNSON entwickelte Behandlungsmethode der 1947 von uns publizierten und soeben skizzierten Behandlungstechnik in vielen Punkten sehr ähnlich.

Anmerkungen zur 10. Auflage

Anmerkung 40 (zu den Seiten 5 und 236)

Zur Zeit gibt es zehn logotherapeutische Tests, und zwar den PIL-Test (purpose in life) von JAMES C. CRUMBAUGH und LEONARD T. MAHOLICK („Eine experimentelle Untersuchung im Bereich der Existenzanalyse. Ein psychometrischer Ansatz zu VIKTOR FRANKLS Konzept der ‚noogenen Neurose'", in: Die Sinnfrage in der Psychotherapie. Hrsg. von NIKOLAUS PETRILOWITSCH. Wissenschaftliche Buchgesellschaft, Darmstadt 1972), den SONG-Test (seeking of noetic goals) und den MILE-Test (meaning in life evaluation) von JAMES C. CRUMBAUGH ("Seeking of Noetic Goals Test", Journal of Clinical Psychology, July 1977, Vol. 33, No. 3, 900—907), den Attitudinal Values Scale-Test von BERNARD DANSART ("Development of a Scale to Measure Attitudinal Values as Defined by VIKTOR FRANKL". Dissertation, Northern Illinois University, 1974), den Life Purpose Questionnaire-Test von R. R. HUTZELL und RUTH HABLAS (Vortrag, gehalten auf dem "First World Congress of Logotherapy" in San Diego, Kalifornien), den Logo-Test von ELISABETH S. LUKAS, den S.E.E.-Test (Sinn-Einschätzung und -Erwartung) von WALTER BÖCKMANN („Sinn-orientierte Leistungsmotivation und Mitarbeiterführung. Ein Beitrag der Humanistischen Psychologie, insbesondere der Logotherapie nach VIKTOR E. FRANKL, zum Sinn-Problem der Arbeit." Enke, Stuttgart 1980) und die drei Tests, die sich noch im Stadium der Ausarbeitung befinden und die wir GERALD KOVACIC (Universität Wien), BRUNO GIORGI (Universität Dublin) sowie PATRICIA L. STARCK (Universität Alabama) verdanken.

Anmerkung 41 (zu Seite 201)

Vgl. HEINZ GALL, „Behandlung neurotischer Schlafstörungen mit Hilfe der Logotherapie V. E. Frankls", Psychiatrie, Neurologie und medizinische Psychologie (Leipzig) 31, 369, 1979.

Anmerkung 42 (zu Seite 230)

Ein chirurgischer Primarius, der auf jede ärztliche Seelsorge verzichten wollte, dürfte sich nur nicht wundern, wenn er einen Patienten nicht vor der Operation auf dem Operationstisch vorfindet, sondern nach dem Suizid auf dem Obduktionstisch, beim ,,Ultimarius", dem Arzt, der es mit den Patienten zuletzt zu tun hat.

Anmerkung 43 (zu Seite 235)

Wir leben in einer Industrie- und Konsumgesellschaft, die darauf aus ist, alle menschlichen Bedürfnisse zu erfüllen beziehungsweise das eine oder das andere Bedürfnis überhaupt erst zu erzeugen. Mit einer Ausnahme: das menschlichste unter allen menschlichen Bedürfnissen, das Sinnbedürfnis, wird unter den gegenwärtigen gesellschaftlichen Bedingungen nur frustriert.

Anmerkung 44 (zu Seite 235)

Im Zusammenhang mit der Ätiologie des existentiellen Vakuums sind die Ausführungen der Psychiater Wolfgang G. Jilek und Louise Jilek-Aall (University of British Columbia, Vancouver, Canada) bemerkenswert, die auf dem First World Congress of Logotherapy (San Diego, 6. bis 8. November 1980) zu hören waren: "For an increasing number of North American Indian teenagers, suicide is the only meaningful act in a life that appears meaningless to them. In four years, the number of suicides among Indians in Canada has doubled (Department of National Health and Welfare, 1979). On a reservation in Ontario, the suicide rate went up to eight times the previous figures (Ward and Fox, 1976). The underlying conflicts we uncovered were quite remote from the psychosexual complexes of psychoanalytic theory. We came to recognize the restricted validity of psychodynamic theories extrapolated from the free associations of a pre-World-War I European upper middle classe clientele." Was der Suizidalität der von ihnen untersuchten Indianer vielmehr zugrunde lag, sei — wie die genannten Forscher herausfanden — eindeutig der Verfall von Traditionen gewesen: "The structure of most traditional native cultures disintegrated."

Anmerkung 45 (zu Seite 236)

Was die Sinn-Wahrnehmung gegenüber der Gestalt-Wahrnehmung auszeichnet, ist meines Erachtens folgendes: Es wird nicht einfach eine ,,Figur" wahrgenommen, die uns vor einem ,,Grund" in die Augen springt, sondern bei der Sinn-Wahrnehmung handelt es sich um die Entdeckung einer Möglichkeit vor dem Hintergrund der Wirklichkeit. Und zwar handelt es sich um die Möglichkeit, die Wirklichkeit zu verändern.

Anmerkung 46 (zu Seite 237)

Solange ich die Ursache eines Leidens aus der Welt schaffen kann, ist es das einzig Sinnvolle, dies zu tun und auf diesem Wege das Leiden selbst zu beseitigen. All das gilt in gleichem Maße für biologisch, psychologisch wie politisch bedingtes Leid.

Anmerkung 47 (zu Seite 237)

Professor L. Michael Ascher, Assistent von Wolpe an der Verhaltenstherapeutischen Universitätsklinik von Philadelphia, findet es bemerkenswert, daß die meisten psychotherapeutischen Systeme Methoden entwickelt haben, die von den Vertretern anderer Systeme gar nicht verwendet werden können. Die logotherapeutische Technik der paradoxen Intention jedoch sei da eine Ausnahme, und zwar insofern, als viele Psychotherapeuten aus den verschiedensten Lagern diese Technik ins eigene System einbauen. "In the past two decades, paradoxical intention has become popular with a variety of therapists impressed by the effectiveness of the technique." ("Paradoxical Intention", in Handbook of Behavioral Interventions, A. GOLDSTEIN und E. B. FOA, eds., New York, JOHN WILEY, 1980.) ASCHER meint sogar, daß verhaltenstherapeutische Methoden entwickelt worden sind, die einfach „Übersetzungen der paradoxen Intention ins Lerntheoretische" sind, was im besonderen für die "implosion" und "satiation" genannten Methoden gelte. Professor IRVIN D. YALOM von der Stanford University meint wieder, die logotherapeutische Technik der paradoxen Intention habe die von MILTON ERICKSON, JAY HALEY, DON JACKSON und PAUL WATZLAWICK eingeführte und "symptom prescription" genannte Methode vorweggenommen ("anticipated"). (Existential Psychotherapy, Kapitel "The Contributions of VIKTOR FRANKL", New York, Basic Books, 1980.)

Hinsichtlich der therapeutischen „Effektivität" der paradoxen Intention, von der ASCHER meint, sie hätte diese Technik so „populär" gemacht, sei — um ein einziges Beispiel herauszugreifen — auf einen Fall von "incapacitating erythrophobia" verwiesen, den Y. LAMONTAGNE trotz zwölfjähriger Dauer in vier Sitzungen heilen konnte. ("Treatment of Erythrophobia by Paradoxical Intention", The Journal of Nervous and Mental Disease, 166, 4, 1978, 304—306.)

Anmerkung 48 (zu Seite 239)

Ersatzsymptome konnte ASCHER nach der Anwendung paradoxer Intention nicht beobachten ("Employing Paradoxical Intention in the Behavioral Treatment of Urinary Retention", Scandinavian Journal of Behavior Therapy, Vol. 6, Suppl. 4, 1977, 28), was ja mit den Beobachtungen von L. SOLYOM, GARZA-PEREZ, LEDWIDGE und C. SOLYOM übereinstimmt (Anmerkung 37).

Anmerkung 49 (zu Seite 240)

Auch Professor L. MICHAEL ASCHER von der Wolpe-Klinik spricht sich dagegen aus, paradoxe Intention auf Suggestion zurückzuführen: "Paradoxical intention was effective even though the expectations of the clients were assumed to be in opposition to the functioning of the technique." (A review of literature on the treatment of insomnia with paradoxical intention, unpublished paper.)

Anmerkung 50 (zu den Seiten 201 und 252)

Ebenfalls um den experimentellen Nachweis der therapeutischen Bedeutsamkeit und Wirksamkeit der paradoxen Intentionstechnik hat sich L. MICHAEL ASCHER von der Wolpe-Klinik verdient gemacht. Im allgemeinen ergab sich, daß diese logotherapeutische Technik den diversen verhaltenstherapeutischen „Interventionen" gleichwertig ist. In Fällen von Einschlafstörung jedoch, aber auch in Fällen neurotischer Miktionsstörung, war die logotherapeutische Methode ihnen sogar überlegen. Was die Fälle von Einschlafstörung anlangt, hatten ASCHERS Patienten ursprünglich im Durchschnitt 48,6 Minuten gebraucht, um in den Schlaf zu sinken. Nach zehn Wochen verhaltenstherapeutischer Behandlung waren es 39,36 Minuten. Wurden jedoch anschließend zwei Wochen auf paradoxe Intention verwendet, waren es nur noch 10,2 Minuten. (L. M. ASCHER and J. EFRAN, Use of paradoxical intention in a behavioral program for sleep onset insomnia, Journal of Consulting and Clinical Psychology, 1978, 46, 547—550.) "Paradoxical intention significantly reduced sleep complaints in contrast to placebo and waiting list control groups." (Ralph M. Turner and L. Michael Ascher, "Controlled Comparison of Progressive Relaxation, Stimulus Control, and Paradoxical Intention Therapies for Insomnia", Journal of Consulting and Clinical Psychology, Vol. 47, No. 3, 1979, 500—508.)

Auswahl aus dem Schrifttum über Logotherapie und Existenzanalyse

Zusammengestellt von Prof. Dr. EUGENIO FIZZOTTI

Vollständig ist die Bibliographie nur hinsichtlich der Sparten I (Bücher) und III (Dissertationen). Eine englische Bibliographie ist durch das "Institute of Logotherapy" (1 Lawson Road, Berkeley, California 94707, USA) zu beziehen. Eine ausführliche Bibliographie findet sich in EUGENIO FIZZOTTIS Artikel „Viktor E. Frankl" (Orientamenti Pedagogici 17, 607, 1970).

I. Bücher

BÖCKMANN, WALTER: Sinn-orientierte Leistungsmotivation und Mitarbeiterführung. Ein Beitrag der Humanistischen Psychologie, insbesondere der Logotherapie nach Viktor E. Frankl, zum Sinn-Problem der Arbeit. Enke, Stuttgart 1980.

— Heilen zwischen Magie und Maschinenzeitalter. Ein Beitrag der Humanistischen Psychologie, insbesondere der Logotherapie nach Viktor E. Frankl, zum Phänomen des Heilens. littera produktion bielefeld 1981.

BÖSCH, DETMAR: Friedenspädagogik im Unterricht. Theorie und Praxis der Logotherapie Viktor E. Frankls und ihre Bedeutung für unterrichtliches Planen und Handeln. Universität Oldenburg (Zentrum für psychologische Berufspraxis), Oldenburg 1982.

BÖSCHEMEYER, UWE: Die Sinnfrage in Psychotherapie und Theologie. Die Existenzanalyse und Logotherapie Viktor E. Frankls aus theologischer Sicht. Walter de Gruyter, Berlin-New York 1977.

BULKA, REUVEN P.: The Quest for Ultimate Meaning. Principles and Applications of Logotherapy. With a Foreword by Viktor E. Frankl. Philosophical Library, New York 1979.

—, JOSEPH B. FABRY und WILLIAM S. SAHAKIAN: Logotherapy in Action. Foreword by Viktor E. Frankl. Aronson, New York 1979.

CRUMBAUGH, JAMES C.: Everything to Gain. A Guide to Self-fulfillment Through Logoanalysis. Nelson-Hall, Chicago 1973.

—, JAMES C., WILLIAM M. WOOD and W. CHADWICK WOOD: Logotherapy. New Help for Problem Drinkers. Preface by Viktor E. Frankl. Nelson-Hall, Chicago 1980.

DIENELT, KARL: Erziehung zur Verantwortlichkeit. Die Existenzanalyse Viktor E. Frankls und ihre Bedeutung für die Erziehung. Österreichischer Bundesverlag, Wien 1955.

— Von Freud zu Frankl. Österreichischer Bundesverlag, Wien 1967.

— Von der Psychoanalyse zur Logotherapie. Uni-Taschenbücher 227, Ernst Reinhardt, München-Basel 1973.

— Opvoeding tot verantwoordlijkeit. Gezien vanuit de existenzanalyze van Viktor E. Frankl. Pax, 's-Gravenhage 1962.
— Dybdepsykologi og pedagogikk. Fra Freud til Frankl. Fabritius & Sonners Forlag, Oslo 1970.

Doering, Dieter: Die Logotherapie Viktor Emil Frankls. Forschungsstelle des Instituts für Geschichte der Medizin der Universität, Köln, 1981.

Fabry, Joseph B.: Das Ringen um Sinn. Eine Einführung in die Logotherapie. Herder, Freiburg im Breisgau, 3 Auflagen, 1973—1980.
— The Pursuit of Meaning. Viktor E. Frankl, Logotherapy and Life. Preface by Viktor E. Frankl. Harper & Row, New York, 6 Auflagen, 1968—1980. Introduzione alla logoterapia. Astrolabio, Roma 1970.
— La busqueda de significado. La logoterapia aplicada a la vida. Prologo de Viktor E. Frankl. Fondo de Cultura Economica, Mexiko 1977.
— Frankl's Logotherapy (japanisch). Ushio Shuppan, Tokyo 1976.
— Geef zin aan je leven. Werken mit Frankl's logotherapie. Lemniscaat, Rotterdam 1980.
— Logotherapeia. Eptalophos, Athen 1981.

Fizzotti, Eugenio: La logoterapia di Frankl. Un antidoto alla disumanizzazione psicanalitica. Rizzoli Editore, Milano 1974.
— Da Freud a Frankl. Interrogantes sobre el vacio existencial. Ediciones Universidad de Navarra, Pamplona, 2 Auflagen, 1978—1981.
— Angoscia e personalita. L'antropologia in Viktor E. Frankl. Edizioni Dehoniane, Napoli 1980.

Viktor E. Frankl: Ärztliche Seelsorge. Grundlagen der Logotherapie und Existenzanalyse. Franz Deuticke, Wien, und Kindler, München, 11 Auflagen, 1946—1982.
— Ein Psycholog erlebt das Konzentrationslager. Verlag für Jugend und Volk, 2 Auflagen, Wien 1946—1947 (vergriffen).
— ... trotzdem Ja zum Leben sagen. Drei Vorträge. Franz Deuticke, 2 Auflagen, Wien 1946—1947 (vergriffen). (Eine Ausgabe erschien in Brailleschem Blindendruck.)
— Die Existenzanalyse und die Probleme der Zeit. Amandus-Verlag, Wien 1947 (vergriffen).
— Zeit und Verantwortung. Franz Deuticke, Wien 1947 (vergriffen).
— Die Psychotherapie in der Praxis. Eine kasuistische Einführung für Ärzte. Franz Deuticke, 4 Auflagen, Wien 1947—1982.
— Der unbewußte Gott, Psychotherapie und Religion. Kösel-Verlag, München, 5 Auflagen 1948—1979.
— Der unbedingte Mensch. Metaklinische Vorlesungen. Franz Deuticke, Wien 1949 (vergriffen).
— Homo patiens. Versuch einer Pathodizee. Franz Deuticke, Wien 1950 (vergriffen).
— Logos und Existenz. Drei Vorträge. Amandus-Verlag, Wien 1951 (vergriffen).
— Die Psychotherapie im Alltag. Sieben Radiovorträge. Franz Deuticke, Wien 1952.
— Pathologie des Zeitgeistes. Rundfunkvorträge über Seelenheilkunde. Franz Deuticke, Wien 1955 (vergriffen).
— Theorie und Therapie der Neurosen. Einführung in Logotherapie und Existenzanalyse. Uni-Taschenbücher 457, Ernst Reinhardt, München-Basel, 5 Auflagen, 1956—1982.

— Das Menschenbild der Seelenheilkunde. Drei Vorlesungen zur Kritik des dynamischen Psychologismus. Hippokrates-Verlag, Stuttgart 1959.
— Psychotherapie für den Laien. Rundfunkvorträge über Seelenheilkunde. Herder, Freiburg im Breisgau. 9 Auflagen, 1971—1981 (Psychotherapie für jedermann).
— Der Wille zum Sinn. Ausgewählte Vorträge über Logotherapie. Hans Huber, Bern-Stuttgart-Wien, 3 Auflagen, 1972—1982.
— Der Mensch auf der Suche nach Sinn. Zur Rehumanisierung der Psychotherapie. Herder, Freiburg im Breisgau, 8 Auflagen, 1972—1977 (vergriffen).
— Anthropologische Grundlagen der Psychotherapie. Hans Huber, Bern-Stuttgart-Wien 1975.
— Das Leiden am sinnlosen Leben. Psychotherapie für heute. Herder, Freiburg im Breisgau, 6 Auflagen, 1977—1981.
— ... trotzdem Ja zum Leben sagen. Ein Psychologe erlebt das Konzentrationslager. Kösel-Verlag und dtv 10023, München, 6 Auflagen, 1977—1982.
— Der Mensch vor der Frage nach dem Sinn. Eine Auswahl aus dem Gesamtwerk. Vorwort von Konrad Lorenz. Piper, München, 3 Auflagen, 1979—1982.
— Die Sinnfrage in der Psychotherapie. Vorwort von Franz Kreuzer. Serie Piper 214, München 1981.
— The Doctor and the Soul. From Psychotherapy to Logotherapy. Alfred A. Knopf, New York, und Souvenir Press, London, 17 Auflagen, 1955—1978.
— From Death-Camp to Existentialism. A Psychiatrist's Path to a New Therapy. Beacon Press, Boston, 4 Auflagen, 1959—1962 (vergriffen).
— Man's Search for Meaning. An Introduction to Logotherapy. Simon and Schuster, New York, Hodder and Stoughton, London, Caves Book Co., Taipei Taiwan China, und Allahabad Saint Paul Society, India, 62 Auflagen, 1963 bis 1980.
— Psychotherapy and Existentialism. Selected Papers on Logotherapy. Simon and Schuster, New York, und Souvenir Press, London, 10 Auflagen, 1967—1978.
— The Will to Meaning. Foundations and Applications of Logotherapy. New American Library, New York, London und Scarborough, 7 Auflagen, 1969—1981.
— The Unconscious God. Psychotherapy and Theology. Simon and Schuster, New York, und Hodder and Stoughton, London, 6 Auflagen, 1975—1978.
— The Unheard Cry for Meaning. Psychotherapy and Humanism. Simon and Schuster, New York, und Hodder and Stoughton, London, 4 Auflagen, 1978 bis 1979.
— Psicoanalisis y existencialismo. Fondo de Cultura Economica, Mexico-Buenos Aires, 7 Auflagen, 1950—1978.
— Un psicologo en el campo de concentracion. Editorial Plantin, Buenos Aires 1955.
— La psicoterapia en la practica medica. Editorial Escuela, Buenos Aires, 2 Auflagen, 1955—1966.
— El Dios inconsciente. Editorial Escuela, Buenos Aires, 2 Auflagen, 1955—1966.
— El hombre incondicionado. Editorial Plantin, Buenos Aires 1955.
— Homo patiens. Intento de una patodicea. Editorial Plantin, Buenos Aires 1955.
— Teoria y terapia de las neurosis. Editorial Gredos, Madrid, und Jose Ferrer, Buenos Aires 1964.
— La idea psicologica del hombre. Ediciones Rialp, Madrid, 3 Auflagen, 1965 bis 1981.
— La presencia ignorada de Dios. Psicoterapia y religion. Editorial Herder, Barcelona, 3 Auflagen, 1977—1981.

— El hombre en busca de sentido. Editorial Herder, Barcelona, 3 Auflagen, 1980—1982.
— Ante el vacio existencial. Hacia una humanizacion de la psicoterapia. Editorial Herder, Barcelona, 2 Auflagen, 1980—1982.
— Logoterapia e analisi esistentiale. Editrice Morcelliana, Brescia, 4 Auflagen, 1953—1977.
— Psicoterapia nella practica medica. C. E. Giunti, Firenze, 4 Auflagen, 1953 bis 1974.
— Teoria e terapia delle nevrosi. Editrice Morcelliana, Brescia, 2 Auflagen, 1962—1978.
— Uno psicologo nei lager. Edizioni Ares, Milano, 3 Auflagen, 1967—1978.
— Homo patiens. Interpretazione umanistica della sofferenza. Edizione O.A.R.I., Varese, 2 Auflagen, 1972—1979.
— Alla ricerca di un significato della vita. I fondamenti spiritualisti della logoterapia. Mursia, Milano, 2 Auflagen, 1974—1980.
— Dio nell'inconscio. Psicoterapia e religione. Editrice Morcelliana, Brescia, 2 Auflagen, 1975—1977.
— Fondamenti e applicazioni della logoterapia. Societa Editrice Internazionale, Torino 1977.
— La sofferenza di una vita senza senso. Psicoterapia per l'uomo d'oggi. Elle Di Ci, Leumann (Torino) 1978.
— Yoru to kiri. Misuzu Shobo, Tokyo, 2 Auflagen, 1956—1961.
— Shi to ai. Zitsuzonbunseki nyumon. Misuzu Shobo, Tokyo, 2 Auflagen, 1957 bis 1961.
— Shinri ryoho-no 26 sho. Misuzu Shobo, Tokyo, 2 Auflagen, 1957—1961.
— Theorie und Therapie der Neurosen (japanisch). Misuzu Shobo, Tokyo 1961.
— Das Menschenbild der Seelenheilkunde (japanisch). Misuzu Shobo, Tokyo 1961.
— Der unbewußte Gott (japanisch). Misuzu Shobo, Tokyo 1962.
— Logos und Existenz (japanisch). Misuzu Shobo, Tokyo 1962.
— Gendaijin no yamai (japanisch) (Psychotherapy and Existentialism). Maruzen, Tokyo, 3 Auflagen, 1972—1977.
— The Will to Meaning (japanisch). Brein Shuppan, Tokyo 1979.
— Medische zielzorg. Inleiding tot logotherapie en existentieanalyse. Uitgeverij Erven J. Bijleveld, Utrecht 1959.
— De onbewuste god. Uitgeverij «Helmond», Helmond o. J.
— Overspannen? Ziekten van de tijdgeest en hun genezing. Uitgeverij «Helmond», Helmond o. J.
— De zin van het bestaan. Een inleiding tot logotherapie. Donker, Rotterdam, 2 Auflagen, 1978—1980.
— De wil zinvol te leven. Logotherapie als hulp in deze tijd. Lemniscaat, Rotterdam 1980.
— Heeft het leven zin? Een moderne Psychotherapie. Donker, Rotterdam 1981.
— Livet har mening. Svenska Kyrkans Diakonistyreles Bokförlaget, Stockholm, 2 Auflagen, 1959—1960.
— Den omedvetne guden. Bokförlaget Medborgarskolan, Uppsala 1959.
— Livet maste ha mening. Bokförlaget Aldus/Bonniers, Stockholm, 6 Auflagen, 1968—1977.
— Viljan till mening. Bokförlaget Aldus/Bonniers, Stockholm 1970.
— Um psicologo no campo de concetracao. Editorial Aster, Lisboa o. J.
— O homem incondicionado. Armenio Amado, Coimbra 1968.

— A psicoterapia na pratica. Editora Pedagogica e Universitaria, Sao Paulo 1976.
— Fundamentos antropologicos da psicoterapia. Zahar Editores, Rio de Janeiro 1978.
— Psicoterapia e sentido da vida. Fundamentos da Logoterapia e analise existencial. Editora Quadrante, Sao Paulo 1973.
— Psycholog w obozie koncentracyjnym. «Pax», Warschau 1962.
— Homo patiens. Instytut Wydawniczy «Pax», Warschau, 2 Auflagen, 1971—1976.
— Nieuswiadominov Bog. Instytut Wydawniczy «Pax», Warschau 1978.
— Psychoterapia dla kazdego. Instytut Wydawniczy «Pax», Warschau 1978.
— Livet har mening. Johan Grundt Tanum Forlag, Oslo, 2 Auflagen, 1956—1967.
— Kjempende livstro. Gyldendal Norsk Forlag, Oslo, 3 Auflagen, 1966.
— Vilje til mening. Gyldendal Norsk Forlag, Oslo, 2 Auflagen, 1971—1975.
— Psykoterapie og eksistens. Gyldendal Norsk Forlag, Oslo 1972.
— Un psychiatre déporté témoigne. Editions du Chalet, Lyon 1967.
— La psychothérapie et son image de l'homme. Editions Resma, Paris, 2 Auflagen, 1970—1974.
— Le dieu inconscient. Editions Resma, Paris 1975.
— Psykologi og eksistens. Gyldendal Forlagstrykkeri, Kopenhagen, 9 Auflagen, 1967—1982.
— Psykologiens menneskebillede. Munksgaard, Kopenhagen 1970.
— Psykiatri og själsorg. Gyldendal, Kopenhagen 1971.
— Det overhorte rab om mening. Gyldendal, Kopenhagen 1980.
— Den ubevidste Gud. Psykoterapi og religion. Gad, Kopenhagen 1980.
— Tsung Chi-chung-ying Shuo-tao Tsuen-Tsai-chu-vi. Kuang-chi Press, Taichung/Taiwan, 8 Auflagen, 1967—1977.
— Ha'adam mechapes ma'schmauth. Mimachanoth hamaweth el ha' existenzialism. Dvir, Tel Aviv, 11 Auflagen, 1970—1981.
— Anazitontas noima, zois kai eleytherias. S'ena stratopedo sigkentroscos. Eptalophos, Athen, und Thamassos, Nicosia, 3 Auflagen, 1972—1979.
— The Unconscious God (griechisch). Tamassos, Nicosia 1980.
— Waarom lewe ek. Hollandsch Afrikaansche Uitgevers Maatschappij, Kaapstad/Pretoria 1975.
— Se ja vir die lewe. Tafelberg-Uitgewers Beperk, Kaapstad, 2 Auflagen, 1980 bis 1982.
— Zašto se niste ubili? Uvod u logoterapiju (serbokroatisch). Oko tri ujutro, Odra-Zagreb 1978.
— Bog podsvijesti. Psihoterapija i religija (serbokroatisch). Oko tri ujutro, Odra-Zagreb 1980.
— Ihmisyyden rajalla. Otava, Helsinki, 2 Auflagen, 1978—1981.
— Elämän tarkoitusta etsimässä. Otava, Helsinki 1980.
— Dzugum gua salang. Park moon wung, Seoul 1974.
— Shim lee yo boup gua hyun dä yin (koreanisch) (Psychotherapy and Existentialism). Benedict Press, Waegwan (Korea) 1979.
— The Will to Meaning (koreanisch). Benedict Press, Waegwan (Korea) 1979.
— The Unconscious God (koreanisch). Benedict Press, Waegwan (Korea) 1980.
—, Josef Pieper und Helmut Schoeck: Altes Ethos — neues Tabu. Adamas, Köln 1974.
—, Erling Förland und Tollak B. Sirnes: Det frigjorte sinn. Olaf Norlis Forlag, Oslo 1970.

—, Giambattista Torello und John Wright: Sacerdozio e senso della vita. Edizioni Ares, Milano 1970.
—, Ol. Reiser, G. Leytham und R. Lofgren: Mia prospacia syntheseos tes anthropines gnoseos. Ekdoseie Nikh, Athen 1964.
—, Paul Tournier, Harry Levinson, Helmut Thielicke, Paul Lehmann und Samuel H. Miller: Are You Nobody? John Knox Press, Richmond, Virginia, 4 Auflagen, 1966—1971.

Hadrup, Gorn: Viktor E. Frankl. Forum, Kopenhagen, und Dreyer, Oslo 1979.

Keppe, Norberto R.: From Sigmund Freud to Viktor E. Frankl. Integral Psychoanalysis. Proton Editora, São Paulo 1980.

Leslie, Robert C.: Jesus and Logotherapy. The Ministry of Jesus as Interpreted Through the Psychotherapy of Viktor Frankl. Abingdon Press, New York-Nashville, 2 Auflagen, 1965—1968.

Lukas, Elisabeth: Auch dein Leben hat Sinn. Logotherapeutische Wege zur Gesundung. Herder, Freiburg im Breisgau 1980.
— Auch deine Familie braucht Sinn. Logotherapeutische Hilfen in Ehe und Erziehung. Herder, Freiburg im Breisgau 1981.
— Auch dein Leiden hat Sinn. Logotherapeutischer Trost in der Krise. Herder, Freiburg im Breisgau 1981.

Pareja Herrera, Guillermo: El analisis existencial y logoterapia del Dr. Viktor E. Frankl. Department of Human Development, Universidad Iberoamericana, Mexico 1982.

Polak, Paul: Frankls Existenzanalyse in ihrer Bedeutung für Anthropologie und Psychotherapie. Tyrolia-Verlag, Innsbruck-Wien 1949 (vergriffen).

Takashima, Hiroshi: Psychosomatic Medicine and Logotherapy. Foreword by Viktor E. Frankl. Dabor Science Publications, Oceanside, New York 1977.

Tweedie, Donald F.: Logotherapy and the Christian Faith. An Evaluation of Frankl's Existential Approach to Psychotherapy. Preface by Viktor E. Frankl. Baker Book House, Grand Rapids, Michigan, 3 Auflagen, 1961—1972.
— The Christian and the Couch. An Introduction to Christian Logotherapy. Baker Book House, Grand Rapids, Michigan 1963.
— Furakule no shinrigoku (Frankl's Psychotherapy). Minkuni Shoten, Tokyo 1965.

Ungersma, Aaron J.: The Search for Meaning. Foreword by Viktor E. Frankl. Westminster Press, Philadelphia, 2 Auflagen, 1961—1968.

Wawrytko, Sandra A., ed.: Analecta Frankliana. The Proceedings of the First World Congress of Logotherapy (1980). Berkeley, Institute of Logotherapy Press, 1982.

II. Buchkapitel

Ascher, L. Michael: Paradoxical Intention. An Experimental Investigation, in: Handbook of Behavioral Interventions. Hrsg. von A. Goldstein und E. B. Foa. John Wiley, New York 1980.

Barinbaum, Lea: Psychologie in der Jugendarbeit. Praktische Einführung für Gruppenleiter. Kösel-Verlag, München 1974 (20. Kapitel: Viktor Frankl).

Böckmann, Walter: „Das Sinnsystem. Psychotherapie des Erfolgsstrebens und der Mißerfolgsangst.“ Econ Verlag, Düsseldorf-Wien 1981 (Kapitel „Logotherapie im Beruf“).

BRUNO, FRANK J.: Human Adjustment and Personal Growth: Seven Pathways. New York, John Wiley & Sons, 1977 (Kapitel "The Will to Meaning").

CHEAVENS, FRANK: Schach der Depression. Albert Müller Verlag, Rüschlikon-Zürich 1974 (Kapitel ,,Viktor Frankl und die Liebe").

CONDRAU, GION: Einführung in die Psychotherapie. Walter-Verlag, Olten-Freiburg im Breisgau 1970 (Kapitel ,,‚Paradoxe Intention' in der Logotherapie Frankls").

CRUCHON, GEORGES: Einführung in die dynamische Psychologie. Josef Knecht, Frankfurt am Main 1965 (Kapitel ,,Die Logotherapie von V. Frankl").

CRUMBAUGH, JAMES C., und LEONARD T. MAHOLICK: Eine experimentelle Untersuchung im Bereich der Existenzanalyse. Ein psychometrischer Ansatz zu Viktor Frankls Konzept der ,,noogenen Neurose", in: Die Sinnfrage in der Psychotherapie. Hrsg. von Nikolaus Petrilowitsch. Wissenschaftliche Buchgesellschaft, Darmstadt 1972.

DIENELT, KARL: Pädagogische Anthropologie. Ernst Reinhardt, München-Basel 1970 (Kapitel ,,Die Existenzanalyse V. E. Frankls als Explikation personaler Existenz").

— Die anthropologischen Grundlagen der Pädagogik. A. Henn Verlag, Düsseldorf 1977 (Kapitel ,,Die anthropologische Konzeption der Logotherapie V. E. Frankls" und ,,Erziehungs- und bildungstheoretische Fragestellungen in der Sicht der Logotherapie V. E. Frankls").

DOWNING, LESTER N.: Counseling Theories and Techniques. Nelson-Hall, Chicago 1975 (Kapitel: "Logotherapy").

FRANKL, VIKTOR E.: Vers un dépassement du psychologisme en psychothérapie, in: Premier congrès mondial de psychiatrie (Paris 1950). Hermann, Paris 1952.

— Psychotherapie im Notstand, in: The Affective Contact, International Congress for Psychotherapeutics (Leiden 1951). Strengholt, Amsterdam 1952.

— Logotherapy, in: Progress in Psychotherapy. Edited by J. H. Masserman and J. L. Moreno, Vol. IV. Grune, New York 1959.

— In: Otto Krankeleit: Das Unbewußte als Keimstätte des Schöpferischen. Selbstzeugnisse von Gelehrten, Dichtern und Künstlern. E. Reinhardt, München-Basel 1959.

— Wien und das Erbe Sigmund Freuds, in: Custos quid de nocte? Österreichisches Geistesleben seit der Jahrhundertwende. Hrsg. von Karl Rudolf und Leopold Lentner, Herder, Wien 1961.

— Psychologie und Psychiatrie des Konzentrationslagers, in: Psychiatrie der Gegenwart. Forschung und Praxis. Hrsg. von H. W. Gruhle, R. Jung, W. Mayer-Groß und M. Müller, Band III. Springer, Berlin-Göttingen-Heidelberg 1961.

— In: Die Kraft zu leben. Bekenntnisse unserer Zeit. Bertelsmann, Gütersloh 1963.

— Fragments from the Logotherapeutic Treatment of Four Cases With an Introduction and Epilogue by G. Kaczanowski, in: Modern Psychotherapeutic Practice. Innovations in Technique. Edited by Arthur Burton. Science and Behavior Books, Palo Alto, California 1965.

— Der Wille zum Sinn und seine Frustration durch die moderne Industriegesellschaft, in: Hemmende Strukturen in der heutigen Industriegesellschaft. Gottlieb-Duttweiler-Institut für wissenschaftliche und soziale Studien, Rüschlikon-Zürich 1969.

— The Task of Education in an Age of Meaninglessness. Open Lecture at Kokugakuin University on January 29, 1969, in: Nihonkunka-Kenkyusho-Kiyo No. 24. Kokugakuin University, Tokyo 1969.

— Der Pluralismus der Wissenschaften und das Menschliche im Menschen, in: Das neue Menschenbild. Die Revolutionierung der Wissenschaften vom Leben. Ein internationales Symposium, hrsg. von Arthur Köstler und J. R. Smythies. Fritz Molden, Wien-München-Zürich 1970.
— Dynamics, Existence and Values und The Concept of Man in Logotherapy, in: Personality Theory, hrsg. von Harold J. Vetter and Barry D. Smith. Appleton-Century-Crofts. New York 1971.
— Grundriß der Existenzanalyse und Logotherapie, in: Grundzüge der Neurosenlehre. Urban & Schwarzenberg, München-Berlin-Wien 1972.
— Meaninglessness, in: Socio-Clinical Studies of Mental Health in Modern Society (japanisch). Seishin Shobo, Tokyo 1972.
— Meaninglessness: A Challenge to Psychologists, in: Theories of Psychopathology and Personality, hrsg. von Theodore Millon, W. B. Saunders Company, Philadelphia-London-Toronto 1973.
— Die Selbst-Transzendenz menschlicher Existenz. Versuch einer dimensionalen Anthropologie, in: Wer ist das eigentlich — der Mensch? Hrsg. von Eberhard Stammler. Kösel-Verlag, München 1973.
— Love and Society, in: Pathology of Modern Men. Hrsg. von Sadayo Ishikawa (japanisch). Seishin Shobo, Tokyo 1974.
— Encounter. The Concept and its Vulgarization, in: Psychotherapy and Behavior Change 1973. Hrsg. von Hans H. Strupp et al. Aldine Publishing Company, Chicago 1974.
— Paradoxical Intention and Dereflection: Two Logotherapeutic Techniques, in: New Dimensions in Psychiatry: A World View. Hrsg. von Silvano Arieti. John Wiley & Sons, Inc., New York 1975.
— In: Am Fenster der Welt. Hrsg. von Karl-Heinz Fleckenstein, Verlag Neue Stadt, München-Zürich-Wien 1975.
— Paradoxien des Glücks. Am Modell der Sexualneurose, in: Was ist Glück? Ein Symposion. dtv-Taschenbücher 1134, dtv-Verlag, München 1976.
— Der Mensch vor der Frage nach dem Sinn. Empirische und klinische Befunde, in: Glaube und Wissen. Symposion unter der Patronanz der Bayerischen Akademie der Wissenschaften. Hrsg. von Hans Huber und Oskar Schatz. Herder, Wien-Freiburg-Basel 1980.
— Die Frage nach dem Sinn, in: Glauben als Bedürfnis: Beiträge zum menschlichen Selbstverständnis. Hrsg. von Johannes Schlemmer. Ullstein, Frankfurt-Berlin-Wien 1980.
— In: Es liegt an uns. Gespräche auf der Suche nach Sinn. Hrsg. von Ulrich Hommes. Herder, Freiburg-Basel-Wien 1980.
— Opening Address to the First World Congress of Logotherapy. Logotherapy on Its Way to Degurufication, in: Analecta Frankliana. The Proceedings of the First World Congress of Logotherapy (1980), Sandra A. Wawrytko, ed., Berkeley, Institute of Logotherapy Press, 1982.

FRIEDMANN, MAURICE: The Worlds of Existentialism. A Critical Reader. The University of Chicago Press, Chicago und London, 2 Auflagen, 1964—1973 (Kapitel „Viktor E. Frankl").

HOLLAENDER, ALFRED: Die katholische Weltanschauung, Lese- und Arbeitsbuch zum Unterricht für die 8. Klasse der österreichischen Mittelschulen. Tyrolia, Innsbruck-Wien 1954 (Kapitel „Frankls Psychotherapie vom Geiste her").

JORES, ARTHUR: Praktische Psychosomatik. Hans Huber, Bern-Stuttgart-Wien 1976 (Kapitel „Paradoxe Intention").

KASAMATSU: Clinical Psychiatric Medicine, Chugai-Igakusha, Tokyo 1966 (Kapitel „Existenzanalyse und Logotherapie").

KIERNAN, THOMAS: Psychotherapie. Kritischer Führer durch Theorien und Praktiken. S. Fischer, Frankfurt 1976 (Kapitel „Die Logotherapie").

KOCOUREK, KURT, EVA NIEBAUER und PAUL POLAK: Ergebnisse der klinischen Anwendung der Logotherapie, in: Handbuch der Neurosenlehre und Psychotherapie. Hrsg. von Viktor E. Frankl, Victor E. v. Gebsattel und J. H. Schultz, Band III. Urban & Schwarzenberg, München-Berlin 1959.

KONECNY, EDITH: Psychologie. Wilhelm Braumüller, Wien 1973 (Kapitel „Daseinsanalyse, Existenzanalyse").

KORGER, MATTHIAS E., und PAUL POLAK: Der geistesgeschichtliche Ort der Existenzanalyse, in: Handbuch der Neurosenlehre und Psychotherapie. Hrsg. von Viktor E. Frankl, Victor E. v. Gebsattel und J. H. Schultz, Band III. Urban & Schwarzenberg, München-Berlin 1959.

KURTH, WOLFRAM: Psychotherapie. Ein Leitfaden. E. Reinhardt, München-Basel 1960 (Kapitel „Viktor E. Frankl: Die Existenzanalyse").

KURTH, WOLFRAM, und BARTNING, GEBHARD: Psychotherapie in der Seelsorge. E. Reinhardt, München-Basel 1964 (Kapitel „Viktor E. Frankl: Die Existenzanalyse [Logotherapie]").

LANGEN, DIETRICH: Psychotherapie. Kompendium für Studierende und Ärzte. Georg Thieme, Stuttgart 1978 (Kapitel „Logotherapie").

LEBZELTERN, GUSTAV: Angstzustände und deren Überwindung. Leykam-Verlag, Graz 1967 (Kapitel „V. E. Frankls Paradoxe Intention").

LISTON, ROBERT A.: Healing the Mind. Eight Views of Human Nature. Praeger, New York 1974 (Kapitel: „Viktor E. Frankl").

MARKS, ISAAC M.: Fears and Phobias. Academic Press, New York 1969 (Kapitel "Paradoxical Intention ['Logotherapy']").
— In: Behavior Modification. Hrsg. von W. Stewart Agras. Little, Brown and Company, Boston 1972 (Kapitel "Paradoxical Intention").

MCKINNEY, FRED: Psychology in Action. Macmillan, New York 1967 (Kapitel „Viktor E. Frankl").

MISIAK, HENRY, und VIRGINIA STAUDT SEXTON: Phenomenological, Existential, and Humanistic Psychologies. A Historical Survey. Grune & Stratton, New York 1973 (Kapitel "Logotherapy").

MÜLLER-HEGEMANN, DIETFRIED: Grundzüge der Psychotherapie. Gustav Fischer Verlag, Stuttgart 1973 (Kapitel „Viktor E. Frankl").

MURAKAMI, M., und H. MITSUDA: Theory and Practice of Psychiatry. Igakushoin, Tokyo 1967 (Kapitel „Frankl").

PATTERSON, H. C.: Theories of Counseling and Psychotherapy. Harper & Row, New York 1966 (Kapitel „Frankl's Logotherapy").

PETRILOWITSCH, NIKOLAUS: Probleme der Psychotherapie alternder Menschen. Karger, Basel 1964 (Kapitel „Logotherapeutische Praktiken", „Vorfragen der Existenzanalyse" und „Existenzanalytische Psychotherapie").

POLAK, PAUL: Zum Problem der noogenen Neurose, in: Handbuch der Neurosenlehre und Psychotherapie. Hrsg. von Viktor E. Frankl, Victor E. v. Gebsattel und J. H. Schultz, Band II. Urban & Schwarzenberg, München-Berlin 1959.

PONGRATZ, LUDWIG J.: Lehrbuch der Klinischen Psychologie. Verlag für Psychologie, Dr. C. J. Hogrefe, Göttingen 1973 (Kapitel „Das geistige Unbewußte").

SAHAKIAN, WILLIAM S.: History of Psychology. Peacock, Itasca 1968 (Kapitel „Viktor Frankl").

— Psychotherapy and Counseling. Studies in Technique. Rand McNally, Chicago 1969 (Kapitel "Logotherapy").

— Psychology of Personality. Rand McNally, Chicago 1974 (Kapitel "Logotherapy Approach to Personality").

— History and Systems of Psychology. John Wiley & Sons, Inc., New York 1975 (Kapitel „Logotherapy: The Will to Meaning").

SCHAFF, ADAM: Entfremdung als soziales Phänomen. Europaverlag, Wien 1977 (Kapitel „Das existentielle Vakuum").

SHIMOYAMA, TOKUJI: In: Ijo shinrigaku koza. Hrsg. von Imura Tsueno, Kakeda Katsumi, Shimazaki Toshiki und Murakami Satoshi. Misuzu Shobo, Tokyo 1959 (Kapitel „Die Bedeutung der Existenzanalyse", „Die Grundlage der Existenzanalyse" und „Frankl und Binswanger").

SPIEGELBERG, HERBERT: Phenomenology in Psychology and Psychiatry. Northwestern University Press, Evanston 1972 (Kapitel „Viktor E. Frankl: Phenomenology in Logotherapy and Existenzanalyse").

STOFFER, HELLMUT: Die Echtheit in anthropologischer und konfliktpsychologischer Sicht. E. Reinhardt, München-Basel 1963 (Kapitel „Die ‚Logotherapie' nach V. E. Frankl").

STOKVIS, BERTHOLD: Psychotherapie für den praktischen Arzt. Karger, Basel 1960 (Kapitel „Die Logotherapie nach V. E. Frankl").

TATSUKI SHIN: Christus und Marx (japanisch). Simul, Tokyo 1972 (Kapitel „Gespräch mit Frankl").

THIELICKE, HELMUT: Mensch sein — Mensch werden. Entwurf einer christlichen Anthropologie. Piper, München 1976 (Kapitel „Der Mensch in Auseinandersetzung mit dem Unbewußten [Freud, Frankl]").

VOGEL, GUSTAV: Psychotherapie und Pädagogik. Lambertus, Freiburg im Breisgau 1954 (Kapitel „V. E. Frankl und seine Lehren").

WEEKS, GERALD R., und LUCIANO L'ABATE: Research on Paradoxical Intention, in: Paradoxical Psychotherapy. Brunner/Mazel, New York 1982.

WEITBRECHT, HANS JÖRG: Psychiatrie im Grundriß. Springer, Berlin-Göttingen-Heidelberg 1963 (Kapitel „Logotherapie [Frankl]").

WIMMER, KURT: Viktor Frankl, in: Österreicher, die der Welt gehören. Mobil Oil Austria, Wien 1979.

YALOM, IRVIN D.: Existential Psychotherapy. Basic Book, New York 1980 (Kapitel "The Contributions of Viktor Frankl" and "Dereflection").

YAMAMOTO, IWAO: Die japanische Morita-Therapie im Vergleich zu der Existenzanalyse und Logotherapie Frankls, in: Abendländische Therapie und östliche Weisheit. Hrsg. von Wilhelm Bitter, Klett, Stuttgart 1968.

YOSHIMASU, S., O. NAKATA, S. TAKEMURA und S. KOGI: Psychiatry. Igakushoin, Tokyo 1965 (Kapitel "Logotherapy").

III. Dissertationen

BALLARD, REX EUGENE: "An Empirical Investigation of Viktor Frankl's Concept of the Search for Meaning: A Pilot Study with a Sample of Tuberculosis Patients." Doctoral Dissertation, Michigan State University, 1965.

BENEDIKT, FRIEDRICH M.: Zur Therapie angst- und zwangsneurotischer Symptome mit Hilfe der „Paradoxen Intention" und „Dereflexion" nach V. E. Frankl. München 1968.

BORDELEAU, LOUIS-GABRIEL: La relation entre les valeurs du choix vocationnel et les valeurs créatrices chez V. E. Frankl. Doctoral Thesis Presented to the Faculty of Psychology of the University of Ottawa, Canada 1971.

BÖSCHEMEYER, UWE: Die Sinnfrage in der Existenzanalyse und Logotherapie Viktor E. Frankls. Eine Darstellung aus theologischer Sicht. Dissertation, Hamburg 1974.

BRUNE, KARL-HEINZ: „Viktor E. Frankls Mission (Voraussetzungen und Konsequenzen des existenzanalytisch-logotherapeutischen Konzepts in kritischer Betrachtung)". Dissertation. Westfälische Wilhelms-Universität (Medizinische Fakultät). München 1978.

BUCCI, FELICE: „Viktor Emil Frankl e la logoterapia (La riposta della psicologia al vuoto esistenziale)". Dissertation, Università di Bari 1978.

BULKA, REUVEN P.: An Analysis of the Viability of Frankl's Logotherapeutic System as a Secular Theory. Thesis presented to the Department of Religious Studies of the University of Ottawa, 1969.

— Denominational Implications of the Religious Nature of Logotherapy. Thesis presented to the Department of Religious Studies of the University of Ottawa as partial fulfillment of the requirements for the degree of Doctor of Philosophy. Ottawa, Canada, 1971.

BURCK, JAMES LESTER: The Relevance of Viktor Frankl's "Will to Meaning" for Preaching to Juvenile Delinquents, Thesis. Southern Baptist Theological Seminary, Louisville, Kentucky, 1966.

CALABRESE, EDWARD JAMES: The Evolutionary Basis of Logotherapy. Dissertation, University of Massachusetts, 1974.

CARELLI, ROCCO: Il processo di decodificazione del messaggio in rapporto alla struttura della personalità con particolare riferimento alla concezione personologica di Viktor E. Frankl. Dissertation, Università di Roma, Facoltà di Psicologia, 1975.

CARRIGAN, THOMAS EDWARD: The Meaning of Meaning in the Logotherapy of Dr. Viktor E. Frankl. Thesis, University of Ottawa, Canada, 1973.

CAVANAGH, MICHAEL E.: The Relationship between Frankl's "Will to Meaning" and the Discrepancy between the Actual Self and the Ideal Self. Doctoral Dissertation, University of Ottawa, Canada, 1966.

CHASTAIN, MILS KENT: "The Unfinished Revolution: Logotherapy as Applied to Primary Grades 1—4 Values Clarification in the Social Studies Curriculum in Thailand." Thesis, Monterey Institute of International Studies, 1979.

COLLEY, CHARLES SANFORD: An Examination of Five Major Movements in Counseling Theory in Terms of How Representative Theorists (Freud, Williamson, Wolpe, Rogers, and Frankl) View the Nature of Man. Dissertation, University of Alabama, 1970.

DANSART, BERNARD: Development of a Scale to Measure Attitudinal Values as Defined by Viktor Frankl. Dissertation, Northern Illinois University, 1974.

DASSA, CARMELLO: La concezione personologica dell'uomo nella logoterapia di Viktor Frankl. Università di Roma 1979.

DOERING, DIETER: Die Logotherapie Viktor Emil Frankls. Dissertation, Köln 1981.

DUNCAN, FRANKLIN DAVIS: Logotherapy and the Pastoral Care of Physically Disabled Persons. Thesis. Southern Baptist Theological Seminary, Louisville, Kentucky, 1968.

DYMALA, CZESLAW: Zagadnienie sensu zycia u Viktora E. Frankla. Praca magisterska pisana na seminarium z filozofii pod kierunkiem, Papieski Fakultet Teologiczny, Wroclaw 1976.

— Viktora E. Frankla analityczno-egzystencjalna teoria sensu zycia. Praca licencjacka pisana na seminarium z filozofii pod kierunkiem, Papieski Fakultet Teologiczny, Wroclaw 1979.

EISENBERG, MIGNON G.: "The Logotherapeutic Intergenerational Encounter Group: A Phenomenological Approach." Dissertation, Southeastern University, New Orleans 1980.

EISENMANN, MANFRED: Zur Ätiologie und Therapie des Stotterns. Unter besonderer Berücksichtigung der paradoxen Intentionsmethode nach V. E. Frankl. Freiburg im Breisgau 1960.

FIZZOTTI, EUGENIO: Il significato dell'esistenza. La concezione psichiatrica di Viktor E. Frankl. Tesi di laurea, Università Salesiana, Roma 1970.

FORSTMEYER, ANNEMARIE v.: The Will to Meaning as a prerequisite for Self-Actualization. Thesis Presented to the Faculty of California Western University, 1968.

GALEONE, FRANCESCO: „La logoterapia di V. E. Frankl (Per una riumanizzazione della psichiatria)." Dissertation, Università di Napoli, 1979.

GILL, AJAIPAL SINGH: An Appraisal of Viktor E. Frankl's Theory of Logotherapy as a Philosophical Base of Education. Dissertation, The American University, 1970.

GRAZIOSI, MARIA TERESA: La logoterapia di V. E. Frankl. Tesi di laurea, Università del C. Cuore di Milano, 1971—1972.

GREEN, HERMANN H.: "The 'Existential Vacuum' and the Pastoral Care of Elderly Widows in a Nursing Home." Master's Thesis, Southern Baptist Theological Seminary, Louisville, Kentucki, 1970.

GULDBRANDSEN, FRANCIS ALOYSIUS: "Some of the Pedagogical Implications in the Theoretical Work of Viktor Frankl in Existential Psychology: A Study in the Philosophic Foundation of Education." Doctoral Dissertation, Michigan State University, 1972.

HAVENGA, ANNA ALETTA: „Antropologiese onderbou van Logoterapie." Dissertation, Pretoria 1974.

HENDERSON, J. P.: The Will to Meaning of Viktor Frankl as a Meaningful Factor of Personality. Thesis, The University of Maryland, 1970.

HOLMES, R. M.: "Meaning and Responsibility: A Comparative Analysis of the Concept of the Responsible Self in Search of Meaning in the Thought of Viktor Frankl and H. Richard Niebuhr with Certain Implications for the Church's Ministry to the University." Doctoral Dissertation. Pacific School of Religion,1965.

JONES, ELBERT WHALEY: Nietzsche and Existential-Analysis, Dissertation, New York 1967.

JUCHA, ZYGFRYD: Koncepcja nerwicy noogennej wedlug Viktora Emila Frankla. Lublin 1968.

KANKEL, EVA: „Die Bedeutung der Logotherapie Frankls für das therapeutische Gespräch in einer psychologischen Beratungsstelle.“ Diplomarbeit, Stiftungshochschule München, Benediktbeuern 1981.

KLAPPER, NAOMI: "On Being Human: A Comparative Study of Abraham J. Heschel and Viktor Frankl." Doctoral Dissertation, Jewish Theological Seminary of America, 1973.

KOVACIC, GERALD: Leidensfähigkeit, Sinnfrustration und Angst. Ein empirischer Beitrag zur Logotherapie. Dissertation, Wien 1977.

LANCE, RICKY L.: "An Investigation of Logotherapy for a Possibility Theory of Personality." Dissertation, New Orleans Baptist Theological Seminary, 1978.

LEVINSON, JAY IRWIN: "An Investigation of Existential Vacuum in Grief via Widowhood." Dissertation, United States International University, San Diego, California, 1979.

LIVA, VIRGINIA: „Contributi della logoterapia di Viktor E. Frankl alla psicoterapia.“ Dissertation, Pontificio Facoltà di Scienze dell'Educazione della Figlie di Maria Ausiliatrica, Roma 1978.

LUKAS, ELISABETH S.: Logotherapie als Persönlichkeitstheorie. Dissertation, Wien 1971.

MAGNUS, JORIS: De Existenzanalyse en Logotherapie van V. E. Frankl. Katholieke Universiteit Te Leuven, 1964.

MANEKOFSKY, ALAN M.: "Viktor E. Frankl: A Philosophical Anthropological Study." Dissertation. Vrije Universiteit van Amsterdam (Centre Interfaculteit), 1977.

MARCHESELLI, GIANNI: La teoria-terapia di Viktor Frankl come tentativo di revisione critica dell'approccio psicanalitico per una nuova concezione psicologica dell'uomo. Dissertation. Università degli Studi di Bologna, Facultà di Scienze Politiche, 1975—1976.

MARRER, ROBERT E.: "Existential-Phenomenological Foundations in Logotherapy Applicable to Counseling." Dissertation, Ohio University, 1972.

MASCOLO, FRANCO: „Analisi esistenziale e logoterapia.“ Dissertation, Università di Napoli, 1972.

MEIER, AUGUSTINE: Frankl's "Will to Meaning" as Measured by the Purpose in Life Test in Relation to Age and Sex Differences. Dissertation presented to the University of Ottawa, Canada, 1973.

MERILÄINEN, ALPO: Värdeproblemet i psykoterapeutisk och theologisk antropologi. Jämförelse mellan värdraspekten Viktor E. Frankls logoterapeutiska existensanalyse och i romerskkatolsk tradition. Abo 1969.

MINTON, GARY: "A Comparative Study of the Concept of Conscience in the Writings of Sigmund Freud and Viktor Frankl." Dissertation, New Orleans Baptist Theological Seminary, 1967.

MOSTERT, WILLIAM CORNELIUS: ,,'n Literaturstudie oor die logoterapie van Viktor E. Frankl en'n empiriese ondersoek na die toepasbaarheid daarvan in die behandeling van die alkoholis.“ Dissertation, Universiteit van die Oranje-Vrystaat (Fakulteit van Sosiale Wetenskappe) 1978.

MUILENBERG, DON T.: Meaning in Life: Its Significance in Psychotherapy. Dissertation, University of Missouri, 1968.

MURPHY, LEONARD: Extent of Purpose-in-Life and Four Frankl-Proposed Life Objectives. Doctoral Thesis Presented to the Faculty of Psychology and Education of the University of Ottawa, Canada, 1966.

NEUDERT, GEROLD: Eine Darstellung der Existenzanalyse und Logotherapie Viktor E. Frankls im Hinblick auf Fragen an die Theologie und auf Impulse für die Seelsorge. Diplomarbeit, Julius-Maximilians-Universität, Würzburg 1977.

OFFUT, BERCH RANDALL: Logotherapy, Actualization Therapy or Contextual Self-Realization? Dissertation, United States International University, 1975.

PACCIOLLA, AURELIANO: Etica logoterapica (Frankl e la morale). Dissertation, Pontifica Universitas Lateranensis, Roma 1978.

PANTEGHINI, PEDON: ,,Sessualità in Frankl.“ Dissertation. Università di Padova, 1978.

RASKOB, HEDWIG: ,,Logotherapie: Versuch einer systematischen und kritischen Darstellung der Logotherapie und Existenzanalyse Viktor E. Frankls.“ Dissertation, Eberhard-Karls-Universität, Tübingen 1978.

SARGENT, GEORGE ANDREW: Job Satisfaction, Job Involvement and Purpose in Life: A Study of Work and Frankl's Will to Meaning. Thesis Presented to the faculty of the United States International University, 1971.

— "Motivation and Meaning: Frankl's Logotherapy in the Work Situation." Dissertation, United States International University, 1973.

SCHILLER, KARL ERWIN: Psychotherapie, Logotherapie und der Logos des Evangeliums. Wien 1959.

SCHLEDERER, FRANZ: Erziehung zu personaler Existenz. Viktor E. Frankls Existenzanalyse und Logotherapie als Beitrag zu einer anthropologisch fundierten Pädagogik. München 1964.

SCHOEMAN, STEFANUS JOHANNES: Die antropologies-personologiese denkbleede van die Derde Weense Skool an die betekenis hiervan vir die opvoeding in sedelike verband. Dissertation, Pretoria 1958.

SERRANO, REHUS MARIA LUISA: El pensamiento antropologico de Viktor Frankl. Tesis de licentiatura, Valencia o. J.

SIWIAK, MALGORZATA: Analiza problemow noogennych w nerwicach. Lublin 1969.

SONNHAMMER, ERIK: Existenzanalyse und Logotherapie V. E. Frankls in kritischer Betrachtung. Graz 1951.

SOUZA, AIAS DE: "Logotherapy and Pastoral Counseling: An Analysis of Selected Factors in Viktor E. Frankl's Concept of Logotherapy as they Relate to Pastoral Counseling." Dissertation, Heed University, Hollywood, Florida, 1980.

STROPKO, ANDREW JOHN: Logoanalysis and Guided Imagery as Group Treatments for Existential Vacuum. Dissertation, Texas Tech University, 1975.

TAYLOR, CHARLES P.: "Meaning in life: Its relation to the 'will-to-pleasure' and preoccupation with death." Master's thesis, The University of Pittsburgh, 1974.

Weber, Thomas: „Die Frage nach dem Sinn des Lebens in der Logotherapie Viktor E. Frankls. Eine Darstellung aus theologischer Sicht.“ Diplomarbeit, Universität Innsbruck, 1980.

Wicki, Beda: „Die Theorie von Viktor E. Frankl als Beitrag zu einer anthropologisch fundierten Pädagogik.“ Pädagogisches Seminar der Universität Bern, 1981.

Wilson, Robert A.: "Logotherapy: An Educational Approach for the Classroom Teacher." Laurence University, 1979.

Yeates, J. W.: "The Educational Implications of the Logotherapy of Viktor E. Frankl." Doctoral Dissertation, University of Mississippi, 1968.

IV. Zeitschriftenartikel

Ansbacher, Rowena R.: The Third Viennese School of Psychotherapy. Journal of Individual Psychology 15, 236, 1959.

Ascher, L. Michael: Employing Paradoxical Intention in the Behavior Treatment. Scandinavian Journal of Behavior Therapy 6, 28, 1977.

— Paradoxical Intention Viewed by a Behavior Therapist. The International Forum for Logotherapy 3, 13—16, 1980.

—, and Jay S. Efran: Use of Paradoxical Intention in a Behavior Program. Journal of Consulting and Clinical Psychology 46, 547, 1978.

—, and Ralph M. Turner: Paradoxical intention and insomnia: an experimental investigation. Behav. Res. and Therapy 17, 408, 1979.

Bazzi, Tullio: Paradoxical Intention and Autogenic Training — Convergence or Incompatibility? The International Forum for Logotherapy 2, 35, 1979.

— A Center of Logotherapy in Italy. The International Forum for Logotherapy 3, 26—27, 1980.

Birnbaum, Ferdinand: Frankl's Existential Psychology from the Viewpoint of Individual Psychology. Journal of Individual Psychology 17, 162, 1961.

Caruso, Igor A.: Die Krise der Tiefenpsychologie. Von Sigmund Freud zu Viktor Frankl. Wort und Wahrheit 1, 714, 1947.

Cohen, David: The Frankl Meaning. Human Behavior: The Newsmagazine of the Social Sciences 6, 56, 1977.

Crumbaugh, James C.: Cross Validation of Purpose-in-Life Test Based on Frankl's Concepts. Journal of Individual Psychology 24, 74, 1968.

Fabry, Joseph: Porträt der Woche. Logotherapeut Viktor E. Frankl. Aufbau, 14. August 1970.

— Aspects and Prospects of Logotherapy: A Dialogue with Viktor Frankl. The International Forum for Logotherapy 1, 3, 1978.

Firkel, Eva: Von Freud zu Frankl. Der Seelsorger 18, 137, 1947.

Frankl, Viktor E.: Zur mimischen Bejahung und Verneinung. Internationale Zeitschrift für Psychoanalyse 10, 437, 1924.

— Psychotherapie und Weltanschauung. Internationale Zeitschrift für Individualpsychologie 3, 250, 1925.

— Zur geistigen Problematik der Psychotherapie. Zentralblatt für Psychotherapie 10, 33, 1938.

— Philosophie und Psychotherapie. Zur Grundlegung einer Existenzanalyse. Schweizerische medizinische Wochenschrift 69, 707, 1939.

— Group Therapeutic Experiences in a Concentration Camp (Paper read before the Second International Congress of Psychotherapy in Leiden on September 8, 1951). Group Psychotherapy 7, 81, 1954.
— The Concept of Man in Psychotherapy. Proceedings of the Royal Society of Medicine 47, 975, 1954.
— On Logotherapy and Existential Analysis. American Journal of Psychoanalysis 18, 28, 1958.
— Logotherapie und Existenzanalyse. Versuch einer Synopsis. Wiener Zeitschrift für Nervenheilkunde 15, 65, 1958.
— Das homöostatische Prinzip und die dynamische Psychologie. Zeitschrift für Psychotherapie und medizinische Psychologie 9, 41, 1959.
— The Spiritual Dimension in Existential Analysis and Logotherapy. Journal of Individual Psychology 15, 157, 1959.
— Existenzanalyse und Logotherapie. Acta Psychother. 8, 171, 1960.
— Beyond Self-Actualization and Self-Expression (Paper read before the Conference on Existential Psychotherapy in Chicago on December 13, 1959). Journal of Existential Psychiatry 1, 5, 1960.
— Logotherapy and the Challenge of Suffering (Paper read before the American Conference on Existential Psychotherapy in New York on February 17, 1960). Review of Existential Psychology and Psychiatry 1, 3, 1961.
— Die Heimholung der Psychotherapie in die Medizin. Acta Psychotherapeutica 10, 99, 1962.
— Gegenwartsprobleme der Psychotherapie. Wiener Zeitschrift für Nervenheilkunde 20, 78, 1962.
— Aphoristische Bemerkungen zur Sinnproblematik. Archiv für die gesamte Psychologie 116, 336, 1964.
— Psychotherapy and Modern Man. Hsien-tai-hsueeh-yuean 2, 97, 1965.
— Psychotherapeutic Research and Treatment Today. Hsien-tai-hsueeh-yuean 2, 233, 1965.
— The Philosophical Foundations of Logotherapy (Paper read before the first Lexington Conference on Phenomenology on April 4, 1963). Universitas 8, 171, 166.
— Logotherapy and Existential Analysis — A Review (Opening Paper, Symposium on Logotherapy, 6th International Congress of Psychotherapy, London, August 26, 1964). American Journal of Psychotherapy 20, 252, 1966.
— Self-Transcendence as a Human Phenomenon. Journal of Humanistic Psychology 6, 97, 1966.
— Logotherapy. The Israel Annals of Psychiatry and Related Disciplines 5, 142, 1967.
— Logotherapie der Neurosen. Selecta 10, 2122, 1968.
— Wille zum Sinn (Gespräch über die Logotherapie). euromed (Das europäisch-medizinische Magazin), 8. Jahr, H. 22, 19. November 1968, S. 1199.
— Die Flucht vor dem Alleinsein — in der Sicht der Psychotherapie. Universitas 26, 419, 1971.
— The Feeling of Meaninglessness: A Challenge to Psychotherapy. The American Journal of Psychoanalysis 32, Nr. 1, 85, 1972.
— Das existentielle Vakuum. Wissenschaft und Weltbild 25, 88, 1972.
— Die neurotische Lebensproblematik unserer Zeit — von der Psychotherapie gesehen. Universitas 27, 619, 1972.
— Encounter: The Concept and Its Vulgarization. The Journal of the American Academy of Psychoanalysis 1, Nr. 1, 73, 1973.

— Paradoxical Intention and Dereflection. Psychotherapy: Theory, Research and Practice 12, 226, 1975.
— Leiden am sinnlosen Leben: Zur Phänomenologie des existentiellen Vakuums. Schweizerische Akademiker- und Studenten-Zeitung 7, Nr. 50, 7—9, Juli 1976.
— „Der junge Mensch auf der Suche nach Sinn." Schweizerische Akademiker- und Studenten-Zeitung, Nr. 76, 11. Jahrgang, S. 5, 7. April 1980.
— Psychotherapy on Its Way to Rehumanization. The International Forum for Logotherapy 3, 3—9, 1980.
— Psychologisierung oder Humanisierung der Medizin? Zeitschrift für Allgemeinmedizin 58, 70—76, 1982.

Gerz, Hans O.: Zur Behandlung phobischer und zwangsneurotischer Syndrome mit der „paradoxen Intention" nach Frankl. Zeitschrift für Psychotherapie und medizinische Psychologie 12, 145, 1962.
— Über 7jährige klinische Erfahrungen mit der logotherapeutischen Technik der paradoxen Intention. Zeitschrift für Psychotherapie und medizinische Psychologie 16, 25, 1966.

DeHovre, F.: Das Werk V. E. Frankls. Gloria Dei 6, 675, 1951.

Hsu, L. K. George, and Stuart Liebermann: Paradoxical Intention in the Treatment of Chronic Anorexia Nervosa. American Journal of Psychiatry 139, 650, 1982.

Kasukegawa, T.: A comparative Study of the differences between Christian existence and secular existence and of their existential frustration. Japanese Journal of Educational and Social Psychology 7, 195, 1968.

Klitzke, Louis L.: Logotherapy in Tanzania. The International Forum for Logotherapy 4, 83—88, 1981.

Krisch, K.: Paradoxe Intention, Dereflexion und die logotherapeutische Theorie der Neurosen. Psychother. med. Psychol. 31, 162—165, 1981.

Lukas, Elisabeth: Menschenbild und Methoden der Frankl'schen Logotherapie. Fortschritte der Neurologie und Psychiatrie 49, 113, 1981.
— Validation of Logotherapy. The International Forum for Logotherapy 4, 116—125, 1981.

Maslow, A. H.: Comments on Dr. Frankl's Paper. Journal of Humanistic Psychology 6, 107, 1966.

Nübel, Hans Ulrich: Theologische Fragen in der Humanistischen Psychologie. Wege zum Menschen 29, 449, 1977.

Pareja-Herrera, Guillermo: Logotherapy and Social Change. The International Forum for Logotherapy 3, 38—39, 1980.

Petrilowitsch, Nikolaus: Über die Stellung der Logotherapie in der klinischen Psychotherapie. Die medizinische Welt 2790, 1964.
—, und Kurt Kocourek: Logotherapie und Pharmakotherapie. Int. Pharmacopsychiat. 2, 39, 1969.

Popielski, Kazimierz: Karol Wojtyla and Logotherapy. The International Forum for Logotherapy 3, 36—37, 1980.

Relinger, Helmut, Philip H. Bornstein, and Dan M. Mungas: Treatment of Insomnia by Paradoxical Intention: A Time-Series Analysis. Behavior Therapy 9, 955, 1978.

Riener, Elfriede: Von Freud zu Frankl. Christlich-pädagogische Blätter 62, 199, 1949.

Schlederer, Franz: Zu einer Topologie der Logotherapie Viktor E. Frankls. Wissenschaft und Weltbild 18, 62, 1965.
— Die Logotherapie V. E. Frankls und das Menschenbild der Pädagogik. Vierteljahresschrift für wissenschaftliche Pädagogik 41, 53, 1965.

Solyom, L., J. Garza-Perez, B. L. Ledwidge, and C. Solyom: Paradoxical Intention in the Treatment of Obsessive Thoughts: A Pilot Study. Comprehensive Psychiatry 13, 291, 1972.

Soucek, W.: Die Existenzanalyse Frankls, die dritte Richtung der Wiener Psychotherapeutischen Schule. Deutsche Medizinische Wochenschrift 73, 594, 1948.

Stecker, R. E.: The Existential Vacuum in Eastern Europe. The International Forum for Logotherapy 4, 79—82, 1981.

The Father of Logotherapy. Existential Psychiatry 1, 439, 1967.

Timms, M. W. H.: Treatment of chronic blushing by paradoxical intention. Behavioral Psychotherapy 8, 59, 1980.

Turner, R. H.: Comment on Dr. Frankl's Paper. Journal of Existential Psychiatry 1, 21, 1960.

Turner, Ralph M., and Michael L. Ascher: Controlled Comparison of Progressive Relaxation, Stimulus Control, and Paradoxical Intention Therapies. Journal of Consulting and Clinical Psychology 47, 500, 1979.

Vander Pas, J. H. R.: Die sogenannte Dritte Wiener Richtung in der Tiefenpsychologie. Gloria Dei 9, 51, 1954.

Weisskopf-Joelsen, Edith: Logotherapy and Existential Analysis. Acta Psychotherapeutica 6, 193, 1958.

V. Filme, Langspielplatten und Tonbänder

Frankl, Viktor E.: "Logotherapy", a film produced by the Department of Psychiatry, Neurology, and Behavioral Sciences, University of Oklahoma Medical School.
— "Frankl and the Search for Meaning", a film produced by Psychological Films, 110 North Wheeler Street, Orange, CA 92669.
— „Auf dem Weg zum Sinn: Ein Gespräch mit Viktor E. Frankl." Eine Farbtonfilmdokumentation. Littera Produktion Walter Böckmann im Auftrag und aus Anlaß des 10. MMM-Kongresses. Verleih durch den MMM-Club, Schumannstraße 27, D-6 Frankfurt/M.
— "Some Clinical Aspects of Logotherapy. Paper read before the Anderson County Medical Society in South Carolina", "Man in Search of Meaning. Address given to the Annual Meeting of the Anderson County Mental Health Association in South Carolina", and "Man's Search for Ultimate Meaning. Lecture given at the Peachtree Road Methodist Church in Atlanta, Georgia", videotapes cleared for television upon request from WGTV, the University of Georgia, Athens, Georgia 30601.
— "Meaning and Purpose in Human Experience", a videotape produced by Rockland Community College. Rental or purchase through the Director of Library Services, 145 College Road, Suffern, NY 10901.

— "Education and the Search for Meaning. An Interview by Professor William Blair Gould of Bradley University", a videotape produced by Bradley University Television. Available by request from Bradley University, Peoria, Illinois 61606 ($ 25.00 handling charges for usage).
— "Youth in Search for Meaning. The Third Paul Dana Bartlett Memorial Lecture", a videotape produced by KNBU and cleared for television upon request from President James Edward Doty, Baker University, Baldwin City, Kansas 66006.
— "Clinical Aspects of Logotherapy", a videotaped lecture. Replay available by arrangement with Medical Illustration Services, Veterans Administration Hospital, 3801 Miranda Avenue, Palo Alto, California 94304.
— "Logotherapy", a videotaped lecture. Available for rental or purchase from Educational Television, University of California School of Medicine, Department of Psychiatry, Langley Porter Neuropsychiatric Institute, 3rd Avenue and Parnassus Avenue, San Francisco, California 94112.
— "Logotherapy Workshop", a videotaped lecture. Available for rental or purchase from Middle Tennessee State University, Learning Resource Center, Murfreesboro, Tennessee 37130.
— "The Rehumanization of Psychotherapy. A Workshop Sponsored by the Division of Psychotherapy of the American Psychological Association", a videotape. Address inquiries to Division of Psychotherapy, American Psychological Association, 1200 Seventeenth Street, N. W., Washington, DC 20036.
— "Youth in Search of Meaning", a videotape produced by the Youth Corps and Metro Cable Television. Contact: Youth Corps, 56 Bond Street, Toronto, Ontario M5B 1X2, Canada. Rental fee $ 10.00.
— "Man in Search of Meaning", a film interview with Jim Corey of CFTO Television in Toronto. Contact: Youth Corps, 56 Bond Street, Toronto, Ontario M5B, 1X2, Canada.
— "Human Freedom and Meaning in Life" and "Self-Transcendence — Therapeutic Agent in Sexual Neurosis", videotapes. Copies of the tapes can be ordered for a service fee. Address inquiries to the Manager, Learning Resource Distribution Center, United States International University, San Diego, CA 92131.
— „Das Leiden am sinnlosen Leben: Zur Phänomenologie des existentiellen Vakuums." (Vortrag in der Aula der Universität Zürich am 4. Dezember 1975.) Videotapes und Audiotapes sind erhältlich durch die Limmat-Stiftung, Rosenbühlstraße 32, CH-9044 Zürich.
— Two 5-hour lectures, part of the course Human Behavior 616, "Man in Search of Meaning", during the winter quarter, 1976. Copies of the videotapes can be ordered for a service fee, Address inquiries to the Manager, Learning Resource Distribution Center, United States International University, San Diego, CA 92131.
— A videotaped convocation. Address inquiries concerning availability to President Stephen Walsh, St. Edward's University, Austin, TX 78704.
— A videotaped lecture given at Monash University, Melbourne, Australia, on March 6, 1976. Inquiries to be addressed to Royal Australian College of General Practitioners, Family Medicine Programme, Audio Visual Department, 70 Jolimont Street, Jolimont, 3002, Melbourne, Australia.
— Interview with Dr. Viktor E. Frankl by Dr. Paul W. Ngui, President, Singapore Association for Mental Health, on 16 mm film. Inquiries should be addressed to Controller, Central Production Unit, Television Singapore, Singapore 10.

— "The Unheard Cry for Meaning", a videotape produced by the Youth Corps and Metropolitan Separate School Board of Toronto. Contact: Youth Corps, 56 Bond Street, Toronto M5B, 1X2, Canada, Rental fee $ 10.00.
— "A panel of experts from the fields of medicine, anthropology, psychiatry, religion, social work, philosophy, and clinical psychology, discussing topics of interest with Dr. Frankl at the First World Congress of Logotherapy, San Diego, 1980." A 51-minute videotape. $ 53.00. Make check payable to the Institute of Logotherapy, 1 Lawson Road, Berkeley, CA 94707. When ordering, state kind of tape wanted (Beta, VHS, or $^3/_4$" U-matic).
— „Der leidende Mensch auf der Suche nach Sinn." (Festvortrag auf dem Österreichischen Gesundheitstag in Baden am 10. Oktober 1981.) Eine Videokassette. Erhältlich durch die Medimail-Videozentrale, Postfach 2202, D-6078 Neu Isenburg 2.
— "Three Lectures on Logotherapy", given at the Brandeis Institute, Brandeis, California 93064. Long-playing records.
— "Man in Search of Meaning: Two Dialogues", "Self-Transcendence: The Motivational Theory of Logotherapy", "What Is Meant by Meaning?", and "Logotherapy and Existentialism", audiotapes produced by Sound Seminars, College Division, McGraw-Hill Book Company, P.O. Box, Hightstown, N.J. 03520.
— "The Student's Search for Meaning", an audiotape produced by WGTV, the University of Georgia, Athens, Georgia 30601.
— "The Existential Vacuum" ("Existential Frustration As a Challenge to Psychiatry" — "Logotherapy As a Concept of Man" — "Logotherapy As a Philosophy of Life"), tapes produced by Argus Communications, 7440 Natchez Avenue, Niles, Illinois 60648, $ 18.00.
— "The Existential Vacuum: A Challenge to Psychiatry. Address given at The Unitarian Church, San Francisco, California, October 13, 1969." A tape produced by Big Sur Recordings, 2015 Bridgeway, Sausalito, California 94965.
— "Meaninglessness: Today's Dilemma", an audiotape produced by Creative Resources, 4800 West Waco Drive, Waco, Texas 76703.
— "Logotherapy Workshop", an audiotape produced by Middle Tennessee State University, Learning Resource Center, Murfreesboro, Tennessee 37130.
— "Man's Search for Meaning. An Introduction to Logotherapy." Recording for the Blind, Inc., 215 East 58th Street, New York, NY 10022.
— "Youth in Search of Meaning." Word Cassette Library (WCL 0205), 4800 West Waco Drive, Waco, Texas 76703 ($ 5.95).
— Lecture given at Monash University, Melbourne, Australia, an March 6th, 1976. An audiocassette available from Spectrum Publications, 127 Burnley Street, Richmond, Victoria 3121, Australia.
— „Das Leiden am sinnlos gewordenen Leben: Zur Phänomenologie der existentiellen Frustration in der Industriegesellschaft." Kassette NC 1001 der Noricum-Tonproduktion, Webgasse 2a, A-1060 Wien (öS 150,—).
— "Theory and Therapy of Neurosis: A Series of Lectures Delivered at the United States International University in San Diego, California." Eight 90-minute cassettes produced by Creative Resources, 4800 West Waco Drive, Waco, Texas 76703 ($ 79.95).
— "Man in Search of Meaning: A Series of Lectures Delivered at the United States International University in San Diego, California." Fourteen 90-minute cassettes produced by Creative Resources, 4800 West Waco Drive, Waco, Texas 76703 ($ 139.95).

— "The Neurotization of Humanity and the Re-Humanization of Psychotherapy", two cassettes. Argus Communications, 7440 Natchez Avenue, Niles, Illinois 60648 ($ 14.00).
— "Youth in Search of Meaning", an audiotape produced by the Youth Corps, 56 Bond Street, Toronto, Ontario M5B 1X2, Canada. Available on reel-to-reel or cassette. $ 7.50.
— "The Unheard Cry for Meaning", an audiocassette produced by the Youth Corps, 56 Bond Street, Toronto, Ontario M5B 1X2, Canada. $ 6.50.
— "Therapy Through Meaning", Psychotherapy Tape Library (T 656), Post Graduate Center, 124 East 8th Street, New York, N.Y. 10016. $ 15.00.
— "Existential Psychotherapy", two cassettes. The Center for Cassette Studies, 8110 Webb Avenue, North Hollywood, CA 91605.
— "The Defiant Power of the Human Spirit: A Message of Meaning in a Chaotic World." Address at the Berkeley Community Theater, November 2, 1979. A 90-minute cassette tape, $ 6.00. Available at the Institute of Logotherapy, One Lawson Road, Berkeley, California 94707.
— "The Meaning of Suffering for the Terminally Ill" (International Seminar on Terminal Care, Montreal, October 8, 1980). Audio Transcripts, Ltd. (Code 25-107-80 A and B), P.O.Box 487, Times Square Station, New York, N. Y. 10036.
— "The Rehumanization of Psychotherapy", lecture on occasion of the inauguration of the Logotherapy Counseling Center of Atlanta and Athens on November 14, 1980. An audiocassette (1/404/542-4766) available from the Center for Continuing Education, the University of Georgia, Athens, GA 30602.
— „Unsere Zeit und ihre Ängste." (Vortrag im Club Confrontation in Vöcklabruck am 8. April 1981.) Kassette erhältlich durch Frau Erika Heinisch, Prinz-Eugen-Straße 4, A-4840 Vöcklabruck (öS 150,—).
—, and Huston Smith: "Value Dimensions in Teaching", a color television film produced by Hollywood Animators, Inc., for the California Junior College Association. Rental or purchase through Dr. Rex Wignall, Director, Chaffey College, Alta Loma, CA 91701.
—, Robin W. Goodenough, Iver Hand, Oliver A. Phillips, and Edith Weisskopf-Joelson: "Logotherapy: Theory and Practice. A Symposium Sponsored by the Division of Psychotherapy of the American Psychological Association", an audiotape. Address inquiries concerning availability to Division of Psychotherapy. American Psychological Association, 1200 Seventeenth Street, N.W., Washington, D.C. 20036.

Gale, Raymond F., Joseph Fabry, Mary Ann Finch, and Robert C. Leslie: "A Conversation with Viktor E. Frankl on Occasion of the Inauguration of the 'Frankl Library and Memorabilia' at the Graduate Theological Union on February 12, 1977". Copies of the videotape may be obtained from Professor Robert C. Leslie, 1798 Scenic Avenue, Berkeley, California 94709.

Hale, Dr. William H.: "An Interview with Viktor E. Frankl. With an Introduction by Dr. Edith Weisskopf-Joelson, Professor of Psychology at the University of Georgia", a videotape cleared for television upon request from WGTV, the University of Georgia, Athens, GA 30601.

Murray, Dr. Edward L., and Dr. Rolf von Eckartsberg: A Discussion with Dr. Viktor E. Frankl on "Logotherapy: Theory and Applied" conducted by two members of the Duquesne University Graduate School of Psychology, filmed July 25, 1972. Available for rental, fee $ 15. Mail request to Chairman, Department of Psychology, Duquesne University, Pittsburgh, Pa. 15219.

"The Humanistic Revolution: Pioneers in Perspective", interviews with leading humanistic psychologists: Abraham Maslow, Gardner Murphy, Carl Rogers, Rollo May, Paul Tillich, Frederick Perls, Viktor Frankl and Alan Watts. Psychological Films, 110 North Wheeler St., Orange, California 92669. Sale $ 250; rental $ 20.

Autorenverzeichnis

Sachverzeichnis

Weitere Werke von Viktor E. Frankl

DIE PSYCHOTHERAPIE IN DER PRAXIS

Eine kasuistische Einführung für Ärzte

Verlag Franz Deuticke, Wien 1982, 4. Auflage

„Die Stärke des Buches liegt in seiner Unvoreingenommenheit, Lebensnähe und seinem Einfallsreichtum."

„Zentralblatt für die gesamte Neurologie und Psychiatrie"

„Man kann nur hoffen, daß jeder, der sich ernsthaft der Psychotherapie zuwendet und sie mit maximalem Nutzen für seine Patienten betreiben will, diese grundlegende Schrift V. E. Frankls wirklich zur Kenntnis nimmt."

Prof. Dr. Karl Seidel (Direktor der Nervenklinik der Charité) in „Psychiatrie, Neurologie und medizinische Psychologie" (DDR)

... TROTZDEM JA ZUM LEBEN SAGEN

Ein Psychologe erlebt das Konzentrationslager

Kösel-Verlag und dtv 10023, München 1982, 6. Auflage

„Dieses meisterhafte Werk gehört zum kostbaren Bestand jener säkularen Literatur, in der Grundwahrheiten unseres Jahrhunderts manifest werden."

„Deutschland-Berichte"

„... kann zu dem Schönsten und Zartesten deutscher Prosa gezählt werden."

„Geist und Leben"

DIE SINNFRAGE IN DER PSYCHOTHERAPIE

Vorwort von Franz Kreuzer

Serie Piper 214, München 1981

DER WILLE ZUM SINN

Ausgewählte Vorträge über Logotherapie

Verlag Hans Huber, Bern 1982, 3. Auflage

„Ich glaube, daß die Arbeiten von Frankl der wichtigste Beitrag zur Psychotherapie seit Freud sind."

Prof. Dr. F. Hoff in: „Therapiewoche"

DER UNBEWUSSTE GOTT

Psychotherapie und Religion

Kösel-Verlag, München 1979, 5. Auflage

"... many profound ideas ..."

"The American Journal of Psychiatry"

DER MENSCH VOR DER FRAGE NACH DEM SINN

Eine Auswahl aus dem Gesamtwerk

Vorwort von Konrad Lorenz

Piper Verlag, München 1982, 3. Auflage

„Frankls Antwort auf die Frage nach dem Sinn ist von Bedeutung, weil sie, obwohl wissenschaftlich abgesichert, verständlich und optimistisch ist."

„Schweizerische Akademiker- und Studentenzeitung"

MAN'S SEARCH FOR MEANING

An Introduction to Logotherapy

Simon and Schuster, New York 1980, 66. Auflage

"I can only state that if you read one book this year, Dr. Frankl's book should be that one. It is the most important contribution to psychiatry since the writings of Freud."

"Los Angeles Time"

"I regard this book as one of the outstanding contributions to psychological thought in the last fifty years."

Prof. Dr. Carl R. Rogers

PSYCHOTHERAPY AND EXISTENTIALISM

Selected Papers on Logotherapy

Simon and Schuster, New York 1978, 10. Auflage

"Frankl developed his ideas now generally known as the Third School of Viennese Psychiatry — the School of Logotherapy. The incredible attempts to dehumanize man at the concentration camps of Auschwitz and Dachau led Frankl to commence the humanization of psychiatry through logotherapy."

Prof. Dr. Gerald F. Kreyche

THE WILL TO MEANING

Foundations and Applications of Logotherapy

New American Library, New York 1981, 7. Auflage

"Dr. Frankl's contribution to psychotherapy has been great. He is perhaps the only non-behaviorist to have contributed a method to behavior therapy. The modesty with which he has put forward his important work has been remarkable."

Prof. Dr. Joseph Wolpe

THE UNHEARD CRY FOR MEANING

Psychotherapy and Humanism

Simon and Schuster, New York 1979, 4. Auflage

„Es ist keine Übertreibung, wenn wir unserer Überzeugung Ausdruck verleihen, daß Frankl in die Geschichte der Psychotherapie eingehen wird als der Arzt des Leidens des 20. Jahrhunderts."

„Österreichische Hochschulzeitung"